# Inhalt





*◁ Singapurs Skyline wird von den Bürohochhäusern des Business District dominiert (Foto: 001si rk)*

## Zeichenerklärung

★★★ nicht verpassen
★★ besonders sehenswert
★ wichtig für speziell interessierte Besucher

[A1] Planquadrat im Kartenmaterial. Orte ohne diese Angabe liegen außerhalb unserer Karten. Ihre Lage kann aber wie von allen Ortsmarken mithilfe der begleitenden Web-App angezeigt werden (s. S. 274).

## Abkürzungen

| | |
|---|---|
| Ave. | Avenue |
| Blk. | Block (Straßenblock) |
| Blvd. | Boulevard |
| CBD | Central Business District |
| Ctr. | Centre |
| Dr. | Drive (Zufahrt, Straße) |
| ECP | East Coast Parkway (Schnellstraße, die u. a. Flughafen und Innenstadt miteinander verbindet) |
| EPR | Electronic Road Pricing (elektronisch erhobene Gebühr bei Einfahrt von Fahrzeugen in den CBD) |
| HDB | Housing Development Board |
| Gdns. | Gardens (als Teil von Straßennamen) |
| GST | Goods and Services Tax (Mehrwertsteuer) |
| Hwy. | Highway |
| Jln. | Jalan (Straße) |
| Kg. | Kampong („Dorf"; Bestandteil einiger Straßennamen) |
| Ln. | Lane (Gasse) |
| Lor. | Lorong (Gasse) |
| LRT | Light Rapid Transit (Neben- bzw. Zubringerbahn der MRT, nur in Vororten) |
| MCE | Marina Coastal Expressway (Tunnel mit einer Teilstrecke von 420 m, die unter dem Meer verläuft) |
| MRT | Mass Rapid Transport |
| opp. | opposite (gegenüber; bei Adressenangaben) |
| PIE | Pan Island Expressway (eine Schnellstraße) |
| Pl. | Place (Platz; kann aber auch eine Straße sein, siehe z. B. Joo Chiat Pl.) |
| Rd. | Road (Straße) |
| Sq. | Square (Platz) |
| S$ | Singapur-Dollar |
| # | Nummer (bei Adressenangaben) |
| ++ | Nach Preisangaben in Restaurants und Hotels: Hinweis darauf, dass auf den genannten Preis 10 % Service Charge und 7 % MwSt. aufgeschlagen werden. |

## Adressangaben

- Ein **Adresshinweis** wie z. B. „#01–31 Tanglin Shopping Centre" bedeutet, dass sich die gesuchte Lokalität im Geschäft Nummer 31 im 1. Stock des Tanglin-Shoppingcenters befindet.
- **Postleitzahlen** *(area codes)* werden, anders als bei uns, dem Stadtnamen nachgestellt. Die Postleitzahlen sind sechsstellig. Die ersten zwei Ziffern geben den postalischen Sektor *(postal sector)* an, die folgenden Ziffern engen den Bereich weiter ein – bis hin zu Häuserblocks oder sogar einzelnen Gebäuden.

  Postal District 01: Postal Sector 01, 02, 03, 04, 05, 06 = **Raffles Pl., Cecil, Marina, People's Park** (Chinatown); Postal District 02: Postal Sector 07, 08 = **Anson, Tanjong Pagar;** Postal District 03: Postal Sector 14,15, 16 = **Queenstown, Tiong Bahru;** Postal District 04: Postal Sector 09, 10 = **Telok Blangah, Harbourfront;** Postal District 06: Postal Sector 17 = **High St., Beach Rd.** (teilweise); Postal District 07: Postal Sector 18, 19 = **Middle Rd., Golden Mile** (Beach Rd.); Postal District 08: Postal Sector 21= **Little India;** Postal District 09: Postal Sector 22, 23 = **Orchard, Cairnhill, River Valley;** Postal District 14: Postal Sector 38, 39, 40, 41 = **Geylang, Eunos;** Postal District 15: Postal Sector 42, 43, 44, 45 = **Katong, Joo Chiat, Amber Rd.;** Postal District 22: 60, 61, 62, 63, 64 = **Jurong**

# Für Sie entdeckt

In Singapur gibt es immer wieder Neues zu entdecken. Aus Anlass des 50-jährigen Bestehens des Stadtstaates ist eine große Renovierungs- und Neubauwelle im Gang. Es ist faszinierend zu beobachten, was das kleine Singapur aus sich macht.

## Naturerlebnis auf Pulau Ubin

Pulau Ubin (s. S. 211) ist Singapurs naturbelassene Abenteuerinsel, die zunehmend als Öko-Ausflugsziel gefördert wird. Von ihrer interessantesten Seite zeigt sie sich in den Mangrovenwäldern der Chek Java Wetlands. Neu angelegte Wanderstege erleichtern das Erkunden.

## Safari per Boot

Neu ist auch die River Safari (s. S. 187), bei der man per Boot verschiedenartige Fluss-Biotope erleben kann. Nebenbei lernt man durch Aquarien und Schautafeln viel über die Fauna verschiedener Flüsse und im „Giant Panda Forest" kann man Bekanntschaft mit Pandas machen.

## Weinbar mit Clou

Keine Weinbar ist opulenter eingerichtet als die Divine Wine Bar (s. S. 71). Wenn sich die „Weinfee" mit einer Seilwinde zu den haushohen Weinregalen hocharbeitet, um die bestellte Flasche herunterzuholen, kommt man aus dem Staunen nicht heraus.

## Neues Hotel im „Heritage"-Stil

Das Amoy (s. S. 257) ist eine großartige neue Unterkunft in Chinatown, die geschickt das traditionelle Ambiente des Stadtteils mit modernem Wohnkomfort verbindet.

151si Abb.: rk

# DAS BESTE AUF EINEN BLICK

EXTRATIPP

### Stadtplan gut, Street Directory besser!

Ein Stadtplan leistet bei den Erkundungen sicher gute Hilfe. Stadtpläne in mehr oder weniger guter Qualität kann man sogar **kostenlos bei der Ankunft im Changi Airport** (s. S. 218) mitnehmen. Am besten ist jedoch der **Street Directory,** ein detaillierter Straßenatlas in Buchform (Mighty Minds Publishers, www.mightyminds.com.sg). Man bekommt ihn für ein paar Dollar in allen Buchläden, und zwar in drei verschiedenen Formaten: klein, mittel und groß. Ganz sicher fündig wird man im Buchladen Kinokuniya im Takashimaya Shopping Centre (s. S. 46), manchmal auch in 7-Eleven-Läden. Hinten in dem nützlichen kleinen Buch steckt eine CD-ROM, mit der man die Karten und Daten auch digital abrufen kann.

Bevor man sich in Singapur auf Entdeckungsreise begibt, sollte man zunächst einmal alle Vorurteile vergessen, die man über dieses kleine Land gehört haben mag – Singapur hat sich zu einer **betörend schönen, kosmopolitischen und vorwärtsstrebenden Weltstadt** entwickelt, die in mancher Hinsicht Vorbild für andere Länder sein kann. Besucher werden eine Stadt erleben, in der das Alte und die Tradition gehegt und gepflegt werden, in der man gleichzeitig aber auch jede technische Neuerung, die das Leben angenehmer macht oder Umfeld und Umwelt verbessern könnte, beherzt aufgreift. Die Gegensätze, die Singapur präsentiert, sind verblüffend. Einerseits hält man an alten Bräuchen fest und an Schreinen werden den Ahnen oder hungrigen Geistern Opfergaben dargebracht; zur gleichen Zeit arbeiten Wissenschaftler daran, dem Meer mehr Trinkwasser abzugewinnen oder futuristische Vorstädte zu schaffen. Die funktionellen Wohnsiedlungen sind von dichten Grüngürteln und weitläufigen Parks umgeben und am Fuße der blinkenden Bürowolkenkratzer stehen liebevoll restaurierte Häuser aus der Gründerzeit Singapurs, schöner als je zuvor – Singapur lässt staunen.

Diese faszinierende Mischung aus Alt und Neu, die in der wunderbaren Architektur Singapurs ihren sichtbarsten Ausdruck findet, zieht sich überall durch die Stadt. Abends kann man sich hemmungslos ins **Nachtleben** stürzen, ein Nachtleben, das so ganz anders ist, als es das weitverbreitete Image Singapurs weismachen will. Es gibt einige Dutzend Bars und Klubs, die an keine Sperrstunde gebunden sind. Zum Speisen locken Tausende von schicken **Restaurants,** urige kleine Ecklokale oder die bodenständigen **Hawker Centres** (eine Art überdachte Straßenmärkte und -stände; die Hawker Centres entstanden, um die ehemaligen, auf Bürgersteigen angesiedelten Essensstände von den Straßen wegzuholen, zu regulieren und hygienischer zu machen). Dazu gibt es zahlreiche Sehenswürdigkeiten, die einen neuen Maßstab gesetzt haben, wie z. B. der Zoo 50 mit der Nachtsafari oder der Jurong Bird Park 63. Heutzutage gibt es in Singapur so viel zu sehen, zu essen, zu probieren, zu erleben, zu unternehmen, dass man gern zwei oder drei Wochen dort verbringen könnte, ohne sich je zu langweilen.

*◁ Vorseite: Den Skyway in Gardens by the Bay 6 besucht man am besten abends*

# Singapur im Intensivdurchgang

Little India 33, der indische Stadtteil am südlichen Ende der Serangoon Road, eignet sich gut als Ausgangspunkt für diese Tour. Mit dem MRT-Zug gelangt man zur Station **Little India** [E1]. Im 19. Jh., der Gründungszeit Singapurs, wurden die unterschiedlichen Volksgruppen in separaten Stadtteilen untergebracht. In den 1820er-Jahren baute der sogenannte „erste Inder" Singapurs, ein gewisser Narayana Pillai, der schon mit Stamford Raffles (s. S. 114) auf der Insel gelandet war, eine Ziegelei im Bereich des heutigen Little India. In der Umgebung siedelten sich nach und nach von der britischen Regierung ins Land geholte indische Arbeitskräfte an. Mit den Indern kam auch die Milchwirtschaft. Straßen wie die Buffalo Road oder Kerbau Road (*kerbau* = Malaiisch für „Büffel") erinnern noch heute daran. In Little India weht einem der Geruch indischer Gewürze entgegen, aus Geschäften dringt indische Filmmusik und zahlreiche Stände halten Blumengirlanden bereit, die gläubige Hindus als Opfergaben in die Tempel bringen. Little India ist der **noch ursprünglichste alte Stadtteil Singapurs:** Hier kann man sich direkt nach Indien versetzt fühlen – jedoch ein außergewöhnlich aufgeräumtes und geordnetes Indien.

Wenn man zur rechten Zeit kommt, so kann man am **Veerama Kaliammam Temple** 36 eine hinduistische Gebetszeremonie *(puja)* erleben, untermalt von südindischer Tempelmusik. Von hier geht es weiter nördlich zu einem weiteren Hindu-Tempel, dem **Srinivasa Perumal Temple** 37, der beim ekstatischen Thaipusam-Fest (s. S. 22) eine tragende Rolle spielt. Nicht weit entfernt von hier liegt der **Temple of 1000 Lights** 38, eine buddhistische Anlage mit einer 15 m hohen Buddha-Statue, die den Besuchern beim Betreten gleich in die Augen sieht.

*In Singapur wird ständig renoviert. Danach zeigen sich die Gebäude – so wie dieses in Chinatown – schöner denn je.*

002si Abb.: rk

003si Abb.: rk

Die Straßen von Little India sind gespickt mit unzähligen kleinen Restaurants und Geschäften mit Kleinkram, Kunstgegenständen, Kleidung und Kuriosa. Unbedingt lohnenswert ist es, einen Blick ins **Mustafa Centre** (s. S. 39) an der Syed Alwi Road zu werfen, Singapurs größtes Kaufhaus.

An dieser Stelle kann man nun einen Blick auf die andere Seite der Syed Alwi Road werfen, genauer gesagt, auf die winzige Gasse an der Rückseite der Häuser an der Südseite der Syed Alwi Road. Dies ist **Teil der berühmt-berüchtigten Desker Road** (kurz DR genannt), eine schmale Rotlichtgasse. Viele der sich hier anbietenden „Attraktionen" sind Transvestiten oder Transsexuelle, was aber viele der Kunden – vor allem Gastarbeiter aus Indien und Bangladesch – entweder nicht merken oder nicht weiter störend finden.

*Dem Besucher eröffnen sich in Singapur oft unerwartete Gegensätze*

Über die nahe gelegene MRT-Station Farrer Park [ei] gelangt man nun nach **Dhoby Ghaut** (über die Station Little India). Von hier aus kann man in westliche Richtung die **Orchard Road** 31 entlanggehen, Singapurs berühmteste Einkaufsstraße. Dhoby Ghaut liegt an einem MRT-Knotenpunkt und ist die weitläufigste MRT-Station. Am besten folgt man den Schildern „Exit" und versucht, sich möglichst nicht in den endlosen Gängen und Hallen zu verlaufen.

Die Orchard Road ist Singapurs Prachtallee, eine noble Einkaufsstraße, die beiderseits fast nahtlos von hochmodernen Shoppingcentern flankiert wird. Augenscheinlichste Beispiele sind das massive, in konservativem Dunkelbraun gehaltene Takashimaya (s. S. 42) und das chromblitzende ION Orchard (s. S. 38) an der Ecke Paterson Road. Entlang der Orchard Road gibt es teure Designerware zuhauf – z. B. Louis Vuitton, Armani, Chanel – dazu preiswerte Kleidung in Kaufhäusern, Elektronikartikel u. v. m. In dieser Straße werden die höchsten Mietpreise von ganz Singapur verlangt, was natürlich auf die Preise umgelegt wird. Viele Waren – nicht alle – bekommt man preiswerter anderswo in der Stadt. Der Buchladen Kinokuniya (s. S. 46), unter anderem mit deutschsprachigen Büchern, ist das bestsortierte Buchgeschäft der Stadt.

KURZ & KNAPP

### Keine Löwen in der Stadt der Löwen

Der Name Singapur stammt von Singapura („Stadt der Löwen"), der malaiisch-indischen Bezeichnung für die Insel. Löwen hat es dort jedoch nie gegeben.

Von der Orchard Road kann man zurück zur Station Dhoby Ghaut laufen bzw. mit der MRT dorthin gelangen (ab den Stationen Somerset oder Orchard in der Orchard Rd.). Außerdem fahren Dutzende von Bussen die Strecke entlang; die Orchard Road verläuft als Einbahnstraße von West nach Ost. Am besten fragt man den Fahrer, ob der Bus an Dhoby Ghaut hält, denn einige Linien zweigen vorher in Seitenstraßen ab.

Von Dhoby Ghaut geht es zwei Stationen weiter **nach Chinatown** ⑮. An der MRT-Station Chinatown [D6] steigt man aus und folgt den Schildern Richtung Ausgang zur Pagoda Street. Kaum der

## Das gibt es nur in Singapur

- ***HDB Flats:*** *Über 80 % aller Singapurer leben in Wohnungen der staatlichen Wohnungsbaubehörde HDB (Housing Development Board). Die Wohnungen sind leicht finanzierbar, Arbeitnehmer können sie in kleinen Raten aus den Pflichtabgaben für das Rentensystem (CPF = Central Provident Fund) bezahlen (siehe auch S. 112).*
- ***Prügelstrafe:*** *Als einziges Land der „Ersten Welt" wendet Singapur die Prügelstrafe („caning") für bestimmte Verbrechen wie z. B. Vergewaltigung an (s. S. 123).*
- ***Vier Nationalsprachen:*** *Nirgendwo sonst auf der Welt gibt es vier gleichberechtigte Nationalsprachen - Englisch, Mandarin, Tamil und Malaiisch, die aber nicht von jedermann verstanden werden (s. S. 127).*
- ***Kaugummi ist verboten:*** *Verkauf und Einfuhr sind untersagt (bei ein paar Streifen, die ein Tourist in der Tasche hat, passiert allerdings nichts). Der Grund: Allzu oft hatte man die zähe Masse früher an Bus- oder MRT-Sitzen klebend gefunden. Ausgenommen vom Verbot ist Nikotin-Kaugummi, das in Singapur allerdings der Rezeptpflicht unterliegt.*

*HDB-Siedlungen werden oft von attraktiven Grüngürteln umrahmt*

005si Abb.: rk

006si Abb.: rk

Rolltreppe entstiegen, befinden sich die Besucher im Herzen der so wunderschön restaurierten Chinatown. Die Pagoda Street ist eine reine Fußgängerstraße. Hier finden sich Restaurants, von denen aus man das Straßengeschehen beobachten kann, dazu zahlreiche Geschäfte. Darunter sind Souvenir-, Kuriosa- und Kleidungsläden, ein paar Fotogeschäfte (gar keine schlechten Preise, wenn man sich auskennt und dazu noch handelt!) und Schneiderläden. Am Ostende der Pagoda Street trifft man auf den hinduistischen **Sri Mariammam Temple** 17, nach dem die Straße benannt wurde.

Etwas weiter südlich an der South Bridge Road steht der in Rot gehaltene **Temple of the Sacred Tooth Relic** 16. Dies ist ein noch junger Tempel, aber auch gleich die wichtigste einzelne Sehenswürdigkeit in Chinatown, eine architektonische Kostbarkeit. In den Gassen westlich des Tempels finden sich jede Menge Geschäfte und Restaurants. Bei „Heimathunger“ kann man sich im hinter dem Tempel gelegenen K88 Coffee Shop an **Erich's Wuerstelstand** (s. S. 59) an Bratwurst und Sauerkraut laben. Als Alternative bietet sich das ausgedehnte **Food Center** im 2. Stock des Chinatown Complex Hawker Centre (s. S. 69) in der 335 Smith St. an. Das Ambiente ist bodenständig und unprätentiös, die Auswahl an preiswerten chinesischen Speisen riesig.

In der Smith Street stärkt man sich mit einem chinesischen Kräutertrank (Westseite). Vor einigen **Kräuterläden** hängen goldfarbene Kessel, aus denen die mysteriösen Säfte gezapft werden, die das Leben verlängern sollen. Das bit-

*In der „Essensstraße“ Smith St. [D7] bleibt abends kaum ein Sitz frei*

*Ein „Flug“ mit dem Singapore Flyer 7 ist ein absolutes Muss*

tere, schwarze *khu chaa* (auch *yaa-seimei*), ein Tonikum aus 29 verschiedenen Pflanzen und Wurzeln, ist einen Versuch wert. In diesem Teil von Chinatown gibt es **Souvenirs** jeder Art, billige Kleidung, chinesische Götterstatuen, aber auch kuriosen Kleinkram wie Figuren von Mao Tse-tung.

Abends und am Wochenende verwandelt sich das **Ostende der Smith Street** [D7], eine reine Fußgängerzone, in eine Open-Air-Essensmeile (Mo–Fr 18–24, Sa/So 11–24 Uhr. Diese sogenannte *Jalan Makanan* (Malaiisch für „Essensstraße") wurde eingerichtet, nachdem alle Open-Air-Imbissstände von den Straßen verschwunden und in **Hawker Centres** (s. S. 69) untergebracht worden waren. Um etwas traditionelle Straßenkultur in die Stadt zurückzubringen - nicht zuletzt um der Touristen willen –, wurden danach wieder einige Straßenstände genehmigt. 2014 wurde die Straße saniert und mit einem modernen Glasdach versehen. Über die MRT-Station Chinatown fährt man nun zurück in Richtung Dhoby Ghaut, steigt aber schon an der ersten Station, an Clarke Quay [E5], aus. Wenn man über die Rolltreppe nach oben kommt, sind wahrscheinlich schon der Singapore River und vielleicht die Gerüste von **G-Max Reverse Bungee** (s. S. 131) zu sehen. Wem nach einem den Tag beschließenden Nervenkitzel zumute ist, der könnte sich in die Bungeegondel schnallen lassen und Singapur teilweise auf dem Kopf stehend erleben.

Einen ruhigeren Tagesausklang bietet ein Dinner in einem der Restaurants entlang dem Fluss. Wer Rockmusik mag, geht vielleicht ins **Crazy Elephant** (s. S. 78), wo man der Hausband auch direkt vom Flussufer aus zuhören kann.

007si Abb.: rk

Vom Clarke Quay gelangt man in Richtung Südosten am Fluss entlang in wenigen Minuten zum **Boat Quay** [E5–E6], einem weiteren, sehr romantischen Flussabschnitt, gesäumt von Dutzenden von Lokalen – Flussromantik pur.

Wenn es jetzt noch nicht allzu spät ist - sagen wir 21 Uhr –, könnte man sich noch einen unvergesslichen Ausblick gönnen. Am besten fährt man mit dem Taxi zum **Marina Bay Sands Hotel** 5 und dem im 56. Stock gelegenen **SkyPark.** Von hier, in 200 m Höhe, kann man die gesamte mit Abertausenden von Lichtern funkelnde Innenstadt überblicken. Einen eindrucksvolleren Tagesabschluss kann man sich kaum wünschen. Der SkyPark schließt um 22 Uhr. Alternativ könnte man ein paar Runden im **Singapore Flyer** 7 drehen, ein 165 m hohes Riesenrad samt Aussichtsgondeln, das in der Nachbarschaft des Marina Bay Sands Hotels liegt.

# Singapur in zwei Tagen

Falls man zwei Tage Aufenthalt in Singapur hat, könnte man den ersten Tag wie oben beschrieben angehen, dabei aber erst einmal den Besuch des SkyPark oder Singapore Flyer auslassen und sich abends mehr Zeit in den Restaurants oder **Bars von Clarke Quay** oder Boat Quay gönnen. Von dort könnte man auch noch zum hell angestrahlten Merlion gehen. Von der die Figur umgebenden Plattform, dem **Merlion Park** 4, erhält man eine gute Aussicht auf das architektonisch so eigenwillige **Marina Bay Sands Hotel** 5 und auf die sogenannte „Durian", den nicht minder originellen Theaterkomplex **Theatres on the Bay** 8. An der Uferpromenade nahe dem Theaterensemble lässt es sich auch spätabends sehr gut sitzen und das Ambiente genießen. Nicht selten gibt es hier Open-Air-Konzerte.

*Die Wandmalereien in der Haji Lane [G3] sind ein beliebtes Fotomotiv*

Am zweiten Tage könnte man die **Insel Sentosa** (s. S. 204) erkunden. Am einfachsten wäre eine Taxifahrt auf die Insel, aber interessanter ist vielleicht die Fahrt mit der MRT zur Station HarbourFront, die sich unter der **VivoCity Mall** (s. S. 43) befindet, dem größten Shoppingcenter Singapurs. Vom 3. Stock des Einkaufspalastes kann man mit der Monorail-Bahn (Sentosa Express), einem eingleisigen kleinen Zug, zur Insel gelangen. Das Ticket samt Eintrittsgebühr für die Insel ist den ganzen Tag für beliebig viele Fahrten auf **Sentosa** gültig. Dazu bekommt man eine Karte von Sentosa ausgehändigt. Der Sentosa Express hat drei Stationen auf Sentosa: Waterfront Station (S1), Imbiah Station (S2) und Beach Station (S3). Man achte gleich bei der Ausfahrt aus VivoCity einmal auf das merkwürdige Gebäude mit dem hohen Schornstein auf der linken Seite: Dabei handelt es sich um die **St. James Power Station** (s. S. 80), ein ehemaliges Kohlekraftwerk, das heute zahlreiche Discos beherbergt.

008si Abb.: rk

KURZ & KNAPP

### SSdA: Singapur, Stadt der Abkürzungen

In kaum einer Gesellschaft werden so viele Abkürzungen benutzt wie in Singapur - sehr Vieles, z. B. Feiertage oder Straßen, ja sogar Menschen, wird auf ein paar flinke Großbuchstaben reduziert. Diese Eigenart wirkt sehr technokratisch, präzise, schnell und effizient. Hier ein paar geläufige Beispiele:

- **CNY** = Chinese New Year (chinesisches Neujahr)
- **CPF** = Central Provident Fund (eine Art obligatorisches Rentensystem)
- **ISA** = Internal Security Act (ein drakonisches Gesetz zur Staatssicherheit)
- **JB** = Johor Bahru (Singapurs malaysische Nachbarstadt)
- **LKY** = Lee Kuan Yew (s. S. 113)
- **LHL** = Lee Hsien Loong (LKYs Sohn und der gegenwärtige Premierminister)
- **NDP** = National Day Parade (Parade zum Nationalfeiertag)
- **NUS** = National University of Singapore
- **PAP** = People's Action Party (die Regierungspartei, s. S. 119; manche Singapurer machen daraus scherzhaft „Pay and Pay", ein Anspielung auf die angeblich immer steigenden Steuern und sonstigen Abgaben)
- **PR**= Permanent Residence oder Permanent Resident = Dauerwohnrecht oder (ausländische) Person mit Dauerwohnrecht
- **SAF** = Singapore Armed Forces (die singapurische Armee)
- **SGH** = Singapore General Hospital
- **SPG** = Sarong Party Girl; in Anspielung auf den asiatischen Wickelrock Sarong eine junge Frau oder Mädchen, das es auf weißhäutige Ausländer abgesehen hat)
- **SQ** = Singapore Airlines
- **The 5 C's** = Cash, Credit Card, Car, Condominium, Country Club (Zaster, Kreditkarte, Auto, Apartment und Mitgliedschaft im Golfklub - alles, was ein Singapurer anstrebt)

Sentosa bietet so viele unterschiedliche Attraktionen, dass man sich gut ein individuelles Programm zusammenschneidern kann. Zwischen den einzelnen Sehenswürdigkeiten pendeln kostenlose Busse von der Red Line, Blue Line und Yellow Line (letztere nur an Wochenenden und vor und an Feiertagen). Spielernaturen könnten einen Blick ins **Kasino des Resorts World Sentosa** 69 riskieren, der Eintritt ist für Nicht-Singapurer kostenlos. Das Spielen kann natürlich teuer werden! Das kann ein singapurischer Unternehmer bezeugen, der 2010 dort knapp 50 Mio. € verzockte. Auf dem **Imbiah Trail** (s. S. 205) kann man den Dschungel durchstreifen und **Fort Siloso** 67 ist ein bemerkenswertes Überbleibsel des Zweiten Weltkrieges samt Multimediaeffekten, die die Kriegszeiten lebendig werden lassen. Auf Sentosa lässt es sich gut einen halben oder fast den ganzen Tag verbringen.

Für Strandliebhaber finden sich hier gleich **drei Strände:** Siloso Beach, Palawan Beach und Tanjong Beach (s. S. 208). Die Strände sind mit ihrem weißen Sand und den Palmen überraschend schön. Dass der Sand aus Indonesien importiert und hier einfach aufgeschüttet wurde, fällt gar nicht auf! Vor allem der etwas abgelegene hübsche Tanjong Beach bietet absolute Ruhe. Nicht allzu sehr stören sollte man sich an den Frachtschiffen, die in langen Reihen vor der Küste liegen, auf die Einfahrt in den Hafen warten und sich langsam in dessen Richtung bewegen.

Bevor man mit der MRT wieder in die Stadt fährt, könnte man einen Blick in die riesige **VivoCity Mall** (s. S. 43) werfen, wo es Einkaufs- und Essensmöglichkeiten zuhauf gibt. Mit der MRT könnte man zurück in Richtung Innenstadt fahren, aber nur eine Station bis Outram Park, um dort in einen Zug in Richtung Pasir Ris umzusteigen; nach vier Stationen erreicht man die Station Bugis. Hier bietet sich ein Spaziergang durch die **New Bugis Street** [F3/G3] an, eine sehr belebte, kleine Einkaufsstraße mit preiswerten Modegeschäften und vielen Krimskramsläden. Als diese Straße in vorangegangenen Jahrzehnten noch einfach nur Bugis Street hieß, war sie eine berüchtigte Rotlichtmeile (s. S. 76). Heute ist sie „saniert", was viele Besucher, die Bugis noch aus den wilden Zeiten kennen, allerdings bedauern. Auf der anderen Straßenseite der Victoria Street, von der die New Bugis Street ausgeht, sieht man das **Bugis Junction Shoppingcenter** (s. S. 38). Es wurde über einigen ehemaligen Rotlichtgassen errichtet, die aus historischen Gründen als Gehpassagen im Shoppingcenter belassen wurden. Sie sind noch ausgeschildert wie damals: Hylam Street, Malabar Street etc. Es ist schon erstaunlich, wie in ein paar Jahrzehnten aus dem „Sündenpfuhl" ein modernes Einkaufszentrum geworden ist.

Von Bugis Junction gelangt man in fünf Minuten über die North Bridge Road in Richtung Nordosten zum kleinen Stadtteil **Kampong Glam** 41. Dort sind schon bald die hohe goldene Kuppel und die Minarette der **Sultan Mosque** 42 zu sehen. Dies ist Singapurs prächtigste Moschee und der Mittelpunkt von Kampong Glam, dem traditionellen alten malaiischen Stadtteil. Die Bussorah Street, die zum Haupteingang der Moschee hin verläuft, wurde zu einer hübschen Fußgängerzone ausgebaut, mit Geschäften und Open-Air-Restaurants. Die nahe Arab Street wird von zahlreichen **Teppich- und Textilgeschäften** flankiert, die von Arabern, Iranern und Indern geleitet werden. Dazu finden sich in den kleinen Straßen um die Moschee viele kleine Restaurants, die sich auf arabische, ägyptische, libanesische oder türkische Küche spezialisiert haben. Zum Essen wird die Shisha gereicht, die arabische Wasserpfeife. Zur Zeit des Sonnenuntergangs (ca. 19 Uhr) ist die Atmosphäre hier besonders verzaubernd – zumindest, wenn das Wetter mitspielt und der Himmel einigermaßen klar ist.

Besonders charmant präsentiert sich die westlich der Arab St. verlaufende schmale **Haji Lane** (s. S. 177) mit netten kleinen Lokalen und einigen Wandgemälden mit ägyptischen Motiven, die gute Fotomotive abgeben. Man beachte besonders das eine ganze Hauswand einnehmende Gemälde an der Ecke Haji Lane/Beach Rd., hinter dem sich ein spanisches Restaurant versteckt.

Nach einem Essen in Kampong Glam könnte man wie oben beschrieben per Taxi zum **SkyPark** 5 des Marina Bay Sands Hotel fahren oder eine Runde hoch über der Stadt im **Singapore Flyer** 7 absolvieren.

*So etwas erwartet man kaum in Singapur: meilenlanger weißer Strand, flankiert von sattem Grün. Der East Coast Park (s. S. 94) ist eines von Singapurs beliebtesten Erholungsgebieten.*

# Singapur in drei Tagen

Den dritten Tag in Singapur könnte man sich ganz nach individuellen Wünschen gestalten. Kulturliebhaber könnten gut einen halben Tag im sogenannten **Museum District** verbringen, dem Bereich um Stamford Road, Bras Basah Road und Waterloo Street. Hier findet man auf engstem Raum etwa ein halbes Dutzend Museen und Kunstakademien – allen voran das palastartige weiße Gebäude des **National Museum**, ein Muss für Kulturfreunde, das Asian Civilisations Museum (s. S. 81), das Singapore Art Museum (s. S. 84), eine ehemalige Kirche, wie man noch leicht erkennt, oder das Philatelic Museum (s. S. 85).

Auch das berühmteste Hotel Singapurs, das **Raffles Hotel** (s. S. 146 bzw. S. 259), ist nicht weit, ein weißer Prachtbau im Kolonialstil. Allein schon die alten Wandelgänge im Hotel, die von schicken Geschäften gesäumt werden, und der gemütliche Innenhof sind einen Blick wert. Man braucht nicht Bewohner des Hotels sein, jedermann kann die öffentlichen Bereiche des Hotels betreten. Die **Raffles Courtyard & Gazebo Bar**, in einem charmanten Innenhof gelegen, eignet sich gut für eine kleine Stärkung und in der berühmten **Long Bar** kann man ganz entspannt ein paar Drinks nehmen. Die Essens- und Getränkepreise im Raffles sind gar nicht so hoch, wie man es bei einem Hotel dieser Klasse erwarten könnte. Andererseits bietet sich auch das **CHIJMES** 14 an, ein ehemaliger Nonnenkonvent, der wunderschön restauriert und zu einem romantischen kleinen Bar- und Restaurantcenter umgebaut wurde. Vom Raffles liegt das CHIJMES nur ein paar Fußgehminuten entfernt.

Naturfreunde hingegen könnten den Großteil des Tages im Grünen verbringen – zunächst vielleicht im **Bukit Timah Nature Reserve** 59, einem unerwarteten, unberührten Stück Dschungel im Herzen Singapurs. Es gibt hier vier verschiedene Wanderpfade, wobei man für den anspruchsvollsten von ihnen etwa zwei Stunden benötigt. Am besten, man beginnt die Wanderung so früh wie möglich, denn unter dem dichten Blätterdach wird es sehr heiß und feucht. Das Naturreservat öffnet um 7 Uhr.

009si Abb.: rk

Von hier empfiehlt sich die Weiterfahrt zum **Jurong Bird Park** 63, in dem man zahlreiche Vogelgattungen beobachten kann, und das – wie immer in Singapur – in perfekt angelegter Parklandschaft und so tiergerecht und natürlich wie nur möglich. Im Anschluss an den Bird Park könnte man die Tagestour vielleicht mit einer Taxifahrt zum **East Coast Park** (s. S. 94) fortsetzen, Singapurs größtem Park. Hier lässt sich je nach Lust und Laune schwimmen, unter Palmen ausruhen, Fahrrad fahren oder ein Picknick abhalten, wie es viele Singapurer gern tun.

Abends lockt dann die Nachtsafari: Dem **Singapore Zoo** 50 ist eine Abteilung angeschlossen, die sich auf Nachttiere spezialisiert hat: die Night Safari. Um die zahlreichen Nachttiere zu beobachten, wird man teilweise durch das Gelände gefahren, teilweise geht man zu Fuß. Für viele Tierfreunde ist die **Nachtsafari** der Höhepunkt des Aufenthalts in Singapur. Kein Wunder, dass einige Länder das Konzept kopiert haben – doch Singapur macht es meist doch am besten.

Und wenn man es nicht so mit der Kultur oder mit der Wildnis hat? Dann erklärt man sich einfach zum Ehren-Singapurer und tut das, was die Einheimischen am liebsten tun: nämlich **essen und shoppen.** Diese beiden Aktivitäten sind die singapurischen Nationalsportarten und es finden sich endlose Möglichkeiten dazu. *Shop till you drop,* wie der Werbespruch der Tourismusbehörde einst lautete: „Shoppen bis zum Umfallen".

## Zur richtigen Zeit am richtigen Ort

Singapurs Kalender ist mit Festen und Veranstaltungen förmlich vollgespickt; beide werden als Touristenmagneten vermarktet. Die Termine der religiösen Feste richten sich nach dem Mondkalender und sind somit variabel. Die genauen Daten zu Festen in Chinatown 15 findet man unter www.chinatownfestivals.sg. Die buddhistischen und hinduistischen Feiertage werden i. d. R. **vom Mondkalender bestimmt** und sind somit beweglich. Die **offiziellen Feiertage sind mit *** gekennzeichnet.

### Januar bis März

- 1. Januar *: **Neujahrstag.** Viele Chinesen pilgern zum Kwan Im Tong Hood Cho Temple 46 in der Waterloo Street und beten um Glück für das kommende Jahr.
- Januar: **M1 Singapore Fringe Festival.** Ein über 10-tägiges Festival mit Musik, Tanz, Theater und vielen Künsten am Rande (www.singaporefringe.com).
- Januar: das viertägige **tamilische Erntedankfest Pongal.** Der Name Pongal stammt von einem Gericht aus Reis, Milch und Zuckerrohr, das zu diesem Ereignis rituell gekocht und gegessen wird.
- Januar/Februar: **das hinduistische Thaipusam** (s. S. 22), das mit Abstand bizarrste aller Feste in Singapur
- Ende Jan./Anf. Feb.*: **Chinese New Year (CNY).** Das chinesische Neujahr ist das wichtigste chinesische Fest, von der Bedeutung her ähnelt es unserer Weihnacht. Schon Wochen vorher werden die Straßen geschmückt, vor allem in Chinatown, und es werden Geschenke und Leckereien gekauft. Eine der beliebtesten Delikatessen ist *bak kwa,* eine

Art gepökeltes Schweinefleisch. Die Farbe Rot dominiert das Bild, die chinesische Farbe für Glück. Rote Früchte – Orangen, Mandarinen, Parsimonen u. Ä. – erfreuen sich großer Beliebtheit. Das Neujahrsfest selbst dauert etwa eine Woche, viele Arbeitnehmer bekommen frei und fahren in Urlaub. Chinesen aus Nachbarländern wiederum reisen nach Singapur. In diesen Tagen ist es schwer, einen Flug von oder nach Singapur zu bekommen.

- Februar: **Chingay Parade,** eine Art multikultureller Karneval, mit opulenten Paraden, grandiosen Festwagen und kulturellen Veranstaltungen (www.chingay.org.sg). 2010 wurde Schwulengeschichte in Singapur geschrieben, als zum ersten Mal eine Schwulenabordnung bei einer Parade teilnehmen durfte. Genau genommen waren es nur zwei mutige Männer mit Regenbogenflagge, aber immerhin. Die Medien ulkten, dass nun endlich auch das *gay* bei Chingay gerechtfertigt sei.

## April bis Juni

- ca. April *: **Karfreitag**
- ca. April: das zweiwöchige **Singapore International Film Festival** (www.sgiff.com)
- 13. April: **Vaisakhi, das Neujahr der Sikhs,** gefeiert in den *Gurudwaras,* den Sikh-Tempeln. Auch für Buddhisten aus Sri Lanka und Thailand ist dies der Neujahrstag.
- 1. Mai *: **Labour Day,** Tag der Arbeit
- Mai *: **Vesak, Buddhas Geburtstag** (der genaue Termin ist variabel), gefeiert in buddhistischen Tempeln. Besonders ungewöhnliche Festlichkeiten finden an diesem Tag auf Pulau Ubin 74 statt.

KURZ & KNAPP

### Viele Religionen, viele Feste

Singapur ist ein Staat, in dem Angehörige unterschiedlichster Glaubensrichtungen leben. Er feiert als solcher auch zahlreiche religiöse Feste. Prozentual sieht die Verteilung der Religionszugehörigkeit so aus:

- **Buddhisten/Taoisten:** 44,2 %
- **Christen:** 18,3 %
- **Muslime:** 14,7 %
- **Hindus:** 5,1 %
- **Andere:** 0,7 %
- **Keine Religion:** 17 %

In der Statistik werden Buddhisten und Taoisten (Daoisten) separat geführt, in der Praxis sind die Übergänge jedoch fließend. Zahlreiche Informationen zur taoistischen Lebensweise siehe im Buch „Daoismus erleben" von Hanne Chen, erschienen im Reise Know-How Verlag.

010si Abb.: rk

*Morgens ab 10 Uhr werden im Buddha Tooth Relic Temple 16 inbrünstige Gebetsrituale vollführt*

## Thaipusam: Fest mit Haken, Ösen und Ekstase

*„Vel! Vel! Vel!“, intoniert inbrünstig ein ekstatischer Chor, gläubige Hindus, die sich gegen drei Uhr morgens im Srinivasa Perumal Temple* 37 *an der Serangoon Road versammelt haben. „Speer! Speer! Speer!“, rufen sie immer wieder mit schlachtrufartiger Intensität. Der dramatische Gesang untermalt einen bizarren Akt: Einige der Anwesenden durchstechen sich Zunge oder Wangen mit Metallspeeren, rammen sich furchterregend lange Nadeln in den Körper oder lassen sich von Familienmitgliedern bösartig gewundene Haken in den Rücken schlagen. Kaum sind die Haken in die Körper gestochen, fallen einige in eine derwischartige Trance, drehen sich wie besessen im Kreise und tanzen durch die umstehende Menge. Andere verweilen stoisch, sich auf ihre Wunden konzentrierend. Manche lassen sich ein paar Dutzend Haken ins Rückenfleisch winden, an die Limonen oder kleine Milchgefäße gehängt werden; einige befestigen Seile an den Haken, mit denen sie kleine Festwagen durch die Straßen ziehen; andere wiederum laufen auf einer Art mittelalterlichem Nagelschuh, bei dem Dutzende von Nägeln in die Fußsohlen drücken.*

*Jedes Jahr am Vollmondtag des tamilischen Monats Thai feiern Singapurs tamilische Hindus Thaipusam, das dem Gott Murugan (auch Subramaniam genannt) gewidmet ist. Als Gegenleistung für ihre Pein versprechen sich die Teilnehmer den Segen des Gottes oder die Heilung eines erkrankten Familienmitglieds.*

*Das im wahrsten Sinne des Wortes schwerste Opfer beim Thaipusam ist das Tragen eines „Kavadi“, eines ca. 30 kg schweren, hohen Metallgestänges. Dieses drückt mit exakt 108 langen Nadeln auf den Körper des Trägers (108 ist eine heilige Zahl im Hinduismus). An seinem oberen Ende ist der „Kavadi“ mit Pfauenfedern geschmückt, ein Symbol des Gottes Murugan. Die „Kavadi“ werden in einer Prozession vom Perumal Temple zum 3 km entfernten Thandayuthapani Temple* 30 *in der Tank Road getragen – ein selbstschinderisches Unterfangen, das nur durch Willenskraft und vielleicht eine Portion Trance zu bewerkstelligen ist. Die Anfeuerungsrufe der Familienmitglieder der Träger helfen sicherlich auch. Und verblüffend bei der ganzen Sache ist: Es fließt kaum jemals ein Tropfen Blut und nachdem die Speere und Nadeln am Thandayuthapani Temple herausgezogen worden sind, bleibt kaum eine Wunde oder Narbe übrig.*

*Wie die meisten hinduistischen Bräuche so beruht auch das Thaipusam-Fest auf einer alten Legende. Der Überlieferung nach benötigte der heilige Agastya zu religiösen Ritualen einige Pflanzen, die nur auf den Bergen Shaktigiri und Shivagiri wuchsen. Er beauftragte einen Getreuen namens Idumban, die Berge heranzuschaffen. Idumban hob die Berge empor, band sie an die beiden Enden einer Stange und trug sie davon. Da setzte sich der Gott Murugan auf eines der Enden und die Last wurde so schwer, dass Idumban sie nicht mehr tragen konnte. Idumban begann, inbrünstig zu Murugan zu beten. Bald darauf erschien ihm der Gott und verhieß, dass jeder, der an diesem Tage*

011si Abb.: rk

*eine Last für ihn trüge und ihm Opfergaben von Sandelholz, Blumen und Milch darbrächte, gesegnet werden würde. Und so befolgt man es noch heute in Singapur. Am gleichen Tag findet das Fest übrigens auch an einigen Orten in Malaysia statt.*

*Den ganzen Tag hindurch starten kleine Gruppen von Festteilnehmern am Perumal Temple und ziehen in Richtung Thandayuthapani Temple. Dazu gewährt die Polizei ihnen eine eigene Fahrspur auf der Straße. Überall entlang des Weges finden sich Gläubige und Schaulustige ein, darunter auch völlig verblüffte - oder gar schockierte - Touristen.*

*Ganz im Sinne der singapurischen Ordnungsliebe sorgen die Behörden dafür, dass das Fest nicht allzu sehr außer Rand und Band gerät. Feuerwerkskörper und laute Musik, die das Fest in Indien oder Malaysia untermalen, sind verboten. Ekstase und Ordnung - beim Thaipusam in Singapur scheinen sie zwangsweise eine Symbiose eingegangen zu sein.*

*Thaipusam ist variabel und findet am Vollmondtag zwischen Mitte Januar und Mitte Februar statt. Am Vorabend beginnen die Feierlichkeiten im Sri Layan Sithi Vinayagar Temple in Chinatown mit einer Prozession der Statue des Gottes Murugan (ab ca. 18.30 Uhr). In der folgenden Nacht (ab ca. 3 Uhr) versammeln sich die „Prozessanten" am Srinivasa Perumal Temple* **37** *an der Serangoon Road in Little India. Hier kann man beobachten, wie sich die Teilnehmer ihre „Kavadis" mit den Speerspitzen aufsetzen oder andere sich Haken und Ösen in den Körper stechen lassen. Den ganzen Tag über verlaufen die Prozessionen entlang der Serangoon Road durch Little India, dann geht es entlang der Selegie Road, vorbei an Dhoby Ghaut, entlang Penang Road und Clemenceau Avenue zum Thandayuthapani Temple. Dort entledigen sich die Festteilnehmer ihrer Folterinstrumente, manche ruhen sich erst einmal ordentlich aus, andere scheinen völlig frisch, munter und unversehrt.*

*Es sind über 10.000 Gläubige, die sich jedes Jahr den unterschiedlichen Selbstkasteiungen unterziehen; und so heißt es auch im nächsten Jahr wieder „Vel! Vel! Vel! Ehre sei dem Gott Murugan!"*

› *Nächste Termine: 28.01.2016, 02.02.2017, 31.01.2018*

## Zur richtigen Zeit am richtigen Ort

- **Shakespeare in the Park,** ein mehrtägiges Shakespeare-Festival mit englischsprachigen Theateraufführungen im Fort Canning Park 13, dargeboten vom Singapore Repertory Theatre (www.srt.com.sg).

### Juli bis September

- ca. Juli: **Sundown Festival,** Musikfestival auf Sentosa (s. S. 204) mit zahlreichen asiatischen Künstlern (www.sundownfestival.sg)
- ca. Juli: **Duan Wu Jie, das chinesische Drachenbootfest.** Im Bedok Reservoir (s. S. 91) werden spannende Rennen in bunten Drachenbooten abgehalten. Es treten zahlreiche Teams gegeneinander an, angefeuert von Tausenden von Zuschauern. Das Drachenbootrudern wird sehr ernst genommen und es gibt sogar einen Verein dazu (Singapore Dragon Boat Association, www.sdba.org.sg).
- Juli/August: **Hungry Ghost Festival;** ein chinesisches Fest, an dem Geistern, die angeblich zu dieser Zeit die Erde be- oder heimsuchen Essensgaben oder andere Opfer dargebracht werden. An den Straßen werden Altäre aufgebaut und abends Aufführungen chinesischen Theaters mit Darstellern geboten, die in äußerst bunte, fotowirksame Kostüme gekleidet sind.
- 9. August *: **Singapore National Day,** der singapurische Nationalfeiertag, Singapurs stolzester Tag und die Zeit, Flagge zu zeigen. Schon Wochen zuvor wird die Nationalfahne an Häusern und öffentlichen Gebäuden ausgehängt. Am großen Tag selbst werden Umzüge und Paraden aller Art abgehalten (NDP = National Day Parade). Die Luftwaffe fliegt im Pulk über die Köpfe der Zuschauer hinweg, hinterlässt Kondensstreifen in den Nationalfarben Rot und Weiß und Fallschirmjäger demonstrieren ihre Fähigkeiten im Zielspringen. Einer der Höhepunkte ist der *Fly Past,* wenn eine gigantische singapurische Flagge von Hubschraubern gezogen über die Zuschauer geflogen wird. Gute Beobachtungsmöglichkeiten bieten sich entlang der Marina Bay. Zu guter Letzt gibt es ein Feuerwerk. Der Nationalfeiertag ist unverhohlen patriotisch, aber doch auch bewegend, wenn man bedenkt, was dieses winzige Land in ein paar Jahrzehnten vollbracht hat. Etwa zwei

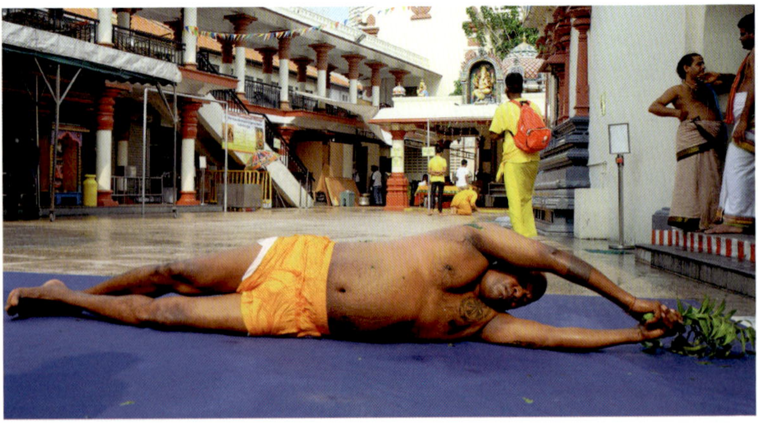

012si Abb.: rk

Wochenenden vor dem eigentlichen Ereignis findet eine Generalprobe statt, in der man genau dasselbe erleben kann wie oben, nur halt noch nicht „in echt". **2015** versprechen die Feiern zum Nationalfeiertag besonders mitreißend zu werden, denn dann feiert Singapur sein 50-jähriges Bestehen.

› ca. August/September: Das chinesische **Mid-Autumn Festival** (auch: **Mooncake Festival** oder **Lantern Festival**), zu dem das Zentrum von Chinatown (s. S. 149) einen Monat lang mit bunten Lichter- und Laternenketten geschmückt ist. Dazu gibt es Musikprogramme, und die Chinesen halten sich an den leckeren, runden „Mondkuchen" schadlos, die überall in Chinatown angeboten werden.

› ca. August/September: **Hari Raya Puasa** *, das Ende der muslimischen Fastenperiode. Singapurs Muslime zelebrieren einen Festschmaus.

› Ende September: der dreitägige **Singapore Grand Prix,** ein Formel-1-Rennen bei Nacht, zum ersten Mal abgehalten 2008, eines der Highlights des singapurischen Event-Kalenders. Die Rennwagen flitzen um den Padang und durch die umliegenden Bereiche und wohl dem, der sich ein Hotelzimmer im Swissôtel Stamford leisten kann, von dessen oberen Etagen an der Westseite sich der perfekte Ausblick bietet. Eine gute Sicht dürfte sich auch vom SkyPark des Marina Bay Sands Hotels ergeben, wenn auch aus größerer Entfernung. Wahrscheinlich wird man an diesem Tag nicht mit der üblichen Eintrittsgebühr von 23 S$ davonkommen. Auch die Hotels ziehen ihre Preise in der betreffenden Woche enorm an, trotzdem ist es schwer, ein Zimmer zu bekommen, und die Tickets zum Rennen sind auch blitzschnell ausverkauft (www.singaporegp.sg). Die Preiserhöhungen bei den Hotels sind übrigens nicht reine Geldschneiderei der Hotels: Die singapurische Regierung kassiert zur Zeit des Grand Prix höhere Steuern von den Hotels ab, die letztere natürlich auf ihre Gäste abwälzen; dann wird noch mal etwas von Seiten der Hotels aufgeschlagen, und flugs hat man Hotelpreise, die sich auf das Doppelte oder Dreifache des Normalpreises belaufen.

013si Abb.: rk

*Der Sri Mariammam Temple* 17 *ist Austragungsort des Thimiti-Festes*

*Bei manchen Hindu-Festen rollen sich die Teilnehmer um den Tempel*

## Oktober bis Dezember

- ca. Oktober: **das hinduistische Fest Thimithi,** zu dem Gläubige im Sri Mariammam Temple 17 in Chinatown über glühende Kohlen laufen. Die Vorbereitungen und Vorgebete beginnen schon am Tag zuvor im Srinivasa Perumal Temple 37 an der Serangoon Rd., von dem die Festteilnehmer schließlich zum Mariammam-Temple wandern – barfuß und in gelbe oder safranfarbige Kleidung gehüllt. Dabei wird auch ein Festwagen mit einer Statue der Göttin Draupadi mitgezogen, die durch das Fest geehrt wird. Das Laufen über die glühenden Kohlen findet ab ca. 20 Uhr statt und dauert bis tief in die Nacht. Insgesamt sind es etwa 4500 Läufer; nur Männer sind zugelassen. Das Feuerlaufen gilt als eine Art „Feuerprobe" zu Ehren Draupadis, die für ihre Reinheit verehrt wird. Zum Fest versammeln sich viele Tausende von Menschen um den Tempel, und es ist nicht leicht, einen Platz zu finden, von dem sich das Feuerlaufen gut überblicken lässt. Aus diesem Grund wird das Geschehen meist auch auf einer Leinwand übertragen.
- Oktober/November: **Deepavali oder Diwali *,** das hinduistische „Fest der Lichter". Little India wird festlich geschmückt und man entzündet Lichter, die den Sieg des Guten über das Böse symbolisieren. In der Campbell Lane [F2] neben der Little India Arcade, einer Fußgängerzone, und an und an anderen Stellen werden Basare abgehalten, bei denen Souvenirs, Kleidung und viel Essbares angeboten werden. Feuerwerkskörper, so wie sie in Indien zu dem Fest abgebrannt werden, sind in Singapur verboten.
- November: **Hari Raya Haji,** muslimisches Fest, das der Bereitschaft Abrahams (Ibrahims) gedenkt, seinen Sohn zu opfern.
- 25. Dezember *: **Weihnachten.** Wer geglaubt hat, hier dem europäischen Weihnachtsfest entfliehen zu können, hat sich getäuscht. Schon Wochen vorher werden die Shoppingcenter mit Weihnachtsliedern beschallt und die Kaufhäuser wetteifern um die schönste Weihnachtsdekoration. 14,6 % der Singapurer sind Christen, vor allem Chinesen. Manche sind erst in der jüngeren Vergangenheit zum Christentum übergetreten und es ist nicht ungewöhnlich, wenn in einer Familie Buddhisten und Christen unter einem Dach wohnen. Aber auch die Nichtchristen lassen sich nicht zweimal bitten, wenn es ums Feiern, vor allem aber ums Shoppen und Essen geht.
- Dezember: das **ZoukOut Festival,** eine riesige Tanzparty auf Sentosa mit vielen internationalen DJs (www.zoukout.com), findet statt.
- 31. Dezember: **New Year's Eve, Silvester.** Viele Menschen feiern in öffentlichen Partyzonen, z. B. auf der Orchard Rd., und es gibt das obligatorische (offizielle) Feuerwerk. Private Böller sind nicht gestattet.
- Darüber hinaus lässt sich die Tourismusbehörde stets etwas einfallen – irgendwas ist in Singapur immer los. Das kann der **Great Singapore Sale** sein (www.greatsingaporesale.com), ein riesiger Sommerschlussverkauf mit Preisreduktionen von 30 bis 70 % zwischen Mai und Juli, oder irgendein Food-Festival, auf dem Leckereien aus aller Welt vorgestellt werden.

# AUF INS VERGNÜGEN

014si Abb.: rk

# Singapur für Citybummler

Ganz Singapur ist ausgezeichnet für Spaziergänge geeignet, kaum irgendwo in Asien haben es Fußgänger so gut. Hier nur ein ganz spezieller Vorschlag, mitten im Herzen der Stadt.

## Spaziergang am Fluss

Einen der gemütlichsten Spaziergänge in der Innenstadt kann man sich am Singapore River gönnen – und wo ließe es sich besser beginnen als an **Raffles' Landing Site** ①, an der Stelle, an der Stamford Raffles (s. S. 114) zum ersten Mal in der „Löwenstadt" an Land gegangen war?

Die hier befindliche **Raffles-Statue** ist wie geschaffen für ein Erinnerungsfoto. Beachtenswert sind hier auch die majestätisch wirkenden, fächerartigen Gewächse, die in der Nähe des Standbildes angepflanzt sind. Dies sind Exemplare der sogenannten **Travellers' Palm** *(Ravenala madagscariensis),* die in Madagaskar heimisch ist. Eigentlich ist sie eher ein Baum als eine Palme, aber das macht nichts, sie setzt an dieser Stelle einen willkommenen tropischen Tupfer hinzu. Einem weiteren exotischen Tupfer begegnet man, falls die indischen Schlangenbeschwörer anwesend sind, die hier oft ihrem alten Gewerbe (in Indien inzwischen offiziell verboten) mit dem Segen der Tourismusbehörde nachgehen. Ein Foto mit einer Schlange um den Hals – meist ist es eine weiße Python – kostet nur ein paar Dollar. Der alte Raffles, die Arme verschränkt, schaut aus dem Hintergrund prüfend zu.

Weiter in Richtung Nordwesten gehend, sieht man nun links die gesamte Frontseite des **Boat Quay** [E5–E6], all die bunten kleinen Häuser mit ihren roten Ziegeldächern, allesamt fein säuberlich nebeneinander aufgereiht. Ein Stück weiter in Richtung Nordwesten kann man rechts einen kurzen Blick auf das trutzig wirkende **neue Parlamentsgebäude** werfen, mit der singapurischen Flagge auf dem Dach. An dieser Stelle führt nun eine Unterführung unter der North Bridge Road hindurch. Auf der anderen Seite gelangt man erst einmal an einen Flussabschnitt ohne nennenswerte Sehenswürdigkeit. Doch schaut man sich einmal rückwärts um, erhebt sich im Hintergrund das unverwechselbare **Marina Bay Sands Hotel** ⑤, das riesige „Schiff" auf seinem Dach ist eine beinah unwirkliche Erscheinung.

*Je größer die Pein, desto höher das religiöse Verdienst: Thaipusam (s. S. 22)*

### Routenverlauf im Stadtplan

Der hier beschriebene Spaziergang ist mit einer farbigen Linie im Stadtplan eingezeichnet.

EXTRATIPP

### In der Stadt unterwegs

Mit den Zügen der MRT und den Bussen sind fast alle Sehenswürdigkeiten leicht zu erreichen. Bei einigen in den Außenbereichen liegenden Lokalitäten wäre vielleicht ein Taxi zu erwägen, da man so etwas Zeit und Umstände sparen kann. Teuer muss es mit den Taxis nicht werden: Die meisten Fahrten von der Innenstadt in die Außenbezirke dürften umgerechnet ca. 5 bis 10 € kosten.

016si Abb.: rk

Ein paar Schritte weiter nordwestlich führt noch einmal eine Unterführung unter zwei nebeneinander liegenden Straßen hindurch und oben aufgetaucht befindet man sich nun am **North Boat Quay.** Geradeaus erhebt sich das Gerüst von **G-Max Bungee** (s. S. 131); rechts zeigt sich ein massives, graues Haus mit zahlreichen, kunterbunten kleinen Fenstern. Dies ist das **Gebäude von MICA,** des *Ministry of Information, Communication and The Arts* (140 Hill St.). Die verschiedenfarbigen Fenster sollen Singapurs ethnische Vielfalt symbolisieren. Das klotzige Gebäude wurde in den 1930er-Jahren an der Stelle eines ehemaligen Gefängnisses errichtet und diente lange als Polizeistation. Damals war es das größte und höchste Bauwerk Singapurs und galt mit seinen sechs Stockwerken quasi als „Wolkenkratzer".

Aufgrund seiner farbenfrohen Fenster ist das Haus heute ein kleiner Augenschmaus, vor allem in der Dämmerung, wenn das Haus beleuchtet ist und die bunten Fenster besonders gut zur Geltung kommen.

1998 wurde das Gebäude zum Nationaldenkmal erklärt.

Geht man nun weiter westlich am **Clarke Quay** [E5] vorbei oder vielleicht in die kleinen Gassen des Viertels hinein, so bietet sich hier eine Vielzahl von Restaurants. Einige weitere Lokale sind auf alten *bum boats* angelegt, die am Ufer festgemacht sind – Spezialität ist hier

*Die Alkaff Bridge [C5] am Robertson Quay erstrahlt abends in poppigem Rot*

## Beruf ohne Zukunft: Singapurs Schlangenbeschwörer

*Die wenigen noch existierenden Schlangenbeschwörer in Singapur sind zumeist die Nachfahren der ersten Schlangenbeschwörer in der Stadt, die aus Pune (Poona) in Indien stammten und heute singapurische Staatsbürger sind. Schlangenbeschwörer sind schon im frühen 19 Jh. in Singapur verbrieft - in den 1830er-Jahren lebten einige von ihnen in der Buffalo Road [E1-F2] in Little India, in unmittelbarer Nachbarschaft zu Wahrsagern und Prostituierten. Manche gaben ihre Fähigkeiten an Malaien weiter. Die Schlangenbeschwörer sind allesamt Muslime, obwohl es der Hinduismus ist, in dem Schlangen oft mit Göttern oder dem Göttlichen assoziiert werden.*

*Gefährlich ist der Umgang mit den Schlangen nicht: Im Falle von Giftschlangen sind ihnen die Giftzähne gezogen, und die in Singapur zumeist vorgeführten Schlangen - Pythons oder Albino-Pythons - sind so träge, dass man sie schon heftig zur Bewegung animieren muss. Kobras sind nicht erlaubt, auch wenn ihnen, wie üblich, die Giftzähne gezogen sind. Die Schlangenbeschwörer spielen ein Blasinstrument, das „naskar" oder „bin", nach dessen Klang sich die Schlangen angeblich bewegen; in Wahrheit aber besitzen Schlangen gar kein Gehör und folgen lediglich der Bewegung des Instruments, so als wäre es ein Beutetier oder ein Feind.*

*Schlangenbeschwörer gingen ihrem Gewerbe auch früher schon an Orten nach, wo Touristen anzutreffen waren - so am Raffles Hotel (s. S. 146), auf dem Elizabeth Walk, am Customs House, wo man auf eintreffende Schiffe wartete, oder im Hafen-Viertel Tanjong Pagar. Zur Aufbesserung ihres Einkommens verkauften sie Tiger Balm, das - abgesehen von seiner erquickenden Wirkung - früher ein beliebtes Mitbringsel aus Singapur war, und gaben auch einige kleine Zaubertricks zum Besten.*

*Die Männer mit den Schlangen benötigen heute eine spezielle Lizenz seitens der Regierung, die aber gerne ausgehändigt wird, denn ihre Anwesenheit gilt als eine „exotische" Touristenattraktion und der Tourismus ist lebenswichtig für Singapur. Außer am Singapore River trifft man heute noch den einen oder anderen Schlangenbeschwörer auf Sentosa (s. S. 204) an. Keines der Kinder der heutigen Schlangenbeschwörer aber wird die Familientradition fortführen, denn im modernen Singapur steckt man sich heute höhere Karriereziele. Falls es also keinen frischen „Import" aus Indien gibt, wird der Beruf in Singapur bald ausgestorben sein.*

015si Abb.: rk

*Über das Internet kann der Malaie Mohamed Yusof Kassim gebucht werden, auch unter dem Namen „Schlangen-Yusof" bekannt, der neben seiner Schlangen-Show auch nach Leibeskräften zaubert (www.singaporesnakecharmer.com).*

Seafood. Einen besonderen Blick wert ist das Restaurant der Kette IndoChine hier am Clarke Quay, genannt **The Forbidden City.** Das prächtige Gebäude (Clarke Quay Blk. A #01-02) wurde in den 1880er-Jahren vom reichen Kaufmann Tan Yeok Nee gebaut und hieß ursprünglich Lian Yi Xuan oder „River House". Die chinesischen Kriegerstatuen, die den Weg in das Gebäude flankieren, verleihen dem leicht majestätischen Eindruck des Hauses weiteren Nachdruck.

Am westlichen Ende von Clarke Quay überspannt die Ord Bridge den Fluss. Über diese kann man auf das andere Ufer wechseln. Geht man nun zurück in die Richtung, aus der man gekommen ist, passiert man **Riverside Point**, ein wie ein altes Großkontor aussehendes Gebäude samt zentralem Turm.

Vor dem Riverside Point haben sich einige Open-Air-Restaurants eingerichtet. Eines davon ist **Brewerkz** (s. S. 62), ein Restaurant mit Mini-Brauerei, dessen Flüssigprodukt man nun fachmännisch antesten könnte. Der Besitzer des Restaurants ist Amerikaner (ihm gehört fast der ganze Block), aber das Bier ist trotzdem (!) gut und hat schon die eine oder andere Auszeichnung erhalten.

Weiter östlich befinden sich nun wieder Tiefpassagen, durch die man die Straßen unterschreiten kann. Hier trifft man möglicherweise auch auf eine Seltenheit: einen singapurischen Straßenmusikanten.

**Straßenmusiker** haben es nicht leicht in der Stadt. Um öffentlich spielen zu dürfen, benötigen sie nämlich eine staatliche Lizenz, die sie allerdings nur bekommen, wenn sie bei einer Art singapurischem beamteten Dieter Bohlen durchgewinkt wurden. Das schafft natürlich nicht jeder.

KURZ & KNAPP

### Schlechtes Feng Shui bei der Polizei

In seiner Frühphase als Polizeistation galt das heutige MICA-Gebäude (s. S. 29) als „mit schlechtem Feng Shui behaftet" (s. S. 180). Nach seiner Fertigstellung verbuchten die Geschäftsinhaber in seiner Nähe Einkommenseinbußen, was angeblich durch die landschaftliche Veränderung hervorgerufen wurde, die der Bau verursacht hatte. Zuvor hatte das Gebiet die Form eines „peh toh" besessen, eines chinesischen Fisches, der als Glückssymbol gilt. Das chinesische Wort für „Fisch", „yu", klingt sehr ähnlich wie das Wort für „Überfluss", und unter Chinesen finden solche Ähnlichkeiten große Beachtung. Durch die baulichen Veränderungen war die Fischform zerstört und damit ging es auch mit dem geschäftlichen Glück zu Ende. 1998 wurde das Gebäude – allem Aberglauben zum Trotz – unter Denkmalschutz gestellt und heute präsentiert es sich schöner denn je.

017si Abb.: rk

EXTRATIPP

## Touren in der „Schwimmenden Bar“

Hier an der OUB Plaza könnte man die Tour nun schwimmenderweise fortsetzen, und zwar an Bord von Singapurs erster „Floating Bar“, **Float@TheBay.** Das lohnt besonders abends, wenn die Lichter der Gebäude am Fluss glitzern und glänzen, ja selbst das Boot leuchtet dann in allen möglichen Disco-Farben. An der OUB Plaza befindet sich eines der Piers, an dem Gäste die Schwimmende Bar entern können (ab 19 Uhr). Die anderen Haltepunkte sind Clifford Pier, Marina Bay Sands (am ArtSience Museum [G6]) und Marina Bay City Gallery (jeweils ab 19 Uhr). Zur preiswerten „Happy Hour“ (17–19 Uhr) hält das Boot nur am Clifford Pier und dem Marina Bay Sands. Bei den Fahrten wird man den gesamten Boat Quay entlang und durch die Marina Bay geschippert und kann dabei fröhlich zechen.

Bitte beachten: Nur für Personen ab 18 Jahren. Minimumverzehr 28 S$++. Kleidung *„smart casual“*, d. h. leger, aber ordentlich. Sandalen sind tabu. Kein Rauchen an Bord und keine Speisen oder Getränke von außerhalb.

V1 [F6] **Float@TheBay,** Tel. 81399115, www.floatatthebay.com.sg, tgl. 17–24 Uhr. Nach Anruf kann man am Fluss abgeholt werden. Das Boot kann auch für private Feiern angeheuert werden.

018si Abb.: rk

Bei Wiederauftauchen aus der Unterführung hat man nun **Boat Quay** erreicht und es bietet sich die Auswahl zwischen Dutzenden von Open-Air-Lokalen. Eines liegt neben dem anderen. Etwas nerven können die Restaurantangestellten, die einen alle paar Meter ansprechen und in ihr Lokal locken wollen. Dieses Werben oder *touting* ist in Singapur eigentlich verboten und die *touts* sind meist auch sehr unaufdringlich und höflich. Ein Satz „Singlish“ (s. S. 127) oder Malaiisch wäre hier hilfreich: *„Suda makan, lah!“* – „Ich habe schon gegessen!“ Da lässt jeder *tout* gleich von einem ab.

Wenn man gegen Spätnachmittag bei gutem Wetter am Boat Quay eintrifft, sieht man auf der anderen Flussseite das **Empress Place Building** ❷ und **Raffles' Landing Site** ❶ in wunderschönes Sonnenlicht getaucht

*Raffles-Denkmal an Raffles‘ Landing Site* ❶

Bei der Restaurierung von Boat Quay hat die singapurische Baubehörde auch an kleinste Details gedacht: Geht man direkt an den Rand des Flusses, da wo einige Treppen hinunterführen, sieht man noch die altertümlichen Eisenpoller, an denen früher die „*bum boats*" festgemacht wurden. Selbst diese Eisenpfeiler wurden liebevoll restauriert. Beenden könnte man den Rundgang nun noch etwas weiter östlich auf dem großen Vorplatz des **UOB Plaza** [E6]. Hier finden sich nachmittags und abends zahlreiche Angestellte aus den benachbarten Bürotürmen zum Plausch oder zum Entspannen ein. Von den Sitzbänken aus schaut man den Fluss entlang in Richtung Boat Quay und kann im Geiste die soeben begangene Route noch einmal zurückverfolgen.

## Einmal quer durch die Kulturen – Besichtigungstour in drei Stadtteilen, zu Fuß und per MRT

Little India 33, Chinatown 15 und Kampong Glam 41 sind die kulturell interessantesten Stadtteile Singapurs, und die folgende Tour ist so angelegt, dass man diese so zeit- und energieeffizient wie möglich hintereinander besuchen kann. Die große Hitze und Luftfeuchtigkeit kann Besuchern sehr zusetzen, aber mit ein wenig Planung lässt sich auch an einem einzigen Tag vieles sehen, ohne – hoffentlich – abends völlig erschöpft aus den Schuhen zu fallen.

Beginnen wir die Tour in Little India, und zwar passenderweise an der MRT-Station Little India. Von dort sind es nur ein paar Schritte zu dem farbenprächtigsten Haus des Viertels, **The House of Tang Teng Niah** 34. Geht man die schmale Gasse an der Nordwestflanke des Hauses in südliche Richtung, so stößt man nach ein paar Metern auf die **Buffalo Road** [E–F1]. Entlang dieser eröffnet sich buntes Marktgeschehen, mit einigen Gemüseläden und auch Ständen, die vielfarbige Blumenketten veräußern, die in den Tempeln als Opfergaben abgelegt werden. Kommt man vom House of Tang Teng Niah, sieht man als Erstes einen Gemüsestand, dessen Auslage von darüber angebrachten hinduistischen Götterfiguren bewacht wird. Da schmecken die Gemüse gleich doppelt so gut. Verzehren kann man sie in einigen indischen (zumeist vegetarischen) Restaurants in der Straße, so z.B. im **Komala Vilas** (s. S. 60), das von seiner schlichten, funktionellen Aufmachung her direkt aus Tamil Nadu importiert worden sein könnte.

019si Abb.: rk

*Beim Tooth Relic Temple 16 sollte man auf die architektonischen Details achten*

Auf der anderen Seite der Serangoon Rd., der verkehrsreichen Hauptstraße, die das Viertel durchzieht, steht das kleine Einkaufscenter **Little India Arcade**, in den man vornean gleich den **Moghul Sweets Shop** (s. S. 170) entdeckt. Durch die daneben gelegene Campbell Lane und die Clive Street gelangt man zur Backpacker-Straße Dunlop Street und der daran gelegenen **Abdul Gaffoor Mosque** 35. Sie ist die schönste Moschee des Viertels – na gut, zugebenermaßen gibt es auch nur zwei, aber das Gebäude ist tatsächlich einen Blick wert. Sehenswert dürfte auch das **Indian Heritage Centre** an der Ecke Campbell Ln./ Clive Rd. sein, das im ersten Quartal 2015 seine Pforten öffnen müsste.

Man kann sich nun durch jede beliebige der kunterbunten Gassen zurück einen Weg zur Serangoon bahnen, und auf Schritt und Tritt wird einem indische „Exotik" entgegenschlagen – sei es in Form von indischen Schneidern, die auf dem Bürgersteig mit ihren altertümlichen Nähmaschinen kleine modische Änderungen vornehmen, oder in Form von urigen kleinen Friseursalons, die mit den Bildern tamilischer Filmstars geschmückt sind, und in denen sich indische Gastarbeiter für ein paar Dollar die Haare schneiden und barbieren lassen.

Etwas weiter nordwestlich bildet der **Sri Veerama Kaliammam Temple** 36 so etwas wie Little Indias inoffizielles Zentrum. Von hier kann man die Serangon weiter in Richtung Nordwesten gehen – vielleicht mit kleinen Abstechern in die Seitengassen – und erreicht bald die Syed Alwi Road und das **Mustafa Centre** (s. S. 39). Auch wer nichts zu kaufen gedenkt, sollte sich dieses Kaufhaus der Superlative nicht entgehen lassen.

Auf der westlichen Straßenseite der Serangoon Rd. steht die ockergelbe **Angullia Mosque**, die zweite Moschee des Viertels, die aber nicht sonderlich attraktiv ausgefallen ist. Davor aber befindet sich ein Zebrastreifen. Wer die Straße in diesem Bereich überquert, kommt zwangsläufig daran vorbei.

Weiter nordwestlich entlang der Serangoon Rd. wird Little India ein wenig menschenärmer und ruhiger, und man gelangt zum **Sri Srinivasa Perumal Temple** 37 und dem **Sri Vadipathira Kaliammam Temple.** Gleich links daneben in der Race Course Rd. wartet der **Temple of 1000 Lights** 38 auf.

Von hier sind es nun nur ca. 2 bis 3 Minuten Gehzeit bis zur MRT-Station Farrer Park an der North-Eastern Line.

Die **North-Eastern Line** ist eine für Touristen sehr hilfreiche Linie, verbindet sie doch Little India mit Clarke Quay, Chinatown 15 und HarbourFront, und damit praktisch auch mit Sentosa (s. S. 204). Mit dieser Linie fährt man nun quasi zurück in die Richtung, aus der man gekommen ist, über die Station Little India und dann über Dhoby Ghaut nach **Clarke Quay** [E5]. Falls es schon Abend sein sollte, könnte man hier aussteigen, um sich dieses hübsche Viertel am Singapore River anzusehen und vielleicht in einem der dortigen Restaurants einzukehren. Tagsüber ist Clarke Quay aber relativ „tot" und man fährt besser gleich eine Haltestelle weiter bis nach Chinatown.

Von der MRT-Station Chinatown führt der westliche Ausgang schnurstracks zur **Temple Street**, wo man sich sogleich im touristischen Zentrum des Viertels befindet. Die farbenfroheren Häuser der Straße sind frisch bemalt und eine Augenweide, aber mit ihren zahlreichen

020si Abb.: rk

Souvenirläden sowie Geschäften, deren Schlepper lauernden Auges vor der Türe hocken, ist dies sicher das, was manche Leute als „Touristenfalle“ bezeichnen würden. Geht man die Temple St. aber direkt geradeaus durch bis zur South Bridge Rd. und biegt dort rechts ein, wird man mit zwei kulturellen Sehenswürdigkeiten belohnt: dem **Sri Mariammam Temple** 17 und dem grandiosen **Tooth Relic Temple** 16. Einen Blick – und vielleicht einen Bissen – wert ist auch die etwas nördlich davon gelegene **Smith Street** [D7], die sogenannte *Jalan Makanan* oder „Essens-Straße“, eine überdachte Fußgängerzeile, in der sich an diversen Essensständen speisen lässt (nur an Wochenenden ab 11 Uhr, ansonsten ab 18 Uhr). Wer einen Laptop oder ein Tablet dabei hat, kann beim Essen surfen, denn in dem Bereich gibt es kostenloses Internet.

*Die Straßen im Herzen Chinatowns sind stets mit chinesischen Ornamenten geschmückt*

Jenseits der gegenüber liegenden Seite der South Bridge Rd. ließe sich anschließend der Bereich von **Ann Siang Hill** 24 erkunden, vor allem die charmante, von bunten kleinen Häusern gesäumte **Amoy Street**, sowie die Telok Ayer Rd. mit dem historisch und künstlerisch bedeutungsvollen **Thian Hock Teng Temple** 20.

In Richtung Westen entlang der Telok Ayer Rd. und der Cecil St. erreicht man die Maxwell Rd., auf deren gegenüberliegenden Straßenseiten man sogleich das markant-rote Gebäude des **Red Dot Traffic** (s. S. 84) sieht. Westlich hinter dem Gebäude erstreckt sich der kleine Stadtteil **Tanjong Pagar** mit seinen hübsch renovierten kleinen Häusern. Unverwechselbar ist hier die **Jinriksha Station** 19, das mit seiner Dreiecksform eine ganze Ecke an der Kreuzung Maxwell Rd./Neil

Rd. einnimmt. Hungrige Vegetarier könnten nun ins **Whole Earth** (s. S. 68) einkehren, dessen vorzügliche Thai- und Peranakan-Speisen aber auch die meisten Karnivore begeistern dürften.

Über die Neil Rd. und Kreta Ayer Rd. erreicht man nun das Ostende der **Keong Saik Road** 25, das vom **Sri Layan Sithi Vinayagar Temple** markiert wird. Die wunderschöne, erst vor Kurzem sanierte Straße bietet neben bezaubernder Altstadtromantik auch einige gute Einkehrmöglichkeiten.

Von der Keong Saik Rd. ist es nur einen Katzensprung zur New Bridge Rd., über die man in östliche Richtung spazierend wieder direkt ins Zentrum von Chinatown gelangt. Man beachte, dass die New Bridge Rd. auf der gegenüberliegenden Seite, jenseits des Mittelstreifens, Eu Tong Sen Rd. heißt. Der Verkehr auf der New Bridge Rd. verläuft von Ost nach West (und nur in dieser Richtung), der auf der Eu Tong Sen Rd. von West nach Ost. Zu beiden Seiten finden sich zahlreiche Geschäfte, Restaurants und Shoppingcenter, so z. B. der **Chinatown Complex** (s. S. 69) mit seinem preiswerten Food Court und ebenso günstigem Angebot an Textilien. Einen Besuch wert ist auch das in einem historisch bedeutsamen Gebäude untergebrachte Geschäft **Yue Hwa** (s. S. 47), das mit chinesischen Kräuterarzneien, chinesischer Seide und anderen chinesischen Produkten aufwartet. Man beachte auch das auf der anderen Straßenseite gelegene **Hotel 81 Chinatown**, das sich mit seinem auffallenden blauen Anstrich vorgenommen zu haben scheint, im Farbwettbewerb um das bunteste Haus in Chinatown nicht sang- und klanglos unterzugehen (Ecke New Bridge Rd./Upper Cross St.).

An dieser Stelle befindet man sich nur zwei Minuten von der MRT-Station Chinatown entfernt. Mit der Downtown Line gelangt man über die Stationen Telok Ayer, Downtown, Bayfront und Promenade zur östlichen Endstation der Linie, der MRT-Station Bugis (wer noch das Marina Bay Sands oder The Shoppes at Marina Bay Sands 5 aufsuchen will, muss zwischendurch bei der Bayfront aussteigen!). Von der MRT-Station Bugis gelangt man über Rolltreppen direkt ins **Parco Bugis Shopping Centre**, dessen Architektur sich lobenswert an die historischen Wurzeln des Bugis-Viertels anlehnt. Über die North Bridge Rd. ist es nur ein kurzer Spaziergang in nordöstliche Richtung ins malaiische Viertel **Kampong Glam** 41, das von der **Sultan Mosque** 42 überragt wird, Singapurs prächtigster Moschee. Das Viertel ist so klein, dass jedwede Richtungsweisung überflüssig ist. Verpassen sollte man aber auf keinen Fall die derzeit sehr „angesagte" **Haji Lane** (s. S. 177) mit ihren kleinen Boutiquen und Restaurants.

Nach einem Besuch im vieldeutig betitelten **Going OM** (s. S. 78) (ein Wortspiel aus dem heiligen Mantra „OM" und englischem Slang „'ome" statt „home") kann man nun tatsächlich den Weg „heim" ins Hotel antreten.

*Selbst auf dem Weg entlang der Shopping-Arkaden, die zum Resorts World Casino 69 führen, kann man schon sehr viel Geld loswerden*

# Singapur für Kauflustige

Singapur ist nicht mehr unbedingt das Einkaufsparadies, das es einmal war. Mit dem wirtschaftlichen Aufstieg des Landes haben sich die Preise durchweg erhöht. Ein wichtiger Faktor beim Shoppen ist der momentane **Wechselkurs.** Bei hohem Euro oder Schweizer Franken lohnen sich Einkäufe eher.

Zu bedenken ist, dass beim Einkaufen in Nobel-Viertel wie der Orchard Rd., wo hohe Mieten zu zahlen sind, selbstverständlich mit höheren Preisen zu rechnen ist. Preisbewusste Singapurer kaufen in den **Einkaufszentren oder Märkten** in den Vorstädten oder in Vierteln wie **Bugis** (s. S. 182), **Little India** 33 oder **Chinatown** 15 ein.

Übrigens kann man sich unter bestimmten Voraussetzungen und ohne großen Aufwand die gezahlte **Mehrwertsteuer** (Goods and Services Tax, GST) zurückerstatten lassen (s. S. 220).

EXTRATIPP

## Einkäufe: Was lohnt?

Singapurs starke Währung und die in den letzten Jahren gestiegenen Preise setzen dem Kaufrausch gewisse Grenzen. Bei größeren geplanten Anschaffungen sollte man zuvor eine Vorstellung davon haben, was die Waren im Heimatland kosten.
Bei der Kalkulation ist mit einzubeziehen, dass man bei der Ausreise eine Rückzahlung der MwSt. von ca. 5,5 % erhält (s. S. 220).

- **Kameras, Objektive;** auch Secondhandware
- **Smartphones,** u. U. Tablets
- **Kleidung** (einfache Alltagskleidung wie im Mustafa Centre (s. S. 39), Chinatown Complex, oder preiswerte Modekleidung wie in Bugis Village) u. Ä.
- **Asiatische Souvenirs,** Schmuck, Kunsthandwerkliches aus Südostasien, China, Indien

021si Abb.: rk

## Die wichtigsten Shoppingcenter

Shoppingcenter finden sich im gesamten Stadtgebiet, am geballtesten jedoch in der Orchard Road 31, wo praktisch ein Einkaufstempel neben dem anderen steht. Außer in ihrer Architektur unterscheiden sie sich oft wenig voneinander, die Angebote ähneln sich. Shoppingcenter dienen in Singapur nicht nur zum Einkaufen, sondern auch als eine Art gesellschaftlicher oder **kultureller Treffpunkt.** Häufig werden hier Musik- oder Kunstveranstaltungen angeboten, so z. B im Raffles City, wo das mehrtägige Singapore Arts Festival präsentiert wird (ca. Mai/Juni/Juli).

2 [C3] **313@Somerset,** 313 Orchard Rd., Singapore 238895, MRT Somerset, Tel. 64969300, www.313somerset.com.sg, tgl. 10–22/24 Uhr, je nach Geschäft oder Restaurant. Direkt an der MRT-Station Somerset gelegen, mit Modekleidung, Sport- und Elektronikartikeln, mehreren *food courts* und vielen Restaurants, u. a. an einer Art Open-Air-Flanierzone, an der sich auch das deutsche Restaurant Brotzeit (s. S. 59) befindet.

*Für ein paar Dollar kann man sich durch The Shoppes at Marina Bay Sands 5 rudern lassen*

3 [G3] **Bugis Junction,** 200 Victoria St., Singapore 188021, MRT Bugis, Tel. 65576557, www.bugisjunction-mall.com.sg, tgl. 10–22 Uhr. Vielleicht das gemütlichste, „romantischste“ Shoppingcenter, dessen Architektur an eine Markthalle des frühen 20. Jh. erinnert. Die Einkaufszeilen werden von einem gewölbten Glasdach bedeckt und die Fenster im Innenbereich weisen die typischen Holzjalousien auf, die man auch heute noch an alten chinesischen Wohnhäusern sieht. Besonders empfehlenswert ist der gediegene *food court* im ersten Stock, genannt „Food Junction“, von dem sich ein guter Ausblick auf die Kaufhalle ergibt. Von der MRT-Station Bugis führt ein unterirdischer Verbindungsweg direkt hierhin, siehe Ausschilderung.

4 [E5] **Funan Centre (Funan DigitaLife Mall),** 109 North Bridge Rd., Singapore 179097, MRT City Hall, Tel. 63368327, www.funan.com.sg, tgl. 10–22 Uhr. Eine der besten Anlaufstellen in Sachen Computer und Zubehör, dazu Elektronik- und Fotoläden, Drogerien, Restaurants, Cafés u. v. m. Im „Laptop General Hospital“ (04-26, Tel. 63333343) werden kranke Laptops kuriert.

5 [A2] **ION Orchard,** 2 Orchard Turn, Singapore 238801, MRT Orchard, Tel. 62388228, www.ionorchard.com, 10–22 Uhr. Direkt über der MRT-Station Orchard liegt dieses futuristisch anmutende Shoppingcenter, groß genug, um sich darin zu verlaufen. Draußen

022si Abb.: rk

EXTRATIPP

## Mustafa – Singapurs Wahnsinnskaufhaus

Mittlerweile erstreckt es sich über zwei Straßenblocks. Begonnen hatte es als kleiner Kramladen, der von einem indischen Einwanderer namens Mohammed Mustafa gegründet worden war. Die Geschichte Mustafas, mittlerweile verstorben, ist eine der größten Erfolgsgeschichten Singapurs. Der am Ende seines Lebens steinreiche Mann blieb stets bescheiden. Oft konnte man ihn das Mustafa Centre inspizieren sehen, gekleidet in ein einfaches indisches Wickelgewand. Mustafa Centre ist Singapurs größtes und gleichzeitig unglaublichstes Kaufhaus.

In den engen, chaotischen Gängen findet man absolut alles (außer Alkohol und Tabak), und das oft zu den niedrigsten Preisen: Elektronikwaren, Kameras, Kleidung, Schuhe, Uhren, Schmuck, Koffer und Taschen, Lebensmittel, CDs und DVDs, Hygiene- und Drogerieartikel und noch vieles mehr. Im zweiten Stock stehen reihenweise Regale, die vor (Fertig-)Speisen und Gewürzen aus Indien förmlich bersten. Schleckermäulern bieten sich zahlreiche Stellagen mit importierter Schokolade, Süßwaren u. Ä., selbst deutsche Marken sind dabei, darunter auch Diabetikerschokoladen oder -kekse. In der Drogerieabteilung findet man mehr Vitamine und Nahrungsergänzungsmittel, als man im Leben gebrauchen kann. Vorhanden sind auch mehrere Wechselschalter, einer befindet sich außen an der Ecke Syed Alwi Rd./Serangoon Rd., dazu ein Reisebüro (s. S. 222). Kaum zu glauben: Im 2. Stock, ganz am südlichen Ende des neuen Anbaus, werden hinduistische Ritualobjekte veräußert – darunter sind auch Flaschen mit „heiligem" Gangeswasser („Gangajal") und kleine Fläschchen mit destilliertem Kuh-Urin („Gomutra"). Letzterer wird in einigen hinduistischen Riten verwendet und in kleinen Dosen auch getrunken. Dazu gibt es aromatische Öle von einer Firma namens „Hitler & Co." aus Chennai, Indien. Bei Mustafa sind die engen Gänge so vollgestopft mit Waren, dass man kaum durchkommt und die oft bedrückende Enge setzt dem Shoppingspaß seine Grenzen. Als einziges Kaufhaus in Singapur ist Mustafa 24 Std. geöffnet. Nur von 11 bis 1 Uhr geöffnet ist das im 7. Stock des neuen Anbaus befindliche Kebabs 'n' Curries Rooftop Restaurant, von dessen Glaskuppel aus man einen gute Aussicht auf den Stadtteil erhält. Nebenbei gibt es recht gute und preiswerte indische Küche, vor allem die Mittagsbuffets lohnen (20 S$).

Direkt um die Ecke vom Mustafa Centre, im Serangoon Plaza an der Serangoon Road, befindet sich das alte, kleinere Stammhaus des Centers (getrennter Eingang). Dieses hat kürzere Öffnungszeiten (9–23 Uhr) und aufgrund der geringeren Fläche ein kleineres Angebot. Das Shoppen ist hier aber geruhsamer, da das Stammhaus nicht so überlaufen ist.

Wenn möglich sollte man das **Mustafa Centre** sonntags nachmittags bis abends meiden, da der Kundenansturm überwältigend ist und man sich kaum durch die engen Gänge fortbewegen kann.

7 [G1] **Mustafa Centre,** 145 Syed Alwi Rd., Little India, Singapore 207704, MRT Farrer Park, Tel. 62955855, www.mustafa.com.sg, tgl. 24 Std. geöffnet

145si Abb.: rk

### Shoppingareale

Die wichtigsten Shoppingbereiche der Stadt sind im Kartenmaterial mit einer rötlichen Fläche markiert.

EXTRATIPP

### Haniffa: der Mini-Mustafa

Wem das gewaltige Mustafa Centre (s. S. 39) zu überwältigend ist, der findet eine kleine, ähnlich gelagerte Alternative im Traditionshaus „Haniffa" (gegr. 1962) in Little India. Auf zwei Etagen gibt es dicht gedrängt Lebensmittel, Nahrungsergänzungsmittel und Medikamente, Hygiene-, Elektro- und Haushaltsartikel, Schmuck, und (im Obergeschoss) preiswerte Kleidung. Darunter sind auch Saris sehr guter Qualität und andere indische Textilien und Stoffe.

8 [F2] **Haniffa,** 118 Dunlop Street, Singapore 209423, Tel. 63390926, MRT Little India, (ab 2016 auch MRT Rochor und ab 2017 MRT Jalan Besar), tgl. 10.30–22 Uhr. Eine Filiale befindet sich nahebei in 60–62 Serangoon Rd., hier gibt es vor allem indische Textilien.

023si Abb.: rk

auf dem Vorplatz kann man unter riesigen elektronischen Displays und blinkender Reklame für Nobelmarken eine Einkaufspause einlegen. Geboten wird ein Allroundangebot, hochpreisige Kleidungs- und Modeartikel, dazu zahlreiche Restaurants und *food courts* sowie das Büro der Singapore Airlines (#04–05). Fast neben der Singapore Airlines befindet sich ein Kuriosum für Singapur: „Das Erzgebirge-Haus", ein im Fachwerkstil aufgemachter Laden, in dem Figuren, Nussknacker und Spieluhren aus erzgebirgigen deutschen Landen veräußert werden. Das Haus hat sogar einige Filialen in Singapur, siehe www.erzgebirgehaus.com. Im Untergeschoss befindet sich eine Filiale der Delikatess-Kette „Market Place" (s. S. 44). Von der MRT-Station Orchard gelangt man auf unterirdischem Weg direkt ins ION, siehe Ausschilderung.

6 [B2] **Lucky Plaza,** 304 Orchard Rd., Singapore 238863, MRT Orchard, Tel. 62353294, www.luckyplaza.com.sg. Ein Shoppingcenter der alten Schule, im Vergleich zu den anderen leicht veraltet wirkend, dafür mit relativ preiswerten Geschäften für Kleidung, Modeschmuck, Elektro- und Fotowaren, dazu Schneidergeschäfte, Reiseagenturen u. v. m. Größere Einkäufe sollte man hier nur tätigen, wenn man zuvor Preise verglichen hat (insbesondere bei Kameras o. Ä.). Für Singapur eher ungewöhnlich sind die Geschäfte „House of Condom" und „Naughty" (Eingang jeweils direkt von der Orchard Rd.), die mit den exotischsten Gummiverhütern und Sexartikeln aufwarten. Sonntags treffen sich im Lucky Plaza zu Hunderten oder Tausenden die weiblichen philippinischen Hausangestellten, die in vielen Haushalten Singapurs arbeiten.

*Das riesige ION Orchard (s. S. 38) macht auch von außen einiges her*

EXTRATIPP

## Shoppen und Flanieren im Untergrund

Singapurs Hitze kann zusetzen und der Regen ist unvorhersehbar. Vor den Elementen können sich Shopper durch einige **klimatisierte Untergrundpassagen** schützen, die eine Reihe von Shoppingcentern und MRT-Stationen miteinander verbinden.

Die **CityLink Mall** (MRT City Hall, Esplanade) ist ein unterirdisches Shoppingcenter, das das Raffles City Shopping Centre (s. S. 41) mit der MRT-Station Esplanade und dem Suntec City Mall (s. S. 41) verbindet. Von der MRT-Station City Hall gelangt man gleich hinein. Die mehrere Hundert Meter lange CityLink Mall bietet zahlreiche Geschäfte und Restaurants entlang ihrer Strecke (www.citylinkmall.com).

An der Orchard Rd. sind die Shoppingcenter **Takashimaya** (im Gebäude Ngee Ann City, s. S. 42), **Wisma Atria, ION Orchard** (s. S. 38) **und Wheelock Place** durch unterirdische Passagen miteinander verbunden. Von der MRT-Station Orchard unter dem ION Orchard kann man so unterirdisch in den (nahe gelegenen) Wheelock Place gelangen, oder – weiter entfernt – über ION Orchard nach Wisma Atria zum Takashimaya Shopping Centre. Die Strecke wird von etlichen Restaurants und Geschäften flankiert – das versteht sich in Singapur fast von selbst.

**Zahlreiche weitere Shoppingcenter sind durch unterirdische Gänge direkt an MRT-Stationen angebunden.** Dazu gehören Pardo Bugis Junction (MRT Bugis), Plaza Singapura (MRT Dhoby Ghaut), 313 Orchard (MRT Somerset), City Square Mall (MRT Farrer Park), Clifford Centre (MRT Raffles Place), Tiong Bahru Plaza (MRT Tiong Bahru), VivoCity Mall (MRT HarbourFront) und NEX (MRT Serangoon).

Durch den unterirdischen **Marina Bay Link** sind die MRT-Stationen Marina Bay, Downtown und Raffles Place miteinander verbunden, zudem gelangt man über diesen in zahlreiche Bürohochhäuser. Auch entlang dieser einige hundert Meter langen Strecke passiert man zahlreiche Geschäfte und Restaurants (www.marinabaylink.com.sg).

**9** [F4] **Raffles City Shopping Centre,** 250 North Bridge Rd., Singapore 179103, MRT City Hall, Tel. 63387766, www.rafflescity.com.sg, tgl. 10–22 Uhr. Eines der angenehmsten Shoppingcenter Singapurs, nicht zu groß und nie zu voll, dazu liegt es auch noch direkt über der MRT-Station City Hall. Es gibt viel Kleidung, Uhren, Kosmetik- und Drogerieartikel sowie Restaurants und einen preiswerten *food court* (3. Stock). Wer Hunger hat, ist vor allem im 1. Untergeschoss (#B1) gut aufgehoben, wo einen die Auswahl an Restaurants beinahe überfordert. Leute mit besonders großem Appetit können in **„Buffet Town"** einkehren, einem Buffet-Restaurant mit einer Auswahl von 300 Speisen in allen erdenklichen Geschmacksrichtungen, vor allem mit viel Meeresfrüchten (#B1-44E, Tel. 68373793, www.buffettown.com.sg). Lunch-Buffets kosten Mo bis Fr ca. 33 S$, Dinner-Buffets ca. 44 S$, an Wochenenden etwas mehr. Für Kinder sind sie ca. ein Drittel billiger. Im Gebäude befindet sich auch das Kaufhaus Robinson – eine Art Karstadt oder Kaufhof – mit entsprechendem Komplettangebot, oft mit stark reduzierten Preisen bei Modeartikeln.

**10** [G4] **Suntec City Mall & Singapore International Convention and Exhibition Centre,** Haupteingang Temasek Boulevard, Singapore 038983, Tel. 68252667, www.suntecci ty.com.sg, MRT Esplanade, Bus Nr. 97, 106, 133, 857 u. a., tgl. 10–22 Uhr. Gigantisches Shoppingcenter mit 83.847 m² Verkaufsfläche und angeschlossenem Kongresszentrum. Draußen an der Nordostseite des Gebäudes steht der markante Brunnen Fountain of Wealth, der gleich nach seiner Inbetriebnahme 1998 als größter Springbrunnen der Welt ins „Guinnessbuch der Rekorde" aufgenommen wurde. Der Brunnen besteht aus 13,8 m hohen Bronzefüßen, auf denen oben ein Ring lagert, symbolisch für einen Ring in einer offenen Hand, was im chinesischen Symbolismus Reichtum bedeutet. Rundherum befindet sich ein in sich abgeschlossener, klimatisierter *food court* mit zahlreichen Restaurants und Cafés, dazu ein großer, gut sortierter Supermarkt („Giant Hyperfresh").

11 [B2] **Takashimaya,** Ngee Ann City, 391 Orchard Rd., Singapore 238873, MRT Somerset, Orchard, www.takashimaya-sin.com, Tel. 67381111, tgl. 10–21.30 Uhr. Schon nach außen hin ist das aus glattem braunen Stein bestehende Takashimaya ein sehr gediegenes Gebäude. Es ist Teil des mächtig wirkenden Ngee Ann City Complex, der auch zahlreiche Büros beherbergt. Es sieht aus, als wäre es aus braunem Marmor gefertigt, sehr dezent-konservativ und in der eher modern blinkenden Orchard Road fällt es etwas aus dem Rahmen. Draußen erstreckt sich ein weiter Vorplatz und der Haupteingang wird von Wächtern in Form von steinernen chinesischen Löwen flankiert – die sind vielleicht auch nötig, denn bis in die 1950er-Jahre hatte sich an dieser Stelle ein chinesischer Friedhof befunden. Drinnen gibt es zahlreiche Nobelmarken, aber auch einen Supermarkt und Kinokuniya (s. S. 46), Singapurs größtes Buchgeschäft.

12 [B2] **Tangs,** 310 Orchard Rd., Singapore 238864, MRT Orchard, Tel. 67375500, www.tangs.com; Mo–Do 10.30–21.30, Fr 10.30–23, So 11–20.30 Uhr.Singapurs 1932 gegründetes Ur-Shoppingcenter, das hier in der Orchard Rd./Ecke Scotts Rd. einen der teuersten Flecken der Stadt in Beschlag genommen hat. Zentraler geht es nicht. Dem Gründer des Unternehmens Tangs, C.K. Tang (1901–2000), ist es zu verdanken, dass sich die Orchard Rd. zu Singapurs vorrangiger Shoppingmeile entwickelt hat. Das Traditionshaus Tangs bietet alles, was die moderneren Shoppingcenter auch haben, allerdings in etwas gesetzterem, weniger protzigem Ambiente.

› **The Shoppes at Marina Bay Sands** 5 im imposanten Hotel-Kasino-Komplex bieten alles, was das Käuferherz begehrt, vor allem Nobelboutiquen (www.marinabaysands.com/shopping/the-shoppes.html). Im zweiten Untergeschoss (B2), dem „Canal Level", kann man sich von einer Art asiatischem Gondoliere ein paar Minuten lang über einen künstlichen Kanal schippern lassen (10 S$/Pers.). Dazu gibt eine 600 m² große Eislaufbahn, wobei das „Eis" von einer Plastikschicht recht lebensecht imitiert wird. Eine Stunde Skaten kostet 7 S$ (Kinder 5 S$), die Miete von Schlittschuhen 3 S$. Jede weitere Stunde schlägt ebenfalls mit 3 S$ zu Buche. Auf Wunsch auszuleihende Socken kosten 6 S$. Dazu gibt es hier zahlreiche hochklassige bzw. sehr teure Restaurants. Unter diesen ist das Steak-Restaurant CUT by Wolfgang Puck, das vom australisch-japanischen Meisterkoch Tetsuya Wakuda geleitete japanische Waku Ghin, das italienische Osteria Mozza, das Sushi-Restaurant Bay Sushi sowie das indische **Punjab Grill,** das vom bekannten indischen TV-Koch Jiggs Kalra gegründet wurde; dieser greift hier heute aber nicht mehr aktiv in den Kochprozess ein, sondern kassiert nur noch die Franchise-Gebühren. Je nach Restaurant und eventuellem Alkoholgenuss ist mit ca. 100–300 S$/Pers. zu rechnen. Die hohen Preise resultieren nicht immer aus erinnerungswürdigem Essen; sie reflektieren zum Teil die immens hohen Mieten, die hier bezahlt werden müssen: Die Monatsmiete eines Restaurants kann bis zu 100.000 S$ betragen.

Wer etwas preiswerter essen möchte, kann dies im Foodcourt im ersten Untergeschoss (B1) tun oder halb im Freien, in den Restaurants, die sich außen entlang der Event Plaza an der Marina Bay befinden. Belohnt wird man dort zudem mit bester Aussicht auf die Bucht, auf das markante, im Meer angelegte Louis-Vuitton-Geschäft (s. S. 135) und den gegenüberliegenden Business-Bezirk. Hier an der Event Plaza ist z. B. das australische South Coast angesiedelt, das international ausgerichtete Bazin und das mediterran-vegetarische Pita Pan. Abends an Wochenenden und Feiertagen sind die meisten Restaurants proppevoll und mit Wartezeiten ist zu rechnen. Anfahrt: Von der MRT-Station Bayfront läuft man direkt in The Shoppes at Marina Bay Sands hinein („Canal Level"; dort, wo der künstliche Kanal angelegt ist). Ansonsten: Anfahrt mit Bus Nr. 97, 97e, 106, 133. Bus Nr. 106 bietet sich an, wenn man an der Orchard Rd. einsteigen will. Taxis ab der Innenstadt kosten nur wenige Dollar.

**15** [bl] **VivoCity Mall,** 1 HarbourFront Walk, Singapore 098585, MRT HarbourFront oder Bus Nr. 10, 30e, 30, 57, 61, 65, 80, 97, 97e, 100, 131, 143, 145, 166, 855 u. a. Tel. 63776860, www.vivocity.com.sg, tgl. 10–22 Uhr. Mit einer Gesamtfläche von 139.000 m² ist dies Singapurs größtes Shoppingcenter und ggf. der Ausgangspunkt zu Fahrten nach Sentosa (s. S. 204). Ansonsten kann man hier einen ganzen Tag mit Shoppen und Essen verbringen. Im großen Supermarkt „VivoMart" lässt sich alles einkaufen, was ein Selbstversorger benötigen könnte. Von Terrassen und Restaurants im dritten Stock kann man Sentosa sehen und weiter vorne das Singapore Cruise Centre, an dessen Anlegeplatz meist ein größeres Passagierschiff dümpelt. Von der MRT-Station VivoCity gelangt man direkt in das Shoppingcenter hinein. In einem ca. 50- bis 60-minütigen Spaziergang könnte man von hier das Labrador Nature Reserve (s. S. 97) erreichen.

EXTRATIPP

### Günstig und oft auch windig: Sim Lim Square und Sim Lim Tower

Diese beiden Shoppingcenter sind randvoll mit Geschäften für Elektrowaren, Computer, Kameras, Handys etc. Die Preise sind oft sehr günstig, zumindest, wenn man sich im Metier auskennt und handelt. Beide Center haben nicht den besten Ruf, sehen Sie sich also gut an, was Sie kaufen. Besonders windig geht es oft im Sim Lim Square zu. Noch Ende 2014 kam es zu einigen spektakulären Betrugsfällen, die hohe Wellen in der lokalen Presse schlugen.

Die zwei Gebäude liegen an der Kreuzung Rochor Canal Rd./Bencoolen St./ Sungei Rd./Jln. Besar; MRT Bugis oder Little India (am nächsten gelegen, ab 2016: MRT Rochor).

**13** [F2] **Sim Lim Square,** 1 Rochor Canal Rd., Singapore 188504, Tel. 63383859, www.simlimsquare.com.sg, geöffnet (je nach Geschäft u. U. unterschiedlich) ca. 10.30–21 Uhr; MRT Bugis, Little India (ab 2016 am günstigsten MRT Rochor)

**14** [F2] **Sim Lim Tower,** 10 Jln. Besar, Singapore 208787, Tel. 62954361, Öffnungszeiten wie oben; MRT Bugis, Little India (ab 2016 günstiger MRT Rochor, ab 2017 am günstigsten MRT Jalan Besar)

024si Abb.: rk

*Zum Kavitha (s. S. 73) gehört ein Schrein, der Sai Baba (s. S. 169) gewidmet ist*

## Supermarktketten

16 [ai] **Cold Storage,** Bugis Junction, Tel. 63441661, www.coldstorage.com.sg, tgl, 10–22 Uhr. Gut bestückt, mit großer Auswahl an westlichen Lebensmitteln, preislich im Mittelfeld angesiedelt. Zweigstellen: Centrepoint Orchard Rd., Changi Airport Terminal 2, Funan Mall, North Bridge Rd., HarbourFront Centre, Takashimaya, VivoCity, Holland Village u. v. a.

17 [ei] **FairPrice,** City Square Mall (180 Kitchener Rd.), www.fairprice.com.sg, 10–22 Uhr, teilweise 24 Std. geöffnet. Der „Aldi" der singapurischen Hausfrau, eine gut sortierte, relativ preiswerte Lebensmittelkette. Dienstags gibt es für „Senioren" (ab 60 Jahre) einen Rabatt von 2 %. Zweigstellen in Changi Airport Terminal 1, Bld. 2 Joo Chiat Rd., 111 Somerset Rd., 131 Killeney Rd. (die letzten beiden nahe Orchard Rd.), dazu über 200 weitere Filialen, meist in Vororten. Adressen siehe unter www.fairprice.com.sg unter „Store Locator".

› **Market Place,** Raffles City Shopping Centre (s. S. 41), Tel. 63362676, tgl. 10–23 Uhr. Die Nobelmarke unter den Supermärkten, einerseits mit der üblichen Standardpalette, andererseits mit Delikatessen und relativ teuren Importen, darunter auch Nahrungsmittel aus biologischem Anbau, Gesundheitskost u. Ä. Filialen: Paragon Shopping Centre (Orchard Rd.), ION Orchard (s. S. 38) und Orchard Towers.

## Antiquitäten und Sammlerobjekte

Geschäfte, die größere Artikel verkaufen, die nicht ins Reisegepäck passen, können üblicherweise die Versendung per Post oder Seefracht arrangieren.

18 [F4] **Elliott's Antiques,** #02–13/14 Raffles Hotel Arcade, Raffles Hotel, 328 North Bridge Rd., Singapore 188719, MRT City Hall, Tel. 63371008, www.elliotts-antiques.com, tgl. 11–20 Uhr, CNY (s. S. 20) und 25. Dez. geschl. Exquisite, perfekt restaurierte antike chinesische Möbel. Hohe Preislage.

20 [F4] **Art Gallery 3,** #02–89, Bras Basah Complex, 3 Bain St., Singapore 180231, MRT Bras Basah, Tel. 6333483, tgl. 10–22 Uhr. Interessante Ansammlung von chinesischen Figuren, Tabakbehältern, traditionellen Grabbeilagen, tibetischen Gebetsketten u. a.

21 [ak] **Lorgan's Kitsch and Flash,** Century Warehouse, 100E Pasir Panjang Rd., Singapore 118521, MRT Pasir Panjang, Tel. 62724988, www.lorgans.com, tgl. 10–18.30 Uhr. Eine tolle Kollektion von Retro-Artikeln aus aller Welt, die die Jahrzehnte von den 1940er- bis 1970er-Jahren abdecken. Das Telefon, das wie eine menschliche Hand geformt ist, hätte auch in einen frühen James-Bond-Film gepasst.

22 [ci] **Mata Hari Arts & Antiques,** #02–26/27 Tanglin Shopping Centre, 19 Tanglin

EXTRATIPP

## Auf Schatzsuche an der alten Pferderennbahn

Dieses Geschäft muss man gesehen haben – genauer gesagt ist es eher ein unaufgeräumter Schuppen, gelegen nahe dem alten Turf Club, der mit einer einzigartigen Auswahl an Trödelware aufwartet. Die Räumlichkeiten sind randvoll gefüllt mit alten Möbeln, Spielzeug, Musikinstrumenten, Kuriositäten, Kunstobjekten, Kitsch u. v. m. Exporteure, die professionell Flohmarktware kaufen, werden eine wahre Schatztruhe vorfinden, aber auch Privatkunden können so manch tollen Fund machen. Das Gebäude war früher ein Lagerhaus, in dem Pferdefutter gelagert wurde. In demselben Lagerhaus befinden sich noch zwei weitere, namenlose Geschäfte, die ein ähnliches Sammelsurium von Schätzen beherbergen. In den nächsten Jahren werden die Geschäfte von hier verschwinden müssen, denn auf dem Gelände wird ein Wohnprojekt entstehen; ein genauer Termin ist allerdings noch nicht bekannt gegeben worden.

19 **Junkie's Corner,** Turf Club Rd., Bukit Timah, Singapore 287988, Handy 97912607; unregelmäßige Öffnungszeiten, per Anruf abzuklären. Taxi ab der Innenstadt ca. 10 bis 15 S$ oder Bus Nr. 66, 67, 74, 151, 157, 170, 171, 174, 852, 961, aussteigen an Dunearn Rd., nahe Swiss Club Rd., dann in Richtung The Grandstand, einem Shoppingcenter, weitergehen (ca. 10 Min.). Junkie's Corner befindet sich ca. 200 m südöstlich davon.

Rd., Singapore 247909, MRT Newton, Tel. 67376068, 10.30–18.30 Uhr, So und an Feiertagen geschl. Alter Goldschmuck, antike Textilien, Perlenstickereien und Buddhafiguren. Das Tanglin Shopping Centre ist generell eine gute Adresse für Antiquitäten.

23 [ci] **Mekong Gallery,** #01–29 Tanglin Shopping Centre, 19 Tanglin Rd., Singapore 247909, Tel. 68870315, Mo–Sa 10.30–18.30 Uhr, So und an Feiertagen geschl. Alte chinesische und tibetische Möbel, alte Porträts und neuzeitliche Gemälde.

24 **Thow Hwang Pottery Jungle,** 65 Lor. Tawas, Singapore 639823, Tel. 62686121. www.facebook.com/tkpotteryjungle, tgl. 9–17 Uhr. Eine unglaubliche Kollektion von Keramikwaren, hergestellt im eigenen Brennofen, einem der letzten in Singapur. Die Vasen, Krüge und sonstigen Objekte sind mit farbenfrohen, kunstvollen asiatischen Motiven dekoriert. Gelegentlich werden Töpferei-Kurse angeboten.

› Siehe auch **Strangelets** (s. S. 159)

025si Abb.: rk

*Kuriositäten und Kunsthandwerk kann man unter anderem in Little India 33 kaufen*

## Bücher und Zeitschriften

› **Books Actually** (s. S. 158)

**25** [B2] **Kinokuniya,** 391 Orchard Rd., #03-09/10/15 Takashimaya Shopping Centre, Ngee Ann City, Singapore 238872 (Zweigstelle unter anderem in Bugis Junction s. S. 38), Tel. 67375021, MRT Orchard, Somerset, www.kinokuniya.com.sg, tgl. 10–22 Uhr. Die größte Buchhandlung der Stadt, eine Riesenauswahl in allen Sparten: Bücher, Landkarten, dazu zahlreiche internationale Magazine und sogar eine deutschsprachige Abteilung mit Romanen, Sachbüchern, Kochbüchern und Reiseführern. Erhältlich sind vor allem Reiseführer zu Singapur, dazu über Südostasien und Australien, also Destinationen, zu denen Singapur als Sprungbrett dient. Die deutschsprachigen Bücher sind etwa doppelt so teuer wie zu Hause.

**26** [F4] **MPH,** #B01-21 Raffles City Shopping Centre, 252 North Beach Rd., MRT Raffles City, Tel. 63364232, tgl. 10–22 Uhr. Gut sortierter Buchladen, Preise etwas niedriger als im riesigen Kinokuniya. Auch zahlreiche ausländische Zeitschriften.

## CDs, DVDs, Blu-Rays, Vinyl

**28** [E5] **Roxy Records & Trading,** #02-15 Excelsior Shopping Centre, 5 Coleman St., Singapore 179805, MRT City Hall, Tel. 63377783, Mo–Sa 12–21 Uhr. Seit 1969 bestehendes Geschäft, das die wahrscheinlich beste Auswahl an Vinyl-Schallplatten in Singapur bietet, von chinesischer Oper und Elvis bis zu Blues und Heavy Metal ist alles dabei. Dazu gibt es wöchentlich neu eintreffende CD-Importe.

**29** [G3] **Straits Records,** 24A Bali Lane, Singapore 189860, MRT Bugis, Handy 96816341, tgl. 14–22 Uhr. Hier, im „hippen" Viertel um die Haji Lane (s. S. 177), ist kein Pop angesagt, dafür Hip-Hop, Hardcore, Reggae und Indy. Dazu Bücher, die von Veganismus bis zur Weltrevolution ein weites eklektisches Feld abdecken.

**30** [F4] **That CD Shop,** B#1-87/88, Raffles City Shopping Centre, Singapore 179103, Tel. 63365885, MRT City Hall, tgl. 11–22 Uhr. Eine gute Auswahl an CDs (Pop, Rock, Jazz u. a.), DVDs, Blu-Rays und Vinyl-Schallplatten, meist zu Preisen etwas unter denen in D, A und CH. Weitere Zweigstellen in The Shoppes at Marina Bay Sands (#B2-47/48) und in Great World City in der 1 Kim Seng Promenade (#B1-01).

## Computer und Zubehör

Generell ist die **Funan DigitaLife Mall** die beste Anlaufstelle für alles, was mit Computern zu tun hat (an zweiter Stelle stehen hier Fotoartikel).

**31** [E5] **Challenger Superstore,** #06-00 Funan DigitaLife Mall, 109 North Bridge Rd., Singapore 179097, MRT City Hall, www.challenger.com.sg, Tel. 63399008, tgl. 11–21.30 Uhr. Hier geht man als Erstes hin, wenn man etwas in Sachen Computer braucht – Hardware, Programme, Zubehör, dazu Handys, Tablets u.v. a., das meiste zu günstigen Preisen. Der Kauf von Kameras und Objektiven lohnt hingegen nicht sonderlich. Für 30 S$ kann man eine Mitgliedskarte für zwei Jahre erwerben, mit der die meisten Waren um ca. 10 % verbilligt werden. Bei einem Kauf im Wert von einigen Hundert Dollar hat sich die Investition meist schon amortisiert. Kleinere Filialen von Challenger finden sich in #03-19 Tiong Bahru Plaza (gleich über der MRT-Station Tiong Bahru), in #04-12/12A Plaza Singapura an der 68 Orchard Rd. (MRT Dhoby Ghaut), 02-34/35 VivoCity (MRT HarbourFront) und in vielen anderen Stadtteilen (siehe Homepage).

EXTRATIPP

## Yue Hwa – Chinesisches von Ginseng bis zu Seide

In einem historischen Gebäude untergebracht ist das Geschäft Yue Hwa, das ein großes Spektrum chinesischer Produkte führt. Das sechsstöckige Gebäude wurde 1936 errichtet, hieß zunächst Nam Tin Building und beherbergte ein Luxushotel, The Great Southern Hotel. Seinerzeit war es das höchste Bauwerk in Chinatown. Auf seinen oberen Stockwerken boten sich reichlich Unterhaltungsmöglichkeiten, so Theater und Kabarett, aber auch Tanz mit sogenannten „taxi girls" – Damen, die man für Tänze mieten konnte, möglicherweise auch für mehr. Der mächtige Bau, der eine belebte Kreuzung in Chinatown überblickt, ist an sich schon eine kleine Sehenswürdigkeit. Direkt links daneben steht The Majestic, ein kleineres, aber ebenfalls sehenswertes Bauwerk aus dem Jahr 1928. Hier wurden früher chinesische (kantonesische) Opern aufgeführt. Im Erdgeschoss befindet sich heute ein Haushaltswarengeschäft. Den besten Ausblick auf die beiden Gebäude erhält man vom schräg gegenüber liegenden Chinatown Point (einem Shoppingcenter) an der Kreuzung New Bridge Rd./Cross St. Links neben The Majestic sieht man dann auch gleich einen riesigen HDB-Apartmentblock, der auffallend gelb gestrichen ist, heute alles in Chinatown überragt und aus vielen Blickwinkeln in Chinatown zu sehen ist. Die Kaufhausgruppe Yue Hwa wurde 1959 in Hongkong gegründet und vertreibt chinesische Waren jeglicher Art. In der Chinatown-Vertretung präsentiert sich im Erdgeschoss zunächst ein großes Angebot an chinesischer Kräutermedizin; darunter sind auch die bekannten Ginseng-Wurzeln in verschiedenen Preis- und Qualitätsstufen, die man hier besser kaufen kann als in manchen Tante-Emma-Läden in Chinatown, in denen die Preise nicht ausgezeichnet bzw. nur auf Chinesisch ausgewiesen sind. Ein liang (s. S. 237) hochwertigen Ginsengs kann leicht 50 bis 100 S$ kosten. Die preiswerteren Varianten (25 S$) werden für die Zubereitung von chinesischen Suppen verwendet. Das Personal berät gerne beim Kauf der Naturheilmittel und Tonika, die manchmal recht exotisch aussehen können – vor allem, wenn es sich um seltsame tierische Produkte handelt wie z. B. Teile von Hirschgeweihen o. Ä. Dazu gibt es alle erdenklichen Pillen und Salben, chinesische Hausmedizin eben. In den Etagen darüber kann man chinesische Lebensmittel erstehen, chinesische Delikatessen, Tees, Antiquitäten, Kunstwerke, Schmuck, Souvenirs und Seide. Unter den Seidenartikeln sind auch Cheongsam, die traditionellen Gewänder chinesischer Frauen. Cheongsam sind einteilige, eng am Körper anliegende Kleider, deren Bewegungsfreiheit durch Seitenschlitze in Beinhöhe gewährleistet wird. Es lohnt zu stöbern.

**27** [D6] **Yue Hwa Chinese Products,** 70 Eu Tong Sen St., Singapore 059805, MRT Chinatown, Tel. 65384222, www.yuehwa.com.sg, So–Fr 11–21, Sa 11–22 Uhr. Dazu bestehen zwei kleinere Filialen in weiter außerhalb gelegenen Stadtbereichen, siehe Homepage.

026si Abb.: rk

32 [E5] **PK Computer,** #04-09 Funan DigitaLife Mall, 109 North Bridge Rd., Singapore 179097, MRT City Hall, Tel. 63371897, tgl. 10.30–20 Uhr, feiertags geschlossen. Eine große Auswahl an Computern und Zubehör zu niedrigen Preisen. Dafür keine sonderlich sachkundige oder aufmerksame Beratung; am besten weiß man vorher, was man will.

## Smartphones

Little India verfügt entlang der Serangoon Rd. und Race Coarse Rd. über zahlreiche preisgünstige Handy-Läden – zweifellos ein Resultat der hier versammelten indischen Gastarbeiter, die liebend gerne in die Heimat telefonieren und auch Handys als Geschenke mit nach Hause nehmen.

027si Abb.: rk

33 [F1] **Naranjan Electronics,** 154 Race Course Rd., Little India, Singapore 218599, Tel. 63922926, MRT Farrer Park, Little India, tgl. 10–23 Uhr. Handys sind in Singapur i.A. sehr preiswert, vielleicht aber nirgends so günstig wie hier. Es gibt täglich wechselnde Sonderangebote, die draußen auf Reklametafeln annonciert werden. Auch ein Blick ins links daneben gelegene, kleinere **Suntek Mobile,** das mit Naranjan konkurriert, lohnt sich.

› Preisgünstig ist auch **Mustafa Centre** (s. S. 39), das in seinem Riesengebäude mehrere Stände für Handys unterhält. Ebenfalls günstige Preise. Geräte ohne Garantie oder solche mit nur in Singapur geltender, einjähriger Garantie sind oft preiswerter als solche mit weltweiter Garantie.

## Kunsthandwerk

34 [F1] **Asian Arts & Crafts,** 160 Serangoon Rd., Singapore 218057, MRT Little India oder Farrer Park, Tel. 62990500, tgl. 10–22 Uhr. Dies ist eines der derzeit wohl bestsortierten Geschäfte mit asiatischen Antiquitäten sowie Kunst- und Handwerksartikeln in Little India. Der zweistöckige Laden ist bis zum Bersten mit Figuren, Bildern, Schmuck- und Kunstgegenständen angefüllt – so sehr, dass man aufpassen muss, nicht eines der teuren Stücke versehentlich umzustoßen. 80 % der großartigen Kollektion stammen aus Indien. Der freundliche Manager des Geschäfts, Mr. Tripathy, steht Interessenten gerne hilfreich zur Seite.

35 [F2] **Little India Arcade,** 48 Serangoon Rd., Singapore 217959, MRT Little India, 9/10–22 Uhr. In einigen kleinen Passagen werden Handwerksartikel und Kunsthand-

*Der Tooth Relic Temple* 16 *ist vollgestopft mit Kunstwerken*

werkliches aus Indien verkauft: Saris, Schals, Tischdecken, Götterbilder, Schmuck, Handtaschen und Musik-CDs. Einen besonderen Blick ist das Geschäft **Gokulam Jewels & Crafts** (Tel. 62989184) an der Ecke Campbell Lane wert: Der Laden quillt über vor Götterfiguren aus Holz oder Bronze in allen Größen, Holzschnitzarbeiten, Hindu-Altären, alten indischen Türen und Schaukeln, Schmuck u. v. m. Mit einer ähnlich beeindruckenden Kollektion ist das Geschäft **Celebration of Arts** vollgestopft, gelegen entlang der Campbell Lane an der Little India Arcade (Tel. 63920769, tgl. 9–21 Uhr).

**36** [gi] **Malay Village,** 39 Geylang Serai, Singapore 409227, MRT Paya Lebar, Tel. 68484700, tgl. 10–22 Uhr. Wie ein malaiisches Dorf aufgemachtes, kleines Kulturzentrum, in dem typisch malaiische Handwerksartikel veräußert werden – Batiken, Rattanmöbel, Teppiche, Stoffe, Gemälde, Kunstobjekte etc. Angeschlossen ist ein kleines Museum (geringer Eintritt) und es werden kulturelle Vorstellungen gegeben, wie z. B. malaiischer Tanz. Ein Besuch im Malay Village lässt sich gut mit einem Trip zur Joo Chiat Rd. 55 verbinden.

**37 Ming Village,** 32 Pandan Rd., Singapore 609279, MRT Clementi oder Jurong East, dann Bus 78, Tel. 62657711, tgl. 9–17 Uhr. Hier kann man Töpfer und Maler bei der Arbeit beobachten, die Porzellanwaren im alten Ming-Stil erschaffen. In einem Verkaufsraum können die Produkte erstanden werden. Angeschlossen ist das kleine Pewter Museum, in dem kunstvolle Zinnarbeiten aus Malaysia ausgestellt sind.

**38** [hi] **Rumah Bebe,** 113 East Coast Rd., Singapore 428803, Tel. 62478781, www.rumahbebe.com, Di–So 9.30–20.30 Uhr. Eine bezaubernde Kollektion von Handwerksartikeln, die vom Stil der Peranakan, einer malaiisch-chinesischen Volksgruppe, inspiriert sind. Verkauft werden Schuhe, Handtaschen und typische Peranakan-Kleidungsstücke, allesamt so wunderschön und bunt, dass man sie vielleicht auch als Wohnungsdekoration verwenden könnte. Untergebracht ist die Sammlung in einem charmanten alten Peranakan-Haus im Stadtteil Katong.

## Kameras und Zubehör

Generell empfehlen sich diesbezüglich vor allem das **Peninsula Plaza** und das **Peninsula Shopping Centre** beiderseits der Coleman St. [E5], wo man gleich eine ganze Reihe von preiswerten Geschäften und auch solche mit Gebrauchtkameras

EXTRATIPP

### Leica und Singapur – ein Vermächtnis des Vietnam-Kriegs

Die relativ zahlreichen Gebrauchtläden mit Leicas in Singapur haben einen historischen Hintergrund: Zur Zeit des Vietnam-Kriegs benutzen viele Kriegsreporter die zuverlässigen und optisch hervorragenden Leicas. Modelle wie die Leica M3 oder M4 gehörten zur Standardausrüstung vieler Kriegskorrespondenten. Singapur war damals der beste Ort in Südostasien, um die legendären Kameras zu kaufen. Bei Aufenthalten im Stadtstaat deckten sich die Reporter mit neuen Leicas ein und gaben die alten in Zahlung – ein Secondhandmarkt war geboren.

Brandneue Leicas gibt es auch in Singapur, und zwar in der Leica-Vorzeigevertretung:

**39** [F4] **Raffles Hotel Arcade,** Geschäft #01–18, Tel. 63369555, tgl. 10–20 Uhr. Weitere Vertretungen siehe www.leica-store.sg.

EXTRATIPP

**Kameras und Objektive auf Zeit**

Wer keine Kamera mitgebracht hat oder mal ein bestimmtes Objektiv ausprobieren möchte, kann sich aushelfen lassen: Im „Camera Rental Centre" lassen sich Kameras und Objektive tageweise ausleihen. Kameras kosten ab ca. 30 S$/Tag, Objektive ab ca. 20 S$/Tag. Höhere Preise bei anspruchsvollen professionellen Ausrüstungen. Zur Auswahl stehen die Kamera-Marken Canon, Fuji, Nikon und Sony, bei Objektiven zudem Sigma, Leica, Tamron, Tokina, Voigtländer und Zeiss. Der Reisepass ist vorzulegen, dazu muss u. U. eine Summe als Pfand hinterlegt werden. Ebenso erhältlich sind Stative und anderes Zubehör.

•45 [E6] **Camera Rental Centre,** 23 New Bridge Rd., Singapore 059389, MRT Clarke Quay, Tel. 96504158. http://sg.camerarental.biz, Mo–Do 11–19, Fr 11–19.30, Sa/So 11–17, an Feiertagen 11.30–15 Uhr (geschlossen: 25.12. und 1.1.).

und für Reparaturen findet. Ein paar Läden sind auch in **The Adelphi** untergebracht, schräg gegenüber an der South Bridge Rd. Die Secondhandläden im Peninsula Shopping Centre und in The Adelphi verfügen über ein auffallend gutes Sortiment an Leica-Kameras und -objektiven, und das zu Preisen, die meist günstiger als in Deutschland sind.

Aufgrund der Tatsache, dass sich zahlreiche Geschäfte auf engem Raum befinden, ist das Vergleichen von Preisen nicht allzu mühsam.

40 [F5] **Cathay Photo,** Pensinsula Plaza, 111 North Bridge Rd., Singapore 179089, Tel. 63374274, MRT City Hall, www.cathaypho to.com.sg, Mo–Sa 10–19 Uhr, So und feiertags geschlossen. Professionell geführtes Geschäft mit kompetenten Verkäufern. Sehr große Auswahl, oft jedoch etwas teurer als die Konkurrenz – dafür aber zuverlässig.

41 [E5] **The Camera Workshop,** #01–31 Peninsula Shopping Complex, 3 Coleman St., Singapore 178904, MRT City Hall, Tel. 63361956, Mo–Sa 11.30–19 Uhr. Sachkundiges Personal (vor allem der seit Jahrzehnten im Kamerageschäft tätige Mr. Nelson) und günstige Preise, dazu Secondhandware.

42 [E5] **TK Foto Technic,** 02–14 Funan DigitaLife Mall, 109 North Bridge Rd., MRT City Hall, Tel. 63385905, www.tkfoto.com.sg, Mo–Sa 11–20, So und feiertags 12–19 Uhr. Gute Erfahrungen hat der Autor mit diesem sehr gut sortierten Geschäft gemacht, das auf derselben Etage noch eine kleinere Filiale betreibt. Die Preise liegen etwas unter denen von Cathay Photo, der Service ist vorbildlich.

43 [E5] **P&G Photographic Centre (1),** 01–19 Peninsula Shopping Centre, 3 Coleman St., Singapore 179804, MRT City Hall, Tel. 63380833, Mo–Sa 12–19.30 Uhr. Ein großes Sortiment an Gebrauchtkameras und -objektiven, darunter viele der Marke Leica und Voigtländer. Dazu werden große und kleine Reparaturen durchgeführt. zuverlässig und professionell.

44 [F5] **P&G Photographic Centre (2),** #B1–04 The Adelphi, 1 Coleman St., Singapore 179803, MRT City Hall, Tel. 68370696, www.pgcameras.com, Mo–Sa 11–19.30 Uhr. Ableger des Fotogeschäfts.

› Ein ähnliches Angebot an gebrauchten Kameras und Objektiven findet sich auch bei **BenPhoto** und **Lens.SG** im Erdgeschoss des Peninsula Shopping Centre und bei **Alex Photo** im Erdgeschoss des Peninsula Plaza.

## Märkte

Aus dem smarten Singapur sind Open-Air-Märkte fast verschwunden. Die eine oder andere kuriose Ausnahme gibt es aber noch.

**46** [E7] **Flea Market@China Square Central,** China Square Central, Level 1 und 2, 18 Cross St., Chinatown 048423, www.chinasquarecentral.com, MRT Chinatown, Raffles Place, So 11–18 Uhr. Dieser Flohmarkt liegt in einem vor einigen Jahren restaurierten Teil Chinatowns, mit Antiquitäten – oder solchen, die vorgeben, welche zu sein –, Spielzeug, Sammlerobjekten, Kunsthandwerksartikeln etc. Das schmucke kleine Viertel ist aber auch ohne Markt einen Besuch wert. Eine Vielzahl kleiner Restaurants, die sich hier – als auch im benachbarten Far East Square – entlang dem Fußgängerpassagen reihen, locken die Besucher.

**47** [dk] **MAD Pyajamas (Market of Artists and Designers),** Red Dot Design Museum, Maxwell Rd., Singapore 069120, MRT Tanjong Pagar; jeden ersten Freitag im Monat, 17–24 Uhr. Mode-, Kunst- und Handwerksartikel von jungen Künstlern. Ab 21 Uhr gibt es Livemusik von einheimischen Bands.

**48** [G1] **Sungei Road Flea Market,** Sungei Rd., Larut Rd., Pasar Lane, Pitt St., MRT Bugis, Little India, geöffnet: tgl. ca. mittags bis spät abends, am besten Sa und So. Auf diesem Flohmarkt gibt es alles zu kaufen, das nicht festgenagelt ist – des einen Schrott ist des anderen Schatz. Das Warenspektrum reicht von Gebrauchtwaren aller Art, seien dies Elektrogeräte, Kleidung und Musikinstrumente, bis zu Heil bringenden Buddhaamuletten. Der durchschnittliche Tourist wird hier kaum etwas Lohnenswertes zu kaufen finden, eher über das so unsingapurische Ambiente erstaunt sein: Dieser Flohmarkt scheint wie ein Überbleibsel aus härteren Zeiten, Verkäufer und Kunden gehören zu den weniger privilegierten Bewohnern der Stadt. Mit dabei sind auch zahlreiche Gastarbeiter, die sich hier preiswert ausstatten.

*Auf dem Sungei Road Flea Market kann man viele Entdeckungen machen*

028si Abb.: rk

KURZ & KNAPP

**... und der 1. Preis geht an ...**

Der Bürgersteig an der Westseite der oberen Jalan Besar [G2] – etwa von der MRT-Baustelle bis zum Nordende – bekommt vom Autor den 1. Preis im Wettbewerb um den unbegehbarsten, hindernisreichsten Bürgersteig Singapurs. Entlang der Straße befinden sich viele Motorradreparaturläden und andere Unternehmen, und der Bürgersteig ist vollgestopft mit Motorrädern, Ersatzteilen, Werkzeugen, Mülleimern und anderen fußgängerfeindlichen Stolperfallen – ein unerwartetes Drittewelterlebnis in dieser architektonisch sonst so topfitten Stadt.

Nebenan in der Jln. Besar wird derzeit die MRT-Station Jalan Besar gebaut und mit deren Eröffnung im Jahr 2017 wird dieses urige merkantile Relikt wahrscheinlich aus dem Straßenbild verschwinden.

029si Abb.: rk

## Mode

Hier muss leider mit einer schlechten Nachricht hineingeplatzt werden: Gemäß einer Erhebung aus der „Economist Intelligence Unit" (EIU) im Jahre 2014 ist Singapur die **teuerste Stadt der Welt, um Kleidung zu kaufen.** Nicht nur das: In der Erhebung wurde Singapur sogar insgesamt als die teuerste Stadt der Welt gekürt, gefolgt von Paris, Oslo, Zürich und Sydney. Maßgeblich bei der Bewertung war jedoch die Betrachtung Singapurs aus dem Blickwinkel ausländischer „Expats" und die Tatsache, dass z. B. der Kauf oder Miete einer Wohnung sowie die Anschaffung eines Autos in Singapur extrem kostspielig sind.

In Sachen Kleidung war vor allem die teure Orchard Rd. ausschlaggebend, die Boutiquen mit den erlesensten Namen in der Mode-, Schmuck- oder Uhrenbranche bietet, aber nicht viel für Klein- oder Normalverdiener. Schnäppchen sind bei hochwertiger Modeware in Singapur generell wohl nicht zu finden. Tipp: Siehe die preiswerteren Möglichkeiten sich einzukleiden im Kap. „Kleidung" auf S. 235.

◁ *In manchen Textilgeschäften sind auch die Schaufensterpuppen verhüllt*

▷ *In einem Lokal in The Shoppes at Marina Bay Sands* ❺ *lassen sich die Köche bei der Dim Sum-Zubereitung zusehen*

# Singapur für Genießer

## Die kulinarische Szene

Singapur ist ein Vielvölkerstaat und die Essgewohnheiten unterscheiden sich je nach ethnischem Hintergrund.

Ein Malaie wird morgens vielleicht ein *roti paratha* essen, ein in Öl gebratenes Fladenbrot aus Weißmehl, das mit diversen Soßen oder Currys gereicht wird; ein Südinder genießt eher seine *dosa,* ein Teigfladen aus Reis- und Linsenmehl, den man mit Soßen und Chutneys isst; ein Nordinder verzehrt wahrscheinlich eher *dal-chapati,* eine Art Linsenbrei mit Fladenbrot, ein älterer Chinese vielleicht *porridge* oder *congee,* eine Reisgrütze mit Fleischzutaten oder Ei.

Westliches Essen ist in allen ethnischen Gruppen sehr verbreitet. Im „verwestlichten" Singapur gehört es zum normalen Speisealltag. Jugendliche aller o.g. Ethnien treffen sich zum Frühstück möglicherweise bei McDonald's. **Generell sind Singapurer passionierte Esser** und probieren gern die Küchen anderer Völker. So sieht man chinesische Familien, die in indischen Restaurants speisen, oder Malaien, die sich an türkischen Gerichten versuchen. Teilweise hat man das Gefühl, das Essen sei förmlich eine Obsession. Im örtlichen Fernsehen scheint sich jede zweite Sendung ums Kochen zu drehen.

Als **singapurische Nationalgerichte** gelten *Hainanese Chicken Rice,* ein Huhn-Reis-Gericht, das mit scharfen oder würzigen Soßen serviert wird, und *Chili Crab,* gebratener Krebs in einer süßscharfen Tomaten-Chili-Soße. **Hainanese Chicken Rice** oder einfach *Chicken Rice* bekommt man in jedem chinesischen Restaurant oder in den einfachen Hawker Centres (s. S. 69), wo er oft am besten schmeckt. Einer der besten Stände für *Chicken Rice* ist Tian Tian Hainanese Chicken (s. S. 69) im Maxwell Food Centre, vor dem sich oft lange Warteschlangen bilden. Sehr beliebt für ihre

### Gastro- und Nightlife-Areale

Bläulich hervorgehobene Bereiche in den Karten kennzeichnen Gebiete mit einem dichten Angebot an Restaurants, Bars, Klubs, Discos etc.

030si Abb.: rk

**Chili Crabs** sind die Restaurants im East Coast Park, darunter Jumbo Seafood (s. S. 58), und die Restaurants im East Coast Lagoon Food Village, z. B. Long Beach Seafood (s. S. 58). Die beiden *food center* liegen direkt westlich bzw. östlich neben der East Coast Lagoon, Taxifahrer kennen sie.

Je nach ethnischem und religiösem Hintergrund bestehen u. U. **Speisetabus.** Die Malaien und ein Teil der indischen Bevölkerung sind Muslime und essen i. d. R. kein Schweinefleisch und trinken keinen Alkohol, im modernen Singapur gibt es hierzu allerdings zahlreiche Ausnahmen. Hindus essen üblicherweise kein Rindfleisch, manche leben gänzlich vegetarisch. In Singapur ist auch das kein Problem. Es ist übrigens nicht üblich, Trinkgelder zu geben (s. S. 262).

031si Abb.: rk

*Fruchtsäfte mit viel Eis und Zucker gibt es vielerorts schon ab 1 S$*

## Getränke

Erhältlich sind alle in Europa üblichen Getränke, auch **importiertes Bier und Wein.** Alkoholika sind aber generell erheblich teurer als in Europa. Wem die Lokale zu teuer sind, der findet alles Notwendige in den Supermärkten. In Restaurants oder Pubs können eine Drittelliter-Flasche Bier oder ein Glas Wein leicht über 15 S$ kosten. Entscheidend für den Preis ist allerdings auch die Lage: In den schicken Restaurants am Boat Quay ist das Preisniveau höher als in einem kleinen Ecklokal in der Vorstadt. Man beachte **„Happy Hour"**-Angebote, bei denen z. B. ein Halbliterkrug Bier manchmal „nur" 10 bis 12 S$ kostet. **Von 22.30 bis 7 Uhr ist der Alkoholverkauf** in Geschäften sowie **Alkoholkonsum** in allen öffentlichen Bereichen (Straßen, Parks etc. und außerhalb von Restaurants, Coffeeshops und angemeldeten Festen) **verboten!**

Mit einer besonders langen „Happy Hour" erfreut das Paulaner am Clarke Quay seine Gäste. Die Happy Hour dauert hier bis 22 Uhr, und dann kosten alle Biere sowie der Hauswein und Hausschnäpse die Hälfte. Deutsche und internationale Kost gibt es natürlich auch, und auf dem Fernsehschirm laufen Fußballspiele.

**49** [D5] **Paulaner,** 3B River Valley Rd., #01-02 Clarke Quay, MRT Clarke Quay, ab 2017 günstiger MRT Fort Canning, Tel. 63380480, www.paulaner-clarkequay.com, Mo 12–1, Di 12–2, Mi–Sa 12–3, So 12–2 Uhr

Alle Restaurants sind dazu verpflichtet, auf Wunsch kostenlos Leitungswasser zu servieren. In Asien ist es vollkommen üblich, schlichtes Wasser zum Essen zu trinken. In Singapur birgt das Leitungswasser keinerlei Gefahr.

**Tee und Kaffee** können sehr preiswert sein. In einfachen Lokalen bekommt man diese schon für 1 bis 1,50 S$. Die Regierung setzt bei solchen „Grundgetränken" in kleinen Otto-Normalverbraucher-Restaurants Preisrichtlinien. Eine Spezialität in diesen Lokalen ist der „TehTarik" oder „Zieh-Tee". Das ist süßer Tee mit Milch, der aus einem Behälter aus großer Höhe in das Glas gegossen wird, dann wieder zurück und ein paar Mal so hin und her. Dadurch oxidiert der Tee, was den Geschmack – ähnlich wie beim Wein – verbessert. Diese Gießarbeit des Teemachers, der den Tee über einen bis anderthalb Meter von der einen Hand zur anderen schüttet, bedarf einiger Übung. Kaffee und Tee in solchen Läden können sehr süß ausfallen, da stark gezuckerte Kondensmilch beigemischt wird. Nützlich sind folgende traditionelle Coffeeshop-Begriffe aus dem Malaiischen:

- *Kopi/Teh* = Kaffee/Tee mit süßer Kondensmilch
- *Kopi-c/Teh-c* = Kaffee/Tee mit ungesüßter Milch (das „c" stammt von der Dosenmilch Carnation, die früher meist benutzt wurde)
- *Kopi-o/Teh-o* = Kaffee/Tee ohne Milch, aber mit Zucker
- *Kopi-o-kosong/Teh-o-kosong* = Kaffee/Tee ohne jeglichen Zusatz *(kosong* = Null)

EXTRATIPP

### Trink Dir den Tiger in den Tank!

Singapur hat seine eigene Biermarke namens „Tiger Beer" – nun ja, wie könnte sie in dieser Stadt der Löwen und Tiger schon anders heißen. Das Bier kann sicher auch europäische Bierliebhaber zufriedenstellen. Immerhin wird die Hälfte der Produktionsmenge exportiert. Die Tiger-Brauerei, weit in Nordwesten der Stadt gelegen, kann wochentags in Touren besichtigt werden. Kostenpunkt 18 S$, Jugendliche unter 18 Jahren 12 S$. Für das Eintrittsgeld kann man eine Menge Bier probieren (kein Ausschank an Personen unter 18 J.).

**50 Asia Pacific Breweries,** 459 Jln. Ahmad Ibrahim, Jurong Industrial Estate, Singapore 639933, www.tigerbrewerytour.com.sg. Anfahrt: mit der MRT bis zur Station Boon Lay, dort in Bus Nr. 182 oder 182M umsteigen. Entfernung 8,4 km mit Bus Nr. 182 bzw. 9 km mit Bus Nr. 182M. Geöffnet Mo–Fr 10–17 Uhr; 45-minütige Führungen um 10, 11, 13, 14 und 16 Uhr. Vorbuchung nötig. Bei Besuch ist der Reisepass vorzulegen.

### Preiskategorien

Die Preise gelten für Hauptgerichte.

| | |
|---|---|
| € | bis 10 €/Pers. |
| €€ | bis 25 €/Pers. |
| €€€ | über 25 €/Pers. |

## Empfehlenswerte Lokale

Singapur hat so **viele ausgezeichnete Restaurants aller erdenklichen Geschmacksrichtungen,** dass jeder Versuch, dem Thema auf ein paar Seiten gerecht zu werden, zum Scheitern verurteilt ist. Die folgenden Vorschläge dienen der Anregung, aber mit etwas lukullischem Mut lässt sich auch gut auf eigene Faust auf Entdeckungsreise gehen.

Die Singapurer sind begeisterte Esser und probieren alles aus, aber am Ende sind sie auch sehr wählerisch: Von allen Restaurants, die neu eröffnen, schließen 70 % innerhalb von fünf Jahren wieder.

## Geliebt, gehasst, verboten: die Durian

*Als „Königin der Früchte" wird sie oft bezeichnet – die grüne bis gelbe oder braune, kiloschwere Durian, die mit ihren Stacheln ein bisschen wie eine missgestaltete, überdimensionale Handgranate aussieht. Betrachtet man den Theaterkomplex Theatres on the Bay* ❽*, so wird offensichtlich, dass der Architekt sich durch diese Stachelfrucht hat inspirieren lassen.*

*In ihrer Heimat Südostasien* ***genießt die Frucht Kultstatus*** *– der Geschmack des cremig-gelben Fruchtfleisches ist extrem, entweder man hasst oder man liebt das kleine Ungetüm.*

*Wie schmeckt sie nun? Wie Nougat mit verfaulter Eiercreme? Oder Pudding mit Zwiebelgeschmack? Wie verrotteter Käse mit Fruchtaroma? Alles passt irgendwie. Kommt die neue Ernte in die Läden, so treffen sich die Connaisseurs zur „Degustation" der frischen Ware.*

*Kaum umstritten ist* ***der penetrante Geruch*** *der Durian, den selbst ihre Liebhaber nicht schätzen, vor allem, wenn jemand anders die kostbare Frucht bei sich trägt. Sie riecht in etwa wie ausströmendes Gas, und das auf weite Distanzen. Kein Wunder, dass ihre Mitnahme in öffentlichen Verkehrsmitteln, in Hotels und oft auch in Fahrstühlen verboten ist. Eines von Singapurs zahlreichen Verbotsschildern zeigt eine durchgestrichene Durian: kein Einlass für Stinkefrüchte.*

*Die Durian wird auch zur Herstellung von Eiscreme benutzt (s. u.), oder sie wird zu einer Kuchenfüllung verarbeitet; so z. B. bei den chinesischen runden „Mondkuchen" („moon cakes"), die an chinesischen Feiertagen verzehrt werden.*

*Der Preis einer Durian richtet sich nach Jahreszeit, Qualität und Sorte („Wild Cat", „D24", „XO", „Mon Thong" = Goldkissen u. a.). Durians der unteren Liga kosten 5 S$/kg. Eine Qualitäts-Durian dagegen, so wie die Sorte „Mao Shang Wang" (kurz MSW), oder auf Englisch „Cat Mountain King", kann 25 bis 30 S$/kg kosten. Auf diese „Königs-Durian" und andere hochgradige Durians spezialisiert ist das Geschäft* ***„Combat Durian"****, dessen Name übersetzt „Kampf-Durian" bedeutet – ein folgenschwerer Irrtum: Eigentlich sollte der Laden „Come Back Durian" heißen, doch aufgrund einer fremdsprachlichen Fehlleistung wurde daraus „Combat Durian". Der originelle Name blieb hängen, und vielleicht macht er ja auch Sinn, denn hier wird minderwertigen Durians gnadenlos der Kampf angesagt. Das seit über 50 Jahren bestehende Geschäft ist unter Durian-Freunden eine Legende. Zu beachten ist, dass hier Durians nur während der natürlichen Durian-Saison verkauft werden, d. h. etwa Juni bis August. Dafür sind die Früchte von allerbester Qualität. Andernorts werden auch über die Saison hinaus qualitativ weniger gute Zuchtexemplare veräußert.*

*In den folgenden Geschäften kann man Durians bzw. Durian-Produkte probieren:*

**51** *[D7]* ***101 Durian,*** *Chinatown Complex Food Centre, 335 Smith St., Chinatown, Singapore 050335, MRT Chinatown. Ein beliebter Durian-Stand, an dem man sich ebenfalls seine stachelige Freundin gleich aufschneiden lassen und sie auf Plastikstühlen sitzend verzehren kann.*

032si Abb.: rk

52 ***Combat Durian,** 261 Balestier Rd., Singapore 329714, Handy 92789928, in der Saison tgl. 12–24 Uhr geöffnet. Das Geschäft ist im Grunde nur eine Art offener, überdachter Stand links neben dem Goh Chor Tua Pek Tong Temple (mehr zu dem Tempel und zur Balestier Rd. s. S. 174). Die Durians werden auf Wunsch aufgeschnitten, und an Tischen kann man sie sich gleich schmecken lassen. Durian-Neulinge sollten sich vielleicht zuerst an der milden Sorte „D24" versuchen.*

53 *[B2] **Four Seasons Durians Cafe,** B207-3-2 Takashimaya Food Hall, Takashimaya Shopping Ctr., 391 Orchard Rd., Singapore 238873, MRT Somerset, Orchard, Tel. 67347087, www.fourseasonsdurians.com, Zweigstellen in mehreren Vororten. Stadtbekanntes Geschäft mit vielerlei aus der Durian hergestellten Naschereien: Durian-Kuchen, -Crêpes, -Pudding, -Bonbons u. a.*

54 ***Udders,** 246D Upper Thompson Rd., Singapore 574370, Tel. 64520803, www.udders.com.sg, So–Do 12–1, Fr/Sa und vor Feiertagen 12–2 Uhr. Zweigstellen in Vororten. Gourmet-Eiscafé, dessen permanenter Bestseller das Eis ist, das aus der Sorte „Mao Shan Wang" gewonnen wird.*

## Buffets

› **Buffet Town** (s. S. 41)

55 [A1] **Carousal** €€-€€€, Royal Plaza on Scotts, 25 Scotts Rd, Singapore 228220, MRT Orchard, Tel. 65897799, www.carousalbuffet.com.sg, tgl.6–10, 12–14, 15.30–17.30, 18.30–21.30 Uhr. Preise (Frühstück/Lunch/Teatime/Dinner) 28++ S$/49++ S$/39++ S$/68++ S$ respektive, Kinder ca. 25 % weniger. Unglaubliche Buffets mit acht verschiedenen internationalen Küchen und teilweise bis zu 300 verschiedenen Gerichten. Ob es europäisch, indisch, chinesisch, japanisch oder mit Meeresfrüchten sein soll, hier fehlt nichts.

## Chinesisch

56 [E4] **Chef Chan's Restaurant** €€€, #01-06 National Museum of Singapore, Stamford Rd., Singapore 178897, Tel. 63330073, www.chefchanrestaurant.com.sg, MRT Dhobi Ghaut, Bras Basah, Mo–Sa 11.45–14.30 und 14.15–22.15 Uhr. Intimes kantonesisch-chinesisches Restaurant mit nur sieben Tischen, umgeben von kostbaren chinesischen Antiquitäten. Eines der exklusivsten Essenerlebnisse, die es in Singapur gibt. Vorbestellung empfohlen. Die Preislage ist hoch, aber für relativ preiswerte 30 bzw. 40 € gibt es Lunch-Menüs mit sieben Gängen.

57 [E7] **Ju Chun Yuan** €€, Far East Sq., 130 Amoy St, Singapore 049959, MRT Telok Ayer, Tel. 65362655, www.juchunyuan.com.sg, Mo–Fr 12–14.30 u. 18–22.30 Uhr. Sehr gute chinesische Küche, als Spezialangebot werden relativ preiswerte Dim-Sum-Sets kreiert, bei denen man sich für weniger als 20 S$ an einer Auswahl gefüllter chinesischer Klöße *(Dim Sum)* schadlos halten kann. Das Restaurant ist in einer alten chinesischen Schule untergebracht, und abends bieten die Vorderseite, die aussieht wie ein chinesischer Tempel, und der beleuchtete, von

033si Abb.: rk

Bambusbäumen flankierte Zugang zum Restaurant einen spektakulären Anblick.

**58 Jumbo Seafood (1)** €€, #010-07/08 East Coast Seafood Centre, 1206 East Coast Parkway, Singapore 449883, Tel. 6442345, www.jumboseafood.com.sg, Mo-Sa 17-23.45, So und feiertags 12-24 Uhr. Hervorragende *Chili Crabs* und generell ausgezeichnetes Seafood in beschaulicher Lage am East Coast Park.

**59** [D5] **Jumbo Seafood (2)** €€, 30 Merchant Court, 01-01/02 Singapore 058282, Tel. 65323435, MRT Clarke Quay, tgl. 12-15 u. 18-24 Uhr. Filiale am Clarke Quay, wo man romantisch draußen am Singapore River speisen kann.

**60** [D7] **Lee Kui (Ah Hoi) Restaurant** €€, 8/9/10 Mosque St., Singapore 059488, Tel. 62223654, MRT Chinatown, tgl. 11-14.30 und 17-22 Uhr. Authentische Küche aus der chinesischen Teochew-Region in einem typischen Restaurant alten Stils, ohne Schnörkel, einfach und funktional. Besondere Leckerbissen sind die kalten Krebsgerichte (daher das Krebssymbol auf der Reklame) und die glasierten Enten oder Seegurken. Oft gut besucht.

**61** [hi] **Long Beach Seafood** €€, 1218 East Coast Parkway, Singapore 449883, www.longbeachseafood.com.sg, Tel. 64458833, Mo-Fr, So 11-15 und 17-0.15, Sa und vor Feiertagen bis 1.15 Uhr. Sehr beliebt sind hier die *Chili Crabs*.

**62** [C7] **Majestic Restaurant** €€€, New Majestic Hotel, 31-37 Bukit Pasoh Rd., Singapore 089845, Tel. 65114718, MRT Outram Park, Chinatown, www.restaurantmajestic.com, tgl. 11-15 u. 18.30-23 Uhr. Moderne kantonesische Küche eines preisgekrönten Chefkochs, dazu mit einer guten Weinkarte und in einem außergewöhnlichen Hotel (s. S. 259) gelegen. Eines der besten chinesischen Restaurants in Chinatown.

**63** [G5] **My Humble House** €€€, 8 Raffles Ave., 02-27/29 Esplanade Mall, Singapore 039802, MRT: Esplanade, Tel. 64231881, www.myhumblehouse.com.sg, tgl. 11.45-15 und 18.30-22.30 Uhr. 2007 vom Gourmet-Magazin „Restaurant" als eines der

*„Bak Kwa" (Pökelfleisch) findet besonders zum chinesischen Neujahr (s. S. 20) reißenden Absatz*

„100 besten Restaurants der Welt" ausgezeichneter Gourmettempel mit moderner chinesischer Küche, beileibe nicht billig (ca. 50 €/Pers.), aber jeden Cent wert. Die Gerichte haben gelegentlich einen leicht westlichen Einschlag, z. B. die von Champagner-Mousse umhüllten frittierten Austern.

**64** [C6] **Red Star Restaurant** €, Block 54, #07-23 Chin Swee Rd., Singapore 160054, MRT Chinatown, Tel. 65325266, tgl. 7-15 u. 18-22 Uhr. Traditionelles Dim-Sum-Restaurant, eine Institution in Chinatown, immer gut besucht und laut. *Dim Sum* sind eine Art chinesische Knödel und werden wie traditionell üblich von Schiebekarren aus serviert. Dazu gibt es aber auch Garnelen- oder Krabbengerichte und leckere kleine Süßspeisen.

**65** [A2] **Taste Paradise** €€-€€€, 2 Orchard Turn, #04-07 ION Orchard, Singapore 238801, MRT Chinatown, Tel. 65099661, www.paradisegroup.com.sg, Mo-Fr 11.30-15 und 18-23, Sa/So und feiertags 11-16.30 und 18-23 Uhr. Stilvolles Restaurant mit raffinierter chinesischer Küche, u. a. mit sehr guten Meeresfrüchten.

> Siehe auch 188 Café & Bak Kut Teh, Boon Tong Kee und Hong Kong Street Chun Tat See (s. S. 176) sowie Old Geylang (s. S. 194), 126 Dim Sum Wen Dao Shi Weng Seng Restaurant (s. S. 193) und Heng Leng BBQ & Claypot Deluxe (s. S. 95).

## Deutsch

**66** [F4] **Brotzeit** €€, 252 North Bridge Rd., #01-17 Raffles City Shopping Ctr., Singapore 179103; MRT City Hall, Tel. 68831534, www.brotzeit.co, Mo-Fr 12-24, Sa/So und vor Feiertagen 12-1 Uhr. Die deutsche Restaurantkette ist bei Einheimischen sehr beliebt, was zum Teil auf dem leckeren Paulaner-Bier beruht, das hier ausgeschenkt wird.

**67** [E3] **Der Biergarten** €€, 48 Prinsep St. #01-01/#02-01, Singapore 188677, MRT Dhoby Ghaut, Tel. 6330689, tgl. 16-ca. 1-Uhr. Ob Schweinshaxe oder gebackene Forelle, dieses in einem ehemaligen chinesischen Wohnhaus untergebrachte deutsche Restaurant bekommt es gut hin. Zum Essen gibt es Paulaner-Bier und oben im 1. Stock wird Livemusik geboten. Sitzgelegenheit auch draußen vor dem Haus. Für Menschen, die in der hotelreichen (aber derzeit von Baulärm geplagten) Bencoolen St. oder in Little India wohnen, ist dies das nächstgelegene Restaurant mit Heimatfutter.

**EXTRAINFO**

In Restaurants mit chinesischen oder südostasiatischen Speisen wird gerne **der Geschmacksverstärker MSG** (Mononatriumglutamat; Ajinomoto) verwendet, der bei manchen Konsumenten **allergische Reaktionen** hervorruft. Einige chinesische Restaurants betonen auf ihrer Speisekarte, dass sie kein MSG benutzen. Wer MSG vermeiden will, kann auf diesen chinesischen Satz hinweisen: 不要使用味精 (Bù shǐyòng wèijīng = „Kein MSG benutzen!")

**68** [D7] **Erich's Wuerstelstand** €, #01-52, Stall Nr. 5, K88 Coffee House, Block 5 Banda St., Singapore 050005, Tel. 96274081, www.wuerstelstand.blogspot.com, 11-21 Uhr. „Die letzte Würstchenbude vor dem Äquator" nennt sich der von einem Österreicher gegründete Würstchenstand auch, eine kulinarische Überraschung in Chinatown. Für 6 S$ kann man Bratwurst und Sauerkraut genießen, dazu weitere heimatliche Imbisse, z. B. sehr leckere Backwaren. Singapurer können den Namen des Wuerstelstands nicht aussprechen, was viele aber nicht vom Genuss abhält.

> Siehe auch **Wawawa – The Bistro by the Reservoir** (s. S. 92)

## Französisch

69 [G4] **Gunther's** €€-€€€, 36 Purvis St., #01-03, Singapore 188613, MRT City Hall, Tel. 63388955, www.gunthers.com.sg, tgl. 12-15 und 18.30-22.30 Uhr. Meisterhafte moderne französische Küche, kredenzt vom belgischen Chefkoch Gunther Hubrechsen. Dazu eine Champagnerbar und eine Weinkarte mit 350 Weinen. Auch vegetarische Gerichte. Vorbuchungen sind ratsam.

70 [F4] **Saveur** €-€€, 5 Purvis St. #01-04, Singapore, MRT City Hall, Tel. 63333132, www.saveur.sg, Mo-Sa 12-14.30 und 18-21.15, So 12-14.15 und 18-21 Uhr. Gute französische Küche, aber auch mit einigen asiatisch beeinflussten Gerichten, eine Kombination, die abends oft längere Warteschlangen verursacht. Neben à-la-Carte-Speisen gibt es 2-Gänge-Menüs zu 29 S$++ und 3-Gänge-Menüs zu 37 S$++.

71 [B1]**Saveur @ Far East Plaza** €-€€, 14 Scotts Rd. #01-7B, MRT Orchard, Mo-Sa 11.30-21.30 Uhr. Zweigstelle des Saveur.

72 [ei] **TFS Bistrot** €-€€, 344 Serangoon Rd., Singapore 218166, MRT Farrer Park, Tel. 62993544, www.tfsbistrot.com, Di-So 15-18 (nur Desserts und Drinks), 18-22 Uhr (Dinner). Preiswertes französisches Restaurant, ausnahmsweise auch ohne Klimaanlage, aber mit dem legeren Ambiente eines Bistros. Keine Haute Cuisine, dafür solide französische Hausmannskost.

› Siehe auch **Cocotte** (s. S. 256)

## Indisch

73 [F2] **Bikanervala** €, 1 Dalhousie Ln., Little India, Singapore 209664, MRT Little India (ab 2016 günstiger MRT Rochor und MRT Jalan Besar), Tel. 63964138, tgl. 8.30-22 Uhr (Mahlzeiten erst ab ca. 11 Uhr, davor nur Süßigkeiten- und Getränkeverkauf). Ein vegetarisches nordindisches Restaurant mit sehr leckeren Snacks, Süßigkeiten und kleinen Hauptmahlzeiten, sehr preiswert dazu. Die *Paneer Cutlets,* eine Art würzige Frikadellen aus dem indischen Käse *paneer,* sind so köstlich, dass sie meist schon lange vor Ladenschluss ausverkauft sind. Das Geschäft geht gut, und das erst relativ junge Restaurant hat mitterweile eine Zweigstelle, **Bikaner Express** (83 Syed Alwi Rd., gegenüber Mustafa Centre, s. S. 39, www.restaurant-bikaner-express, MRT Farrer Park, tgl. 11-23 Uhr).

74 [F1] **Kailash Parbat** €-€€, 3 Belilios Rd., Singapore 219924, MRT Little India, Tel. 68365545, www.kailashparbat.com.sg. Ein großes, sauberes Restaurant, gleich rechts neben dem Veerama Kaliammam Temple gelegen, der Ableger eines sehr bekannten Restaurants in Mumbai. Geboten wird die (vegetarische) Küche der Provinz Sindh im heutigen Pakistan. Köstlich - aber auch gefährlich für die schlanke Linie. Dazu gibt es sehr gute Süßspeisen. Eine neuere Zweigstelle, mit dem gleichen guten Essen, befindet sich an der Syed Alwi Rd. gegenüber dem Mustafa Centre (s. S. 39).

75 [F2] **Komala Vilas** €, 76/78 Serangoon Rd., Singapore 217981, MRT Little India, Tel. 62936980, www.komalavilas.com.sg. Legendäres südindisches Restaurant mit Gemüse- und Reisplatten zum Niedrigstpreis, dazu südindische Klassiker wie *masala dosa* (Teigfladen mit würziger Gemüsefüllung) oder *idli* (Reiskuchen mit Chutneys und Soßen). Eine Zweigstelle befindet sich ein paar Schritte entfernt in der Buffalo Rd. und hier gibt es die *dosas* einzigartigerweise auch zubereitet aus Vollweizenmehl oder aus *ragi,* einer Art nahrhafter roter Hirse. Kein Alkohol.

76 [F2] **Madras New Woodlands** €, 14 Upper Dickson Rd., Singapore 207474, MRT Little India, Tel. 62971594, 7.30-23.30 Uhr. Alteingesessenes, rein vegetarisches südindisches Lokal mit sehr schmackhaften Thalis

zu ca. 9 S$. Dazu auch kleinere Imbisse und indische Süßigkeiten.

77 [F1] **Madras Woodlands Ganga** 1 Cuff Rd., Zweigstelle eine Parallelstraße weiter mit vegetarischer nord- und südindischer Küche, vor allem aber sehr guten und preiswerten Lunch- und Dinner-Buffets (ab 12 S$). Kein Alkohol in beiden Filialen.

78 [G1] **Raj Restaurant** €€, 76 Syed Alwi Rd., Singapore 207655, MRT Farrer Park, Tel. 62971716, www.rajrestaurant.com.sg, tgl. 11–23 Uhr. Zweigstelle eines Restaurants in Kolkata mit nordindisch-vegetarischem Essen, sehr gut und exakt so, wie man es in Indien bekommen würde. Ein einziges Gericht kann schon sättigend sein. Am Wochenende muss man manchmal warten, da die Gäste abends schon mal Schlange stehen. Kein Alkohol.

79 [ei] **Tandoori** €€, 01–26 Serangoon Plaza, 326 Serangoon Rd., Singapore 218108, MRT Farrer Park, Tel. 62942232, tgl. 8–10 und 11–23.30 Uhr. Großes, funktional eingerichtetes Restaurant mit sehr guten nordindischen Fleisch- und auch vegetarischen Gerichten. Sehr lecker ist das *Paneer Palak,* ein würziges Spinatgericht mit Frischkäsebrocken. Alkohol ist erhältlich.

80 [F1] **The Banana Leaf Apolo** €-€€, 54 Race Course Rd., Singapore 218564, Tel. 62938682, MRT Little India, tgl. 10.30–22.30 Uhr. Die Spezialität des Hauses sind Fish Head Curries, bei denen ein Fischkopf, der in einem Curry-Topf steckt, auf einem Bananenblatt zusammen mit Reis und Gemüsen verzehrt wird. Bananenblätter sind die traditionellen „Teller“ in Indien und werden noch heute vor allem in Südindien als solche genutzt. Zum Essen nimmt man am besten die Finger (ist aber kein Muss). *Fish Head Curry* ist kein Gericht, das in Indien generell zu finden ist; es stammt aus der Region von Kerala und darüber hinaus ist es so gut wie unbekannt. Nebenbei werden andere Gerichte serviert, nicht-vegetarisch sowie vegetarisch. Auch Alkohol (Bier) kann bestellt werden.

81 [H2] **Yummy Punjaby** €, 2 Pahang St., Singapore 198604, MRT Bugis, Tel. 62972262, www.yummypunjaby.com, tgl. 11–23 Uhr. Das kleine Ecklokal im malaiischen Viertel Kampong Glam könnte man leicht übersehen, was schade wäre, denn das nordindische Essen – vegetarisch und nicht-vegetarisch – ist hervorragend und die Portionen sind für den relativ niedrigen Preis recht groß. Serviert wird die Küche des indischen Bundesstaates Punjab, was gute Huhngerichte (z. B. *Butter Chicken)* als auch Paneer-Gerichte (z. B. *Paneer Butter Masala)* verspricht. Sehr gut ist auch die *Aloo Paratha,* eine dickes Fladenbrot mit würziger Kartoffelfüllung. Alkohol ist erhältlich.

› Siehe auch Gopal’s (s. S. 173), MTR Restaurant (s. S. 173), Sri Rajya Lakshmi Narasimhan Restaurant (s. S. 173), Udipi Ganesh Vilas (s. S. 197) und Punjab Grill (s. S. 42)

## Italienisch

82 [dk] **Etna Italian Restaurant** €€, 49/50 Duxton Rd., Singapore 089534, MRT Tanjong Pagar, Tel. 62205513, www.etnaitalianrestaurant.com.sg, tgl. 12–14.30 u. 18–22.30 Uhr. Ein gemütliches, sizilianisches Restaurant mit zahlreichen sizilianischen Spezialitäten und ausgezeichneten Pizzen. Besonders lohnenswert sind die 3-Gänge-Lunch-Menus zu 27,80 S$++ .

83 [F4] **Garibaldi** €€-€€€, 36 Purvis St., 01–02, Singapore 188613, MRT City Hall, Tel. 68371468, www.garibaldi.com.sg, tgl. 12–15 und 18.30–23 Uhr. Hochklassige italienische Küche mit köstlichen Nachspeisen und einer langen Weinkarte. Die spezielle Gourmetspeisekarte bietet einige originelle Fusionen aus italienischer und chinesischer Küche.

**84** [C7] **Oso Ristorante** €€-€€€, 46 Bukit Pasoh Rd., Singapore 089858, Outram Park, Tel. 63278378, MRT Outram Park, www.oso.sg, Mo–Sa 12–14.30 und 18.30–23.30 Uhr. Fabelhaftes italienisches Restaurant, dem ein französisches Lokal (Absinthe), eine Bar (Baretto) und ein Zigarrenzimmer angeschlossen sind; dazu gibt es ein Käsezimmer, in dem seltene oder hochgereifte Käse gekostet werden können. Es stehen einige Hausklassiker auf der Speisekarte, darunter *Saffron Taglioni with Braised Monkfish Cheek* – das klingt so gut wie es schmeckt.

**85** [F4] **Trattoria Lafiandra** €€-€€€, 71 Bras Basah Rd., Singapore 189555, MRT Bras Basah, Tel. 68844035, www.lafiandra.com.sg, tgl. 11.30–15 und 18–23 Uhr. Großartige traditionelle italienische Küche mit all den Klassikern von Pizza über Gnocchi bis zu Fischgerichten, in bester Lage gleich links neben dem Eingang zum Singapore Art Museum (s. S. 84).

## International/Fusion

**86** [F3] **Artichoke Café & Bar** €€, Sculpture Sq., 161 Middle Rd., Singapore 188978, MRT Dhoby Ghaut, Little India, Bugis, ab 2017 günstiger MRT Bencoolen, Tel. 63366949, www.artichoke.com.sg, Di–Fr 18.30–23, Sa 11.30–16 und 18.30–23, So 11.30–16 Uhr. Sehr leckere Gerichte, beeinflusst von der Cuisine von Nahost. Das Vorzeigegericht *Lamb Shortribs with Chermoula Spices* ist der Renner, und der Dattel-Pudding des Hauses ist der perfekte Abschluss darauf. Sitzgelegenheit auch im Freien.

**87** [D5] **Brewerkz** €€, #05/06 Riverside Point, Clarke Quay, Singapore 058282, MRT Clarke Quay, Tel. 64387438, www.brewerkz.com, Mo–Do, So 12–24, Fr/Sa und vor Feiertagen 12–1 Uhr. Restaurant mit Mini-Brauerei, deren Flüssigprodukt man nun fachmännisch antesten könnte. Zwar ist der Besitzer Amerikaner (ihm gehört fast der ganze Block), aber das Bier ist trotzdem gut ...

**88** [D5] **Cafe Iguana** €€, #01–03 Riverside Point, Clarke Quay, Singapore 058282, MRT Clarke Quay, www.cafeiguana.com, Mo–Do 16–1, Sa 12–3, So 12–1 Uhr. Gutes mexikanisches Essen und dazu eine gefährlich große Auswahl an Tequilas und Margaritas. Sehr romantisch am Singapore River gelegen.

**89** [bi] **Halia** €€-€€€, 1 Cluny Rd., Ginger Garden, Singapore Botanic Gardens, Singapore 259569, MRT Botanic Gardens (allerdings ein bisschen weit zu laufen, wenn man in bester Abendkleidung ausgeht), Tel. 64766711, www.halia.com.sg, tgl. 12–17.30 und 18.30–22.15, Sa/So oder vor Feiertagen bis 23 Uhr. Mitten im Botanischen Garten gelegen, ist das Restaurant von so satter tropischer Vegetation umgeben, dass man es gar nicht leicht findet. Vom Gourmetmüsli bis zu Kaviar und Shrimpgerichten, alles hat einen eigenen Touch. Dazu außergewöhnliche Fruchtcocktails wie z. B. den Hausklassiker Ginger Jive mit frischem Ingwer (*Halia* ist Malaiisch für Ingwer). Das Restaurant ist ein Erlebnis. Trotz seiner Lage inmitten des Botanischen Gartens ist Halia gut per Taxi zu erreichen; wenige Meter entfernt befindet sich ein Parkplatz, an dem Taxis halten können. Zu Fuß ist es vom Haupteingang an der Holland Rd. ein ca. zehnminütiger Weg.

**90** [H3] **NOX – Dine in the Dark** €€€, 269 Beach Rd., Singapore 199546, MRT Bugis, Tel. 62980708, www.noxdineinthedark.com.sg, tgl. 18–24 Uhr. Die Gäste essen in absoluter Dunkelheit, wobei die Geschmackssinne intensiviert werden. Die Kellner sind Blinde, die sich in der Dunkelheit logischerweise am besten zurechtfinden. Falls ein Gast zur Toilette muss, wird er in vollständiger Dunkelheit von seinem blinden Führer dorthin begleitet. Der einzige Teil des Restaurants, der etwas beleuchtet ist, ist derjenige vor dem Speisesaal, wenn man die Speisekarte durchforstet. Es gibt europäische Küche und Fusionsgerichte. Ganz billig ist das Erlebnis nicht, aber unvergesslich bestimmt.

91 [E7] **PS. Café At Ann Siang Hill Park** €€€, 45 Ann Siang Rd. #02-02, Singapore 069719, MRT Telok Ayer, Chinatown, Handy 97970648, www.pscafe.com, Mo–Fr 11.30–22.30, Sa/So und an Feiertagen 16–22.30 Uhr. Zutritt nur ab 13 Jahren – oder wie es das Haus formuliert: „Teenagers and Adults Only." Geboten werden Brunch-. Lunch- und Dinner-Sets mit europäischer Küche, originell, gesund, und wunderbar präsentiert. Auch die Cocktails fallen sehr gut aus. Zudem ist das dreistöckige Haus eine Augenweide. Es ist großzügig mit Pflanzen dekoriert und eine Dachterrasse erlaubt Aussicht auf die pittoresken Häuser der Umgebung. Sitzgelegenheit innen und außen. Das Unternehmen betreibt noch einige Filialen (siehe Homepage), aber dieses ist sicher die am schönsten gelegene. Sehr empfehlenswert.

92 [D7] **Tippling Club** €€€, 38 Tanjong Pagar Rd., Singapore 088461, MRT Tanjong Pagar, Tel. 64752217, www.tipplingclub.com, Mo–Fr 12–15 u. 18–24, Sa 18–24 Uhr. Fine Dining in allerhöchster Qualität, das bietet der Tippling Club, von erlesenem japanischen Rindfleisch *(Wagyu)* bis zu Foie Gras. Wer relativ preiswert von mehreren Speisen kosten möchte, ist gut mit dem „Tasting Menu" bedient, quasi einer Speisekarte für Testesser. Ein paar vegetarische Gerichte gibt es auch, dazu Cocktails und eine Weinkarte mit erlesenem Rebsaft – mit ca. 100 € pro Flasche spielt man noch in der unteren Preisliga mit.

› Siehe auch **Arbite** (s. S. 85), **The Naked Finn** (s. S. 83) und die Restaurants in **The Shoppes at Marina Bay Sands** 5

034si Abb.: rk

*Im Schatten der Sultan Mosque* 42 *haben sich einige muslimische Restaurants angesiedelt*

## Japanisch

93 [C3] **Fukuichi** €€-€€€, TripleOne Somerset #02-11/12, 111 Somerset Rd., Singapore 238164, Tel. 62715586, www.fukuichidining.com.sg, MRT Somerset; tgl. 12–15 und 18–24 Uhr. Gutes japanisches Essen in traditionell japanischem und ruhigem Ambiente, mit sehr gutem Sushi und dazu lohnenswerten 8-Gänge-Menus.

## Malaiisch/Peranakan/Indonesisch

94 [dk] **Blue Ginger Restaurant** €€, 97 Tanjong Pagar Rd., Singapore 088518, MRT Tanjong Pagar, Tel. 62223928, www.theblueginger.com, tgl. 12–14.30 und 18.30–22.30 Uhr. Urgemütliches Restaurant, angefüllt mit Kunstobjekten und Gemälden. Hier wird die Küche der Peranakan oder Straits Chinese zelebriert, das chinesisch-malaiische Mischvölkchen, das seiner geringen Zahl zum Trotz diverse kulturelle Einflüsse hinterlassen hat. Das *Ayam Panggang,* Hühnerfleisch und *Drumsticks* (ein Gemüse) mariniert in Kokosmilch und Gewürzen, ist einer der Hausfavoriten.

## Kinder des Monsuns: die Peranakan-Chinesen

*Schon bald nachdem China im Jahre 1407 Malakka (Melaka) im heutigen Malaysia unter seine Protektion gestellt hatte, trafen chinesische Händler dort ein. Sie kamen mit den Winden des Nordostmonsuns, erledigten ihre Geschäfte, und warteten auf den Südostmonsun, der sie wieder nach Hause führen sollte. In der Zwischenzeit heirateten jedoch zahlreiche der Chinesen Malaiinnen, und bald entstand eine neue ethnische Gruppe: die „Straits-Chinesen" (nach der Malacca Straits, der Meerenge von Malakka) der „Peranakan", was „hier geboren" bedeutet. Die männlichen der „Straits-Chinesen" nannten sich „Baba", die weiblichen „Nonya".*

035si Abb.: rk

*Es dauerte nicht lange, da floss auch königliches Blut in die Peranakan-Chinesen ein. Ein Kaiser der Ming-Dynastie verheiratete seine Tochter, Prinzessin Hang Li Poh, mit Sultan Mansur Shah, und die Peranakan-Chinesen ließen sich samt der Prinzessin am „Bukit China", dem „Chinesen-Hügel" in Malakka nieder.*

*Aufgrund ihrer kaufmännischen Fähigkeiten erwuchsen die Babas und Nonyas zu einer wohlhabenden Schicht, die ihre Glanzzeit von Mitte des 19. Jh. bis Anfang des 20. Jh. haben sollte. Fortschrittlich wie sie waren, hatten die Peranakan ihren Kindern eine englische Schulausbildung angedeihen lassen und die Kolonialherren, die sich Mischlingen gegenüber eher abgeneigt zeigten, favorisierten sie vor allen anderen Bevölkerungsgruppen.*

*Durch die daraus resultierende enge Interaktion mit den Briten häuften die Peranakan beachtliche Vermögen an - so mancher Baba brachte es zum Zinn-, Gewürz- oder Gummi-Millionär. Aufgrund ihrer anglophilen Tendenzen wurden sie auch „King's Chinese" genannt, wobei mit dem „König" natürlich der englische Monarch gemeint war.*

*Während die Babas große Vermögen anhäuften, verbrachten ihre Frauen, die Nonyas, ihre Tage in prachtvollen Häusern und verschönten diese nach Kräften. Dabei entwickelten sich so manche*

*◁ Blumen und Vögel sind typische Dekorationsmotive an traditionellen Peranakan-Häusern*

*von ihnen zu wahren Künstlerinnen. Sie bestickten Bettbezüge, Kopfkissen, Hausschuhe und Gürtel mit kleinen Glasperlen. Zu den opulenten Peranakan-Hochzeiten, die zwölf Tage dauerten, schufen sie chinesisch inspirierte, dichtbestickte Hochzeitsgewänder sowie eine Hochzeitshaube, die mit Gold, Diamanten und Perlen besetzt war. Das alles war ein bisschen chinesisch, ein wenig malaiisch und doch irgendwie eigen - ein neuer Stil war geboren. Den gleichen Erfindungsreichtum zeigten die Frauen bei ihren Porzellanwaren, die sie mit kühnen Farben und Motiven von Phönixen und Päonien bemalten. Eine weitere Spezialität war filigran geabeiteter Silberschmuck, dessen innovative Verquickung von islamischen und chinesischen Motiven bestens die gemischte Herkunft der Peranakan widerspiegelte.*

*Die Kulturverschmelzung konnte natürlich auch vor den Kochtöpfen nicht halt machen. Die Nonyas entwickelten eine eigene Kochkunst, in der die milde chinesische Küche mit einer Trickkiste von Gewürzen „verschärft" und mit Kokosmilch verfeinert und abgerundet wurde. Die Kochkunst wurde so hoch geschätzt, dass gute Köchinnen auf dem Heiratsmarkt besonders begehrt waren.*

*Bis heute gilt Malakka als das Zentrum der Peranakan-Kultur, von dort aber hat sie sich über ganz Malaysia und bis nach Singapur verteilt. Entstanden durch den Wind, den Monsun, hat sie sich in alle Winde verstreut. Zwei spezielle Museen informieren über die Peranakan:* ***Baba House*** *(s. S. 82) und* ***Peranakan Museum*** *(s. S. 84).*

**95** [G2] **Sabar Menanti II** €, 747 North Bridge Rd., Singapore 198715, Tel. 62910109, MRT Bugis, tgl. 6–17 Uhr. Malaiisch-indonesische Seafood- und Reisgerichte, eines der beliebtesten Restaurants in diesem Metier. Der *Ikan Bakar,* ein Grillfisch, fällt besonders gut aus, ebenso *Rendang,* ein würziges Gericht aus Rindfleisch. Mittags wird es oft sehr voll. *Sabar Menanti* bedeutet etwa „in Geduld warten (... auf das Gute, das da kommt)". Es kommt tatsächlich.

**96** [G2] **Zam Zam** €, 699 North Bridge Rd., Singapore 188061, MRT Bugis, Tel. 62987011, tgl. 7–23 Uhr. Über 100 Jahre altes Restaurant, klein und unscheinbar, aber eines der besten für traditionelle malaiische Hausmannskost. Spezialität sind die *Murtabak,* eine Art Pfannkuchen, der mit würziger Rindfleisch-, Huhn- oder Gemüseeinlage gefüllt ist, dazu *Roti Paratha,* einfache Fladenbrote, die mit einer Auswahl von Currys und Soßen gegessen werden. Sehr preiswert. Der Ausblick auf die große Sultan Mosque ist sogar kostenlos.

## Thailändisch

**97** [ei] **Golden Mile Complex** €, 5001 Beach Rd., Singapore 199588, MRT Nicoll Highway, Tel. 62916945, tgl. 10–22 Uhr. Zwar gibt es viele Thai-Restaurants, hier kommt man aber vielleicht am authentischsten. Das günstige Golden Mile ist der Treffpunkt der thailändischen Gastarbeiter in Singapur. Hier stehen zahlreiche, sehr preiswerte Essensstände zur Auswahl, vor allem mit der Küche aus dem Nordosten Thailands, aus der die Arbeiter zumeist stammen. Das beste „richtiggehende" Restaurant ist hier das **Diandin Leluk Thai Restaurant** im Erdgeschoss (#01-67/68/69 Golden Mile Complex, Tel. 62935101, www.diandinleluk.com, tgl. 24 Std. geöffnet).

› **Tamarind Hill** (s. S. 98)

036si Abb.: rk

## Vegetarisch

Vegetarier haben es sehr gut in Singapur. Außerhalb von Indien gibt es in Asien nur eine Metropole, die mehr vegetarische oder vegane Speisemöglichkeiten zu bieten hätte, und das ist Taipeh. An zweiter Stelle folgt Singapur. Die Zahl der vegetarischen oder veganen Restaurants ist in den letzten Jahren sprunghaft gestiegen, **die Auswahl ist immens.**

Die vegetarischen Restaurants bieten **indische, chinesische,** südostasiatische, **japanische oder westliche Gerichte,** wobei die chinesische und südostasiatische Küche oft „mock meat“ verwendet, „Imitationsfleisch“. Das sind Sojaprodukte, die in den Gerichten wie Fleisch verwendet werden und oft sogar wie Fleisch schmecken – ein Kompromiss an Nicht-Vegetarier, die zwar gerne vegetarisch essen, aber auch den Fleischgeschmack nicht allzu sehr missen möchten. Dazu gibt es einige vegane Restaurants.

Die meisten vegetarischen Restaurants servieren keinen Alkohol, insbesondere die indischen Restaurants. Auf Ausnahmen wird unten im Text hingewiesen. Die meisten größeren Hawker Centres verfügen über zumindest einen vegetarischen Essensstand. Die größte Ansammlung in dieser Beziehung bietet das **Circuit Road Hawker Centre.**

Eine nicht minder gute Adresse ist das **Fortune Centre.** Hier gibt es vier vegetarische Restaurants: die chinesischen Su Shi Xiao Piand und Xing Hua Vegetarian Restaurant, das japanische und internationale Herbivore (jeweils im Erdgeschoss), das chinesische Pine Tree Café (1. Stock) und das chinesische und internationale New Green Pasture Café (4. Stock). In Letzterem werden auch gesunde Nahrungsmittel, Biowaren etc. verkauft. Im Erdgeschoss gibt es noch das Café HotCakes, dessen Kuchen rein vegan hergestellt sind. Xing Hua hat auch noch eine Filiale nahebei in The Bencoolen (s. S. 67).

Und falls man immer noch etwas anderes in der Gegend sucht, so findet sich im Sunshine Plaza, gegenüber vom Fortune Centre, das japanische Teng **Bespoke Vegetarian Restaurant.**

- **98 Circuit Road Hawker Centre,** 79/79A Circuit Rd., MacPherson Estate, tgl. 10–23 Uhr. Anfahrt mit Bus Nr. 61, 63, 65, 66, 135, 154, 158, nächste MRT-Stationen: Aljunied, Paya Lebar
- **99** [F3] **Fortune Centre,** 190 Middle Rd., MRT Bugis, ab 2017 günstiger MRT Bencoolen. Je nach Restaurant unterschiedliche Öffnungszeiten.
- **100** [F3] **Teng Bespoke Vegetarian Restaurant** €-€€, Sunshine Plaza, 91 Bencoolen St. #01-50, Singapore 189652, Tel. 63377050, MRT Bugis (ab 2017 günstiger MRT Bencoolen), 11.30–15 und 17.30–22 Uhr

*„Sai“ besagt das chinesische Schriftzeichen, „vegetarisch“. Ein anderes Wort dafür ist 素, „Sù“.*

**101** [F3] **Xing Hua Vegetarian Restaurant** €, #01-02 The Bencoolen, 180 Bencoolen St., Singapore 189646, Tel. 63367370, MRT Bugis (ab 2017 günstiger MRT Bencoolen), tgl. 8–22 Uhr (Zweigstelle im Fortune Centre 7–22 Uhr)

**102** [G1] **7 Sensations** €-€€, 279 Jln. Besar, Singapore 208943, MRT Farrer Park, Lavender, ab 2017 günstiger Jalan Besar, Tel. 62988198, www.7-sensations.com, tgl. 11–15 und 18–21.30 Uhr. Köstliches vegetarisches Essen – Lasagne, Gado Gado, Blaubeer-und-Tofu-Kuchen, Salate mit Mangos und Avocados und mehr. So weit wie möglich werden Bio-Zutaten benutzt.

**103** [D6] **Annalakshmi Restaurant,** #01-04 Central Square, 20 Havelock Rd., (Zugang von der Angus St.) Singapore 059765, MRT Clarke Quay, Ausgang B, www.annalakshmi.com.sg, Tel. 63399993, tgl. 11–15 und 18.15–21.30 Uhr, Fr/Sa abends nur Buffet. Sensationelles südindisches Restaurant, smart und klassisch-indisch zugleich, es gibt keine Preisliste, man bezahlt so viel, wie man meint, dass das Essen wert war. Das Restaurant gehört 50 Hindu-Familien, die sich der Verbreitung vegetarischer Küche und indischer Kunst verschrieben haben. Außer Fleisch wird bei den Speisen auch auf Zwiebeln und Knoblauch verzichtet.

**104** [F1] **Café Salivation** €-€€, 176 Race Course Rd., Singapore 218607, Tel. 62981412, MRT Farrer Park, www.cafesalivation.com, tgl. 11–23 Uhr. Ein kleines, bunt aufgemachtes Restaurant, das der indischen Raj-Kette angehört (s. S. 61), mit ausgezeichneten vegetarischen italienischen und mexikanischen Gerichten. Besonders gut ist die Lasagne mit Sojafüllung, ebenso empfehlenswert der sehr dicke, cremige Hummus mit geröstetem Pita-Brot. Wein und Bier sind erhältlich, dazu „Mocktails", alkoholfreie Cocktails.

**105** [F2] **Gokul Restaurant** €-€€, 19 Upper Dickson Rd., Singapore 207478, MRT Little India, Tel. 63967769, www.gokulvegetarianrestaurant.com, tgl. 10.30–22.30 Uhr. Blitzsauberes, modernes indisches Restaurant, mit ausgezeichneten indischen Gerichten und auch lokalen malaiischen und chinesischen Spezialitäten. Bei Letzteren wird Soja als Fleischersatz verwendet. Die indischen Gerichte fallen aber besonders gut aus und das Lokal ist oft proppenvoll und sehr laut, vor allem an Wochenenden und Feiertagen.

**106** [F3] **Kwan Im Vegetarian Restaurant** €-€€, 190 Waterloo St., Singapore 187965, MRT Bugis, Tel. 63382394, www.seahotel.com.sg, tgl. 8.30–20.30 Uhr. Leckere und leichte chinesische vegetarische Kost, gleich neben einem der populärsten chinesischen Tempel (Kwan Im Tong Hood Cho) gelegen.

**107** [G1] **New Fut Kai Restaurant** €-€€, 282 Jln. Besar, Singapore 208945, Tel. 63980836, MRT Lavender, Farrer Park, ab 2017 günstiger MRT Jalan Besar, tgl 10.30–15 und 17–21.30 Uhr. Genau gegenüber 7 Sensations (s. S. 67) gelegen, ein kleines, gediegen aussehendes chinesisches Restaurant, das preiswerter ist, als man vom Aussehen her annehmen könnte. Es gibt sehr leckere chinesische vegetarische Küche, hergestellt unter viel Verwendung von Tofu und *„mock meat"*. Mittags werden oft spezielle, sehr preiswerte Lunch-Sets offeriert. Es ist kein Wunder, dass zahlreiche Angestellte aus der Umgebung hier ihre Mittagspause halten.

**108** [D7] **Well-Dressed Salad Bar & Cafe** €-€€, 282 South Bridge Rd., Singapore 058831, MRT Chinatown, Tel. 65347787, tgl. 10.30–21.30 Uhr. Sehr leckere, originelle Salate (man versuche den „Oriental Express Salad"), chinesisch inspirierte Gerichte, ein köstlicher warmer Pasta-Salat und sogar der Kaffee schmeckt ausgezeichnet. Bier ist ebenfalls erhältlich, allerdings zu den in Singapur üblichen hohen Preisen. Der Besitzerfamilie gehört auch das gleich darüber gelegene, ebenfalls ausgezeichnete chinesische Eight Treasures Vegetarian Restaurant.

**109** [dk] **Whole Earth** €-€€, 76 Peck Seah St., Singapore 079331, MRT Tanjong Pagar, Tel. 653233308, tgl. 11.30–15 und 17.30–22 Uhr. Ein ausgezeichnetes, wenn auch nicht billiges Restaurant mit Thai- und Peranakan-Küche, absolut vegetarisch. Das Hausgericht Olive Brown Rice ist mit 8 S$ fast das preiswerteste Gericht, dafür ist es hier aber auch sehr lecker. Der Steamed Tofu with Minced Paste (12 S$) ist ebenfalls so gut, dass man ihn immer wieder essen kann. Wer Haifischflossensuppe versuchen will, ohne sich an einem Hai zu vergehen, kann die Sharksfin Broth (aus Sojaprodukten) probieren (18 S$).

› Eine Großzahl **indischer Restaurants** ist vegetarisch oder bietet zumindest viele vegetarische Gerichte. Infos für Vegetarier gibt es unter www.vegetarian.sg.

## Vegan

**110** [D7] **Afterglow by Anglow** €-€€, 24 Keong Saik Rd., Singapore 089131, MRT Outram Park, Tel. 62248921, Mo–Sa 12–23 Uhr. Afterglow ist der Beweis, dass ein veganes Restaurant auch so smart, schick und cool aussehen kann wie eine Hipster-Bar. Das Ambiente ist modern, das Personal enorm herzlich und hilfreich bei den Bestellungen. Geboten werden großartige, eigenwillige Kreationen, zum großen Teil aus Bio-Zutaten: Originelle Salate, Suppen, Gerichte aus veganem „Käse" und mehr. Alkoholische Getränke – Wein, Bier, Whisky – sind erhältlich.

**111** [E6] **Genesis Vegetarian Health Food Restaurant** €, 1 Lorong Telok, Singapore 049014, MRT Raffles Place, Tel. 64387118, www.genesishealthfood.blogspot.sg, So–Fr 11–20 Uhr. Schlichtes Lokal, das aus einem christlichen Benefiz-Projekt entstanden ist, mit leckeren veganen chinesischen Gerichten, Salaten, Obstsäften u. a. Die Hausspezialität sind die köstlichen *Dumplings* (Klöße) mit Sojafüllung und auch die vegane Lasagne ist hervorragend.

**112** [hi] **Loving Hut** €-€€, 229 Joo Chiat Rd. #01-01, Singapore 424489, Tel. 63486318, www.lovinghut.com.sg, Mo–Fr 11–15, 17.30–21, Sa/So und feiertags 11–21 Uhr. Sa/So und an Feiertagen ist zwischen 16 und 18 Uhr „Happy Hour", dann gibt es auf Getränke und Desserts 20 % Rabatt. Loving Hut ist die mit 200 Filialen wahrscheinlich größte vegane Restaurantkette der Welt. Gegründet wurde sie von Ching Hai, einem spirituellen Lehrmeister aus Vietnam. Die Gerichte sind meist asiatisch, wobei das „mock meat" aus Soja nicht fehlen darf.

**113** [F4] **Sufood** €€, #02-19 Raffles City Shopping Centre, 252 North Bridge Rd., Singapore 179103, MRT City Hall, Tel. 63335338, www.sufood.com.sg, tgl. 11.30–15.30 und 17.30–22 Uhr. Italienische vegetarische Küche mit ein paar chinesischen Einflüssen kredenzt dieses Restaurant, das auf Wunsch auch Veganern entgegenkommen kann. Die Gerichte gibt es à-la-carte, am besten aber kommt man weg, wenn man das 8-Gänge-Menu zu 25 S$ bestellt (ein „Gang" davon ist allerdings ein Getränk).

**114** **VeganBurg** €, #01-32 am Grandstand, Singapore 048940, MRT Raffles Pl., www.veganburg.com, tgl. 10.30–22 Uhr. Die Kette VeganBurg unterhält vier Filialen in Singapur und bietet genau das, was der Name verspricht: vegane Burger, und die sind sogar ziemlich lecker.

**115** [F2] **Veggie Cottage Café** €, 13 Dalhousie Lane, Singapore 209682, MRT Little India, ab 2016 MRT Rochor, ab 2017 auch MRT

Jalan Besar, Tel. 67856771, Di–Fr 10.30–20.45, Sa. 9.30–21, So 9.30–16 Uhr (am letzten Sonntag des Monats geschlossen). Leckere Suppen, Pastagerichte (ohne Ei), Salate, Burger, asiatische Gerichte, Kaffee mit Sojamilch u. a. Sehr lecker ist das gut gewürzte Spaghetti Aglio e Olio. Das Lokal ist ganz in Weiß gehalten, im Hintergrund spielt beruhigende Musik, und die freundliche Dame, die die Gäste bedient, tut mit ihrer meditativen Art das Übrige dazu.

## Hawker Centres

Hawker Centres sind Food-Center mit preiswerten Essensständen diverser Küchen und Getränkeständen. Die Hawker Centres sind die **Nachfolger der Straßenstände und Straßenmärkte,** die ab den 1980er-Jahren vom Bürgersteig verbannt und sozusagen unter Dach und Fach gebracht wurden. Die meisten Hawker Centres sind laut und turbulent, man kann hier jede Menge Lokalkolorit einfangen. Einige empfehlenswerte Hawker Centres (die Öffnungszeiten können von Stand zu Stand variieren):

› **Amoy Street Food Centre** (s. S. 156)

116 [D7] **Chinatown Complex Hawker Centre,** 335 Smith St./Ecke New Bridge Rd., Singapore 050335, MRT Chinatown, Tel. 62224509, tgl. ca. 10–22 Uhr. Eine nicht sonderlich ansehnliche, eng bepackte Verkaufshalle, aber das Hawker Centre wartet mit ausgezeichneten chinesischen Speisen auf. Extrem preiswert ist es hier auch.

117 [F7] **Lau Pa Sat Festival Market,** 18 Raffles Quay, Singapore 048582, MRT Raffles City, Tel. 62202138, tgl. ca. 9/10–22/23 Uhr. 1894 erbauter Markt, zuletzt 2013/14 renoviert, ein Rundbau mit verschlungenen gusseisernen Ornamenten und Verstrebungen. Mitten im Bankenviertel gelegen, das vielleicht romantischste Hawker Centre der Stadt. Es dient vor allem den Angestellten, die in den hiesigen Hochhaustürmen Dienst tun, als Futterstelle.

118 [D7] **Maxwell Road Hawker Centre,** 11 South Bridge Rd./Ecke Maxwell Rd., Singapore 058656, MRT Tanjong Pagar, Outram, Chinatown. Altgedientes, aber unvermindert beliebtes Hawker Centre. Der „Chicken Rice" des Essensstandes **Tian Tian Hainanese Chicken Rice** (#01–10/11) zieht seit Jahren lange Warteschlangen an, und der Stand Maxwell Fuzhou Oyster Cake (#01–05), mit seinen gebratenen Austernkuchen, die mit Chili-Soße serviert werden, ist nicht minder populär.

038si Abb.: rk

*Food Courts finden sich in jedem Shoppingcenter. Manche werden von Ketten wie z. B. „foodrepublic" betrieben.*

**119** [ek] **Satay by the Bay,** 18 Marina Gardens Dr. #01-19, Singapore 018953, MRT Bayfront, Tel. 65389965, www.sataybythe bay.com.sg, tgl. 8–22 Uhr. Eine großartige Open-Air-Speisemöglichkeit in Gardens by the Bay, vor allem abends. Stände mit Seafood, zahlreichen chinesischen Gerichten und natürlich Satay, den würzigen Fleischspießen.

**120** [F2] **Tekka Hawker Centre,** Serangoon Rd./Ecke Buffalo Rd., Singapore 210665, MRT Little India; 9–22 Uhr. Sehr preisgünstig und ein bisschen chaotisch, aber auch seit Jahrzehnten unabkömmlicher Bestandteil von Little India. Eigentlich heißt es Zhujiao Centre, nur nennt es niemand so. Der geläufige Name *Tekka* stammt aus dem Chinesischen, bedeutet „junger Bambus" und hat sich im Volksmund fest verankert. An der Seite zur Buffalo Rd. hin, neben den Essenständen, ist ein Markt in dem Gebäude untergebracht, mit Gemüse, Obst, Fisch und Fleisch; in der Etage über den Essensständen gibt es preiswerte Kleidung, vor allem indische.

## Cafés und Bäckereien

**121** [ai] **2am: dessertbar** €€, 21A Lorong Liput, Singapore 277733, MRT Holland Village, Tel. 62919727, www.2amdessertbar.com, tgl. 10–2 Uhr. Ist es eine Bar? Oder ein Café? Nun ja, man kann ja beides kombinieren. Genau dies tut nämlich die 2am: dessertbar. Neben Kuchenklassikern wie Käsekuchen gibt es sehr originelle Neukreationen an Kuchen- und Süßspeisen. Wer kommt schon darauf, weiße Schokolade mit schwarzem Pfeffer, Basilikum und Passionsfrucht zu kombinieren? Oder Karamell mit Senf und Miso, dem merkwürdigen fermentierten Sojaprodukt, aus dem die Japaner normalerweise Suppe machen? Die fantastischen Süßspeisen können mit speziell dazu ausgewählten Weinen kombiniert werden, was das spektakuläre Gaumenerlebnis abrundet. Erhältlich sind auch Gourmet-Burger.

**122** [A1] **Antoinette** €, #B1-08/9/10 Palais Renaissance, 390 Orchard Rd., Singapore 238871, MRT Orchard, Tel. 67356392, www.antionette.com.sg, tgl. 11–22 Uhr. Wunderbares Gebäck und leckerer Kuchen, internationale Küche, dazu Kaffee, zwanzig Sorten selbstgemischten Tees, wovon der Stolz des Hauses, „Earl Grey d'Antoinette", auch verwöhnte Teekenner zufriedenstellen sollte. Das in Weiß gehaltene und einem Tee-Salon des 19 Jh. nachempfundene Interieur ist auch nicht zu verachten.

**123** [ei] **Chye Seng Huat Hardware (CSHH) Coffee Bar** €€, 150 Tyrwitt Rd., Singapore 207563, MRT Lavender, ab 2017 auch Jalan Besar, Tel. 63960609, www.cshhcoffee.com, Di–Fr 9–19, Sa/So 9–22 Uhr. Dies ist Singapurs derzeit vielleicht angesagtestes Hipster-Café, das schon gleich zu Anfang mit einem Clou aufwartet: Das Café ist als solches von außen gar nicht zu erkennen. Es ist nicht ausgeschildert und man muss ein tristes Eisentor links des Gebäudes passieren, erst dann gelangt man ins Café. Auf dem Weg hinein sieht man links, wie der Kaffee an Ort und Stelle in altertümlich wirkenden Röstapparaten geröstet wird. Der Name des Cafés ist an die benachbarten rumpligen, etwas unaufgeräumt aussehenden Läden angelehnt, die Eisen- und Metallwaren veräußern. CSHH ist innen allerdings schick und modern, der Kaffee ist sehr gut – zumindest wenn ihn der richtige Barista gemacht hat. Nebenher gibt es Backwaren und warme Speisen (bis 17 Uhr). Relativ hohe Preise. WLAN kostenlos.

**124** [H3] **Dong Po Colonial Café** €, 65 Kandahar St., Singapore 198904, MRT Bugis, Tel. 62981318, tgl. 9.30–20.30 Uhr. Gemütliches kleines Café in Kampong Glam, das sich passend zu seinem leichten Retro-Look mit Bildern des alten Singapur schmückt. Es gibt sehr preiswerten Kaffee und Tee und leckere Kuchen, Quiches und andere Backwaren.

**125** [di] **Jewel Café & Bar** €€, 129 Rangoon Rd., Singapore 208407, MRT Farrer Park, Tel. 62989216, Di–Fr 9–22, Fr/Sa 9–24 Uhr. Kleines, schickes Café mit Speisen wie dem Klassiker „Eggs Benedict" und dem mehr als magenfüllenden „OMG! Burger" mit Rindfleisch, Cheddarkäse, Spiegelei und anderen leckeren Cholesterolerzeugern. Der „San Francisco"-Kaffee ist „kaltgebraut" und braucht 20 Std., bis er fertig ist.

**126** [E3] **Rochor Beancurd** €, 2 Short St., Singapore 188216, MRT Little India, Bugis (in beiden Fällen jedoch noch ca. 10 Min. zu Fuß), ab 2016 besser MRT Rochor, Tel. 63341138, tgl. 12–24 Uhr. Hier gibt es chinesische Spezialitäten wie Snacks und Süßspeisen aus Tofu *(bean curd)*. Die Konsistenz des Tofu fällt im Rochor Beancurd besonders zart aus, er zergeht förmlich im Mund. Dazu gibt es kleine Eiertörtchen und andere Süßspeisen. An den Wochenenden ist es oft gerammelt voll, Vorbestellungen sind aber sinnlos, denn dies ist ein Lokal ohne Starallüren.

**127** [E4] **SOHO Coffee** €€, 36 Armenian St., Singapore179934, MRT Bras Basah, City Hall, Tel. 66347977, Mo 9–18, Di–Fr 9–20, Sa 10–20, So 8–17 Uhr. Modernes kleines Café, in dem die Farben Schwarz und Weiß dominieren. Mit sehr gutem Kaffee, dazu Sandwiches und auch warme Speisen.

039si Abb.: rk

*Die Weinlokale der Kette Wine Connection (s. S. 74) bieten gutes Essen und eine gut sortierte Weinkarte*

## Weinlokale

**128** [G3] **Divine Wine Bar** €€€, Parkview Sq., Lobby, 600 North Bridge Rd., Singapore 188788, MRT Bugis, Tel. 63964466, www.divinewinesingapore.com, tgl. 11–1 Uhr. Dies ist vielleicht Singapurs verrückteste und opulenteste Weinbar. Die Innenarchitektur ist verschwenderisch-überschwänglicher Art-déco-Stil, aber wenn man meint, man hat jetzt alles Überkandidelte gesehen, geht es erst richtig los: Die Weine sind in hoch angelegten Regalen gelagert, und eine Angestellte, die wie eine Fee gekleidet ist, lässt sich an einem Seilmechanismus hochziehen und holt die Weine herunter – ein Überraschungseffekt sondergleichen.

**129** [E6] **Mag's Wine Kitchen** €€, 86 Circular Rd., Singapore 049438, MRT Raffles Place, City Hall, Clarke Quay, Tel. 64383836, www.magswinekitchen.com, Mo–Fr 12–14 und 18–22, Sa 18–22 Uhr. Charmantes kleines Bistro mit sehr guter französischer und europäischer Küche, dazu eine formidable Weinkarte. In der kleinen Straße hinter Boat Quay gelegen. Sehr zu empfehlen!

› **The Wine Company** (s. S. 205)

EXTRATIPPS

### Für den späten Hunger

Spät essen ist in Singapur kein Problem. **Kopitiam** ist eine Kette von kleinen Food-Centern, die teilweise 24 Std. geöffnet sind (nicht zu verwechseln mit der Kette Killiney Kopitiam). In den Centern finden sich Dutzende von Essensständen unterschiedlicher Küchen – von chinesisch bis indisch, malaiisch oder vietnamesisch – dazu Stände mit kalten und heißen Getränken, Obst, Süßspeisen u. a. Es gibt alles, was man braucht, und das ist extrem preiswert dazu.

24 Std. geöffnet (allerdings nicht alle Stände) ist auch der altgediente **Newton Food Centre,** der ebenso die typische Allroundpalette im Angebot hat. Das Centre ist sehr beliebt bei Ausländern. Gelegentlich versuchen die Angestellten, ein wenig bei den Preisen zu mogeln, besonders wenn es um Meeresfrüchte geht, die nach Gewicht bezahlt werden.

Etwas stilvolleres Speisen versprechen Cafe Vic im Carlton Hotel und Chatterbox im Mandarin Orchard Hotel, beide haben rund um die Uhr geöffnet. Das Chatterbox ist ein guter Ort, um das singapurische Nationalgericht „Chicken Rice" zu probieren.

Ein stilvoller Neuzugang ist der 24 Std. geöffnete Foodcourt in The Shoppes at Marina Bay Sands ❺ in derselben unterirdischen Etage (Canal Level), auf der sich der Eingang zum Casino befindet. Das Ambiente ist nobel, die Preise sind entsprechend hoch.

› Einige **Starbucks-Filialen** sind 24 Std. in Betrieb, so die Filialen im Raffles City Shopping Centre (s. S. 41) und an der Orchard Rd. neben Wheelock Place. Auch zahlreiche Bangladescher und indische Restaurants in der Nähe des Mustafa Centre (s. S. 39) sowie der **Open-Air-Coffee-Shop** des Mustafa Centre selbst haben 24 Std. geöffnet.

**132** [F4] **Cafe Vic,** im Carlton Hotel, 76 Bras Basah Rd./Ecke Victoria St., Singapore 189558, Tel. 63118195

**133** [B2] **Chatterbox,** im Mandarin Orchard Hotel, 333 Orchard Rd., Singapore 238867, Tel. 68316291

**134** [H7] **Foodcourt in The Shoppes at Marina Bay Sands,** Marina Bay Sands, Canal Level (MRT Level), 2 Bayfront Ave, Singapore 018956, MRT Bayfront, Bus Nr. 97, 97e, 106, 133, Tel. 66888868, www.marinabaysands.com

**135** [E3] **Kopitiam,** Bencoolen St./Ecke Bras Basah Rd. Die Filiale in der Bencoolen Street ist eine der am zentralsten gelegenen (www.kopitiam.biz).

**136** [di] **Newton Food Centre,** nahe der MRT-Station Newton gelegen, 143 Bukit Timah Rd., Singapore 229843, Tel. 63253251

### 24-Std.-Supermärkte

Wer nachts Heißhunger verspürt und einen Supermarkt unsicher machen will, ist gut im **Mustafa Centre** (s. S. 39) aufgehoben. Der Supermarkt in dem Riesenkaufhaus befindet

037si Abb.: rk

◁ *Im „Makansutra Gluttons Bay" (s. S. 142) hat man eine tolle Aussicht* sich entlang der Syed Alwi Rd., im 1. Stock. Die Auswahl ist überwältigend, von indischen Fertiggerichten bis zu frischen Backwaren, von australischen Milchprodukten bis zu Dutzenden von Marken türkischer oder ägyptischer Datteln und Feigen gibt es beinah alles. Alkoholische Getränke und Tabakwaren verkauft das moslemische Mustafa nicht.

Um das Mustafa herum finden sich einige kleinere 24-Std.-Supermärkte, so der **I-Tec Supermart** an der 371 Serangoon Rd., schräg gegenüber von City Square Mall, und in 305 Jln. Besar, sowie der Supermarkt **Kavitha** in der 8 Verdun Rd., ein paar Schritte vom Mustafa Centre entfernt.

Weitere Rund-um-die-Uhr-Möglichkeiten bieten sich u. a.im **Cold Storage** im Holland Village Shopping Centre (211 Holland Rd.) und im **Giant Supermarkt** in Joo Chiat (Joo Chiat Rd./ Ecke Koon Seng Rd.).

Alles Lebensnotwendige findet sich auch in den zahlreichen Filialen von **7-Eleven,** siehe www.7-eleven.com.sg. Unter der Rubrik „Location" lassen sich die Filialen nach Straßen oder Stadtteilen geordnet auffinden.

Eine (nicht komplette) Liste mit 24-Std.-Supermärkten findet sich unter www.netsenger.com/afterhours/24-hour-supermarkets.htm.

## Lokale mit guter Aussicht

137 [F4] **Equinox Restaurant** €€€, Swissôtel The Stamford, 70. Stock, 2 Stamford Rd., Singapore 178882, MRT City Hall, Tel. 68373322, www.swissotel.com/singapore-stamford, Lunch Mo–Sa 12.30–14.30, Brunch So 11–14.30, Dinner tgl. 18.30–23, High Tea tgl.15.30–17 Uhr. Perfekte asiatische und europäische Küche, und das in 226 m Höhe. Fenster, die drei Stockwerke hoch sind, gewähren einen der besten Ausblicke in Singapur. Zu sehen sind der Padang, die Skyline der City, das Marina Bay Sands Hotel und selbst noch die entfernten Inseln Indonesiens. Ein idealer Platz zum Beobachten des Formel-1-Rennens im September, doch die Warteliste ist lang.

138 [F6] **Gallery & Bar at 1-Altitude** €€€, Level 63, 1 Raffles Place, Singapore 048616, www.1-altitude.com, Tel. 64380410, MRT Raffles Place, tgl. 10–2 Uhr. Kein schlechter Deal: Man zahlt 30 S$ Eintrittsgeld, bekommt dafür einen Cocktail und kann dazu vom 63. Stock des Gebäudes (Höhe 280 m) auf sämtliche Gebäude Singapurs hinabsehen. Selbst das Dach des Marina Bay Sands liegt noch ein paar Meter darunter und man sieht dessen großen Swimmingpool aus der Vogelperspektive (wenn auch aus einigen Hundert Metern Entfernung). Nebenbei unterhalten ein DJ oder eine Liveband. Bei der Auffahrt muss im 61. Stockwerk in einen anderen Aufzug bis zum 63. Stock umgestiegen werden.

139 [H6] **Ku Dé Ta** €€€, 1 Bayfront Avenue, Marina May Sands, Singapore 018971, MRT: Bayfront oder Bus Nr. 97, 97e, 106, 133, www.kudeta.com/singapore, Tel. 6887688, Mo–Fr 12–15 und 18–23, Sa/So 10–15 und 18–23 Uhr. Wer nicht die Eintrittsgebühr zum Dach des Marina Bay Sands zahlen will, kann es auch anders machen: Einen Tisch im Ku Dé Ta auf dem Dach des Hotels buchen (kein Zugang ohne Vorbuchung) und bei einem dezenten Mahl den Ausblick über die Stadt genießen. Die Aussicht ist – wie nicht anders zu erwarten – spektakulär. Das Essen ist gut, aber nicht unbedingt Top-Klasse. Abends herrscht Kleidervorschrift, allzu legere Kleidung kann eine Abstrafung bzw. Zurückweisung nach sich ziehen.

› **Marco Polo Restaurant** im 8. Stock des Fullerton (s. S. 259)

EXTRATIPP

## Dinner For One – allein dinieren

Alleine in einem Nobel-Restaurant zu speisen, kann vielleicht etwas unangenehm sein, da die meisten Gäste zu zweit oder in Gruppen kommen. Nicht, dass das Personal oder die anderen Gäste etwas Befremdliches daran fänden, aber der Solo-Esser mag sich subjektiv gesehen deplatziert fühlen, in so feiner Umgebung allein essen zu müssen. Kontaktaufnahme mit anderen Gästen, es sei denn mit anderen Touristen, ist in dieser Art Restaurant eher unwahrscheinlich. Faustregel: Je billiger, einfacher und enger zugestellt das Restaurant, umso besser ergibt sich Kontakt zu anderen Gästen.

Erfahrungsgemäß sind es die Inder – höchst kontaktfreudig, freundlich und „neugierig" –, mit denen man am leichtesten ins Gespräch kommt. An zweiter Stelle stehen die Malaiien. Wer abends in einem einfachen indischen Restaurant wie Komala Vilas (s. S. 60) isst, in dem man sich unweigerlich den Tisch mit anderen Gästen teilen muss, wird sehr oft angesprochen werden und Kontakte knüpfen können. Das malaiische Pendant wäre vielleicht ein Restaurant wie Zam Zam (s. S. 65) oder die anderen malaiischen/indonesischen Restaurants in Kampong Glam. Die Chinesen sind – pauschal gesagt – generell etwas zugeknöpfter, aber auch in einfachen chinesischen Lokalen können sich oft nette Gespräche ergeben. Besonders in einem Stadtteil wie Geylang 54, in dem man mit Schickimicki nichts am Hut hat und bodenständig ist, lässt sich beim Schlürfen einer Nudelsuppe oder einer anschließenden Flasche Bier leicht Kontakt zu anderen Gästen finden. Die jungen Chinesen und Chinesinnen scheinen generell freundlicher und weltoffener zu sein als die Generation ihrer Eltern, und in „hippen" Vierteln wie z.B. der Haji Lane (s. S. 177) mit ihren „alternativen" Bars und Restaurants sind Kontakte recht leicht herzustellen.

130 [B5] **Wine Bar@Zouk** €€, 17 Jiak Kim St., Singapore 169420, MRT Tiong Bahru, www.zoukclub.com, Tel. 67382988, Mo 18–1, Di–Sa 18–3 Uhr. Schicke Weinbar mit guter Auswahl an Weinen, außerdem eine Vielzahl origineller Cocktails – beispielsweise ein Wodka, dem der Geschmack von Tom Yam untergemischt ist, einer brennend-scharfen thailändischen Suppe.

131 [D5] **Wine Connection Cheese Bar** €€, 11 Unity Rd., Robertson Quay, Singapore 237995, MRT Clarke Quay (ab 2017 näher gelegen: MRT Fort Canning), Tel. 628381279, www.wineconnection.com.sg, tgl. 11.30–2 Uhr. Gleich neben der Wine Connection Cheese Bar befindet sich passenderweise ein Weinladen, in dem man sich die gewünschten Weine aussuchen kann. Diese werden dann – gegen eine Bedienungsgebühr – in der Cheese Bar ausgeschenkt. Abrunden kann man den Trinkgenuss mit einer Käseplatte oder warmen Gerichten. Wine Connection präsentiert ein tolles Konzept, eine gekonnte Kombination aus Weinladen und Restaurant. Die Weine können natürlich auch „nur so" zum Mitnehmen gekauft werden. Die Auswahl ist groß. Gleich ums Eck liegt die Wine Connection Tapas Bar & Bistro, in der Tapas neben dem Wein die Hauptrolle spielen. Wine Connection unterhält noch weitere Filialen, Adressen siehe Website.

*Von Theatres on the Bay 8 ergibt sich abends ein faszinierender Ausblick auf die Skyline des Business District (s. S. 149)*

040si Abb.: rk

# Singapur am Abend

Wie Singapur selbst, so hat sich auch die Nightlife-Szene in den letzten Jahren ordentlich herausgeputzt. Von Langeweile ist hier keine Spur. Die Schlusszeiten sind wochentags i. d. R. 1 oder 2 Uhr, an Wochenenden 3 oder 4 Uhr oder noch später. Ein paar Dutzend Klubs besitzen sogar eine 24-Stunden-Lizenz.

Während die Innenstadt mit vielen smarten, international orientierten Bars und Klubs aufwartet, so bieten sich in den Außenbezirken eher asiatische Unterhaltungsmöglichkeiten. **Karaoke-Bars** sind sehr populär, vielleicht nicht zuletzt wegen der Hostessen. Singapur ist längst nicht so zugeknöpft, wie es in westlichen Medien oft dargestellt wird.

## Bars, Pubs, Klubs und Discos

**140** [D5] **Aquanova Restaurant & Bar,** 3 River Valley Rd., #01-09 Clarke Quay, Blk C #01-03, Singapore 179022, MRT Clarke Quay, ab 2017 günstiger MRT Fort Canning, Tel. 63056768, www.aquanova.com.sg, So–Do 18–3, Fr/Sa und vor Feiertagen 18–4 Uhr. Gute Bar in Clarke Quay, die mit leckerem europäischen und asiatischen Essen aufwartet (auch vegetarisch) und ab 22 Uhr mitreißende Livemusik präsentiert, sei es von der gegenwärtigen Hausband „A-List" oder anderen Musikern.

**141** [D5] **Beer Market,** #01-17/020-02 Clarke Quay, 3B River Valley Rd., Singapore 179021, MRT Clarke Quay (ab 2017, näher gelegen, MRT Fort Canning), Tel. 96618283, www.beermarket.com.sg, So–Do 18–1, Fr/

Sa und vor Feiertagen 18–3 Uhr. Ein originelles Konzept verfolgt dieser „Biermarkt“: Die Preise der angebotenen Biere aus aller Welt fluktuieren so, als seien es Aktien – je mehr davon gekauft wird, desto teurer werden sie. Auf einer Anzeigentafel kann man die Preise verfolgen und seine Order platzieren. Gewiefte „Börsianer“ kaufen dann, wenn der Preis ganz unten ist. Dazu gibt es Livemusik, Darts und Ende September wird sogar ein Oktoberfest gefeiert.

**142** [G3] **Blu Jaz Cafe,** 11 Bali Lane, Kampong Glam, Singapore 189848, MRT Bugis, Tel. 62923800, www.blujaz.net, Mo–Do 12–24, Fr 12–2, Sa 16–2 Uhr. Lässige Jazzbar im ohnehin lässigen Stadtteil Kampong Glam, mit Livemusik ab 21 Uhr und sehr preiswertem Essen, dazu Sitzgelegenheit draußen.

**143** [D7] **Breeze,** The Scarlet, 33 Erskine Rd., Singapore 069333, MRT Chinatown, Tel. 65113326, www.thescarlethotel.com, Mo–Do 19–1, Fr/Sa 19–2 Uhr. Open-Air-Bar auf dem Dach des Scarlet Hotels (s. S. 261), geschmackvoll mit viel Holz eingerichtet und mit weitem Blick über Chinatown. Mit langer Weinkarte, vielen exotischen Cocktails, Tapas u. v. m.

**144** [D5] **Chupitos Shots Bar,** 3B River Valley Rd. #01-05, Clarke Quay, Singapore 179021, MRT Clarke Quay, ab 2017 günstiger Fort Canning, Tel. 63334513, www.thechupitosbar.com, Do, So–Di 18.30–1, Mi, Fr/Sa 18.30–3.30 Uhr. Hier kann man sich durch 130 Shots durchtrinken, die in den unterschiedlichsten – und teilweise wagemutigen – Geschmacksrichtungen und Zusammensetzungen serviert werden. In einer „Gaskammer“ lassen sich alkoholische Dünste einatmen, sodass man sein Verdauungssystem nicht unnötigerweise belasten muss. Für harte Trinker gibt es wohl keinen besseren Ort. Man beachte die Hinweise auf eine „Puke Fine“ (Kotzgeldstrafe) von 30 S$!

## Rotlicht über Singapur

*Singapurs Image ist das eines puritanischen Ordnungsstaates, einer Gesellschaft ohne schlüpfrige Schattenzonen. Das Image entspricht, wie so oft in Singapur, nicht den Tatsachen.*

*Singapur besitzt eine erstaunlich große Prostitutionsszene. Prostitution ist legal und in registrierten Bordellen erlaubt, wird von der Regierung insgesamt aber auf bestimmte Bereiche beschränkt und die Frauen müssen sich Gesundheitstests unterziehen. Straßenprostitution von Frauen, die sich mit einem „Social Visit Pass“ in Singapur aufhalten, mit einem ganz normalen Touristenvisum also, ist verboten.*

*Singapurs bekannteste Rotlichtzone ist der Stadtteil Geylang. An diesem Ort befinden sich zahlreiche legale Bordelle, in denen viele Frauen aus Thailand oder China arbeiten. In den Straßenzügen selbst warten oft Hunderte von „Freelancern“, vor allem chinesische Frauen, auf Freier. Die Szene war in den letzten Jahren teilweise dermaßen ausgeufert, dass die Polizei nun verstärkt Razzien durchführt. Besonders wenn mal wieder ein großer Kongress oder eine andere internationale Veranstaltung ansteht, denn die Besucher sollen keinen schlechten Eindruck von der Stadt bekommen.*

*Prostitution hat eine lange Tradition in Singapur. Als die Stadt Ende des 19. Jh. ihren ersten großen Wirtschaftsboom erlebte, zog es Abertausende von männlichen Einwanderern in die Stadt.*

*Sie kamen vor allem aus China, zum Teil auch aus Indien und verdingten sich als Arbeiter oder Rikscha-Zieher. Außerdem florierte der Hafen und zahllose Seeleute versammelten sich in den Spelunken von Tanjong Pagar. Die Zuwanderung verschob das Geschlechterverhältnis auf ein extrem unnatürliches Maß - zu den extremsten Zeiten kamen auf eine Frau in Singapur 14 Männer. Kein Wunder, dass Zuhälter gute Verdienstmöglichkeiten witterten.*

*Frauen aus verarmten Landstrichen in China und Japan füllten die Lücke. Die ersten japanischen Bordelle entstanden 1877 in der Malay Street, die heute vom Shoppingcenter Bugis Junction überbaut ist, wie auch die Hylam Street und Malabar Street. Man hat die alten Straßen zu Einkaufspassagen umfunktioniert und die früheren Namen beibehalten.*

*Ein paar Schritte nordöstlich der Malay Street liegt die einst berühmt-berüchtigte Bugis Street, ehemals vielleicht Singapurs bekannteste Rotlichtmeile. Berüchtigt war sie vor allem für ihre „ah-gua", Transvestiten oder Transsexuelle, die so manch angetrunkenem westlichen Seemann oder Touristen gar nicht als solche auffielen. Heute ist die Straße „saniert", nennt sich „New Bugis Street" [F3/G3] und erinnert bestenfalls noch mit dem einsamen Sexshop inmitten der Einkaufsstraße an die verwegenen Zeiten.*

*Anfang des 20. Jahrhunderts gab es über 100 japanische Bordelle in Singapur, dazu noch Hunderte chinesische. Die Trengganu Street war japanischen Etablissements vorbehalten und die davon abzweigenden Sago Street, Smith Street, Temple Street, Pagoda Street u. a. beherbergten chinesische Bordelle.*

*Heute bilden diese Straßen das Herz des so hübsch renovierten touristischen Teils von Chinatown [D6/7] (MRT Chinatown). Täglich flanieren Tausende von Touristen durch die Gassen, wohl ohne zu ahnen, was dort einst vor sich ging.*

*Auch über diesen Bereich hinaus war Chinatown vollgespickt mit den öffentlichen Häusern. Dass in der Umgebung auch reihenweise die Unterkünfte der Rikscha-Zieher standen, konnte nur von Vorteil sein. Kunden und Prostituierte waren praktisch Nachbarn. Zahlreiche Bordelle befanden sich nahe dem Hafen im Bereich von Tanjong Pagar in Chinatown, heute so etwas wie das Schwulenzentrum von Singapur (MRT Tanjong Pagar). Weitere Freudenhäuser lagen in der Keong Saik Road 25, in der sogar heute noch ein oder zwei kleine Bordelle aktiv sind. Die Etablissements sind völlig unscheinbar, für Eingeweihte aber an ihren roten Hausnummern zu erkennen und an der Bettwäsche, die zu manchen Tageszeiten draußen zum Trocknen aufgehängt ist. Opferschreine nahe der Tür erbitten den Segen der Götter.*

› *Zur Vertiefung sei das Buch „Ah Ku and Karayuki-san" von James Francis Warren empfohlen, eine detaillierte Studie über die ungeheure Rolle, die Prostitution im alten Singapur spielte (Verlag: OUP Australia and New Zealand).*

**145** [E5] **Crazy Elephant,** Clarke Quay, 3E River Valley Rd., 01-02/04, Singapore 179024, MRT Clarke Quay, Tel. 63377859, www.crazyelephant.com, So-Do 17-2, Fr/Sa und vor Feiertagen 17-3 Uhr. Abends spielen tolle Rock- und Bluesbands, man kann drinnen oder am Fluss sitzen und ihnen zuhören (draußen hört man die Musik praktisch genauso gut). Niedrige Getränkepreise und entspanntes Ambiente.

**146** [G3] **Going OM,** 63 Haji Ln., Singapore 189256, MRT Bugis, Tel. 63963592, www.going-om-com.sg, Di-So 15-1, Fr/Sa 15-3 Uhr. Alternativ oder leicht hippiehaft angehauchte Bar/Café, passend dazu im swingenden Viertel Kampong Glam gelegen. Mit wechselnden Live-Musikprogrammen, dazu Party-Abenden und anderer Frohsinn. Zu essen gibt es preiswerte Gerichte von koreanischem Kimchi bis zur Schokoladen-Mousse.

**147** [A2] **Hard Rock Café (1),** 50 Cuscaden Rd. #02-01, HPL House, Singapore 249724, MRT Orchard, Tel. 62355232, www.hardrock.com, Di-Do 11.30-23, Fr-Mo 11.30-2 Uhr. Die Filialen der Kette Hard Rock Café sind für ihre soliden, reichlich bemessenen amerikanischen Speisen bekannt - darunter Burger -, ebenso wie für die Livemusik, die ab ca. 22 Uhr geboten wird. Eine Attraktion sind vielleicht auch die Erinnerungsstücke von Musikern, die alle HRC-Niederlassungen zieren. Hier sind es unter anderem eine Jacke, die einst von Jimi Hendrix getragen wurde, sowie eine 12-saitige Gitarre von Bob Dylan. Tagsüber ist das HRC nicht sonderlich interessant, besser man kommt abends, wenn die Verstärker bis zum Anschlag aufgedreht sind.

**148** [bl] **Hard Rock Café (2),** 26 Sentosa Gateway, #01-209 to 214 The Forum, Singapore 098269, Tel. 67957454. Neuere Außenstelle von HRC. Bei Anfahrt mit dem Monorail (Sentosa Express) an der Beach Station aussteigen.

**149** [E6] **Harry's Bar,** 28 Boat Quay, Singapore 049818, MRT City Hall, Tel. 63583029, www.harrys.com.sg, Mo-Do 11.30-1, Fr/Sa und vor Feiertagen 11.30-2 Uhr. Beinah

041si Abb.: rk

Weltruhm erlangte Harry's Bar 1995, nachdem der bei der Barings Bank in Singapur angestellte Börsenhändler Nick Leeson seine Bank durch unauthorisierte Deals in den Ruin getrieben hatte. Die Journalisten, die die Story verfolgten, fanden bald heraus, wo sich Leeson in seiner Freizeit am liebsten aufhielt: bei Harry's. Dabei kam so manch süffisante Geschichte ans Licht; zum Beispiel, dass Leeson im Alkoholrausch gelegentlich das englische Pub-Hobby des „Mooning" betrieb – das heißt auf gut Deutsch, die Hose runterließ und seinen englischblassen „Mond" der Öffentlichkeit präsentierte. Noch heute ist Harry's ein Lieblingstreffpunkt von Singapurs Expat-Bankern. Schon nachmittags kann man einheitlich gekleidete Herren sehen, die sich dort das Bier in großen Mengen schmecken lassen. Weibliche Gäste sind in der Minderzahl. Harry's ist im Grunde ein englischer Pub, der sich allerdings am schönen Singapore River befindet, mit Sitz- und Stehgelegenheit draußen. Zwecks weiterer Filialen von Harry's, unter anderem im Changi Airport, siehe die Homepage. Ähnlich gelagert wie Harry's ist das rechts danebengelegene The Penny Black.

**150** [F4] **Loof,** #03-07 Odeon Towers, 331 North Bridge Rd., Singapore 188720, MRT City Hall, Tel. 63388035, www.loof.com.sg, So-Do 17.30-1.30, Fr/Sa 17.30-3 Uhr. Exzentrische Dachbar mit nonkonformistischer, künstlerischer Klientel, dazu guter Ausblick auf die Hochhäuser der Stadt und das benachbarte Raffles Hotel. Der größte Teil der Bar ist nicht überdacht, aber das macht nichts, denn wenn es regnet, gibt es zwei Drinks zum Preis von einem.

*◁ Auf Sentosa unterhält das Hard Rock Cafe ein Hotel und ein Restaurant, in dem auch Livemusik gespielt wird*

### Smoker's Guide

Singapur ist recht **raucherunfreundlich.** Zigaretten sind sehr teuer, ca. 9–14 S$ pro Päckchen, je nach Sorte. Rauchen ist in allen klimatisierten Räumen verboten (auch in Pubs und Discos), in allen Verkehrsmitteln und öffentlichen Toiletten, in Warteschlangen an Taxiständen und ebenso an Bushaltestellen oder Swimmingpools, wenn sich dort mehr als zwei Personen aufhalten. In vielen besseren Hotels kann man Raucher- und Nichtraucherzimmer buchen. Die Einfuhr von E-Zigaretten ist nicht erlaubt. Nikotinkaugummi ist nur auf Rezept erhältlich.

**151** [F4] **New Asia Bar,** 71/F Swissôtel, The Stamford, 2 Stamford Rd., Singapore 178882, MRT City Hall, Tel. 68373322, www.equinoxcomplex.com, Mo-Mi, So 15-1, Do 15-2, Fr/Sa 15-3 Uhr. Smarte Bar im 71. Stock des Swissôtel, das an absolut privilegierter Stelle steht. Die Aussicht auf die Stadt ist grandios und wenn die Drinks die Euphorie noch ein wenig gesteigert haben, kann man sich auf der kleinen Tanzfläche vergnügen.

**152** [G5] **Paulaner Brauhaus,** #01-01 Tone Sq., Millenia Walk, 9 Raffles Ave., Singapore 039536, MRT Esplanade, Tel. 68832572, www.paulaner-brauhaus.com, Mo-Fr 12-14 und 18.30-22.30, Sa 18.30-22.30, So 11.30-14.30 und 18.30-22.30 Uhr. Paulaner-Bier und deutsche und internationale Speisen in informellem Ambiente. Sonntags wird von 11.30 bis 14.30 Uhr ein Brunch geboten, zu dem unbegrenzt das Bier fließt (Preis insgesamt ca. 30 €). Wenn in München Oktoberfestzeit ist, wird auch hier speziell gefeiert. Siehe auch die neuere **Filiale von Paulaner** am Clarke Quay mit ihrer besonders großzügigen „Happy Hour" (s. S. 54).

EXTRATIPP

### The Jewel of Pangaea – Asiens teuerster Schluck

Im Lotto gewonnen? Oder im Casino? Eine Bar in Singapur hilft, etwas von dem Geldsegen wieder loszuwerden: Der exklusive Klub **Pangaea** im Crystal Pavillion South des Marina Bay Sands 5, der augenfällig in die Marina Bay hineingebaut ist, zaubert mit dem Cocktail „Jewel of Pangea" den teuersten Drink Asiens. Kostenpunkt: 32.000 S$. Dafür sind in dem Cocktail auch 24-Karat-Goldblättchen und ein Diamantring enthalten. Letzterer hängt an einer Kette im Glas und wird klugerweise nicht getrunken. Selbst die Tischbuchungen können schon ein paar knackige Tausender kosten. Kein Wunder, dass der Klub nur drei Tage die Woche öffnen muss. Interesse? Handy 86117013, www.marinabaysands.com/entertainment/nightlife/pangaea.html

153 [F6] **Post Bar,** Fullerton Hotel, 1 Fullerton Sq., Singapore 049178, MRT Raffles Place, Tel. 67338388, www.fullertonhotel.com, Mo–Fr 12–2, Sa 17–2, So 15–2 Uhr. Gediegene Bar mit dezent beige gestrichenen Wänden, einem vornehmen hohen Dach und ebenfalls gehobenen Preisen. Sonntags erhält man von 15 bis 18 Uhr „The Great Sunday Post", ein Seafood-Essen mit Wodka bis zum Abwinken. Gutes Ambiente und großartiger Ausblick auf Marina Bay und den Singapore River.

154 [F2] **Prince of Wales,** 101 Dunlop Street, Little India, Singapore 209420, MRT Little India (ab 2016 auch MRT Rochor, ab 2017 dazu MRT Jalan Besar), Tel. 62990130, www.pow.com.sg, tgl. 9–24 Uhr. Legerer Backpacker-Pub mit australischem Touch, australischem Bier und den aus „Down Under" nicht wegzudenkenden Barbecues. Abends spielt eine Band.

155 [C3] **Que Pasa,** 7 Emerald Hill Rd., Orchard Rd., Singapore 229291, MRT Somerset, Tel. 62356626, www.emeraldhillgroup.com, Mo–Do, So 18–2, Fr/Sa 18–3 Uhr. Lockere, spanisch inspirierte Wein- und Tapasbar mit umfangreicher Weinkarte. Es gibt auch Pizzen und andere Gerichte, sehr beliebt sind die Chicken Wings. Gelegen zwischen zwei anderen Bars, bietet sich hier eine größere Feierzone in der nett restaurierten kleinen Straße.

156 [cl] **St. James Power Station,** 3 Sentosa Gateway, Singapore 098544, MRT HarbourFront, Tel. 62707676, www.stjamespowerstation.com, Öffnungszeiten je nach Klub unterschiedlich, ca. 18/20–5 Uhr, einige haben nur Mi, Fr und Sa geöffnet. Ein umfunktioniertes Kohlekraftwerk aus dem Jahre 1927, in dem heute mehrere Klubs und Discos die Trinkfreudigen oder Tanzlustigen in Bewegung bringen. Die Amüsierfläche umfasst ca. 6500 m², genug Platz für vielerlei Geschmacksrichtungen. Es gibt insgesamt neun Klubs. Im „Boiler Room" bringt Livemusik den Raum zum Kochen und im „Dragonfly" wird enthusiastischer China-Pop zum Besten gegeben. In der „Gallery Bar" lässt es sich relaxed ein paar Drinks genießen und von ihrem zweiten Stock aus ergibt sich ein unerwarteter Ausblick auf alle Klubs im Haus. Im „Movida" werden afrikanische, karibische oder orientalische Klänge geboten. Das „Powerhouse" ist der größte Klub im St. James, er protzt sowohl mit industriellem Design als auch mit innovativer Technik. Beliebter Gay-Treff. Für jeden ist hier etwas dabei. Eintrittspreise für die Klubs jeweils ab ca. 10 €.

157 [D5] **The Pump Room,** The Foundry 01–09/10, Clarke Quay, River Valley Rd., Singapore 179021, MRT Clarke Quay (ab 2017 auch MRT Fort Canning), Tel. 63342628,

www.pumproomasia.com, So–Do 11–3, Fr/Sa 11–5 Uhr. Mini-Brauerei mit gutem Essen, Di bis So ab 22.45 Uhr mit Livemusik in den Genres Pop, Rock oder Jazz. An den Wochenenden kann man fast bis zum Morgengrauen feiern.

**158** [B5] **Zouk,** 17 Jiak Kim St., Singapore 169420, Tel. 67382988, www.zoukclub.com, Mi, Fr, Sa 19–3 Uhr. Singapurs bekanntester Klub, der in der Dance-Szene oft sogar als einer der besten der Welt bezeichnet wird. Zouk bietet 2000 Leuten Platz, die zeitweise von weltbekannten DJs unterhalten werden. Oft finden spezielle Events statt. Angeschlossen sind die Klubs „Phuture" (Hip-Hop) und „Velvet Underground" (Techno, Jazz, Soul, Funk, karibisch u. a.).Ursprünglich sollte Zouk Ende 2014 schließen, da der Pachtvertrag ablief und der Stadtbereich einer Sanierung unterzogen werden sollte. Falls Zouk bis Mitte 2015 eine Ersatzlokalität ausfindig gemacht hat, wird die Regierung den gegenwärtigen Pachtvertrag bis Ende 2017 verlängern; einen legendären Club wie Zouk sehen auch singapurische Bürokraten ungerne untergehen.

› Siehe auch die „Schwimmende Bar" **Float@TheBay** (s. S. 32)

# Singapur für Kunst- und Museumsfreunde

Kritiker warfen Singapur früher vor, eine kunst- und kulturlose Einöde zu sein, die nur zum Geldverdienen angelegt sei. Singapur hat sich die Kritik zu Herzen genommen und im letzten Jahrzehnt wurden **zahlreiche Museen und Kunstakademien** eröffnet. Die wichtigsten davon liegen innerhalb eines kleinen Bereiches von nur etwa einem Quadratkilometer, im sogenannten **Museums District.** Ein beachtlicher Neuzugang wird ab Oktober 2015 die große National Gallery sein, die in den ehemaligen Gebäuden des Supreme Court und der City Hall ihre Heimat finden wird (s. S. 84).

**159** [G6] **ArtScience Museum,** Marina Bay Sands, 2 Bayfront Ave., Singapore 018956, MRT Bayfront, Bus Nr. 97, 973, 106, 133, Tel. 66888868, www.marinabaysands.com, 10–22, letzter Einlass 21 Uhr, gelegentlich wegen Privatveranstaltungen geschlossen, Eintritt je nach Ausstellung ca. 15–25 S$, für Kinder die Hälfte. Der knospenartige, weiße Oberbau des Museums ist schon von Weitem quer über die Marina Bay zu sehen. Präsentiert werden Wanderausstellungen zu Kunst oder Wissenschaft.

**160** [F3] **Art Trove Gallery,** 51 Waterloo St., Singapore #02–01 bis 3, Singapore 187969, Tel. 63360915, MRT Bras Basah, ab 2017 auch MRT Bencoolen. Eine Privatgalerie, die von Nicolai von Uexkull und dem Singapurer Roy Quek gegründet wurde und sich auf europäische Kunst des 19. und 20 Jh. spezialisiert hat. Mit regelmäßig wechselnden Ausstellungen.

**161** [bj] **Aseana Gallery,** 61 Lenkok Bahru #01–450, Singapore 150061, Tel. 64798389, www.aseanagallery.com, MRT Redhill; Mo–Fr nur nach Voranmeldung, Sa/So 13–18 Uhr. Kommerzielle Galerie mit zeitgenössischen und abstrakten Gemälden und Skulpturen.

**162** [F6] **Asian Civilisations Museum (ACM),** 1 Empress Pl., Singapore 159557, Tel. 63322982, MRT Raffles Place, www.acm.org.sg, Sa–Do 10–19, Fr 10–21 Uhr, Eintritt: 8 S$, Kinder bis 12 Jahre 4 S$, freitags 19–21 Uhr halber Eintritt. In einer Augenweide von einem Kolonialgebäude ange-

legt, verschreibt sich dieses Museum all den Kulturen, die Singapur beeinflusst haben. Es gibt eine südostasiatische Abteilung, eine westasiatische und eine chinesische, dazu eine „Singapore River Gallery" mit Exponaten über die frühen Einwanderer und Pioniere.

M163 [ck] **Baba House,** 157 Neil Rd., Singapore 088883, MRT Outram Park, Tanjong Pagar, oder Bus Nr. 166, 167, 196, 197, Tel. 62275731, www.nus.edu.sg/museum/baba. Zu besuchen nur in speziellen Führungen, ein altes Peranakan-Haus, das als das authentischste und besterhaltene Haus seiner Gattung in Singapur gilt. Angefüllt mit typischen, reich verzierten Peranakan-Möbeln, Gebrauchs- und Kunstgegenständen. Führungen (1 Std.) Mo 14, Di 18.30 und Sa 11 Uhr. Teilnahme nur nach Voranmeldung. Maximale Teilnehmerzahl: 12.

*Das ArtScience Museum (s. S. 81) bietet sich auch für eine Ruhepause an*

› **Chinatown Heritage Museum,** 48 Pagoda Street, Singapore 059207, www.singaporechinatown.com.sg, Tel. 63252878. Eine lehrreiche Ausstellung zum kulturellen Beitrag der chinesischen Einwanderer in Singapur. Zurzeit zwecks Renovierung geschlossen, Neueröffnung in der 2. Hälfte des Jahres 2015.

› **Civil Defence Heritage Gallery,** in der Central Fire Station 11. Alles über die Geschichte der Feuerbekämpfung in Singapur.

M164 [ak] **Gillman Barracks,** 9 Lock Rd., Singapore 108973, www.gillmanbarracks.com, je nach Galerie unterschiedliche Öffnungszeiten und Telefonnr. (s. Website), MRT Labrador Park, Bus Nr. 51, 57, 61, 93, 97, 97E. Singapur weiß, was mit alten Gebäu-

EXTRATIPP

## Spaziergang von den Gillman Barracks durch die „Southern Ridges"

An der Lock Rd. [ak] nördlich der Gillman Barracks (s. S. 82) zweigen von der Straße zwei Wanderwege ab – genauer gesagt von einer Fußgängerbrücke über der Lock Rd. aus. In westliche Richtung gelangt man von der Fußgängerbrücke durch satte Vegetation nach Bukit Chandu und zum Kent Ridge Park (s. S. 96) (1,7 km). Nach Osten gelangt man vorbei am Alkaff Mansion (s. S. 200) zum Telok Blangah Hill Park (1,9 km) und weiter zum Mt. Faber Park 57 (2,2 km). Hier durchwandert man dichten Wald, wobei ein Teil des Weges über einen mehrere Hundert Meter langen, hoch angelegten, sich windenden Brückengang verläuft. Von diesem aus bekommt man einen guten Ausblick auf das herrliche umgebende Grün. Von der Fußgängerbrücke an der Lock Rd. aus kann man auch den „Earth Path" wählen, einen engen, urtümlichen Waldpfad, bei dem der Spaziergang noch etwas abenteuerlicher ausfällt. Auf etwa halber Strecke zum Alkaff Mansion mündet der „Earth Path" in den „normalen", bequemeren Gehweg ein. Das Gebiet um die Gillman Barracks ist somit eine Art Verbindungsstück zwischen den Park- und Waldgebieten von Mt. Faber Park und Kent Ridge Park und Teil der „Southern Ridges" (s. S. 200) – für Wald- und Naturfreunde sicher eines der Highlights von Singapur.

den zu tun ist, und so wurden die ehemals britischen Gillman-Baracken, die britischen Soldaten zur Kolonialzeit als Unterkunft dienten, sorgsam restauriert und zu einem Kunstzentrum ausgebaut. Dieses beherbergt über ein Dutzend unterschiedlicher Galerien westlicher und asiatischer Künstler, die hier ihre Werke präsentieren. Das Gelände ist ziemlich weitläufig, die Fußwege zwischen den einzelnen Galerien sind mit überdachten Gehwegen verbunden. Angeschlossen ist auch ein empfehlenswertes Restaurant, **The Naked Finn.** Besonders beliebt sind hier u. a. die Lobster Rolls, gegrillte, würzige Lobster-Brötchen mit Butter- und Mayonnaise-Dressing. Unter den leckeren und erfrischenden Cocktails ist das „Fresh Coconut with Bacardi Superior Rum" sicher mehr als nur einen Versuch wert. Geöffnet: Mo–Fr 12–14 und 18–22, Sa 12–15 und 18–22 Uhr. Reservierungen Tel. 66940807 (nur 14–18 Uhr).

› Nicht minder interessant ist **Timbre@Gillman,** ein internationales Restaurant mit Live-Musik (zum Dinner; täglich wechselnde Uhrzeit der Live-Vorstellung). Tel. 66944201, www.timbregroup.asia/timbresg/main.asp, geöffnet: Mo–Do 18–1, Sa/So 18–2 Uhr. Um Gillman Barracks herum erstreckt sich ein erholsames Grüngebiet, das zu Wanderungen einlädt.

**165** [F2] **Indian Heritage Centre,** Ecke Campbell Lane/Clive St., Singapore 209912, www.indianheritage.org.sg, MRT Little India, ab 2017 auch MRT Rochor. Ca. März 2015 eröffnendes vierstöckiges Museum mit Dachgarten, das sich mit der Geschichte der indischen Einwanderer in Singapur befasst.

**66** [bl] **Madame Tussaud's.** Singapurs Niederlassung des weltbekannten Wachsfigurenkabinetts.

Museen, die mit einer magentafarbenen Nummer (66) als Hauptsehenswürdigkeit ausgewiesen sind, werden im Kapitel „Singapur entdecken" ausführlich beschrieben. Dort finden sich auch alle praktischen Informationen wie Adresse, Öffnungszeiten usw.

43 [H2] **Malay Heritage Centre.** Alle Ethnien in Singapur haben ihr Museum, so auch die Malaiien. Eine Ausstellung über den Beitrag der Malaiien zu Singapurs schillerndem Kulturgemisch.

M 166 [F4] **MINT Museum of Toys,** 26 Seah St., Singapore 188382, MRT City Hall, Tel. 63390660, www.emint.com, tgl. 9.30–18.30 Uhr, 15 S$, Kinder 2–12 Jahre 7,50 S$, Rabatte für Familien. Über 50.000 Ausstellungsstücke aus 25 Ländern, von Micky Maus bis zum deutschen Bären mit dem Knopf im Ohr. Dazu japanische Spielzeuge aus dem frühen 20. Jh. Anfassen gilt aber nicht, die Exponate sind nur zum Ansehen da. Während die Kinder alles betrachten, können die Eltern sich in der angeschlossenen Weinbar amüsieren.

M 167 [F5] **National Gallery,** 1 St. Andrew's Rd. Padang, Singapore 178958, www.nationalgallery.sg, MRT City Hall. Singapurs neue Nationalgalerie, untergebracht in den Gebäuden des ehemaligen Supreme Court und der City Hall. Eröffnung: Oktober 2015.

M 168 [E4] **National Museum of Singapore,** 93 Stamford Rd., Singapore 178897, MRT Bras Basah, Dhoby Ghaut, Tel. 63323659, www.nationalmuseum.sg, tgl. 10–18 (History Gallery) oder 10–21 Uhr (Living Gallery), Eintritt: 6 S$, Kinder bis 12 Jahre und Studenten die Hälfte, unter 6 Jahren kostenlos. Singapurs größtes Museum, gelegen in einem prächtigen weißen Kolonialbau aus dem Jahr 1887, der eines Maharadschas würdig wäre. Die History Gallery erzählt Singapurs Werdegang durch die Jahrhunderte und in der Living Gallery wird die Gegenwart – genauer gesagt die jüngere Geschichte bis in die 1970er-Jahre – durch vier Unterabteilungen erhellt. Die Abteilungen befassen sich mit Essen (damit lockt man die Singapurer leicht ins Museum), Film, Fotografie und Mode. Allein das Gebäude ist schon einen Besuch wert. Aufgrund einiger Renovierungsarbeiten sind wechselweise einige Sektionen bis Mitte 2015 geschlossen.

M 169 [E4] **Peranakan Museum,** 39 Armenian St., Singapore 179941, MRT Raffles City, Bras Basah, Tel. 63327591, www.peranakanmuseum.org.sg, Mo 13–19, Di–So 9.30–19 Uhr, Eintritt: 6 S$, Kinder bis 12 Jahre die Hälfte, montags für Besucher über 60 Jahre kostenlos, Familienermäßigung. Die Peranakan oder Straits Chinese sind eine nur kleine Volksgemeinschaft, die Singapur aber nachhaltig beeinflusst hat. Das Museum zeigt typischen Schmuck, Möbel, Porzellan, Textilien etc. der Peranakan-Chinesen. Fotografien verdeutlichen den Werdegang der Gemeinschaft. Siehe auch den Exkurs „Kinder des Monsuns: die Peranakan-Chinesen" auf S. 64.

M 170 [dk] **Red Dot Traffic,** 28 Maxwell Rd., Singapore 069120, MRT Tanjong Pagar, Tel. 65347001, www.reddottraffic.com, Mo/Di, Fr–So 11–20 Uhr, Eintritt: 8 S$, Kinder bis 12 Jahre und Studenten 4 S$. Um modernes Design geht es in diesem Museum, das im ehemaligen Hauptquartier der Verkehrspolizei untergebracht ist und nun in knalligem Rot gestrichen ist.

M 171 [F4] **Singapore Art Museum (SAM),** 71 Bras Basah Rd., Singapore 189555, MRT Bras Basah, Tel. 63323222, www.singaporeartmuseum.sg, Mo–Do/Sa/So 10–19, Fr 10–21 Uhr, Eintritt: ca. 6 €, Kinder die Hälfte. Untergebracht in einer Missionsschule aus dem 19. Jh., die aussieht wie eine Mischung aus einer Kirche und einem hochherrschaftlichen Amtssitz, mit über 7000 modernen Ausstellungsstücken südostasiatischer und einheimischer Künstler, dazu 1000 Objekte von Künstlern aus anderen Ländern. Angeschlossen ist der Bereich „SAM at 8Q", ums Eck vom Museum in 8 Queen St., in dem Avantgarde- oder Perfor-

043si Abb.: rk

mance-Künstler und Werke neuer Medien wie Film, Video etc. vorgestellt werden.

172 [E5] **Singapore Philatelic Museum,** 23B Coleman St., Singapore 179807, MRT City Hall, Tel. 63373888, www.spm.org.sg, Mo 13–19, Di–So 9–19 Uhr, Eintritt: 6 S$, Kinder bis 12 Jahre 4 S$. Anhand von Briefmarken wird die Geschichte Singapurs erzählt, zusätzlich gibt es eine Ausstellung mit Briefmarken aus 200 Ländern. Nebenbei fungiert das Museum noch als Postamt, man kann hier seine Postkarten mit besonders schönen singapurischen Marken abschicken.

62 **The Live Turtle and Tortoise Museum.** Alles dreht sich hier um Schildkröten diverser Spezies, quicklebendig und in Abbildungen.

*Aus dem richtigen Blickwinkel betrachtet spiegelt sich das schmucke Singapore Art Museum in einem auf der anderen Straßenseite gelegenen Teich*

## Theater

173 [F3] **Action Theatre,** 42 Waterloo St., Singapore 187951, MRT Bugis, Bras Basah, Tel. 68370842, www.action.org.sg. Kleines, progressives Theater, das sich oft zeitgenössischer Themen annimmt (urbane Vereinsamung, Rassenkonflikte, Homosexualität etc.). Es ist aber auch der Geburtsort von „Chang & Eng“, Singapurs populärstem, selbstgestrickten Musical. Es handelt von den ersten bekannten siamesischen Zwillingen. Tickets gibt es ab ca. 30 S$.

174 [H2] **Aliwal Arts Centre,** 28 Aliwal St., Singapore 199918, MRT Bugis, Tel. 64350131, www.aliwalartscentre.sg. Kunstzentrum im angesagten Viertel Kampong Glam, mit Theater- und Tanzaufführungen, dazu Tanz- und Musikunterricht. Das angeschlossene Restaurant „Arbite“ (sprich wie „Arbeit“) lockt unter anderem mit Spezialitäten wie „Mini Truffle Beef Burger“ und Pfannengerichten, mit Branntwein und Kaffee verfeinertem Brioche („Apostelkuchen“), der

mit einer Palmzuckerlösung serviert wird (siehe www.arbite.com.sg).

**175** [F5] **The Arts House,** 1 Old Parliament Lane, Singapore 179429, MRT City Hall, Clarke Quay, Tel. 63326900, www.theartshouse.com.sg, tgl. 10–22 Uhr. Theater-, Film- und Tanzdarbietungen u. a. Das kommende Programm ist der Homepage zu entnehmen. Angeschlossen sind auch ein Geschäft mit Schmuck und Heimdekoration, ein Klub mit Livemusik („Barber Shop by Timbre"; Musik von Blues über Rock bis hin zu Salsa und Latin), ein Café und zwei Restaurants. Das Restaurant Timbre bietet auch Sitzgelegenheit am Singapore River, direkt am Raffles' Landing Site ❶.

❽ [G5] **Theatres on the Bay.** Ein architektonisch einmaliger Theaterkomplex mit Konzerthalle, Theatersaal, Open-Air-Bereich (Marina Outdoor Theatre), Bibliothek und Uferpromenade mit fantastischer Aussicht, Lokalen und Geschäften.

**176** [D4] **TheatreWorks,** 32–13 Mohamed Sultan Rd., Singapore 239007, Tel. 67377213, www.theatreworks.org.sg. Ikonoklastisches Theater, dargeboten von einer dynamischen Schauspielertruppe. Ihr Stück „Lear & Desdemona" gilt als einer der Grundpfeiler des modernen singapurischen Theaters.

**177** [hi] **The Necessary Stage,** #B1-02 Marine Parade Community Bldg., 278 Marine Parade Rd., Singapore, Tel. 64408115, www.necessary.org. Provokatives Theater, das oft bis an die Grenzen des Erlaubten geht. Das Theater selbst ist klein, oft aber werden Vorstellungen auf anderen Bühnen gegeben.

**178** [D5] **The Singapore Repertory Theatre,** DBS Arts Centre, 20 Merbau Rd., Singapore 239035, MRT Clarke Quay, Tel. 67338166, www.srt.com.sg. Theater- und Musical-Aufführungen, besonders publikumswirksam beim jährlich stattfindenden Shakespeare-Festival „Shakespeare in the Park" (s. S. 24).

**179** [E4] **The Substation,** 45 Armenian St., Singapore 179936, MRT City Hall, Bras Basah, www.substation.org, Tel. 63377535. Ein jugendlich orientiertes Kulturzentrum mit vielfältigem Angebot: von Rockkonzerten über Filmvorführungen bis zu Poesie-Abenden oder klassischen Tanzauftritten und Ausstellungen. Im Garten wartet das Restaurant Timbre mit abendlichen Musikdarbietungen auf, ähnlich dem Schwesterhaus von Timbre direkt am Raffles' Landing Site (www.timbre.com.sg).

044si Abb.: rk

# Singapur für Fotofans

Singapur ist eine der fotogensten Metropolen der Welt, und wer mit einer Kamera unterwegs ist, wird viele schöne Bilder machen können. Wichtig ist natürlich, zur richtigen Zeit am richtigen Ort zu sein, um die Motive von ihrer bestmöglichen Seite aufnehmen zu können. Hier die schönsten und bis auf eine Ausnahme (Skypark) kostenlosen Fotospots der Stadt, dazu die jeweils besten Tageszeiten zum Fotografieren:

★180 [G5] **Fotospot 1:** Im Norden der Marina Bay bietet die Promenade (Esplanade) an der Südseite von Theatres on the Bay einen perfekten Ort, um einen „Shot" von **Singapurs Skyline** zu erstellen. Man blickt auf die Hochhäuser des Bankenviertels, den Merlion und das Fullerton Hotel. Beste Zeit: spätnachmittags bis zur „blauen Stunde", der Abenddämmerung, und auch darüber hinaus zu später Stunde. Nachtaufnahmen gelingen unter der Woche besser als an Wochenenden, da dann in den Hochhausbüros weniger Lichter brennen.

Blickt man statt auf die Skyline in Richtung Marina Bay Sands Hotel, so wird man mit einem großartigen Ausblick auf dieses einzigartige Gebilde belohnt. Beste Zeit: wie oben, vor allem aber spätnachmittags, wenn sich die untergehende Sonne in der riesigen Hotelfassade spiegelt und die Fassade in Farbtönen zwischen Rot, Braun und Gold erstrahlt. Dieses Farbenspiel dauert nur einige Minuten, man kann es eventuell etwas „verlängern", indem man der untergehenden Sonne an der Esplanade „hinterherläuft".

045si Abb.: rk

*„The Helix" ist ein beliebter Fotospot*

*Bei Vorstellungen in der Open-Air-Arena von Theatres on the Bay* 8 *erhält man zusätzlich Ausblick auf den Merlion und das Fullerton Hotel*

★181 [H6] **Fotospot 2:** Die bizarr geformte, der Struktur der menschlichen DNA nachempfundene Fußgängerbrücke „The Helix" scheint für Fotografen geschaffen worden zu sein. An ihrer Westseite sind vier Plattformen angebracht, von denen man mit großartigen Aussichten auf das **Marina Bay Sands Hotel und die Bucht** belohnt wird. Aber auch die Brücke selber stellt ein interessantes, futuristisch wirkendes Motiv dar. Es gilt, den richtigen Blickwinkel zu finden. Die besten Fotos erhält man möglicherweise, indem man vom Fußweg an der benachbarten Bayfront Avenue aus ein Bild macht, in erster Linie bei Sonnenuntergang. Aber der Fantasie sind hier keine Grenzen gesetzt.

046si Abb.: rk

★**182** [G6] **Fotospot 3:** Von der Event Plaza an der Westseite von The Shoppes at Marina Bay Sands hat man einen spektakulären Ausblick auf die **Skyline.** Ein besonderes „Bonbon" ist hier auch das atemberaubende **Louis Vuitton Island Maison.** Beste Zeit: wie oben, vor allem aber in der Abenddämmerung.

★**183** [F7] **Fotospot 4:** Die **Südseite von Marina Bay** bietet die am wenigsten attraktiven Ausblicke auf die Bucht. Allerdings kann man von hier das **Marina Bay Sands Hotel und den Singapore Flyer gleichzeitig** einfangen, wenn auch nicht in optimalem Winkel. Beste Zeit: spätnachmittags bis zur Abenddämmerung.

★**184** [F6] **Fotospot 5:** Einen hervorragenden Aussichtspunkt findet man hingegen an der Westseite der Bucht, genauer gesagt auf der Fußgängerbrücke, die Theatres on the Bay mit dem Merlion Park verbindet. Hier kann man mit einem Schlag den **Merlion Park,** das **Marina Bay Sands Hotel** und den **Singapore Flyer** einfangen. Dazu ist zwar ein Weitwinkelobjektiv nötig, falls man keines hat, reichen auch der Merlion Park und das Marina Bay Sands Hotel. Beste Zeit: spätnachmittags bis zur Abenddämmerung oder später. Der Merlion selbst mag zwar etwas kitschig wirken, ist aber immerhin eines der Wahrzeichen Singapurs. Als es das Marina Bay Sands Hotel noch nicht gab, waren bei Fotoagenturen Bilder mit dem Merlion oft am gefragtesten, denn er verfügt über einen hohen Wiedererkennungswert. Mit einem Weitwinkelobjektiv lässt sich hier also ein „typisches" Singapur-Foto schießen, mit dem wasserspeienden Merlion im Vordergrund und dem Fullterton Hotel und den Bürohochhäusern dahinter. Beste Zeit: in erster Linie während der Abendämmerung, aber auch morgens können reizvolle Bilder entstehen.

★**185** [H7] **Fotospot 6:** Der Ausblick in Richtung Westen vom Skypark des Marina Bay Sands Hotel auf die **Skyline** ist atemberaubend und ein fotografisches „Muss". Beste Zeit: morgens direkt nach Öffnung (9.30 Uhr) oder/und zur Abenddämmerung gegen 19 Uhr.

*Die abendliche Licht-Show in Gardens by the Bay* 6 *ist eines der Highlights einer Singapur-Reise*

★**186** [ek] **Fotospot 7:** Die abendliche Licht- und-Klang-Show des **Gardens by the Bay** ist ein Highlight für Fotografen. Den besten Ausblick erhält man von der „Super Tree Grove“, ein Weitwinkelobjektiv sollte aber mit dabei sein (mindestens 24 mm, besser 20 mm oder weiter). Ebenfalls geeignet ist ein Platz auf dem Dach der Restaurantzeile, die die Südseite der „Super Tree Grove“ flankiert. Die etwas erhöhte und zurückversetzte Lage erlaubt es, die Zuschauer, die in der „Super Tree Grove“ sitzen, mit ins Bild einzubeziehen. Beste Zeit: zur Licht-Show um 19.45 Uhr, wenn am Himmel noch etwas natürliches Licht vorhanden ist. Man sollte jedoch spätestens um 19 Uhr eintreffen, um das Gelände „ausspionieren“ zu können und die für sich beste Position zu finden. Es lohnt sich, an mehreren Tagen aus verschiedenen Winkeln zu fotografieren. Die Show um 20.45 Uhr ist für Fotos weniger geeignet, da dann der Himmel bereits dunkel ist.

★**187** [ek] **Fotospot 8:** Ein gänzlich anderer Blickpunkt bietet sich vom Ostende von Gardens by the Bay nahe der „Barrage“. Von hier sieht man die **„Super Trees“** in direkter Linie vor dem **Marina Bay Sands Hotel.** Während der Licht-Show wirken die „Super Trees“ beinah wie riesige leuchtende Pilze.

★**188** [ej] **Fotospot 9:** Von der Uferpromenade entlang dem Marina East Park sieht man fast alles, was der Bereich um Marina Bay an optischen Leckerbissen zu bieten hat: den **Singapore Flyer,** die Hochhaus-Skyline des **Business District,** das **Marina Bay Sands Hotel,** die Klima- und Gewächshäuser **Flower Dome und Cloud Forest** und dahinter – je nach Position – einige der **„Super Trees“.**

Um das alles aufs Bild zu bekommen, benötigt man ein geeignetes Weitwinkelobjektiv (16–20 mm), aber auch gezielte Ausschnitte aus diesem großartigen Panorama sind nicht zu verachten. Beste Zeit: zur Abenddämmerung oder noch später. Gegen 8 Uhr morgens bietet sich zumindest bei sonnigem Wetter ebenfalls ein guter Blick.

★**189** [F6] **Fotospot 10:** Die **Raffles-Statue am Raffles' Landing Site** ist ein klassisches Singapur-Motiv. Die sie umgebenden Travellers' Palms und die dahinter, auf der anderen Flusseite gelegenen bunten Häuser von Boat Quay bilden einen ausgezeichneten Hintergrund für schöne Aufnahmen. Beste Zeit: morgens von 8 bis 10 Uhr.

★**190** [F6] **Fotospot 11:** Vom **Boat Quay** aus lässt sich das gegenüberliegende Ufer des Singapore River gut fotografieren, dabei bekommt man das **Empress Place Building,** die **Victoria Memorial Hall** mit ihrem hübschen Turm, die **Raffles-Statue** (von ihrer Rückseite) sowie das alte und neue **Parlament** ins Bild. Beste Zeit: spätnachmittags.

047si Abb.: rk

*An der Raffles' Landing Site* ❶ *blickt T. S. Raffles stolz auf „seine“ Stadt*

★191 [E5] **Fotospot 12:** Vom Fußweg an der Ostseite der Elgin Bridge an der South Bridge Road kann man hervorragend die **abendliche oder nächtliche Skyline der Stadt** ablichten. Vor den riesigen Hochhaustürmen mit ihren beleuchteten Fenstern erstrahlen die kleinen, festlich beleuchteten Restaurants Vom Boat Quay. Ein Weitwinkelobjektiv ist dabei allerdings Pflicht (ca. 20 mm).

★192 [A2] **Fotospot 13:** Tagsüber mag die **Orchard Road** etwas langweilig wirken, abends aber, wenn ihr Lichtermeer zu strahlen beginnt, lohnt es sich, die Kamera zu zücken. Der beste Spot befindet sich möglicherweise vor dem ION Orchard, vor dessen bunter Leuchtreklame man nur noch auf den oder die „richtigen", gut in das Gesamtbild passenden Passanten warten muss. Beste Zeit: zur Abenddämmerung.

› **Raffles Hotel** (s. S. 146) und **Goodwood Park Hotel** (s. S. 260): Beide „Heritage Hotels" präsentieren mit ihrer Frontseite ein erinnerungswürdiges Motiv, allen voran natürlich das unverwechselbare Raffles Hotel. Beste Zeit: während der Abenddämmerung, im Fall des Raffles auch morgens (ca. 8–10 Uhr). Besser als Frontalaufnahmen eignen sich Fotos von der Seite, bei denen auch die umgebende, „exotische" Vegetation aufgenommen werden kann.

› **Abends besonders schön beleuchtete Gebäude:** Central Fire Station ⓫, Fullerton Hotel (s. S. 259), MICA Building (s. S. 29), Sultan Mosque ㊷, National Museum of Singapore (s. S. 84) und Sri Vadipathira Kaliamman Temple ㊲

› **Feste, die die schönsten Aufnahmen ermöglichen:** Thaipusam, Thimithi, Chinese New Year (in den geschmückten Straßen von Chinatown) und Singapore National Day (s. „Zur richtigen Zeit am richtigen Ort" ab S. 20).

⊡ *Lichtschauspiel: Die rechts untergehende Sonne wird von der Riesenfassade des Marina Bay Sands Hotel ❺ links außen zurück auf diesen Metallsteg reflektiert*

048si Abb.: rk

# Singapur zum Träumen und Entspannen

„Let's Make Singapore Our Garden" lautet der Slogan der Parkbehörde, „Lasst uns Singapur zu unserem Garten machen". Gab man sich früher damit zufrieden, eine Stadt mit zahlreichen Parks und Gärten zu sein, so plant man nun, ein riesiger Garten zu sein, in dem sich auch modernes städtisches Leben abspielt. In der Tat ist mittlerweile die **ganze Stadt mit Parks überzogen** und zwischen den Parks sind sogenannte „Park Connectors" angelegt, begrünte Verbindungswege oder -straßen, über die man von einem wunderschönen Park in den nächsten gelangen kann. Man könnte praktisch ganz Singapur zu Fuß oder per Fahrrad durchqueren, ohne jemals das gepflegte, teilweise auch wildwüchsige Grün verlassen zu müssen.

Einige der Parks bieten dichten tropischen Wald, der mancherorts auf erhöhten Gehwegen durchwandert werden kann – in Höhe der Bäume oder der Baumwipfel, und die Ausblicke auf das Grün, meist mit Hochhäusern am Horizont, ist faszinierend und verblüffend. Singapurs Parks sind heute eine der ganz großen Attraktionen der Stadt, und Naturfreunde oder Erholung suchende werden ihre helle Freude daran haben.

Wer längere Spaziergänge in den Parks plant, tut gut daran, einen Schirm mitzubringen, denn Singapurs Wetter ist bekanntermaßen launisch. Hält man sich in den zentraleren Bereichen auf, so finden sich meist schnell Unterstände. Rauchen ist in den Parks nicht gestattet. Hier die schönsten Parks und Waldgebiete im Überblick:

## Bedok Reservoir

Das **Bedok Reservoir** ist einer von derzeit 17 Stauseen und Flüssen, aus denen Singapur Trinkwasser bezieht. Einst wurde hier Sand abgebaut und der so entstandene Krater wurde zu einem Stausee umfunktioniert. Es bieten sich hier einige Freizeitmöglichkeiten wie Joggen, Angeln, Inline-Skaten und Kayaken und gelegentlich sieht man Ruderer, die sich im Fahren eines Drachen-

### Singapurs großer Triumph: Urbanität kombiniert mit endlosen Parks

*Die Kombination von hochmoderner Stadtlandschaft und die sie umgebenden Parks ist sicher einer der städteplanerischen Triumphe des Stadtstaats. Gemäß den bestehenden Plänen sollen bis zum Jahr 2030 auf 1000 Einwohner 0,8 Hektar Park kommen. Zudem sollen die Parks so gut über die Insel ausgebreitet sein, dass 85 % der Bevölkerung nicht weiter als 400 m von einem Park entfernt wohnen.*

*Geplant ist eine „Round-Island-Route" von 150 km Länge, die ohne Unterbrechung durch Parks und vorbei an historischen Sehenswürdigkeiten führen wird.*

*Der grüne Korridor entlang der ehemaligen Bahnstrecke von der Keppel Station nach Malaysia, die 2011 eingestellt wurde, wird zu einem Park ausgebaut, der die gesamte Insel von Süd nach Nord durchziehen wird.*

bootes üben (siehe Drachenbootrennen S. 24). Es ist vielleicht einer der weniger interessanten Parks, für die Anwohner der umliegenden HDB-Siedlungen aber eine willkommene Möglichkeit zur Freizeitgestaltung.

Ab Ende 2015 wird das Bedok Reservoir durch einen 4 km **langen „Fahrrad- und Gehweg-Korridor“** mit dem East Coast Park (s. S. 94) verbunden sein. Dieser wird Teil eines Projektes namens „Outdoor Play Corridor“ sein, das auch andere Parks miteinander verbinden wird. Der hier angelegte Korridor wird über die Bedok South Ave 1, New Upper Changi Road und Bedok North Ave 1 zum East Coast Park führen.

Einen guten Ausblick auf das Reservoir bekommt man vom **Restaurant Wawawa – The Bistro by the Reservoir,** mit Sitzgelegenheit draußen als auch „unter Dach und Fach“.

Seine Position ist gut geeignet, um abends die Sonne hinter der westlich am Reservoir errichteten HDB-Siedlung untergehen zu sehen. Geboten werden westliche Küche (Burger, Pizza etc.), inkl. einiger deutscher Gerichte.

- **193 Bedok Reservoir Park,** Bedok Reservoir Rd., Bus Nr. 5, 21, 22, 59, 65, 66, 228, 506. Ab 2017: MRT Bedok Reservoir, von dort ca. 3 Min. zu Fuß.
- **194 Wawawa – Bistro by the Reservoir** €€, 901 Bedok Reservoir Rd., Singapore 478266, Tel. 62858038, www.wawawa.com.sg, Mo–Fr 17–24, Sa/So 11–1 Uhr

> **EXTRATIPP**
>
> **Angeln erlaubt, aber …**
>
> Angeln ist in Singapur ohne spezielle Erlaubnis möglich, aber nur in ausgewiesenen Bereichen und ohne Verwendung von Lebendködern. Beliebte Angel-Spots neben dem Bedok Reservoir sind der Changi Beach Park, East Coast Park, Labrador Park, Lower und Upper Seletar Reservoir, MacRitchie Reservoir, Pasir Ris Park, Punggol Point, St. John's und Kusu Island 75 und Pulau Ubin 74. Mancherorts ist das Angeln nur von Piers aus gestattet. Die Angelbereiche sind durch Schilder markiert.

## Bukit Batok Nature Park

Verbinden könnte man den Besuch im malerischen **Bukit Batok Nature Park** mit dem von Memories at Old Ford Factory 60, der sich in bequemer Spazierentfernung befindet. Aber auch für sich alleine ist der Park die Anfahrt allemal wert. Sein Herzstück ist ein von einem schroffen Fels umrahmter kleiner See, der aus dem Abbaukrater eines Steinbruchs entstanden ist. Umgeben ist der See von dichter tropischer Vegetation und einigen erholsamen Wanderwegen. Man beachte die außergewöhnlichen Schilder, die vor „Falling Durians“ warnen – in der Tat wäre es kein Spaß, von einer fallenden, mit reichlich Stacheln gespickten Durian (s. S. 56) getroffen zu werden. Möglicherweise laufen einem auch einige Affen über den Weg. Im Zweiten Weltkrieg errichteten die Japaner auf dem Hügelgelände von Lorong Sesuai ein Denkmal für ihre im Krieg gefallenen Kameraden; davon sind heute nur noch

*Über diese Brücke musst du gehen: Der Changi Beach Park wird an seiner Südwestseite vom Sungei Changi, dem kleinen Changi-Fluss, eingefasst*

zwei Säulen zu sehen, die über eine Treppe von 120 Stufen zu erreichen sind. Neben Wander- und Joggingpfaden ist auch ein Pfad zur Fußreflexzonenmassage angelegt („Foot Reflexology Footpath"). Insgesamt ist dies ein wunderbarer Park, in dessen sattem Grün man leicht vergessen könnte, dass man sich in einer der modernsten Metropolen Asiens befindet.

•195 **Bukit Batok Nature Park,** Bukit Batok East Ave. 6/Hillview Ave., Bus Nr. 61, 66, 157, 174, 174e, 178, 852, 970, 985 oder MRT Bukit Batok und dann ca. 15 Min. zu Fuß

## Changi Beach Park

Der **Changi Beach Park** ist ein malerischer, 3,2 km langer Strandabschnitt, zwar nicht zum Schwimmen geeignet, aber ideal für Picknicks an den rustikalen Holztischen und -bänken, zum Radfahren (es gibt einen Fahrradverleih) oder ganz einfach zum Entspannen. Hinter dem Strand finden sich Palmen und andere Pflanzen, ein unerwartetes Idyll in diesem abgelegenen Teil der Insel. Am besten kommt man frühmorgens, um der Mittagshitze zu entgehen, bzw. spätnachmittags, wenn die Sonne niedrig steht und den Strand in ein warmes Licht taucht. Spätnachmittags findet sich hier auch mehr Schatten. Flugzeugfans können die Flugzeuge beobachten, die vom Changi Airport aus starten und den Park in geringer Höhe überfliegen. Nördlich und nordwestlich vorgelagert sieht man die Insel Pulau Ubin 74. Der Strand von Changi ist leider auch auf schreckliche Weise in die Geschichtsbücher eingegangen: Im Zweiten Weltkrieg erschossen die Japaner hier 66 Chinesen. Eine Gedenktafel erinnert an das tragische Ereignis. Ähnliche Exekutionen ereigneten sich allerdings auch an anderen Stränden. Nahebei, etwas westlich des Strandes, befindet sich das **Changi Point Ferry Terminal**, der Pier, von dem aus Boote nach Pulau Ubin übersetzen. Gleich daneben wiederum erstreckt sich der **Changi Golf Club**, der vielleicht preiswerteste Golfklub in Singapur (www.changigolfclub.org.sg). Besucher zahlen an Wochentagen 45 S$ für 9 Löcher, 90 S$ für 18 Löcher. In den Top-Clubs wie z. B. dem Sentosa Golf Club bezahlt man das Vierfache.

049si Abb.: rk

Changi ist ein beschaulicher Ort, um vielleicht gleich ein paar Tage hintereinander auszuruhen. In Changi Village, dem kleinen Ortszentrum und ganz nahe dem Golfklub gelegen, befindet sich das 380 Zimmer umfassende Changi Village Hotel, Essensmöglichkeiten gibt es reichlich in den Hawker Centres oder Restaurants des „Dorf"-Zentrums von Changi Village.

- **196 Changi Beach Park,** Changi Village, Bus Nr. 2 (die wohl beste Verbindung ab der Innenstadt, von der Victoria St. oder der New Bridge Rd./Eu Tong Sen St. in Chinatown kommend), 2A, 29, 59, 109 oder MRT Tanah Merah, dann weiter mit Bus Nr. 2; oder MRT Tampines und weiter mit Bus Nr. 29, Taxi ab der Innenstadt ca. 16–18 S$
- **197 Changi Village Hotel** €€-€€€, 1 Netheravon Rd., Changi, Singapore 508502, Tel. 63797111, www.changivillagehotel.com. Zimmer ab ca. 100 €. Mit kostenlosem WLAN, Infinity-Swimmingpool und Fitnessraum, dazu gibt es einen kostenlosen Pendeldienst zum/vom Flughafen sowie einen Zubringerdienst in die Innenstadt (nur hin, nicht zurück). Aber auch Taxis treffen laufend am Hotel ein. Im Haus befinden sich mehrere Restaurants; das Saltwater Cafe in der Lobby bietet gute asiatische und europäische Küche, dazu preiswerte Buffets (Frühstück, Lunch und Dinner, geöffnet: tgl. 7–10.30, 12–14.30 und 18.30–22, Sa/So auch 15–17 Uhr (High Tea Buffet).

## East Coast Park

Der **East Coast Park** ist ein beinahe unglaubliches Phänomen für eine hochmoderne, urbane Metropole – ein 15 km langer Park, der sich fast vom Flughafen bis in die Innenstadt erstreckt, ange-

*In „Area D" und „Area G" des East Coast Park dürfen Einheimische und in Singapur wohnhafte Ausländer campen*

legt auf Land, das schon vor Jahrzehnten dem Meer abgerungen wurde. Flankiert wird er von einem ansehnlichen, teilweise sogar hervorragenden Strand. Man kann hier Schwimmen (nicht überall, auf Schilder achten), faul unter Palmen liegen, Radfahren, Skaten (Xtreme Skatepark), sich per Kabel auf Wasserskiern über eine kleine Lagune ziehen lassen (Ski360, www.ski360degree.com), Wind- oder Kitesurfen (The Windsurfing Shop, www.welovewinsurfing.com) oder sich an Meeresfrüchten schadlos halten. Besonders empfehlenswert ist das **East Coast Lagoon Food Centre,** ein Hawker Centre, das u. a. singapurische Spezialitäten wie Laksa, Chili Crab und Pepper Crab bietet.

Wer Ruhe sucht, sollte den East Coast Park an Wochenenden und Feiertagen besser meiden, denn dann zieht es sehr viele Singapurer hierher und es geht relativ turbulent zu. Wie in vielen Parks wird an von der Parkverwaltung angelegten Grillöfen fleißig gegrillt. An Wochentagen geht es sehr ruhig zu, vor allem morgens. Ein kleines Problem sind Anfahrt und Rückfahrt. Busse (s. o.) fahren nur an Wochenenden und Feiertagen. Bei Anfahrt mit dem Taxi lässt man sich am besten am National Park Visitor Centre (nahe Bushaltestelle B05) absetzen. Zur Rückfahrt in die Innenstadt wartet man am besten an derselben Stelle auf ein eintreffendes Taxi, denn an der vorbeiführenden East Coast Park Service Road ist selten ein freier Wagen zu erwischen. Und um in die belebteren Stadtteile zu gelangen, müsste man ansonsten die Expressstraße East Coast Parkway (ECP) passieren; unter der verkehrsreichen Straße führen Unterführungen hindurch, so am Visitor Centre, am Meeting Point 4 (zwischen McDonald's und Burger King) und am Goldkist Beach Resort (zum Wohnen nicht sonderlich empfehlenswert).

- •198 [hj] **East Coast Park,** East Coast Park Service Rd. Anfahrt nur an Wochenenden und Feiertagen mit Bus Nr. 401, der aber ohnehin keine Bereiche bedient, in denen sich Touristen normalerweise aufhalten. Es bleibt praktisch nur das Taxi. Fahrpreis ab der Innenstadt bis zum National Park Visitor Centre in der Mitte des langgestreckten Parks ca. 7–10 S$.
- 199 [hi] **East Coast Lagoon Food Village,** 1220 East Coast Parkway, Singapore 468960, Mo–Do 13–22, Fr–So 13–23 Uhr. Sehr gute Laksa gibt es am Stand Roxy Laksa & Prawn Noodle (#01–48, Handy 96302321), und für gute Satay-Fleischspieße suche man Haroon 30 Satay auf (#01–55, Tel. 64410495) auf. Auf Chili Crab und Pepper Crab spezialisiert ist das ausgezeichnete Heng Leng BBQ & Claypot Deluxe (#01–05/06, Tel. 64450513).

## Hong Lim Park

Der **Hong Lim Park** ist ein kleiner und unspektakulärer Park inmitten des CBD (15) oder zentralen Geschäftsbezirks, mit ein paar Sitzbänken und einer Polizeiwache (Kreta Ayer Neighbourhood Police Post s. S. 244), die noch einen leicht kolonialen Look aufweist. Hong Lim Park wurde von der Regierung zu einer Art „Speakers' Corner" nach Londoner Vorbild propagiert, allerdings müssen sich die Redner zuvor anmelden und einen endlos langen Regelkatalog beachten. Zahlreiche Themen sind tabu, sodass man kaum etwas Kontroverses von sich geben kann. Verständlicherweise finden hier nur selten Reden oder Debatten statt, und noch seltener kommt es zu (angemeldeten und behördlich abgesegneten) Demonstrationen. Am Park ist eine Tafel mit den zu beachtenden Vorschriften aufgestellt, diese Tafel stellt hier wohl die interessanteste Sehenswürdigkeit dar.

- **200** [E6] **Hong Lim Park,** New Bridge Rd./North Canal Rd./South Bridge Rd., MRT Clarke Quay, Bus Nr. 2, 12, 33, 61, 124, 147, 166, 174, 197 u. a.

## Kent Ridge Park

Der **Kent Ridge Park** ist ein Teil der Southern Ridges (s. S. 200), von hier könnte man gut in Richtung Osten wandern und über die Gillman Barracks (s. S. 82) zum Mt. Faber Park 57 gelangen – ein wunderbarer Spaziergang durch teils gepflegte Parklandschaft, andernorts aber auch ungezähmte Natur. Aber auch der Kent Ridge Park für sich alleine ist einen Besuch wert, das hügelige Gelände ist von leicht begehbaren Wanderwegen durchzogen und stellenweise bieten sich gute Aussichten auf die Hochhäuser der umliegenden Stadtteile.

Auf dem Weg in Richtung Osten passiert man einen erhöhten Laufsteg, der an dichter Vegetation vorbeiführt, und gelangt dann zu **„Reflections at Bukit Chandu“**, einer Art Multimedia-Museum, in der die Thematik der japanischen Eroberung Singapurs 1942 aufgearbeitet wird. Dieser Teil des Kent Ridge Park, Bukit Chandu (Malaiisch für „Opiumhügel“) und das nahe Pasir Panjang, waren heiß umkämpft und viele der Verteidiger kamen bei den Gefechten ums Leben oder wurden von den siegreichen Japanern im Nachhinein zu Tode gefoltert. Auf zwei Etagen informieren Ausstellungsstücke und Multimedia-Shows über die japanische Invasion. Zu ersteren gehört ein japanisches Fahrrad, denn die angreifenden Japaner durchquerten die Malaiische Halbinsel weitgehend auf Rädern. Ein Besuch hier ist gut angelegte Zeit.

051si Abb.: rk

Der Name „Opiumhügel“ stammt von einer Opiumfabrik, die sich im 19. Jh. am Fuße des Hügels befunden hatte.

•**201** **Kent Ridge Park und Bukit Chandu,** Vigilante Dr.; MRT Kent Ridge oder Haw Par Villa, dann mit Bus Nr. 200 bis Buona Vista South Rd., Haltestelle 15071 (Buona Vista Gardens), dann ein paar Minuten zu Fuß weiter zum Vigilante Dr. und den Hügel hoch bis zum Park. Zu Fuß ab MRT-Station Kent Ridge ca. 20 Min., Taxi ca. 5–6 S$.

**202** [ak] **Reflections at Bukit Chandu,** 31K Pepys Rd., Singapore 118458, Tel. 63752510, Mo–Sa 9–17.30 Uhr, Mo geschlossen, außer an Feiertagen. Eintritt 2 S$, Studenten und „Senioren“ (ab 60 Jahre) 1 S$. Wenn man nur diese Lokalität besichtigen will, braucht man nicht den ganzen Park zu durchwandern, sondern kann zur MRT-Station Pasir Panjang fahren. Von dort geht es weiter per Taxi (ca. 5–6 S$) oder zu Fuß (ca. 20 Min.). Busse Nr. 175, 176 fahren zur Haltestelle an der Ecke West Coast Highway/ Pepys Rd., von dort sind es noch ca. 15 Min. zu Fuß.

## Labrador Nature Reserve

Ein weiteres Juwel in Singapurs Parklandschaft ist das Labrador-Naturschutzgebiet, das **Labrador Nature Reserve**, gelegen an der Südküste Singapurs mit Blick auf Sentosa (s. S. 204). Kommt man zu Fuß von der MRT-Station Labrador Park, so betritt man das Gebiet an der Labrador Villa Rd. Hier führen Pfade durch ein dicht bewaldetes, hügeliges Gelände hinab zum Strand. In dem Wald leben 70 verschiedene Vogelspezies, elf Arten von Schmetterlingen und zahlreiche andere Fauna-Vertreter. Ein herrliches Stück Natur, fast ist man enttäuscht, wenn man den Wald verlässt und unten am Strand ankommt. Das Gelände am Strand ist als Naherholungs- und Picknickareal konzipiert; es stehen hier einige Pavillons, die vor Regen schützen können, Parkbänke und Grillstellen („BBQ Pits“), die an Wochenenden von BBQ-brutzelnden Singapurern umlagert werden. Auffallend ist ein mannshohes, rundes Betongebilde mit Sehschlitz – eine sogenannte „pill box“ (Pillenschachtel), eine Maschinengewehrstellung aus dem Zweiten Weltkrieg. Der Hügel am Labrador Park war **eine der befestigten Verteidigungspositionen der Briten** im Kampf gegen die vordrängenden Japaner. An der Labrador Villa Rd. ist noch ein altes Geschütz der Briten zu sehen. Diesem wurden nachträglich zwei Figuren von britischen Soldaten hinzugefügt, die das Geschütz gerade mit einer Granate laden. Wenige Meter östlich von

052si Abb.: rk

*Im Labrador Nature Reserve breitet sich ein kleines Stück Urwald aus*

*Der Kent Ridge Park bietet sich bestens für Wanderungen an*

EXTRATIPPS

## Vorzüglich speisen auf dem Tamarindenhügel

Auf einer kleinen, von Park und Wald umgebenen Anhöhe im Labrador Park wartet das Thai-Restaurant Tamarind Hill auf, eine der romantischsten Speisemöglichkeiten in diesem Teil der Stadt. Das stilvolle Haus kredenzt exzellente thailändische Küche, unter anderem mit exquisiten Seafood-Gerichten. Es besteht auch die Möglichkeit, draußen zu essen, aufgrund der vegetationsreichen Lage aber sind Plagegeister, sprich Insekten, nicht auszuschließen. Nahe dem Restaurant wird demnächst auch ein dazugehöriges, im Kolonialstil angelegtes Luxus-Resort eröffnet werden (Villa Samadhi), davon kann man sich sicher einiges versprechen.

**204** [al] **Tamarind Hill** €€€, 30 Labrador Villa Rd., Singapore 119189, Tel. 62786346, www.tamarindrestaurants.com, tgl. 12–15, 18.30–22.30 Uhr. Anfahrt am besten per Taxi; ab der Innenstadt ca. 14–18 S$. Man vergewissere sich, dass der Fahrer die Gegend kennt oder zumindest ein Navigationsgerät an Bord hat.

## Idylle zwischen alten Gräbern: der Bukit Brown Cemetery

Es kommt selten vor, dass man einen Friedhof als „besonderen Tipp" bezeichnen kann, aber in diesem Fall ist die Bezeichnung wohl berechtigt. Der Bukit Brown Cemetery (www.bukitbrown.org), gelegen zwischen Mt. Pleasant Rd. und Lornie Rd., ist ein weitläufiges Parkgelände, auf dem fast 100.000 chinesische Gräber verstreut sind. Hier finden sich die **ältesten Gräber Singapurs,** von denen einige die sterblichen Überreste von bekannten Persönlichkeiten des frühen Singapur beherbergen. Auf diese Gräber wird vor Ort durch kleine Schilder hingewiesen. Viele der größeren Gräber sind mit interessanten chinesischen Figuren von Menschen oder Fabelwesen dekoriert. Bei diesen ist viel Symbolik mit im Spiel: Kürbisse z.B., die einige der Figuren in der Hand halten, bedeuten den Wunsch, dass sich die Sippe des Verstorbenen reichlich vermehre – eine gedankliche Anknüpfung an die zahlreichen Kerne, die ein Kürbis beinhaltet.

Besonders auffallend ist ein **Grab,** das von ca. 1 m hohen, bunt bemalten Figuren zweier **Sikh-Soldaten** bewacht wird. Die Sikhs stehen mit Gewehr bei Fuß, sind zusätzlich mit einem Säbel bewaffnet und haben noch einen Wachhund zur Seite. Die frische, bunte Bemalung der Figuren hebt sie von den anderen, verwitterten Figuren auf dem Friedhof ab. Das Grab wird offensichtlich gut in Schuss gehalten. Es befindet sich an der Südseite des Friedhofs, in Block 3, genau an der Grenze zwischen „Div. 2" und „Div.3" (Div. = division = Sektor). Entlang den Wegen stehen Schilder, auf denen die Sektionen und der gegenwärtige Standort eingezeichnet sind. Kleinere Sikh-Figuren halten auch noch an einigen anderen Gräbern Wache (bzgl. Sikhs als Wächterfiguren siehe auch Kap. Balestier Rd. 40).

Abgesehen von den interessanten alten Gräbern bietet der Friedhof **außerordentlich idyllische Natur** und hervorragende Spaziermöglichkeiten, untermalt von vielerlei Vogelgezwitscher. Die durch das Gelände führenden Wege sind gut ausgebaut und beschildert. Besucher gibt es nur wenige, vielleicht trifft man den einen oder anderen Jogger oder einen Hundebesitzer, der seinen Vierbeiner ausführt. Beim Herumstöbern zwischen den Gräbern achte man auf **Schlangen,** die in dem zum Teil tiefen Gras versteckt sein können. Es empfiehlt sich, immer fest aufzutreten, um (die gehörlosen) Schlangen durch die Bodenvibration zu warnen und zu vertreiben. Auf dem Friedhof werden heute keine neuen Gräber mehr angelegt, die jüngs-

053si Abb.: rk

ten stammen aus den frühen 1970er-Jahren. In den Jahren 2013 und 2014 wurden 3000 Gräber exhumiert, um für eine neue vierspurige Straße Platz zu machen. In einigen Außenbereichen des Friedhofs wird man mit den Bauarbeiten dazu konfrontiert. In ein paar Jahrzehnten soll der Friedhof ganz verschwinden sein und zu einer Wohnsiedlung umfunktioniert werden – was verständlicherweise auf den Unmut vieler Singapurer trifft. Man kann nur hoffen, dass die Regierung den Plan noch einmal überdenkt und dieses einzigartige Kultur- und Naturerbe erhalten bleibt. Bei den o. g. Exhumierungen wurden 2000 Artefakte gefunden, die den Gräbern beigelegt waren, und in einer Ausstellung gezeigt wurden.

- **205 Bukit Brown Cemetery,** MRT Farrer Road, dann Bus Nr. 165; oder MRT HarbourFront, dann noch eine lange Strecke mit Bus Nr. 93, 855 (Fahrstrecke 10,7 bzw. 12,1 km) oder direkt mit Bus Nr. 52, 74, 93, 157, 165, 645, 852, 855. Aussteigen an Bushaltestelle 41159, von dort sind es noch ca. 10 Min. zu Fuß. Von der Lornie Rd. einbiegen in die Sime Rd., wo zur Orientierung ein paar Umgebungskarten angebracht sind (derzeit an Bauzäunen). Per Taxi ab der Innenstadt ca. 9–12 S$, aber nicht alle Fahrer kennen den Friedhof. Einen Zugang gibt es auch von der Mount Pleasant Rd., dieser ist aber schwerer zu finden, und es fahren keine Busse dorthin. Man kann aber bis zur Thompson Rd. fahren (Bus Nr. 54, 130, 132, 156, 162, 162 M, 166, 167, 851, 980 bis zum Singapore Polo Club) und von dort in ein paar Minuten zu Fuß zur Mt. Pleasant Rd. gelangen. Mit ihrer satten Vegetation beiderseits der Straße ist selbst die Mount Pleasant Rd. schon einen Blick wert.

*Unter einem ehrwürdigen Banyan-Baum sind diese alten chinesischen Gräber angelegt*

der Stelle – immer noch an der Labrador Villa Rd. – liegt der Eingang zu einem Tunnelsystem, das schon 1886 von den Briten angelegt worden war. Die Tunnel führten zu einem in dem Hügel angelegten Lager für Granaten und andere Munition, und diese wurde durch einen Mechanismus zu den direkt darüber gelegenen Verteidigungsstellungen gehievt. Die Tunnel können besichtigt werden.

Vom Ostende des Parks führt ein **Weg in Richtung VivoCity und HarbourFront.** Dieser verläuft teilweise über einen Gartenpfad („Alexandra Garden Trail"), dann über einen ins Meer gebauten, 300 m langen Brückengang („Chermin Boardwalk") und schließlich vorbei an einem Mangrovenwald („Berlayer Creek Mangrove Trail"). Danach erreicht man den Jachthafen Marina at Keppel Bay, in dem stets zahlreiche Jachten vor Anker liegen. Wer in See stechen möchte, kann hier eine Jacht chartern (www.marina keppelbay.com). An der Marina befindet man sich bereits etwa auf halber Strecke in Richtung HarbourFront. Der Rest des Weges dorthin verläuft über Straßen und ist nur Pflichtprogramm.

•**203** [al] **Labrador Nature Reserve,** Labrador Villa Rd., MRT Labrador Park, von dort ist es noch ca. ein 10- bis 15-minütiger Fußweg. Nur Sa/So und an Feiertagen zwischen 11 und 21 Uhr fahren Busse der Linie 408; Haltestelle am Parkplatz des Parks und weiter westlich an der Labrador Villa Rd. Einsteigen am günstigsten an der MRT-Station HarbourFront/VivoCity (5,7 km bis zum Parkplatz). Von HarbourFront könnte man den Park auch in ca. 50 bis 60 Min. zu Fuß erreichen, von wo die zweite Hälfte der Strecke entlang der Küste verläuft und wo es recht malerisch ist. Taxis ab der MRT-Station HarbourFront kosten ca. 5–6 S$.

054si Abb.: rk

## MacRitchie Reservoir

Das **MacRitchie Reservoir,** Singapurs ältestes Staubecken (1868), liegt inmitten einer der großen grünen Lungen der Stadt. Ringsherum breitet sich ursprünglicher Wald aus, der von Wanderpfaden durchzogen wird. Das Staubecken selbst kann auf hölzernen Stegen umwandert werden und wahrscheinlich sieht man dabei einige Affen (Makaken) und zahlreiche Vogelarten. Wassersportler kön-

*Die Dame am MacRitchie Reservoir macht's richtig: Ein Schirm sollte bei Naturwanderungen immer dabei sein.*

## MacRitchie Reservoir: Geschichten von Gold, Geistern und Schlangen

*Während der japanischen Besatzung Singapurs im Zweiten Weltkrieg ließen die Japaner von britischen und australischen Kriegsgefangenen einen Shinto-Schrein („Syonan Jinja") im Dschungel nördlich des MacRitchie Reservoirs errichten. Der Schrein wurde zu zahlreichen Riten und religiösen Feiern genutzt. Nach Kriegsende wurde die Kultstätte abgerissen, heute sind nur noch einige schwer identifizierbare Reste davon übrig. Erzählungen zufolge soll unter dem Schrein ein großer Goldschatz vergraben worden sein, angeblich treiben an der Stelle auch zahlreiche Geister ihr Unwesen. Die Stelle des alten Schreins ist nur durch einen anstrengenden Treck zu erreichen und die Behörden sehen Neugierige dort nicht gerne. Auch zur eigenen Sicherheit sollte man die regulären Wanderpfade nicht verlassen - es tummeln sich dort Schlangen und anderes wildes (ungefährliches) Kleingetier herum. Insgesamt gibt es etwa 75 Schlangenarten in Singapur und so manches Reptil verirrt sich gelegentlich sogar in die Grünanlagen an den HDB-Apartmentblocks.*

*Pythons sind die am häufigsten in Singapur vorkommenden Schlangen und ab einer Länge von 3 m können sie durch ihren Würgegriff für Menschen gefährlich werden. Der Biss der Schlange ist schmerzhaft, aber nicht tödlich, da ungiftig. Todesfälle durch Schlangen wurden in den letzten Jahren in Singapur nicht registriert. Wenn immer möglich, nehmen Schlangen vor Menschen Reißaus.*

nen sich mit gemieteten Kajaks bei Laune halten. Das alles ist schon großartig, ein zusätzlicher Clou aber ist der „Tree Top Walk", eine 250 m lange Brücke, die die zwei höchsten Gipfel des Gebiets miteinander verbindet, und von der aus man auf die hohen Wipfel der Bäume herabblickt. Der „Tree Top Walk" ist 5,2 km vom Haupteingang des Reservoir entfernt, bzw. 2,5 km vom Parkplatz am Venus Drive. Man beachte die am Reservoir aufgestellten Karten mit den Wanderwegen. Zugänglich ist der „Tree Top Walk" Di bis Fr von 9 bis 17, Sa/So und an Feiertagen von 8.30 bis17 Uhr (Mo geschlossen).

•**206 MacRitchie Reservoir Park,** Lornie Rd., Tel. 64685736, www.nparks.gov.sg, Bus Nr. 52, 74, 93, 130, 132, 165, 166, 167, 980, MRT Marymount (2 km bis zum Parkeingang)

### Mt. Emily Park

**Mt. Emily Park** ist ein geruhsamer kleiner Park, gelegen in einem ruhigen Viertel westlich der Selegie Rd., und vielleicht ein geeigneter Ort, wenn man sich auf dem Fußweg von der Orchard Rd. nach Little India etwas ausruhen will. Zudem ist das Umfeld nicht uninteressant. In der angrenzenden Niven Rd., die Teil der „Mt. Sophia Conservation Area" ist, sieht man ein paar hübsche alte Wohnhäuser aus den 1930er-Jahren. Manche der Häuser zeichnen sich durch ihre *pintu pagar* aus („Halb-Türen"), halbhohe Türläden, die zu beiden Seiten „aufgeklappt" wurden. Diese erlaubten eine gute Luftzufuhr, schlossen das Haus aber zumindest nach unten hin ab. Heute dienen die *pintu pagar* nur noch als

Schmuck und dahinter befinden sich „reguläre“ Türen, so wie wir sie heute kennen.

Früher wies die Gegend auch ein paar prächtige Villen auf, allen voran die **Eu Villa**, der märchenhafte Wohnsitz des Entrepreneurs Eu Tong Sen (1877–1941). Die Villa wurde zu ihrer Zeit als die **prächtigste Villa östlich des Suez-Kanals** bezeichnet. 1980 wurde sie abgerissen. Eu Tong Sen selbst ist bis heute im Straßennamen Eu Tong Sen St. verewigt. Das Rex Cinema in der Mackenzie Rd., in dem sich heute tamilische Gastarbeiter an „Kollywood“-Filmen erfreuen (Filme aus den Filmstudios von Kodambakkam, Chennai), stammt aus dem Jahr 1946 und ist eines der ältesten Kinos der Stadt.

Im Mt. Emily Park befindet sich ein **kleiner Kinderspielplatz**, und an der Westseite steht ein **Sikh-Tempel**, einer von einem halben Dutzend Sikh-Tempeln in der Stadt. Wer den Tempel betritt, muss eine Kopfbedeckung (Kopftuch o. Ä.) tragen. Weiter westlich erstreckt sich das weitläufige, aber unzugängliche Gelände des Istana.

• **207** [E2] **Mt. Emily Park/Mt. Sophia Conservation Area,** Mt. Emily Rd./Niven Rd./Sophia Rd.; MRT Dhoby Ghaut, Little India, ab 2016 auch MRT Rochor oder Bus Nr. 64, 65, 131, 147, 166, 857. Aussteigen am Peace Centre in der Selegie Rd., Bushaltestelle 07011

## Pasir Ris Park

Die Ostküste Singapurs bietet einige der erholsamsten Parklandschaften und der **Pasir Ris Park** trägt sicher seinen Anteil dazu bei. Auf den langgestreckten, von zwei Bächen durchschnittenen Park (Sungei Api Api und Sungei Tampines) befinden sich zahlreiche Unterhaltungs- und Erholungsmöglichkeiten, so ein Spielplatz, eine Fitness-Ecke, ein kleiner Labyrinth-Garten, und sogar Kochgelegenheit, ein Kiosk zur Fahrradmiete

055si Abb.: rk

(„Rent-A-Bike Kiosk") und die so oft in Parks anzutreffenden Grillstellen. Besonders beachtlich aber sind die natürlichen Attraktionen, denn der Park ist streckenweise von **waldähnlichem Gelände** bedeckt und andernorts mit **zahlreichen Palmen** übersät. Beiderseits des Sungei Tampines erstreckt sich dichter Mangrovenwald, oft trifft man hier auf Hobbyfotografen, die mit ihren Teleobjektiven Wasservögeln auflauern. Besonders die hier anzutreffenden Kingfisher („Eisvögel") sind begehrte Fotomotive. Von einem dreistöckigen Aussichtsturm kann man die Vögel gut beobachten.

Zu guter Letzt wird der Park auch noch von einem sehr ansehnlichen Strand flankiert. Unter dem Strich ist der Pasir Ris Park wohl **einer der beachtenswertesten Parks der Stadt.** Es besteht sogar eine Wohnmöglichkeit, und zwar im Costa Sands Resort (s. S. 253) an der Südostseite des Geländes. Allerdings herrscht hier etwas die Atmosphäre einer Ferienkolonie, ein Eindruck, der durch den nebenan gelegenen Wasserspielplatz **Wild Wild Wet** (www.wildwildwet.com) noch unterstützt wird. Das Wohnen hier ist wohl nur an den etwas ruhigeren Wochentagen zu empfehlen. Familien mit Kindern aber sind hier möglicherweise gut aufgehoben.

•208 **Pasir Ris Park,** Pasir Ris, MRT-Station Pasir Ris, dann ca. 5 Min. zu Fuß, oder Bus Nr. 3, 5, 6, 12, 15, 17, 21, 58, 88, 354, 358, 359, 403, 518, 518A bis zum Pasir Ris Interchange (MRT-Station und Busendstation)

*Der Pasir Ris Park: Strand, Palmen und vor allem wochentags sehr viel Ruhe*

## Punggol Point

Schon bei der Busfahrt zum **Punggol Point** schwant einem kurz vor dem Eintreffen, dass es hier recht angenehm werden wird. Man durchfährt ein mehrere Hundert Meter langes Stück Wald, in den sich der eine oder andere glückliche Singapurer ein Haus gebaut hat. Dabei war vielleicht zur Zeit des Baus gar nicht so klar, dass er oder sie zu den Glücklichen zählte, denn bis vor Kurzem war Punggol Point eine der abgelegensten Gegenden in Singapur. Durch das Waldstück hindurch gelangt man nun zum Endpunkt der Buslinie 84, und vor einem erstreckt sich das Meer. Zur rechten Hand liegt „The Punggol Settlement", ein größeres Gebäude, in dem Geschäfte und Restaurants untergebracht sind. Hier geht es in erster Linie um Seafood – so z. B. im House of Seafood, das als Blickfang draußen eine riesige Lobster-Attrappe aufgestellt hat. Von hier führt eine wunderschöne, ruhige Uferpromenade in Richtung Osten (genannt „Punggol Point Walk"), diese biegt dann bald in Richtung Süden ab („Punggol Promenade Nature Walk"). Zur Landseite hin befindet sich waldähnliche Vegetation und man wird vom Gezwitscher zahlreicher Vögel begleitet. Von hier aus könnte man weiter zum Pasir Ris Park laufen oder radeln, von dort wiederum weiter zum Changi Beach Park (s. S. 93), und dann weiter zum East Coast Park (s. S. 94) und von dort bis in die Innenstadt – eine Strecke von ca. 40 km, die nur durch Parklandschaft führt.

•209 **Punggol Point Park,** Punggol Point, Punggol, MRT/LRT: per MRT nach Punggol, dann weiter per LRT nach Punggol Point, oder MRT Punggol, dann Bus Nr. 84; Ausstei-

056si Abb.: rk

gestation ist Punggol Rd. End (3 km; 6 Haltestellen), von wo der Bus umkehrt und zurück in Richtung Punggol fährt. Taxi ab der Innenstadt ca. 18–22 S$; Taxianweisung „Punggol Rd. End“. An der MRT-Station Punggol befindet sich zwar ein Taxistand, Taxis sind dort aber selten anzutreffen und man muss möglicherweise eines bestellen.

Einst war **Punggol** eine kleine Ansiedlung, in der malaiische Fischer lebten, die Umgebung wurde zur Aufzucht von Hühnern und Schweinen genutzt – letzteres mit Sicherheit von Chinesen, denn unter den muslimischen Malaien gelten Schweine als *haraam*, „unrein“. Das Wort *punggol* ist eine sehr kreative malaiische Wortschöpfung; es bedeutet „mit einem Stock Äste bewerfen, damit die Früchte vom Baum fallen“. So kann ein Wort Aufschluss über eine Lebensart geben.

Der Stadtteil Punggol ist eine neue Trabantenstadt, an jeder Ecke schießen staatliche Wohnblocks aus dem Boden. Doch kaum ist der Stadtteil ganz fertig gebaut, so ist darin schon der Punggol Waterway Park angelegt. Beiderseits entlang des „Waterway“ führen Geh- oder Radwege, und darum breitet sich Parklandschaft aus. Entlang einiger Abschnitte sind Schautafeln angebracht, die über historische Ereignisse und die gegenwärtige Entwicklung in Punggol informieren. Im Zweiten Weltkrieg richteten die Japaner am Strand von Punggol zahlreiche Chinesen hin.

An Wochentagen trifft man hier nur wenige Besucher an, es ist ein sehr erholsames Stück Parklandschaft. Zusammen mit den benachbarten Punggol Park (ein Park weiter südlich), den Punggol Point Park (s. S. 103) und dem Sengkang Riverside Park (westlich gelegen) bildet der Punggol Waterway Park die „North-Eastern Riverine Loop (NERL)“. Es handelt sich dabei um einen geschickt ausgedachten Park- und Wegeverbund, der dem Radfahrer oder Wanderer eine Strecke von 26 km beschert, samt Flüssen, Feuchtgebieten und Küstenstreifen. Radelt man von hier zum Punggol Point Park, so könnte man von dort – wie in dem betreffenden Abschnitt beschrieben – durch eine schier endlose Parklandschaft bis in die Innenstadt fahren.

•210 **Punggol Waterway Park (Waterway@Punggol),** Sentul Crescent Rd., Punggol, MRT/LRT: per MRT nach Punggol, dann weiter per LRT bis Damai (Parkhaupteingang; ca. 5 Min. Fußweg von der LRT-Station) bzw. zur LRT-Station Nibong (Ostseite des Parks) oder per MRT bis Punggol, dann Bus Nr. 84 bis zum Parkhaupteingang nahe der LTR-Station Damai.

## Upper Seletar Reservoir

Mitten im Herzen der Insel befindet sich eine Ansammlung von Stauseen, die noch von überraschend viel Natur umgeben sind. Dies sind MacRitchie Reservoir (s. S. 100), Lower and Upper Peirce Reservoir sowie Lower und Upper Seletar Reservoir. Gemeinsam stellen sie Singapurs wichtigstes Wassereinzugsgebiet („*catchment area*") dar. Das **Upper Seletar Reservoir** ist der größte der Stauseen, ein 15 Hektar großes Areal, das sich bestens zum Joggen, Wandern, Angeln oder zur Vogelbeobachtung eignet. Im Reservoir sollen sich sogar Krokodile befinden; möglich wäre es durchaus. Das Wahrzeichen des Reservoirs ist ein angeblich „raketenförmiger", nicht sehr ästhetisch wirkender Aussichtsturm, von dem man jedoch einen guten Eindruck von der Weite des Stausees und dem ihn umgebenden Grün gewinnt.

•211 **Upper Seletar Reservoir Park,** Mandai Rd., MRT Ang Mo Kio, dann Bus Nr. 138 (der über den Zoo hierhin führt); Entfernung 5,7 km ab dem Zoo, 19,1 km ab MRT Ang Mo Kio. Taxis ab der Innenstadt zu ca. 15–20 S$.

*Der Punggol Waterway Park ist auch zum Radeln bestens geeignet*

## Springleaf Nature Park

Der im November 2014 eröffnete **Springleaf Nature Park** ist der erste von vier geplanten Parks dieser Art in der „Central Catchment Area", dem großen Wassereinzugsgebiet im Zentrum der Insel. Der 6 Hektar große Park umfasst Wanderpfade und eine Aussichtsplattform zur Vogelbeobachtung. Einschließlich der Wandervögel sind bis zu 80 Vogelspezies zu sehen, darunter verschiedene Gattungen Bulbuls (Singvögel) und Kingfisher. Der zweite Naturpark in diesem Bereich, der 80 Hektar große Chestnut Nature Park, ist derzeit im Bau.

•212 **Springleaf Nature Park,** Nee Soon Rd./Upper Thomson Rd., Singapore 787129, Anfahrt: MRT Ang Mo Kio, dann Bus Nr. 138; oder Bus Nr. 138 (z.B. ab Ang Mo Kio oder dem Zoo), 167, 169, 980, aussteigen an der Bushaltestelle am Nessea Club (Bushaltestelle 57019). Entfernung ab dem Zoo 7 km.

## West Coast Park

Der schmale, langgestreckte **West Coast Park** befindet sich an der Südwestküste Singapurs zwischen dem West Coast Highway und der Küste. Abgesehen von einigen Sport- und Spielmöglichkeiten lässt es sich hier gut ein paar Kilometer spazieren. Der schönste Teil ist wohl die nordwestliche Parkhälfte. Hier sieht man Fischerboote dümpeln und der eine oder andere Fischer ist vielleicht mit dem Flicken seiner Reusen beschäftigt. Ganz am Westende befindet sich der „Marsh Garden", ein ein Hektar großer dschungelartiger Garten, den man auf erhöhten Brückenwegen durchqueren kann. Das Gebiet ist das Habitat von 15 Vogelarten, nach Aussagen eines Parkwächters sind

057si Abb.: rk

gelegentlich auch Kobras anzutreffen. Die Flora beinhaltet unter anderem zehn verschiedene Pflanzen-Spezies, dazu diverse Baumarten, darunter die eleganten Bambusbäume.

*Vor der Küste des East Coast Park (s. S. 94) dümpeln sowohl Fischerboote als auch Jachten*

•213 **West Coast Park,** West Coast Hwy., MRT Haw Par Villa, dann Bus Nr. 175, 176 (jeweils 5 Stationen bis zum Nordwestende des Parks nahe dem Marsh Garden); oder MRT Haw Par Villa, dann Bus Nr. 175, 176, 589 zum südöstlichen Teil des Parks; oder MRT Clementi, dann Bus Nr. 175; oder MRT HarbourFront, dann Taxi zu ca. 8–9 S$ (es fährt kein direkter Bus von HarbourFront).

› Siehe auch Bukit Timah Nature Reserve 59, Mt. Faber Park 57 und Southern Ridges (s. S. 200), Sungei Buloh Wetlands 53

# AM PULS DER STADT

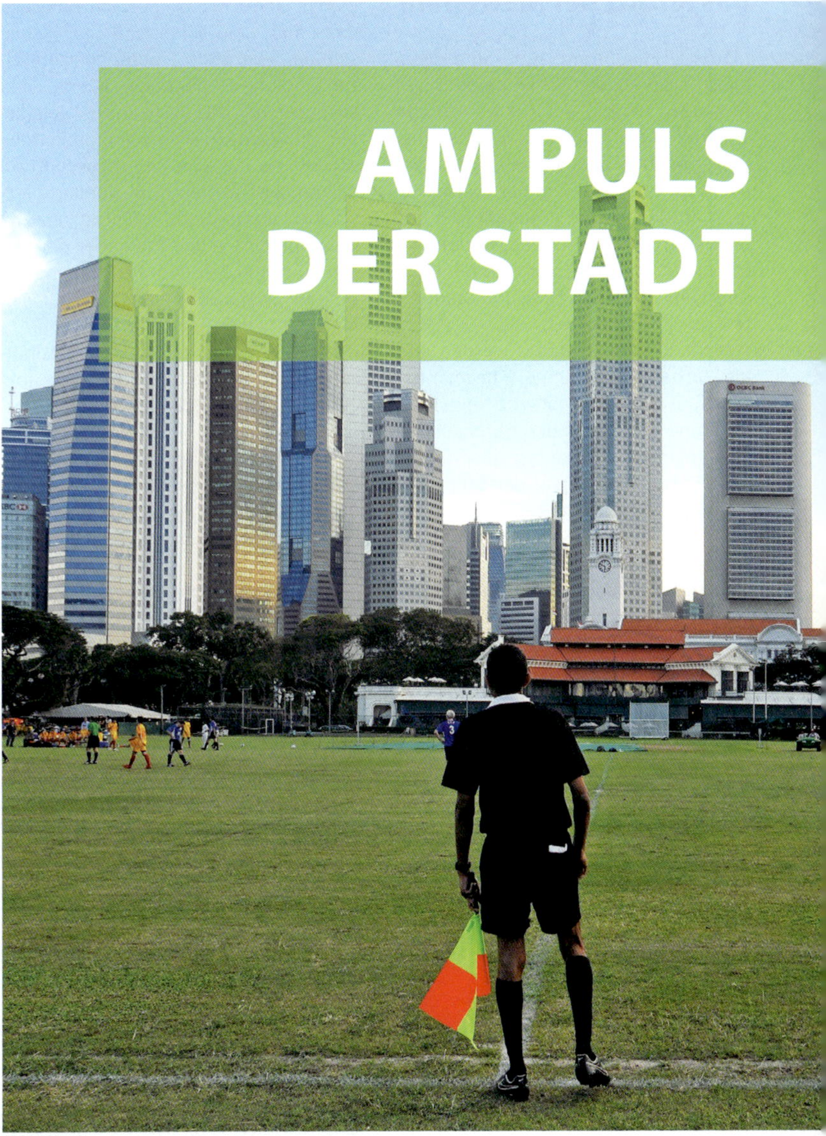

086si Abb.: rk

# Das Antlitz der Metropole

Modern, zukunftsweisend und dynamisch – so abgedroschen diese Begriffe klingen mögen, auf nur wenige Länder treffen sie so zu wie auf das junge Singapur, den südostasiatischen Ministaat, geboren 1965. In nur fünfzig Jahren hat Singapur es geschafft, die beste Infrastruktur Asiens aufzubauen, und das unter sorgsamer, vorbildlicher Erhaltung zahlreicher Gebäude und Stadtviertel aus der Gründerzeit.

Dicht bewohnte Städte werden gern als „urbaner Dschungel" bezeichnet, Singapur hingegen ist eher ein **urbaner Park:** Die blinkenden Bürohochhäuser, kolonialen Altbauten und funktionellen Wohnsiedlungen der Stadt sind von Grünflächen und gepflegten Parks umgeben. Kaum eine Metropole hat so viel Grün vorzuweisen wie das winzige Singapur. Jeder freie Quadratmeter ist bepflanzt, selbst auf den Dächern von Hochhäusern sprießt es noch überschwänglich in den feuchten Tropenhimmel hinein. Bei der Fahrt vom Flughafen in die Innenstadt wird die gesamte Strecke von einem tropischen Park flankiert. Der Gegensatz zu anderen südostasiatischen Metropolen, die weitgehend unter Beton begraben zu sein scheinen, ist frappierend. Die singapurischen Städteplaner sind sich schmerzlich bewusst, dass man kein Hinterland hat, in das sich der gestresste Städter gelegentlich zur Erholung zurückziehen könnte, und so macht man das Beste aus der gegebenen Situation. Zu Hilfe kommt das tropische Klima, das alles im Sauseschritt gedeihen lässt. Wären nicht Hunderte von städtischen Gärtnern – zumeist indische Gastarbeiter – jeden Tag dabei, den Rasen zu schneiden und die Sträucher zu trimmen, wäre Singapur wohl in einigen Monaten von der Natur zurückerobert.

Die Stadt hat in den letzten Jahrzehnten eine **rasante Entwicklung** mitgemacht. In den 1970er- und 1980er-Jahren schien es, als ob die Regierung alle Erinnerungen an die Vergangenheit auslöschen wollte: Koloniale Altbauten, die zuletzt schon zerfielen, wurden niedergerissen, um blitzenden Wolkenkrat-

148si Abb.: rk

◁ *Vorseite: Der Padang* ❾ *ist der Austragungsort für so manches sportliche und festliche Ereignis*

▷ *Von der Brücke „The Helix" (s. S. 136) bietet sich zu allen Tageszeiten ein atemberaubender Ausblick auf die Skyline*

zern Platz zu machen. In den 1990er-Jahren besann man sich eines Besseren – nicht zuletzt weil man erkannte, dass Touristen nicht wegen der Hochhäuser in ferne Länder reisen – Singapur ist auf den Tourismus angewiesen. Forthin wurden **Altbauten liebevoll restauriert** und in wunderschönen Pastellfarben gestrichen. Heute bieten die alten chinesischen Häuser einen pittoresken Kontrast zu den Bürotürmen, die sich gleich daneben oder im Hintergrund erheben. Singapur ist heute mit Sicherheit eine der **attraktivsten, fotogensten Städte der Welt.** Wenn man spätnachmittags am Boat Quay oder an der Marina Bay sitzt und sich das goldene Nachmittagslicht in den Wolkenkratzerfassaden spiegelt und in den charmanten kleinen Lokalen am Fluss die ersten Lichter angehen, könnte man meinen, es gäbe keine schönere Stadt auf dieser Welt. Natürlich sieht es nicht überall so malerisch aus. In den Vorstädten, dem sogenannten *Heartland,* da wo der singapurische Normalbürger zu Hause ist, bestimmen nüchterne Wohnsiedlungen das Bild. Singapur hat gegenwärtig eine Fläche von nur **716 Quadratkilometern** und muss seine **5,5 Millionen Bewohner** vertikal übereinander unterbringen. Für Wachstum in die Breite ist schlicht kein Platz. Aber auch in den Vorstädten, in den von der Regierung gesponserten HDB-Siedlungen (s. S. 112), bemüht man sich, so viel Grün wie möglich anzupflanzen. In der neuen Trabantenstadt Punggol im Nordosten war der Punggol Waterway Park (s. S. 105) schon fertig, als an den umliegenden Hochhausblocks noch fleißig gearbeitet wurde. Wie so viele Stadtteile befindet sich Punggol teil-

KURZ & KNAPP

### Zwei Fliegen mit einer Klappe: unterirdisches Rohöllager und Landgewinnung

Singapur überrascht immer wieder mit **ungewöhnlichen Bauprojekten.** 2014 wurden die Jurong Rock Caves (JRC) in Betrieb genommen, tief in der Erde gelegene Felshöhlen, die zur Lagerung von Rohöl und anderen flüssigen Hydrocarbonen genutzt werden. Der Bau der Höhlen dauerte acht Jahre und verschlang 950 Mio. S$. Insgesamt bieten die Höhlen 1,47 Mio. Kubikmeter Lagerraum. Bei den Sprengungen während der Bauphase wurden 350 Mio. Kubikmeter ausgehoben, die zur Landaufschüttung und beim Straßenbau verwendet werden sollen. Weitere unterirdische Projekte sind geplant, darunter eine IT-Stadt, ein Logistikzentrum und mehr.

weise auf Land, das dem Meer abgerungen wurde. **Landaufschüttungen** haben eine lange Geschichte in Singapur; schon während der britischen Kolonialzeit wurden so einige Quadratkilometer hinzugewonnen. Zur Zeit der Unabhängigkeit im Jahr 1965 besaß Singapur eine Fläche von 581,5 km². In den folgenden Jahrzehnten wuchs diese sprunghaft an, mit jährlichen Zuwachsraten von teilweise über 20 %. Singapur wird weiter „anbauen" müssen, um die für die Zukunft vorgesehenen 7 Mio. Einwohner unterbringen zu können. Für die nächsten 100 km² stehen schon die Pläne – und das Grün ist ein fester Bestandteil davon. Der Pro-Kopf-Anteil an Grünfläche soll sogar noch wachsen (mehr dazu ab S. 91).

Trotz Singapurs Wohlstand hält sich der **Straßenverkehr** – im Gegensatz zu ärmeren südostasiatischen Metropolen wie Bangkok oder Jakarta – in Grenzen. Der Grund liegt in drei teuren Buchstaben: **COE.** Wer ein Auto oder Motorrad kaufen will, muss erst ein COE erwerben, d. h. ein „Certificate of Entitlement", nennen wir es einmal kurz und prägnant eine Fahrzeugsbesitzerlaubnis.

Diese wird nach dem Hubraum des Vehikels bemessen, ihr Preis richtet sich nach der Nachfrage und ändert sich von Jahr zu Jahr. Sie kann einige Zigtausend Euro kosten und gilt nur für zehn Jahre. Wer keinen Parkplatz oder keine Garage vorweisen kann, braucht erst gar keinen Antrag zu stellen. Das COE hält Singapurs Straßen relativ verkehrsfrei, dennoch besitzt Singapur die höchste Konzentration von Luxuskarossen auf der Welt – einer der vielen Rekorde, die Singapur verbuchen kann. Die meisten Singapurer aber geben sich mit den öffentlichen Verkehrsmitteln zufrieden. Das sehr **effiziente öffentliche Verkehrswesen,** bei dem die MRT- (U-Bahn) und Buslinien geschickt verquickt sind, sorgt dafür, dass man sich auch ohne eigenes Fahrzeug bequem fortbewegen kann.

Autofahrten in den CBD 15 unterliegen zudem einer Gebühr. Das Geld wird bei der Einfahrt automatisch von einer elektronischen Speicherkarte abgebucht (ERP = „Electronic Road Pricing"). Mit den hohen Abgaben, die Autofahrer auferlegt werden, baut Singapur sein öffentliches Verkehrssystem weiter aus. Strikte Abgasauflagen sorgen dafür, dass sich die Luftverschmutzung in fast unmerklichem Rahmen bewegt. Wann immer man meint, Singapur habe sich nun zu Ende entwickelt, wird

## Wussten Sie, …

- dass Singapur mit seiner Landfläche von nur 716 km² ca. 40 km² **kleiner als Hamburg** ist?
- dass das Staatsgebiet Singapurs **63 Inseln** umfasst?
- dass Singapur nur 135 km nördlich des Äquators liegt?
- dass Singapur **erst 1965** von Malaysia **unabhängig** wurde?
- dass Singapur mit einem **Ausländeranteil von 40 %** eine der „multikulturellsten" Städte der Welt ist?
- dass Singapur gemäß dem Quality of Living Survey von Mercer (2014) sowohl die **höchste Lebensqualität in Asien** als auch die beste Infrastruktur der Welt bietet?
- dass Singapur gemäß dem Jahresbericht (2014) von Transparency International die **geringste Korruption in Asien** aufweist und weltweit Platz 5 der am wenigsten korrupten Länder einnimmt?
- dass Singapur 2013 vom Handelsmagazin Forbes als der **Staat mit den weltweit sechstbesten Zukunftsaussichten** bewertet wurde?
- dass das **durchschnittliche Einkommen** eines Haushalts in Singapur ca. 6000 €/Monat beträgt? (2014). Das ist beinah **doppelt so hoch wie in Deutschland** (ca. 3700 €).
- dass Singapur die höchste Dichte von Millionären, Milliardären und Luxusautos in der Welt aufweist?

059si Abb.: rk

- dass 32 Dollar-Milliardäre in Singapur leben (Stand 2014)? In Deutschland sind es 135.
- dass der **singapurische Premierminister der höchstbezahlte Politiker der Welt** ist? Jährliches Grundgehalt: ca. 1,3 Mio. €. Dazu kommen noch erhebliche Boni.
- dass Singapur eines der **sichersten Länder der Welt** ist? 2011 gab es 11 Mordfälle, d. h. ein Bewohner von 480.000 wurde Opfer eines Mordes. Zum Vergleich: Im gewalttätigsten Land der Welt, Honduras, war es im selben Jahr einer von 1100 Einwohnern.

*Dieser Lambhorgini Avantador, geparkt in Chinatown, kostet in Singapur umgerechnet 1 Mio. €*

man schnell eines Besseren belehrt. Singapur ist eine permanente Baustelle, ständig wird verschönert, erneuert oder etwas radikal Neues gebaut. Es gibt futuristisch anmutende Pläne, nach denen man sich in den Vorstadtsiedlungen bald auf Rollbändern anstatt in Autos fortbewegen wird. Wer Singapur kennt, weiß, dass Pläne hier kein leeres Gerede sind. Die Entwicklung verläuft atemberaubend schnell. Wer den Stadtstaat vor 10, 15 oder gar vor 20 Jahren gesehen hat, wird ihn kaum wiedererkennen. Selbst wenn man nur ein paar Monate lang nicht da war, entdeckt man schon wieder etwas Neues.

## Wohnungen für (fast) alle: HDB-Apartments

*Singapur besitzt eine der höchsten Raten an Eigenheimbesitzern auf der Welt: Über 80 % der Bevölkerung wohnt in einer Eigentumswohnung, in den allermeisten Fällen in einem sogenannten HDB-Apartment.*

*Um die Wohnungsnot zu lindern, wurde 1960, schon vor Singapurs Unabhängigkeit, HDB aus der Taufe gehoben, das „Housing Development Board". Dieses wollte ermöglichen, dass jeder Singapurer in einer eigenen Wohnung leben konnte, strebte aber auch subtilere Ziele an: Wer Eigentum besitzt, so der Gedanke, hat auch ein Interesse daran, sein Land florieren zu sehen und neigt weniger zu staatsfeindlichen oder unsozialen Aktivitäten als der, der nichts besitzt und somit auch nichts zu verlieren hat - die Eigentumswohnung als Grundlage eines stabilen Staates sozusagen. Besitz und Nutzung von „HDB Flats" oder HDB-Apartments sind an eine Vielzahl von Regeln gebunden. Nur singapurische Staatsbürger, die mindestens 21 Jahre alt und verheiratet sind, oder Ausländer mit permanenter Aufenthaltsgenehmigung haben ein Anrecht auf eine HDB-Wohnung. Architektonische oder technische Änderungen in den Räumen sind genehmigungspflichtig, da die Regierung vermeiden will, dass sich die Bewohner von ihren Nachbarn durch Statussymbole absetzen.*

060si Abb.: rk

*Auch gilt es, der Gettobildung vorzubeugen. In den 1960er-Jahren noch erlebte Singapur interethnische Ausschreitungen, vor allem zwischen buddhistischen Chinesen und muslimischen Malaien. Um zu verhindern, dass sich die unterschiedlichen Volksgruppen voneinander abkapseln und Enklaven bilden, soll in den HDB-Wohnblocks ein ethnisches Mischungsverhältnis herrschen („Ethnic Integration Policy" oder EIP), das die Verhältnisse der Gesellschaft abbildet. Derzeit setzt sich die Bevölkerung aus 74,2 % Chinesen, 13,2 % Malaien, 9,2 % Indern und 3,6 % „Anderen" (Eurasier, Araber u. a.) zusammen. Verkauft eine chinesische Familie und zieht aus einem Apartmentblock aus, so kann die Wohnung wiederum nur von Chinesen erworben werden. So bleibt das Mischungsverhältnis konstant.*

*Waren die HDB-Apartments in früheren Jahren noch unansehnliche Kleinwohnungen mit DDR-Plattenbaucharakter, so hat sich der Standard über die Jahrzehnte merklich verbessert. Die besten und teuersten der Wohnblocks sind heute sogar architektonische Wegweiser* *in die Zukunft. Der riesige, in Chinatown weithin sichtbare Wohnblock Pinnacle@ Duxton besteht aus drei Einzelblöcken mit 1848 Wohneinheiten, die im 26. und 50. Stock durch eine „Sky Bridge" samt Park miteinander verbunden sind. Diese ausgedehnten Parks dienen den Bewohnern als Joggingstrecke oder zu sonstigen Freizeitaktivitäten. Pinnacle@Duxton ist mit 50 Stockwerken das bisher höchste HDB-Gebäude und zudem das größte staatliche Wohnungsprojekt der Welt. Nebenbei hat es einen Architekturpreis gewonnen. Gegen eine Gebühr von 5 S$ können auch Außenstehende die Sky Bridge im 50. Stock besuchen. Von dort erhält man eine ausgezeichnete Aussicht auf diese so zukunftsweisende Stadt.*

•**214** *[dk]* ***Pinnacle@Duxton,*** *Cantonment Rd./Neil Rd., MRT Outram Park, Ann Siang Hill, Tanjong Pagar; Bus Nr. 75, 167, 196 (Cantonment Rd.) oder 61, 166, 167, 197 (Neil Rd.), www.pinnacleduxton.com.sg*

› ***Sky Bridge,*** *50. Stock, tgl. 10–22 Uhr, erlaubte Besucherzahl: 200 pro Tag. Auf der Website kann man überprüfen, wie viele Besucher am gegenwärtigen Tag schon da waren. Der Zugang erfolgt nach Zahlung des Eintrittspreises von 5 S$ an einem Automaten auf Level 1 in Block 1G. Zur Zahlung wird eine CEPAS-Karte (CEPAS = Singapore Standard of Contactless ePurse Application) genutzt, dazu gehören auch die ez-link-Karten für Bus und MRT* *(s. S. 262)**. An den Zugängen zur Sky-Bridge hält man die Karte an einen Kartenleser und erhält so Zutritt.*

# Von den Anfängen bis zur Gegenwart

Die Geschichte des jungen Singapurs, unabhängig erst seit 1965, ist eng mit der Geschichte Malaysias und der britischen Kolonialmacht verbunden. Als Leutnant Gouverneur Thomas Stamford Raffles (s. S. 114) vor knapp 200 Jahren zum ersten Mal in Singapur an Land ging, begann die moderne Geschichte des Landes und damit auch dessen steter Aufstieg. Aus dem einstigen Piratennest Singapur wurde – unter der Führung des ebenso umstrittenen wie bewunderten **Lee Kuan Yew** – ein Wirtschaftswunderland und eine asiatische Vorzeigemetropole.

**ab 8000 v. Chr.:** Proto-malaiische Stämme wandern auf die Malaiische Halbinsel ein. Diese Stämme entwickeln eine neolithische Kulturstufe und benutzen Steinwerkzeuge und Töpferwaren.

**ab 2000 v. Chr.:** Die Erfindung des Einbaums und des Segels lösen eine Völkerwanderung aus, in deren Folge der gesamte Malaiische Archipel von Südchina aus besiedelt wird.

**ca. 500–300 v. Chr.:** Deutero-malaiische Zuwanderer aus Südchina bringen das Wissen um die Herstellung von Eisen und Bronze mit.

**ca. 1. Jh. v. Chr.:** Indische Händler erscheinen an den Küsten Malaysias, begründen Handelsniederlassungen und heiraten in die herrschenden Familien ein. Mit ihnen gelangen auch der Buddhismus und der Hinduismus auf die Halbinsel.

**11.–12. Jh.:** Fortschritte in der Navigation lassen Seefahrt und Handel aufblühen. Die Chinesen knüpfen enge Handelsbeziehungen und unterhalten Kontakt zu Indien, Sri Lanka, China, Indonesien und der Malaiischen Halbinsel.

## Der Mann, mit dem alles begann: Sir Thomas Stamford Raffles

*Raffles, Raffles überall: In Singapur steht ein wohlbekanntes Raffles Hotel (s. S. 146), es gibt eine Reihe von Raffles-Statuen und -Büsten, eine Straße und einen Platz, die nach ihm benannt sind, einen Raffles Golf Club, ein „Raffles Export Lager"-Bier, die Singapore Airlines bietet ihren Passagieren eine exklusive „Raffles Class". Singapur hätte auch „Rafflespur" getauft werden können, „Stadt des Raffles". Wer war dieser Mann, auf dessen Namen man in Singapur auf Schritt und Tritt stößt?*

*Thomas Stamford Raffles wurde am 6. Juli 1781 auf einem Handelsschiff geboren, das sich gerade irgendwo auf hoher See zwischen Jamaika und England befand. Schon als 14-Jähriger arbeitete er für ein mageres Jahresgehalt von 70 Pfund für die East India Company. Zwei Jahre später verstarb sein Vater und Raffles stürzte sich in das Studium von Naturwissenschaften und Sprachen und brachte es zu Übersetzungsfähigkeiten in Französisch und Deutsch. Neben seinem Studium unterstützte er seine Mutter und vier Schwestern finanziell.*

*Bald wurde er „Assistent Secretary" und dann „Chief Secretary" des Gouverneurs von Penang, ausgestattet mit einem Jahresgehalt von 2000 Pfund. Von 1811 bis 1816 war er „Lieutenant-Gouverneur" von Java – Jahresgehalt: stolze 8000 Pfund.*

*Auf der Suche nach einem geeigneten britischen Stützpunkt landete er am 28.1.1819 mit seinem Schiff „Indiana" zunächst vor St. John's Island* 76*, nur wenige Kilometer vor Singapur. Die Insel war nur von ein paar Fischern, „Seenomaden" und Piraten bewohnt. Einen Tag später fuhr er den Singapore River hinauf, zur Stelle des heutigen „Raffles' Landing Site"* 1*. Raffles war fasziniert von der frühen Geschichte Singapurs, das im 14. Jh. eine blühende Handelsmetropole mit Namen Temasek gewesen war, und führte archäologische Ausgrabungen durch. Er plante, eine neue Handelsmetropole zu erschaffen, besser und wohlhabender als jemals zuvor. Dem stand jedoch ein nicht unerhebliches Hindernis im Weg: Singapur gehörte dem Sultan von Johor (im heutigen Malaysia). Wie so viele seiner kolonialen Landsleute vor und nach ihm, die ihre Untertanen zum eigenen Vorteil gegeneinander ausspielten, erdachte sich Raffles eine List. Der Sultan von Johor besaß einen älteren Bruder, Hussein Shah, der Anspruch auf den Thron erhoben hatte und im Zwist mit dem Sultan lag. Raffles ließ ihn aus Johor herbeibringen und erklärte Hussein Shah – ohne jegliche Befugnis dazu – zum Sultan von Singapur. Dann bot er ihm eine stattliche Apanage an, in dessen Gegenzug der frisch gebackene Sultan sich verpflichtete, Raffles auf Singapur nach Belieben schalten und walten zu lassen. Ein Vertrag wurde unterschrieben – und Raffles hatte einen historischen Coup gelandet. Singapur war nun im Besitz der East India Company.*

*Schon wenige Monate nach Raffles' Inbesitznahme von Singapur schrieb er – zu der Zeit selber nicht auf Singapur – an die Duchess of Somerset: „Meine neue Kolonie floriert mit aller Geschwindigkeit ... sie ist mein eigenes Kind, ich habe sie zu dem* gemacht, das sie ist." 1823 zählte Singapur schon 10.000 Einwohner, die meist regen Handel trieben. Raffles' Privatleben hingegen war nicht ganz so erfolgreich. In jungen Jahren hatte er die „davongescheuchte, streitsüchtige" Geliebte eines hohen Angestellten der East India Company geheiratet - das brachte ihm zwar eine beachtliche Gehaltserhöhung ein, die Ehefrau verschied allerdings schon bald. Er heiratete erneut, und mit seiner zweiten Frau hatte er zwei Söhne und zwei Töchter. 1821 und 1822 starben drei der Kinder an Cholera bzw. Ruhr, und die verbliebene Tochter verschied einige Jahre später in England. Raffles setzten das Tropenklima und seine unermüdliche Arbeit zunehmend zu, er bekam einen gebeugten Gang und hohle, ausgezehrte Wangen. Trotz allem war er nach zeitgenössischen Beschreibungen eine imposante, stattliche Persönlichkeit mit durchdringendem, „staatsmännischem", ja gar „napoleonischem" Blick in den Augen.

Mehr aber als seine physische Erscheinung war es sein Charisma, das seine Umgebung immer wieder in seinen Bann schlug. So berichtete Raffles' getreuer Dolmetscher und „Munshi" (Sekretär) Abdullah in schwärmerischen Worten: „ ... er begann zu sprechen, lächelnd und mit unendlichem Charme und neigte sein Haupt in Ehrerbietung, seine Worte süß wie ein See von Honig. So wie wenn plötzlich der Vollmond mit seinem samtenen Glanz am vierzehnten Tag des Monats erscheint, genau so waren die Ehrlichkeit und Aufrichtigkeit von Mr. Raffles."

„Munshi" Abdullah - mit vollem Namen Abdullah bin Abdul Kadir - war ein Mann geschmeidiger Worte. Er tat sich

150si Abb.: rk

als Chronist und Schriftsteller hervor, und heute gilt er als der „Vater der modernen malaiischen Literatur". In Singapur hat man eine Straße nach ihm benannt, die Munshi Abdullah Avenue.

Doch zurück zur Hauptperson unserer Geschichte. Als Raffles 1824 von Bencoolen von Java aus in Richtung England segelte, ahnte er vielleicht schon, dass er sein liebstes Kind, Singapur, nie wieder sehen würde. Schon im Jahr zuvor hatte er in einem Brief geschrieben: „ ... ich glaube nicht, dass ich noch mehr als zwei oder drei Jahre überdauern kann". Am 22. August 1824 erreichte er Plymouth; zwei Jahre später, genau an seinem Geburtstag, starb Raffles in seinem Haus in Mill Hill, London, vermutlich an einem Hirntumor.

Bei allem, was Raffles für Singapur geleistet hatte, erstaunt eine Tatsache: Während seiner drei Aufenthalte in Singapur - der erste währte nur zehn Tage - verbrachte er insgesamt weniger als ein Jahr auf der Insel.

## Von den Anfängen bis zur Gegenwart

**1292:** Marco Polo beschreibt Chiamassie vage, „eine große und edle Stadt" auf einer Insel namens Malayur, womit wahrscheinlich Temasek, das spätere Singapur gemeint ist.

**14. Jh.:** Auf Singapur erblüht die befestigte Stadt Temasek, die Handelsbeziehungen zu Indien, Sri Lanka, China und Indonesien unterhält.

**16. Jh.:** In Konkurrenz zu den Portugiesen engagieren sich auch England und Holland im lukrativen Handel mit „Ostindien" (Südostasien). 1600 wird die „British East India Company" gegründet.

**1785:** Der Sultan von Kedah gewährt der British East India Company eine Niederlassung auf Penang, da er sich durch die Briten Schutz vor seinem nördlichen Nachbarn Siam (Thailand) verspricht.

**1787:** Sir Francis Light nimmt Penang offiziell in Besitz.

**1808:** Die „Charter of Justice", die britische gerichtsbarkeit, wird auf Penang eingeführt.

**1819:** Stamford Raffles (s. S. 114), Leutenant Gouverneur von Bencoolen oder Bengkulu (Sumatra), geht in Singapur an Land, um einen Handelsposten zu errichten. Der von Raffles ernannte Sultan Hussein Shah tritt die Insel per Vertrag ab (s. S. 114). Die Gewässer um Singapur werden weitgehend von Piraten beherrscht. Raffles und sein Begleiter und Chronist, „Munshi" Abdullah, finden am Strand „Hunderte von Menschenschädeln, einige noch frisch mit Haaren, andere noch mit scharfen Zähnen". Die freibeuterischen Aktivitäten der Piraten sind so verheerend, dass „selbst Dschinns und Teufel" Angst haben, die Meerenge bei Singapur zu passieren.

**1824:** Holländer und Briten, die in Südostasien konkurrierende Kolonialinteressen verfolgen, einigen sich: Die Holländer verzichten auf jegliches Gebiet auf der Malaiischen Halbinsel, die Briten überlassen ihnen dafür alle indonesischen Besitztümer.

**1826:** Die British East India Company fasst Singapur, Malakka, Penang und Pangkor zu den „Straits Settlements" zusammen.

**1858:** Die Straits Settlements geraten unter britische Kontrolle, 1867 werden sie zur Kronkolonie erklärt.

**1942:** Im Zuge des Zweiten Weltkriegs werden die malaiische Halbinsel und Singapur von Japan besetzt. Die Besatzer errichten eine brutale Gewaltherrschaft, vor allem gegenüber den Chinesen. Die Japaner taufen Singapur in „Syonan" („Licht des Südens") um. Die Besatzung erweist sich als die dunkelste Periode in der Geschichte Singapurs. Die Japaner stellen sich mit den Indern und Malaien gut, richten aber Abertausende von Chinesen hin. Der spätere Premierminister Lee Kuan Yew, der die Ereignisse aus nächster Nähe mitbekommt, schätzte die Zahl der Ermordeten später auf 50.000 bis 100.000.

062si Abb.: rk

◁ *Figuren am Reflections at Bukit Chandu (s. S. 97) stellen ein malaiisches Regiment bei Kampfhandlungen dar*

**1945:** Am 21. August, wenige Tage nach dem Atombombenabwurf auf Hiroshima und Nagasaki, kapituliert Japan und die zuvor von Japan besetzten Gebiete, inklusive Singapur, kommen wieder unter britische Herrschaft.

**1948:** Die von Briten beherrschten Gebiete auf der Malaiischen Halbinsel werden zur Föderation von Malaya zusammengeschlossen. Aufgrund der Untergrundaktivitäten kommunistischer Rebellen wird der Notstand ausgerufen, der bis 1960 gilt.

**1954:** In der Victoria Memorial Hall in Singapur (heute: Victoria Theatre and Concert Hall) wird die People's Action Party (PAP) gegründet, Singapurs spätere Regierungspartei.

**1955:** Die von den Kommunisten ausgehende Gefahr ist weitgehend gebannt und in der Föderation wird der Ruf nach Unabhängigkeit *(merdeka)* laut. Aus den ersten nationalen Wahlen geht Tunku Abdul Rahman, Sohn des Sultans von Kedah, als Premierminister hervor.

**1957:** Am 30. August wird die Föderation von Malaya unabhängig. Der neue Staat nennt sich Malaysia, wobei die zusätzlichen Buchstaben „si" für Singapur stehen.

**1959:** Singapur erhält eine innenpolitisch unabhängige Selbstverwaltung. Lee Kuan Yew von der PAP wird Premierminister. LKY, wie er später oft genannt werden wird, wurde 1923 in der 92 Kampong Java Rd. in Singapur geboren und ist Nachkomme (Hakka-)chinesischer Einwanderer in der vierten Generation. Niemand ahnt, dass „Harry", wie ihn seine Kommilitonen an der Universität in England genannt hatten, einer der größten Staatsmänner seines Jahrhunderts werden wird.

**1963:** Am 16. September wird die Malaysische Föderation gegründet, ein Zusammenschluss von Malaysia, Singapur, Sabah und Sarawak. Brunei lehnt den Beitritt in letzter Minute ab. Indonesien erkennt den neuen Staat nicht an und beginnt mit einer „Politik der Konfrontation" *(konfrontasi),* was im Klartext Sabotage und Untergrundaktionen bedeutet.

**1965:** Wegen Differenzen in der Ethnienpolitik scheidet Singapur aus der Malaysischen Föderation aus und wird ein unabhängiger Staat. Singapur hatte sich für die Gleichstellung aller Ethnien eingesetzt, während die Malaysische Föderation eine Politik verfolgte, nach der die eingeborenen Malaien *(bumiputra* = Söhne der Erde) Privilegien genießen sollten.

**1969:** Rassenauseinandersetzungen zwischen Chinesen und Malaien in Malaysia springen auf Singapur über, wo es zu den einzigen Rassenunruhen kommt, die das unabhängige Singapur bis heute erleben wird.

**1970–1990:** Lee Kuan Yew und die allmächtige Regierungspartei PAP transformieren die Insel, in der einst Gangsterbanden das Sagen hatten, zu einem der sichersten und effizientesten Orte der Welt. Sicherheit, Ordnung und unkorrumpierbare Staatsorgane gelten als die Grundvoraussetzungen für eine florierende Wirtschaft und um Investoren ins Land zu locken. Eiserne Gesetze vertreiben Kriminelle aus dem Land und den wenigen Oppositionellen wird das Leben schwer gemacht. In zahllosen Kampagnen (von „Seid nett zueinander" bis „Vergesst nicht, die Klospülung zu ziehen!") versucht die Regierung, das Volk zu besseren Bürgern zu erziehen. Im Ausland oft belächelt, zeigt dieses *social engineering* durchaus Wirkung. In nur wenigen Jahrzehnten macht Singapur Fortschritte, für die weniger entschlossene Länder ein Jahrhundert benötigen.

**1990:** Nach 25 Jahren als Ministerpräsident gibt der mittlerweile legendäre, geliebte und von seinen Gegnern gehasste Lee Kuan Yew, der Übervater Singapurs, seinen Posten an seinen designierten Nachfolger Goh Chok Tong ab. Goh verfolgt den Erfolgskurs wei-

KURZ & KNAPP

### Bier mit Krawallwirkung

Die schockierenden Ereignisse von 2013 in Little India beruhten zu einem nicht unerheblichen Teil auf übermäßigem Alkoholgenuss. Viele der Krawallmacher waren stockbetrunken, denn an den arbeitsfreien Sonntagen in Little India wurde so manch kühle Dose geöffnet. Heute besteht dort teilweise Alkoholverbot, s. S. 169. Besonders beliebt bei den indischen Gastarbeitern sind das indische Bier **„Haywards 10000"** und das vielversprechend betitelte Konkurrenzprodukt **„Knock Out"**. Beide haben einen Alkoholgehalt von 8 %. Halbliterflaschen oder -Dosen mit den Bieren gibt es für ca. 7,20–8 S$ in den kleinen Spirituosenläden in Little India zu kaufen.

063si Abb.: rk

ter – wenn auch in etwas liberalerer Form. Vielen Beobachtern ist klar, dass Goh nur eine Art „Platzhalter" ist, um die Zeit zu überbrücken, bis LKYs Sohn Lee Hsien Loong das Amt des Ministerpräsidenten übernehmen kann.

**1997:** Die asiatische Wirtschaftskrise kann Singapurs wirtschaftlichen Aufstieg nur kurzzeitig bremsen. Der Singapur-Dollar (S$) entwickelt sich zu einer geachteten, stabilen Währung. Am Ende des Jahrzehnts ist er mehr wert als die DM.

**2004:** LKYs Sohn Lee Hsien Loong (geb. 1952) wird Ministerpräsident. Sein Vater agiert als Berater, als sogenannter *Minister Mentor* (Beratender Minister) oder *Senior Minister* im Hintergrund.

**2011:** Bei den Parlamentswahlen erleidet die PAP ihr schlechtestes Ergebnis seit der Unabhängigkeit. Sechs Parlamentssitze gehen an die oppositionelle Workers' Party. Die Singapurer sind sicher zufrieden mit dem Wohlstand, den die PAP ihnen beschert hat, viele aber möchten deren übermächtiges Monopol ein wenig reduziert sehen.

**2013:** Am 8.12. ereignet sich Ungeheuerliches: Nach einen Verkehrsunfall, bei dem ein indischer Gastarbeiter ums Leben kommt, randalieren Hunderte seiner Landsleute im Stadtteil Little India, attackieren die Polizei und hinterlassen eine Spur der Verwüstung. So etwas hat Singapur seit den Rassenausschreitungen von 1969 nicht erlebt. In Indien sind derlei Krawalle nach tödlichen Unfällen nichts Ungewöhnliches, in Singapur fragt man sich jedoch, ob bei der Ausländerpolitik alles richtig gemacht wurde.

**Gegenwart:** Singapur ist eine permanente Baustelle. Mittlerweile gilt der Stadtstaat als das Land mit der höchsten Lebensqualität in Asien und besitzt die höchste Dichte von Millionären auf der Welt. 2015 bereitet sich das Land auf den am 9. 8. 2015 anstehenden 50. Geburtstag Singapurs vor. Wer hätte 1965 geglaubt, dass in nur wenigen Jahrzehnten aus dem „Fischerdorf" (so Lee Kuan Yew, allerdings in leichter Übertreibung) eine zukunftsweisende, hocheffiziente Weltstadt werden würde?

# Staat und Politik: Allein regiert besser!

Gemäß seiner Verfassung ist Singapur eine parlamentarische Demokratie mit Wahlen im Fünf-Jahres-Turnus – in der Praxis ist es seit seiner Unabhängigkeit aber eine **„Ein-Parteien-Demokratie“**: Aufgrund überwältigender Wahlerfolge stellte die PAP in den meisten Legislaturperioden alle Abgeordneten. Nur gelegentlich waren oder sind ein bzw. zwei Oppositionspolitiker vertreten. Derzeit umfasst das Parlament 90 Sitze, von denen sechs von Oppositionellen besetzt sind.

Die PAP ist somit de facto der Staat. Dieser präsentiert sich einerseits als modern und progressiv und unternimmt alles für das Wohlergehen des Landes; andererseits trägt er Züge eines Überwachungsstaats, in dem Kritik nur in Maßen gern gesehen wird. Die **Medien sind fest in Regierungshand** und unterliegen der Zensur. Liest man aufmerksam die Tageszeitung „Straits Times“, so fällt auf, dass sie Meinungsbildung betreibt, um die soziale Entwicklung in gewisse Bahnen zu lenken. Diese Manipulation muss nicht bösartig sein: Meist geht es darum, die Bevölkerung in eine bestimmte Richtung zu schubsen, um immer wohlhabender, immer sauberer, immer attraktiver für ausländische Investoren und Touristen und immer „perfekter“ zu werden, was immer man darunter verstehen mag. Von einer Diktatur wie z. B. in Nordkorea ist Singapur unendlich weit entfernt.

Zwar ist nicht jeder Bürger sehr erfreut darüber, gegängelt zu werden, doch macht der wirtschaftliche Fortschritt bei den meisten die Nachteile wieder wett. Das **Streben nach Wohlstand** oder Reichtum ist dem Großteil der Singapurer – Nachkommen von Immigranten, die ein besseres Leben suchten – in die Wiege gelegt. Hinzu kommt, dass Singapur in den letzten Jahren immer liberaler geworden ist.

Eines der Hauptziele der Regierung ist es, das Land korruptionsfrei zu halten, was als Grundvoraussetzung für eine geordnete und wohlhabende Gesellschaft angesehen wird. Beamte und vor allem Politiker werden gut bezahlt, sodass sie gar nicht erst in Versuchung kommen, Bestechungsgelder anzunehmen. Der Premierminister Singapurs ist der bestbezahlte Premierminister der Welt, die nicht ganz scherzhaft gemeinte Begründung dazu: „If you pay peanuts, you get monkeys“ („Wer nur Erdnüsse zahlt, der bekommt auch nur Affen“).

064si Abb.: rk

⊡ *Das singapurische Parlament (s. S. 144) hat sich einen Platz in bester Innenstadtlage am Singapore River erkoren*

## Singapurische Erfolgsgeschichten: Changi Airport und Singapore Airlines

*Das kleine Singapur kann nicht mit vielen Markennamen aufwarten, die weltweit mit dem Land assoziiert werden. Da gibt es den Tiger Balm und das Tiger Bier, aber wer weiß schon, dass diese aus Singapur stammen?*

*Zwei der bekanntesten Markennamen sind mit der Luftfahrtindustrie verbunden: Seit ihrer Entstehung im Jahr 1947 hat sich die Singapore Airlines zu einer der besten und sichersten Fluggesellschaften entwickelt und wird von Passagieren häufig zur besten Airline der Welt gewählt. Die Uniform der Stewardessen, eine bunt gemusterte Kombination aus dem malaiischen Sarong und Kebaya (Wickelrock und Bluse), ist einzigartig und hat hohen Wiedererkennungswert. Nicht ganz unumstritten ist die Werbung der Gesellschaft, in der ihre „Singapore Girls", ihre exotisch-uniformierten Stewardessen zu einer der „Attraktionen" der Gesellschaft erhoben werden. Nach Kritik von feministischer Seite wurde die Werbestrategie überdacht, nach reichlicher Überlegung jedoch beibehalten.*

*Zu einem Markenzeichen ist auch der 1981 eröffnete Changi Airport (s. S. 218) geworden, der ebenfalls zahlreiche Auszeichnungen hat einheimsen können. Der im Changi Airport gebotene Komfort und seine Effizienz suchen ihresgleichen. Andere Flughäfen in Asien, die sich zu verbessern suchen, orientieren sich meist am Beispiel Changi. Derzeit wird der Flughafen von über 100 Airlines angeflogen und verzeichnet 6400 Starts und Landungen pro Monat.*

Der Premierminister bezieht 2,2 Mio. S$ Grundgehalt pro Jahr, also ca. 1,3 Mio. € – und dies nach einer sich selbst auferlegten Einkommensschmälerung, vor der das Einkommen etwa doppelt so hoch war.

In der Vergangenheit schickten die **Anti-Korruptionsbehörden** gelegentlich inkognito Briefe mit Geld-„Spenden" an Beamte – wer sie annahm, hatte Pech gehabt: Er musste auf lange Zeit ins Gefängnis und verlor seine Arbeit für immer. Bis in die jüngere Vergangenheit waren die Personalausweise von Kriminellen oder Wiederholungstätern mit einem Zeichen markiert, das den Träger bei der Überprüfung gleich in das „rechte" – bzw. schlechte – Licht rückte und eine Neuanstellung erschwerte.

Das offizielle Staatsoberhaupt Singapurs ist der **Präsident**, der alle vier Jahre vom Parlament gewählt wird. Der Präsident ernennt einen Abgeordneten, der das Vertrauen des Parlaments genießt, zum **Premierminister.** Wenn nichts Außergewöhnliches geschieht, wird das auch nach den nächsten Wahlen wieder der gegenwärtige Premierminister Lee Hsien Loong sein, der Sohn Lee Kuan Yews.

Lee Hsien Loong gilt als kompetent und wirkt äußerst sympathisch und umgänglich; in Sachen Charisma aber kann

*⊡ Zur Mittagspause strömt Singapurs Völkergemisch in Food Courts, Cafés oder Restaurants*

er es nicht mit seinem Vater aufnehmen. Der Tag, an dem der alte Fuchs LKY dahinscheidet, wird wohl der traurigste in der Geschichte des jungen Stadtstaates sein. Die meisten Singapurer wünschen von Herzen, das der hochbetagte LKY am 9. August 2015 noch das anstehende 50-jährige Jubiläum seines „Kindes" Singapur erleben wird. In Vorbereitung auf das denkwürdige Datum wurden zahlreiche historische Gebäude in Singapur sowie Parks und andere öffentliche Einrichtungen einer intensiven Überholung unterzogen.

## Leben in Singapur

Das Leben in Singapur sei voller Stress, die Regierung kassiere zu viel Steuern, denke nur an die Reichen, alles werde immer teurer, die Zukunftsaussichten seien miserabel und am besten wandere man nach Australien aus ... und zu feucht und heiß sei es auch immer.

So oder so ähnlich äußern sich viele Singapurer, wenn man sie zum Leben in ihrer Heimat befragt. Die meisten haben zunächst einmal viel Negatives zu berichten. Aufgrund ihrer Strebsamkeit und wegen des singapurischen Wirtschaftswunders werden die Singapurer gelegentlich als **die „Deutschen Südostasiens"** bezeichnet. Eine Eigenschaft haben sie ganz gewiss mit den Deutschen gemein: das ständige Nörgeln. Erst nach einem Besuch in einem der ärmeren Länder Südostasiens wird so manchem Singapurer klar, wie gut man es im eigenen, wohlgeordneten Stadtstaat hat.

Der **Negativismus**, die Sorge, als „winziger roter Punkt auf der Landkarte" (so LKY) nicht überleben zu können, sitzt tief in der singapurischen Psyche. Als Singapur 1965 aus der Malaiischen Föderation hinausgeworfen wurde, erschien ein tränenüberströmter Lee Kuan Yew im Fernsehen und gestand, dass er nicht wisse, wie der soeben entstandene Kleinstaat überleben könne. Diese Angst

065si Abb.: rk

## Auf zu neuen Landen: frühe Einwanderung in Singapur

*Singapur war von Anfang seiner Geschichte an ein Land von Einwanderern. Als Stamford Raffles (s. S. 114) 1819 in Singapur and Land ging, war er in der Gesellschaft von einigen Indern aus Penang (Malaysia), die allerdings bald dorthin zurückkehrten - bis auf einen gewissen Tamilen namens Narayana Pillai, der sich nicht zurücktraute, ohne einen handfesten Erfolg vorweisen zu können. Bald rief Pillai einige weitere Inder nach Singapur; Zimmerleute, Ziegelbrenner und andere Handwerker, und es entstand eine lebendige indische Siedlung.*

*Da im aufstrebenden Singapur Arbeitskräftemangel herrschte, wurden auch indische Strafgefangene herangezogen, die einige der bekanntesten frühen Bauwerke errichteten - so z. B. den Mariammam Tempel* 17 *und die St. Andrew's Cathedral* 10*. Die handwerklichen Fähigkeiten der Häftlinge waren so außergewöhnlich, dass von ihnen gefertigte Ziegel, Schindeln und Rohre 1867 auf einer Ausstellung in Agra in Indien gezeigt wurden.*

*Anfang des 19. Jh. lebten ca. 4000 indische Strafgefangene in Singapur. Dazu gesellten sich bald Händler aus verschiedenen indischen Regionen - vor allem aus den Provinzen Sindh, Gujarat und Rajasthan - sowie Geldverleiher aus der tamilischen Chettiar-Kaste und muslimische Chulias aus Tamil Nadu, die sich als Geldwechsler betätigten. Muslimen ist aufgrund ihrer religiösen Regeln das Zinsnehmen untersagt, und so blieb statt desGeldverleihs nur der Geldwechsel. Einwandernde Sikhs fanden Anstellung als Polizisten oder Wachmänner.*

*Schon bald nach der Inbesitznahme Singapurs folgte aber auch eine dubiosere Einwandererschicht: einige Hundert indonesische Prostituierte, die im günstigsten Fall die Konkubinen britischer Kolonialbeamten wurden, sich im ungünstigeren Fall aber stundenweise verkaufen mussten. Um die Wende des 19./20. Jh. strömten jedes Jahr etwa 7000 Menschen vom indonesischen Archipel nach Singapur, die ein höheres Ziel im Auge hatten: die Pilgerreise nach Mekka. Viele mussten sich das Geld für die Weiterreise erst in Singapur verdienen; so manche bekamen es nie zusammen und blieben. Die Haji Lane (s. S. 177) im Schatten der großen Sultan Mosque* 42 *war ein beliebter Wohnort für Pilger, bevor diese die Reise nach Mekka fortsetzen konnten.*

besteht bis heute fort – auf subtile Weise wird sie sogar von der Regierung weitergeschürt, um die Bevölkerung nicht in Bequemlichkeit versinken zu lassen. Zwar könnte Singapur es sich leisten, ein Sozialstaat nach europäischem Muster zu werden, doch dies vermeidet man ganz bewusst: Man fürchtet, die Landsleute könnten in den Schlendrian abgleiten. Tagtäglich wird der Bevölkerung in den Medien eingebläut, was Singapur alles tun muss, um im wirtschaftlichen Wettstreit der Staaten nicht unterzugehen. Die Furcht, als Winzling unter den Nationen nicht überleben zu können, ist der Motor, der alles in Singapur vorantreibt. In der Tat muss der durchschnittliche Singapurer sehr hart arbeiten, um

*Am zahlreichsten aber kamen Chinesen, die sich einen Namen als zähe Arbeiter und gewiefte Unternehmer machten. 1823 gründete Seah Eu Chin Gambir- und Pfefferplantagen, die die Grundlage von Singapurs frühem Wohlstand werden sollten. Aus den ärmeren Provinzen Südchinas trafen immer mehr Einwanderer ein: Handwerker, kleine Gewerbetreibende, Pflanzer, Händler, Arbeiter und Rikscha-Zieher. In der Folgezeit wuchs der chinesische Anteil an der Bevölkerung ständig an. 1871 waren es 51 %, 1811 schon 71 % und 1931 war mit 75 % in etwa der heutige Stand erreicht. Singapur wurde zur Bühne zahlreicher chinesischer Erfolgsgeschichten, in denen Wirtschaftsmäzene, Wirtschaftsspione, Plantagenbesitzer sowie Bordellbetreiber und Opiumkönige die Hauptrollen spielten. Manche der neuen Millionäre wurden zu Philanthropen, andere wiederum konnten sich nie an ihren neuen Reichtum gewöhnen - so wie der Millionär Tan Che Sang (1763-1835), der Lagerhäuser am Singapore River betrieb und sich als Frachtspediteur betätigte. Aus Angst um sein Geld stopfte er es in Kisten, die er nachts um sein Bett postierte. Tan Che Sang war ein notorischer Spieler und galt - obwohl damals reichster Mann Singapurs - als extrem geizig.*

den hohen, relativ teuren Lebensstandard aufrechterhalten zu können. Aber welche Alternative hätte dieser „kleine rote Punkt" sonst auch?

Entgegen der im Westen oft verbreiteten Meinung kann der Singapurer seinem Unmut freien Lauf lassen. Böse werden die Staatsorgane nur, wenn jemand aktiv gegen die Regierung arbeitet - dann wird der Gegner mit aller Macht zerstört, was schon so manch Oppositioneller zu spüren bekommen hat. Ein Polizeistaat im herkömmlichen Sinne ist Singapur aber beileibe nicht. Niemand muss hier aus Angst über die Schulter sehen.

Schlimmer als Oppositionellen ergeht es Kriminellen. Die Gesetze sind eisern, aber sie zeigen Wirkung: Singapur hat **eine der niedrigsten Verbrechensraten der Welt.** Auf Kapitalverbrechen steht die Todesstrafe, darunter auch für Drogenhandel (dazu zählt z. B. der Besitz von 15 g Heroin oder 500 g Haschisch). Für einige Verbrechen, z. B. Vergewaltigung oder selbst das Begrabschen von Frauen oder Vandalismus steht - neben einer Haftstrafe - auch eine **Prügelstrafe** *(caning).* Die Verurteilten (nur Männer) bekommen mit einem zuvor in Wasser eingelegten Bambusstock *(rotan)* den nackten Hintern versohlt. Der Schmerz soll elendig sein. Selbst wer sich 90 Tage illegal in Singapur aufhält, macht mit dem *rotan* Bekanntschaft. Damit sollen illegale Einwanderer abgeschreckt werden. Wohl dem, der mindestens 50 Jahre alt ist, denn ab diesem Alter wird die Prügelstrafe ausgesetzt. Frauen bekommen sie nicht.

Dank der strengen Gesetze ist Singapur **einer der sichersten Orte der Welt.** Singapurer machen sich nicht die geringsten Sorgen, wenn ihre Kinder erst um Mitternacht vom Nachhilfeunterricht nach Hause kommen. Auch für Ausländer ist die relative Verbrechensfreiheit ein Bonus in dieser heute so lebenswerten Stadt. In welcher anderen Weltmetropole kann man um Mitternacht sorglos durch einen Park flanieren? Oder tief in der Nacht sorgenfrei einkaufen oder essen gehen? In Singapur ist das alles kein

Problem. Kein Wunder, dass es immer mehr Einwanderer aus aller Herren Länder nach Singapur zieht und die Stadt immer mehr Bewunderer findet.

## Massenimmigration im Mini-Staat

Die Sorge vieler Singapurer ist heute die Angst um den Arbeitsplatz – genauer gesagt, die Angst, von den zu günstigeren Konditionen arbeitenden Einwanderern verdrängt zu werden. Von Singapurs ca. 5,5 Mio. Einwohnern sind gut 40 % **Ausländer.** Besonders in den letzten Jahren ist gewissermaßen eine Lawine von Immigranten ins Land gerollt, die die Regierung nicht stoppen will.

In den 1970er-Jahren ging in Singapur die Furcht umher, das Land könne durch eine Geburtenexplosion in Bedrängnis kommen. Länder wie Indien gaben ein warnendes Beispiel. *„Stop at Two!“,* forderte die Regierung damals in **Empfängnisverhütungskampagnen:** „Zwei und nicht mehr!“ Die Singapurer befolgten den Aufruf nur allzu eifrig und in den folgenden Jahrzehnten sank die Zahl der Geburten bedrohlich ab. Vor allem die ehrgeizigen chinesischen Familien verzichteten der Karriere willen auf eine große Kinderschar. Die muslimischen Malaien hingegen bekamen relativ viele Kinder und brachten damit die ethnische Balance ein wenig aus dem althergebrachten Gleichgewicht.

Heute sieht die Regierung die Bevölkerungsfrage in einem anderen Licht. Um wirtschaftlich florieren zu können, sei eine Einwohnerschaft von ca. 7. Mio. Menschen notwendig, lautet die neue These. Da die Singapurer selbst nicht genügend Kinder bekommen, muss der Nachwuchs von außen herangeschafft werden. Um den hohen Anteil der Chinesen an den Bevölkerungsgruppen beizubehalten, werden besonders Chinesen ins Land geholt. In zahlreichen indischen Restaurants in Little India sind heute die Tellerabräumer, manchmal auch die Kellner, Neuimmigranten aus China. Viele sprechen nur ihren heimatlichen chinesischen Dialekt. Fährt man in einem Bus in Singapur, so kann man oft ein **babylonisches Sprachengewirr** vernehmen: Burmesisch, Thai, Nepalesisch oder Hindi, Tagalog, Indonesisch, Persisch oder Arabisch. Das Wort „multikulturell“ passt nirgendwo besser als hier.

An ihren freien Tagen versammeln sich viele Landsmannschaften zu Hunderten oder gar Tausenden an bestimmten Treffpunkten: die Philippinerinnen

066si Abb.: rk

und Philippiner am Lucky Plaza in der Orchard Road 31, die Inder, Sri Lanker und Bangladescher in Little India 33, die Myanmaren am Pensinsula Plaza (s. S. 49) an der North Bridge Road und die Thais im Golden Mile Complex (s. S. 65) an der Beach Road.

Dass Arbeitgeber ausländische Kräfte den einheimischen vorziehen, hat zweierlei Gründe: zunächst natürlich den niedrigeren Lohn, **Einwanderer sind einfach billiger.** Außerdem können Ausländer – anders als Singapurer – nicht einfach den Job hinwerfen: Ihre Arbeitserlaubnis gilt nur für die eine konkrete Arbeitsstelle. Geben sie diese auf, erlischt auch ihre Aufenthaltserlaubnis.

Trotz der Ängste um den Arbeitsplatz ist man im Vielvölkerstaat Singapur politisch sehr korrekt und öffentlich gegen Ausländer zu wettern gilt als unfein oder gar subversiv. Ethnische Spannungen kann sich der multikulturelle Staat nicht leisten.

In singapurischen Internetforen hingegen fliegen ordentlich die Fetzen: Dort werden ausländische Arbeitskräfte mit dem Kürzel „FT“ belegt. „FT“ ist die Kurzform der Regierung für *foreign talent,* also talentierte, ausländische Arbeitskräfte, die zum Wohlstand des Landes beitragen. In den Internetforen meint man damit aber meist *foreign trash* – ausländischer Schrott. Die Ausschreitungen in Little India 33 haben weiteres Öl ins Feuer gegossen. 2014 wurde eine neue Partei gegründet, die unzweifelhaft betitelte „Singaporeans First Party“ (Singapurer Zuerst). Der Name ist Programm.

067si Abb.: rk

Unter den zahlreichen Neubürgern Singapurs, die sicher nicht in ihrer neuen Wahlheimat anecken werden, befindet sich Eduardo Saverin, der Mitbegründer von Facebook, der 2012 seine amerikanische Staatsbürgerschaft aufgab und die singapurische annahm – was ihm auch gleich eine Steuerersparnis von etlichen Millionen Dollar eingebracht haben dürfte. Weitere Neubürger Singapurs sind der indische Milliardär Bhupendra Kumar Modi, der Besitzer des „Spice“-Konglomerats, sowie der amerikanische Hedgefonds-Manager Jim Rogers. Letzterer bezeichnete in einem Interview seine Heimatstadt New York im Vergleich zu Singapur mit einer „Stadt aus einem Dritte-Welt-Land“.

*Viele Gastarbeiter nutzen die Mittagspause für einen kurzen Intensivschlaf*

*Ein Sikh in Little India 33: Gerade sonntags zieht es Abertausende von Indern in „ihr“ Viertel*

## Singapur, Stadt der Geldstrafen?

*Unter den Souvenirs, die sich Touristen gern in Singapur kaufen, ist ein T-Shirt, das etliche Verbotsschilder aufweist und dazu die Aufschrift „Singapore, a Fine City" trägt, eine gewitzte Doppeldeutigkeit, denn „fine" bedeutet neben „gut" auch „Geldstrafe". Singapurs Geldstrafenregister für Vergehen wie das Überqueren einer roten Fußgängerampel oder die Verunreinigung von Straßen haben oft für Schlagzeilen gesorgt. Die westliche Presse, darunter auch eher seriöse Medien wie „Der Spiegel", haben oft keine Gelegenheit ausgelassen, Singapurs vermeintliche Kleinkariertheit anzukreiden. Doch wie streng sind die Regeln wirklich?*

*In der Tat existiert ein penibler Bußgeldkatalog für zahlreiche Ordnungsverstöße. Wer beispielsweise mit dem Fahrrad durch eine Fußgängerunterführung fährt, anstatt abzusteigen und den Drahtesel zu schieben, riskiert eine Strafe von 1000 S$. Wer eine Zigarettenkippe wegwirft, kann theoretisch mit einem Bußgeld von 300 S$ belegt werden. Sieht man sich allerdings in der Stadt um, so fällt auf, dass viele Bürger es mit den Regeln nicht so genau nehmen: So mancher alte Chinese spuckt genussvoll auf die Straße und nicht wenige Raucher schnippen ihre Kippe nonchalant aufs Pflaster oder in den Gully. Singapur ist in der Tat sehr sauber, aber keineswegs so keimfrei und steril wie oft angenommen: Vergehen gegen die Sauberkeitsgebote gibt es zuhauf. In den über 4 Jahren, die der Autor bisher insgesamt in Singapur verbracht hat, hat er nicht einmal gesehen, dass jemand während einer Verunreinigung von einer Amtsperson zur Rechenschaft gezogen wurde. Der penible Regelkatalog dient in erster Linie der Einschüchterung: Er soll die Bevölkerung im Zaume halten und ihr zeigen, was theoretisch passieren kann, wenn man die Vorschriften missachtet. Sie soll permanent an ihre Bürgerpflichten erinnert werden. Touristen hingegen haben kaum etwas zu befürchten: Die Beamten sind angewiesen, keine Bußgelder von Touristen einzutreiben, sondern sie nur zu ermahnen. Dass diese Order nicht öffentlich verkündet wird, liegt auf der Hand.*

*Der Stadtteil Little India (s. S. 168), den sonntags Tausende von indischen Gastarbeitern überfluten, wird bei diesen Treffen streckenweise mit Müll überschüttet. Polizei oder Ordnungsamt greifen jedoch nicht ein. Theoretisch ließen sich hier jährlich Millionen Dollar an Bußgeldern eintreiben, doch die Behörden drücken bei den Fremdarbeitern beide Augen zu. Man braucht sie, denn kein Singapurer würde ihre Arbeit tun, und sie „erziehen" zu wollen für die paar Jahre, die sie in Singapur verbringen, ist zwecklos.*

*Anders ergeht es so manchem Singapurer, vor allem Wiederholungstätern. Wer mehrfach beim groben Verunreinigen erwischt werden sollte, sich somit als hartnäckiger „litterbug" (Verunreiniger) erweist, wird zu öffentlichen Reinigungsarbeiten verurteilt („Corrective Work Order" = „Pflichtarbeit zur Umerziehung"). Dabei müssen die Verurteilten leuchtend rote Westen tragen und werden so quasi an den Pranger gestellt. Manchmal erscheint ihr Konterfei in der Zeitung, gleich auf der ersten Seite der Straits Times, sozusagen als Headliner des Tages. Glückliches Singapur.*

## Singapurs Kauderwelsch: We speak Singlish, lah!

Singapur besitzt vier offizielle Landessprachen, die die ethnische Herkunft der meisten Bürger des Landes reflektieren: **Englisch, Mandarin (Chinesisch), Malaiisch und Tamil.** Auf einem singapurischen Geldschein beispielsweise sind die Werte in allen vier Sprachen angegeben und auch die Hinweise in den MRT-Zügen und auf sonstigen Schildern im öffentlichen Raum sind viersprachig gehalten. Zwar haben viele der chinesischen Bewohner Singapurs andere chinesische Muttersprachen als Mandarin (z. B. Hokkien oder Teochew), chinesische Sendungen im nationalen Fernsehen oder im Radio dürfen jedoch nur auf Mandarin ausgestrahlt werden. Die Regierung will zum einen verhindern, dass sich die Bewohner in unbedeutenden Lokalsprachen verheddern, zum anderen sollen sie mit dem wirtschaftlich wichtigen chinesischen Kulturkreis kommunizieren können – und das ist nur über das alle verbindende Mandarin möglich.

Vor allem aber wird die Bevölkerung dazu angehalten, die **englische Sprache** möglichst gut zu beherrschen, um damit dem Image eines wahrhaft globalen, fremdenfreundlichen Stadtstaates näherzukommen. Die malaiischen und südindischen Minderheiten sprechen untereinander Malaiisch, respektive Tamil, aber um über die ethnischen Grenzen hinweg kommunizieren zu können, sind sie auf das Englische angewiesen.

So weit die Theorie – die Praxis sieht oft ein wenig anders aus. Das singapurische Englisch ist stark mit den Akzenten der unterschiedlichen Lokalsprachen eingefärbt und Touristen fällt es manchmal nicht leicht, Singapurer zu verstehen. Hinzu kommt, dass das singapurische Englisch eine Vielzahl von Wörtern aufweist, die aus dem Malaiischen oder aus chinesischen und indischen Sprachen übernommen wurden. Diese werden fröhlich in die englischen Sätze eingeflochten und egal, wie gut man Englisch verstehen mag, bei der Mischsprache bleibt dem Touristen nur verwirrtes Kopfkratzen. Dieses eigenwillige Kauderwelsch wird scherzhaft **Singlish** genannt – **singapurisches Englisch.** Die Regierung hört diese Sprache gar nicht

KURZ & KNAPP

### „Speak Mandarin!"

So lautete eine 1979 aus der Taufe gehobene Kampagne der Regierung, die darauf bedacht war, dass die chinesische Bevölkerung Mandarin (Hoch-Chinesisch) sprach und nicht in zahllosen Lokalsprachen aneinander vorbeiredete. Zudem sollte Mandarin eine einigende Wirkung auf die in viele verschiedene Landsmannschaften unterteilte chinesische Gemeinde ausüben. Zu Hause oder im informellen Umgang mit Verwandten oder Freunden sprechen viele Chinesen aber immer noch in lokalen Mundarten. Hier die geläufigsten chinesischen Lokalsprachen (in Klammern der prozentuale Anteil der Sprecher an der chinesischen Gesamtbevölkerung):

- Hokkien 41,4 %
- Teochew 21,0 %
- Kantonesisch 15,4 %
- Hakka 7,9 %
- Hainanesisch 6,7 %
- Andere 7,6 %

EXTRATIPP

**Singlish lernen im Internet**
Mithilfe dieser Website kann man sich schon zu Hause über die wichtigsten Singlish-Begriffe informieren.
› www.singlishdictionary.com

gern. Versuche, sie auszumerzen, sind bisher jedoch am Widerstand hartnäckig eingeschworener singapurischer Zungen gescheitert.

Hier einige geläufige Beispiele aus dem „Singlish":

- **Ah Beng** – ein ungebildeter, junger Chinese, oft mit krampfhaft cooler, tatsächlich aber eher peinlicher Kleidung und Frisur, so etwas wie ein Proll. „Look at that Ah Beng, lah!". Das weibliche Gegenstück ist Ah Lian.
- **Ah Gua** – ein Transsexueller, Transvestit oder feminin wirkender Mann.
- **aiyah!** – „ach, du meine Güte!", „das gibt es doch nicht!"
- **Ah Pek** – etwa „alter Knacker".
- **alamak!** – ein Ausruf, der auch in englische Sätze eingeflochten wird; etwa „Oh, mein Gott!". Das „k" am Ende wird nicht gesprochen.
- **ang mo** – „rothaarig", eine umgangssprachliche, aber nicht beleidigende Bezeichnung für Weiße/Europäer. In politisch korrekter Sprache werden Weiße als „Caucasian" bezeichnet.
- **boleh** – kann, geht. Auf die Frage „Kannst du heute kommen?", kann man antworten „Boleh, lah!" = Klar, kann ich!
- **gabra** – sich sorgen, vom Hindi-Verb „ghabrana". „Don't gabra, lah!" = Mach dir mal keine Sorgen!
- **jalan** – gehen (auch: Straße). „Jalan-jalan" = umher-, spazieren gehen.
- **kaki** – Bein, übertragene Bedeutung: eine Verbindung oder hilfreiche Bekanntschaft. „I have a kaki in that company." = In dieser Firma habe ich gute Beziehungen.
- **kena** – eine negative Erfahrung machen. „He kena lost all his money" = Er hat all sein Geld verloren.
- **kiasu** – „Angst haben, zu verlieren/nicht genug zu bekommen". „Kiasu" ist, wenn man sich am Bufet mehr auf den Teller häuft, als man essen kann, oder wenn man zum Ausverkauf schon vor Geschäftsbeginn an der Tür steht, um bloß kein Schnäppchen zu verpassen. „Don't be so kiasu, lah!" = Sei doch nicht so raffgierig! „Kiasu" wird als eine typisch singapurische Grundeigenschaft betrachtet und wurde sogar in einer Comicserie auf die Schippe genommen. Selbst die Regierung hat schon versucht, ihren Bürgern die Kiasu-Mentalität mittels „Aufklärungskampagnen" auszutreiben. Manche Restaurants erheben eine Extragebühr, wenn ein Gast seinen Teller vollhäuft und die Essensberge dann nicht aufisst.
- **lah!** – eine allgegenwärtige Art Verstärkungssilbe an Satzenden: „Any time can, lah!" = Egal wann, ist schon O.K.! „I have to go, lah!"= Jetzt muss ich aber gehen!
- **makan** – essen/Essen. „I go makan, lah!" = Ich gehe jetzt essen!
- **senang-senang** – alles locker, alles easy, ganz locker und entspannt.
- **shiok** – lecker, spitze; vom Malaiischen „shok" = attraktiv, Begehren weckend.
- **sotong** – Malaiisch für „Tintenfisch", benutzt im Sinne von „dumm" oder „Dummkopf": „He's such a sotong, lah"! Eine ähnliche Bedeutung hat das englische Wort „blur" (gemeint ist eigentlich „blurred" = „trübe", „verzerrt"), das „dumm" oder „trottelig" bedeutet.
- **ulu** – weit abgelegen, „I just came back from that ulu place." = Ich war da gerade an diesem abgelegenen/gottverlassenen Ort. Ein **orang ulu** ist ein „Hinterwäldler".

# SINGAPUR ENTDECKEN

070si Abb.: rk

072si Abb.: rk

# Colonial District und Singapore River

Singapurs Stadtlandschaft ist in den letzten zwei Jahrzehnten einer dramatischen Transformation unterzogen worden, besonders offensichtlich wird dies am Singapore River und dem nördlich davon gelegenen sogenannten Colonial District.

Bis Anfang der 1990er-Jahre erstreckten sich hier beiderseits des Flusses alte Kontorgebäude und *godowns,* Lagerhäuser, die einst dem Frachtverkehr auf dem Fluss dienten. Damals dümpelten noch einige alte *bum boats* auf dem Fluss, leicht dickbäuchige kleine Schiffe, als Warenumschlagplatz hatte der Hafen bei Tanjong Pagar dem Fluss aber längst den Rang abgelaufen. Die Warenhäuser am Singapore River waren inzwischen schlichtweg heruntergekommen.

In einem kleinen Geniestreich ließ die URA (Urban Development Authority), die staatliche Stadtplanungsbehörde, das Gebiet sanieren. Die verwitterten alten Lagerhäuser wurden penibel restauriert und erstrahlten bald in neuem Glanz. In den kleinen Häusern siedelten sich Bars und Restaurants an und heute zeigt sich Singapur an dieser Stelle von seiner hübschesten Seite. Die Bereiche Boat Quay [D5/E5], Clarke Quay [D5] und – in geringerem Maße – Robertson Quay [C5] **gehören heute zum Attraktivsten, was Singapur zu bieten hat.** In Boat Quay und Clarke Quay kann man abends wunderbar im Freien essen oder in einer der zahlreichen Bars den Alkoholpegel ein wenig erhöhen. Zu den Besuchern gehö-

*Vorseite: Entlang der noblen Orchard Rd. 31 kehrt erst spät nachts Ruhe ein*

*Vom SkyPark 5 aus sieht man die markanten Gebäude der Stadt einmal aus einem ganz anderen Blickwinkel*

ren täglich Tausende von Touristen, aber auch Einheimische wissen zu schätzen, was sie hier haben. Boat Quay und seine Pubs sind auch bei westlichen Expats beliebt, die im benachbarten CBD arbeiten, dem Central Business District ⓯. Einige Bars am Südostende von Boat Quay werden nachmittags und abends von Dutzenden von *ang mo* (s. S. 128) im konservativen *office look* belagert und das Bier fließt beinahe schneller als der Fluss.

Der Singapore River wird zu beiden Seiten von einer Uferpromenade gesäumt. Beachtenswert sind die **Gruppen von lebensecht wirkenden Figuren**, die entlang dem Ufer aufgestellt wurden und Szenen aus vergangenen Zeiten darstellen: z. B. einen europäischen Kaufmann, der mit Einheimischen verhandelt, oder chinesische Händler mit langem, geflochtenem Haarzopf. Es lohnt sich, auch einmal einen Blick auf die Rückseite von Boat Quay zu werfen: Dort erstreckt sich – fast parallel zu Boat Quay – die **Circular Road** [E6]. In dieser haben sich zahlreiche schlichtere und preiswertere Restaurants und Bars eingenistet, quasi im Windschatten des teureren und bekannteren Boat Quay.

Zwischen Boat und Clarke Quay verlaufen zwei verkehrsreiche Straßen, die sich aber unterirdisch in einer beinah psychedelisch ausgeleuchteten Passage unterqueren lassen. Man kann den Fluss entlang flanieren oder sich in einem der Restaurants oder Pubs erfrischen. Zu erwägen wäre auch eine kurze Fahrt in einem der alten *bum boats*. Am Boat Quay und Clarke Quay finden sich einige kleine Piers, an denen man Bootstouren von **Singapore River Cruise** buchen kann. Die Fahrten dauern ca. 30

073si Abb.: rk

Minuten und es werden Informationen zu den wichtigsten Sehenswürdigkeiten gegeben. Wem eher nach Abenteuer zumute ist, der kann seinen Mut am North Boat Quay im **G-Max Reverse Bungee** beweisen. Bei diesem wird man in eine Art Gondel geschnallt und dann 60 m in die Luft geschleudert, wobei die Gondel sich auch noch überschlägt.

› **Singapore River Cruise,** Tel. 63366111, www.rivercruise.com.sg, 20 S$ (Kinder 10 S$) für eine 30-minütige Tour

**S215** [E5] **G-Max Reverse Bungee,** 3E River Valley Rd., Clarke Quay, Singapore 179021, Tel. 63381766 (Ticketschalter), www.gmax.com.sg, Mo–Do 14–1, Fr 14–3, Sa 13–3, So 13–1 Uhr, 40 S$/Pers.

## ❶ Raffles' Landing Site ★ [F6]

Am Nordufer des Boat Quay steht unübersehbar eine **weiße Statue von Stamford Raffles** (s. S. 114), der an dieser Stelle zum ersten Mal in Singapur an Land ge-

*Ausblick am Singapore River: Hinter der Elgin Bridge [E5] erhebt sich das Marina Bay Sands Hotel* ❺

gangen sein soll. Der auf einem hohen Sockel stehende Raffles blickt forsch nach Norden in den Colonial District, und den ganzen Tag lang finden sich Touristen ein, die sich am Sockel der Statue ablichten lassen. Die bunten Restaurants von Boat Quay und dahinter die Hochhäuser des CBD (15) bilden einen sehenswerten Kontrast. Morgens bis spätnachmittags sitzen zwei oder drei **Schlangenbeschwörer** (s. S. 30) nahe der Statue und man kann eine Kobra „tanzen" sehen. Die Schlangenbeschwörer sind Singapurer indischer Abstammung, insgesamt gibt es kaum ein Dutzend in der Stadt. Die Regierung lässt sie gewähren – unter strikten Auflagen –, um den Touristen einen weiteren exotischen Farbtupfer zu bieten.

› MRT Raffles Place, City Hall

## (2) Empress Place Building ★★ [F6]

Gleich neben der Raffles-Statue befindet sich das in zartem Weißgelb gehaltene, sehr attraktive Empress Place Building. Das Gebäude wurde in mehreren Phasen zwischen 1864 und 1920 gebaut und war einst ein staatlicher Verwaltungssitz. Heute beherbergt es das **Asian Civilisations Museum** (s. S. 81). An der Ostseite des Gebäudes befindet sich die **Victoria Theatre and Concert Hall.**

› 1 Empress Pl., Singapore 179555, MRT Raffles Place, City Hall

## (3) Cavenagh Bridge ★ [F6]

Die Cavenagh Bridge, die nahe dem Empress Place Building den Fluss überspannt, ist Singapurs älteste Brücke und die einzige **Hängebrücke** des Landes. Die Stahlkonstruktion war in Glasgow hergestellt worden, wurde anschließend verschifft und 1869 in Singapur wieder zusammengesetzt.

Am östlichen Ende der Brücke steht das monumentale **Fullerton Hotel** (s. S. 259), das 1928 als Hauptpostamt errichtet wurde. Bis 1997 war das Postamt in Betrieb, dann wurde es verkauft und 2000 öffnete das Hotel seine Pforten.

An der Ostseite des Fullerton Hotels, auf der anderen Straßenseite der Fullerton Esplanade, befindet man sich bereits an der Marina Bay.

› MRT Raffles Place

071si Abb.: rk

# Marina Bay

Marina Bay ist eine kleine Bucht, in die der Singapore River mündet. Rund um die Bucht bieten sich **großartige Ausblicke**, sei es auf die imposante Skyline der Stadt oder auf das architektonische Wunderwerk Marina Bay Sands Hotel 5.

Von der Brücke über die Bay an der Fullerton Esplanade [F6] lässt sich die gesamte Bucht überblicken. Spätnachmittags ergeben sich hier mit der Sonne im Rücken oft magische Bilder – das warme Abendlicht spiegelt sich an den Fassaden des Marina Bay Sands 5 und auf dem markanten Dach des Theatres on the Bay 8 und rechts zeigt sich der um diese Zeit vielleicht schon der Merlion 4 in heller Beleuchtung.

## 4 Merlion Park ★ [F6]

Der Merlion ist eine **Halb-Fisch-halb-Löwen-Figur**, die Bezug auf Singapurs Namen (Löwenstadt) und seine maritime Lage nimmt. Die Figur wurde – auf der Suche nach nationalen Symbolen und Ikonen – in den 1970er-Jahren künstlich zu einer Art Nationalsymbol hochgepuscht, aber mit Erfolg! Der ca. 8,6 m hohe und 70 Tonnen schwere Merlion ist von einer weiten Plattform umgeben („Merlion Park"), die zahlreichen Menschen Platz bietet. Aus seinem Mund sprüht eine Wasserfontäne.

*◁ Nachmittags bieten sich die besten Ausblicke auf Raffles' Landing Site 1 und das Empress Place Building 2 vom gegenüberliegenden Flussufer, von Boat Quay [E5] aus*

So kitschig das Ganze sein mag – es bieten sich hier **großartige Fotografiermöglichkeiten.** Die besten Ausblicke ergeben sich in der Dämmerung, wenn der Merlion schon angestrahlt ist und im Hintergrund die erleuchteten Säulengänge des Fullerton Hotels (s. S. 259) und noch weiter hinten die Hochhaustürme des CBD 15 zu sehen sind. Sofern das Wetter und der Himmel mitspielen, kann dies ein magischer Anblick sein.

Südlich des Merlion befindet sich **One Fullerton**, eine Ansammlung von Restaurants und Cafés, in denen man auch draußen auf der Terrasse sitzen kann. Von hier bietet sich ein guter Ausblick auf die Marina Bay samt dem architektonisch so ungewöhnlichen Marina Bay Sands Hotel 5 und dem Singapore Flyer 7.

Seit April 2015 ist der Merlion Park durch eine Fußgängerbrücke, die „Jubilee Bridge", mit dem Esplanade Park vor den Theatres on the Bay verbunden. Der Name der Brücke spielt auf Singapurs 50. Geburtstag im Jahr 2015 an. Durch die Brücke ist der Fußweg zwischen den beiden Attraktionen etwas verkürzt.

› MRT Raffles Place, Bus Nr. 10, 57, 70, 75, 100, 131, 130, 167, 196, 531, 541, 700, 850E

## 5 Marina Bay Sands Hotel und SkyPark ★★★ [H7]

Vor wenigen Jahren eröffnete dieser **Hotel- und Kasino-Komplex**, den man an vielen Stellen in der Innenstadt schon von Weitem sieht. Zunächst erscheint er vielleicht wie eine Fata Morgana, denn so etwas kann es eigentlich gar nicht geben ... Das Marina Sands besteht aus

074si Abb.: rk

drei nebeneinander stehenden, etwas schief aussehenden Hotelbauten, die oben durch eine Schiffskonstruktion miteinander verbunden sind. Der Effekt ist absolut verblüffend. Da steht dieser riesige Hotelklotz und oben drauf liegt etwas, was eindeutig einem Schiff nachempfunden ist.

Das „Schiff" bildet das oberste Stockwerk des Marina Sands, das Dach, auf dem einige weitere Überraschungen aufwarten. Hier ist **in 200 m Höhe der SkyPark** angelegt: ein 16.400 m² großes Areal, in dem sich 250 Baum- und 650 Pflanzenarten befinden. Der größte Clou ist jedoch der 150 m lange, nur Gästen des Hotels zur Verfügung stehende **Infinity-Swimmingpool:** Blickt man über seinen Rand, so sieht man entweder nur den Himmel oder man findet sich auf Augenhöhe mit den Wolkenkratzern des CBD (15). Der Effekt ist in dieser Höhe spektakulär und es gibt kaum einen Gast, der nicht völlig aus dem Häuschen wäre. Der Bereich um den Swimmingpool war anfangs auch für Nichtbewohner des Hotels zugänglich, da sich die Pool-Benutzer jedoch (verständlicherweise) durch die gaffenden Massen gestört fühlten, wurde dies eingestellt.

Die **Aussicht vom SkyPark** ist atemberaubend und der Besuch ein Muss bei einem Singapur-Aufenthalt, egal wie kurz dieser auch ausfallen mag. Im Westen überblickt man die grandiose Skyline der Stadt, auf der anderen Seite bietet sich ein Blick bis zu den nahe gelegenen Inseln Indonesiens. Morgens sieht man bei gutem Wetter die gesamte Innenstadt in (noch relativ) zartem Sonnenlicht und zum Sonnenuntergang wird man Zeuge dramatischer Anblicke, wenn die Sonne hinter dem CBD und seinen beleuchteten Hochhäusern versinkt. Die besten Zeiten sind sicherlich morgens so früh wie möglich (9.30 Uhr) und vor Sonnenuntergang (ca. 18.30–19.30 Uhr).

*Am Merlion Park hat man freien Ausblick auf das monumentale Marina Bay Sands Hotel* (5)

EXTRATIPP

## Innen wie außen eine Attraktion: Louis Vuitton Island Maison

Architektonisch besonders gelungen ist das vor The Shoppes by Marina Bay Sands direkt ins Meer gebaute Geschäft von Louis Vuitton, genannt **Louis Vuitton Island Maison.** Dieses sieht aus wie ein bizarr geschliffener Diamant und wenn es abends von innen beleuchtet wird, ist der Effekt spektakulär. Von der Event Plaza an The Shoppes at Marina Bay 5 bieten sich wunderbare Ausblicke auf das so eigenwillige Gebilde und Marina Bay. LVIM (kürzen wir den Namen mal typisch singapurisch ab) ist über eine Brücke mit dem Event Plaza verbunden, und das Gebäude hat sogar einen eigenen Bootsanlegeplatz. Man kann aber von The Shoppes at Marina Bay auch unterirdisch in das Geschäft gelangen (von den Ebenen B1 und B2). Entlang den unterirdischen Passagen, die ins LVIM führen, sind Vitrinen angebracht, in dem „Vintage"-Louis-Vuitton-Handtaschen ausgestellt sind.

Im LVIM befindet sich im Obergeschoss eine luxuriöse Open-Air-Sitzterrasse, von der man ebenfalls wunderbar Marina Bay überblicken kann. Sie wirkt ein wenig wie das Sitzdeck einer Luxusjacht. Auch wer hier nicht einkauft, kann auf den dortigen Sofas und Sesseln Platz nehmen, niemand stört sich daran – oder zumindest lässt man es sich nicht anmerken. Die Angestellten vom LVIM agieren sehr professionell und behandeln jeden, der das Geschäft betritt, wie einen potenziellen, zahlungskräftigen Kunden.

**216** [G6] **Louis Vuitton Island Maison,** 2 Bayfront Ave., B1 – 38/39 & B2 – 36/37/37A Crystal Pavilion North, Singapore 018972, Tel. 67883888, http://us.louisvuitton.com/eng-us/point-of-sale/singapore/louis-vuitton-singapore-marina-bay, MRT Bayfront; geöffnet: tgl. 10–23 Uhr

075si Abb.: rk

Es dürfen sich jeweils immer **nur 500 Gäste** im SkyPark aufhalten, es könnte somit theoretisch vorkommen, dass man warten muss, bis andere Gäste gegangen sind. Bei Regen oder Gewitter ist der Park zu verlassen. Man beachte die Angaben am Ticketschalter.

Wer nicht die Eintrittsgebühr zahlen will, kann auch einen Tisch im auf dem Dach gelegenen Restaurant Ku Dé Ta (s. S. 73) reservieren.

Sehr gute Aussicht auf die Bucht hat man auch von der futuristisch wirkenden **Brücke „The Helix“**, die von der Nordostseite der Bucht zum Shoppingcenter „The Shoppes at Marina Bay Sands“ führt, das dem Hotel angeschlossen ist. Im Shoppingcenter kann man sich auf einem künstlichen Kanal per Boot ein wenig herumschippern lassen (10 S$/Pers.), auf einer künstlichen „Eisbahn“ (aus Plastik) Schlittschuh fahren, in einem sehr guten Foodcourt speisen, oder in einem Feinschmeckerlokal einkehren – ganz zu schweigen vom Shoppen in zahllosen Nobelläden.

Auf verschiedenen Stockwerken hat man vom Shoppingcenter aus Zugang zum **Spielcasino** des Marina Bay Sands, dem zweiten Casino Singapurs (nach dem Resorts World Sentosa (69)). Das Wohnen in dem gigantischen 2500-Zimmer-Hotel lohnt wohl nur, wenn man ein Zimmer an der Westseite nimmt (bester Ausblick), und zwar in einem relativ hohen Stockwerk. Die Zimmer auf der anderen Seite bieten zwar Aussicht auf Gardens by the Bay (6), diese ist aber vielleicht (nach subjektiver Meinung des Autors) nicht so gut wie die Aussicht über Marina Bay und die Hochhäuser des CBD (15), vor allem abends. Außerdem kann besonders die an der Gartenseite vorbeiführende Schnellstraße bis in hoch gelegene Stockwerke für störenden Lärm sorgen.

*In den Genuss des Swimmingpools auf dem Dach des Marina Bay Sands (5) kommen nur die Gäste des Hotels*

076si Abb.: rk

Abends findet an der sogenannten „**Event Plaza**", dem Promenadenbereich an der Westseite von The Shoppes at Marina Bay Sands, die „**Wonder Full Light & Water Show**" statt, die man **nicht verpassen** sollte! Bei ihr handelt es sich um ein grandioses Schauspiel aus bunten Wasserfontänen, Laserstrahlen und elektronischer Musik. Nur 15 Minuten dauert das Spektakel, ein Erlebnis ist es dennoch (So–Do 20 und 21.30, Fr/Sa 20, 21.30 und 23 Uhr, Eintritt frei).

› 10 Bayfront Ave., Singapore 018956, Tel. 66888888, www.marinabaysands.com, MRT Bayfront, Bus Nr. 97, 97e, 106, 133
› **SkyPark:** Mo–Do 9.30–22, Fr–So 9.30–23 Uhr, Eintritt: 23 S$. Zugang an Tower 3 des Hotelkomplexes (von der Innenstadt aus gesehen ganz links). Am Tower geht es zunächst rechts über eine Rolltreppe eine Etage tiefer, wo die Tickets gekauft werden müssen. Von dort fährt man mit einem Hochgeschwindigkeitsfahrstuhl in den 56. Stock (Fahrzeit: 34 Sekunden).

## 6 Gardens by the Bay ★★★ [H7]

2012 wurde hinter dem Marina Bay Sands Hotel 5 ein neuer Geniestreich Singapurs eröffnet. Gardens by the Bay ist ein großartiger tropischer Park mit künstlichen, 25 bis 50 m hohen, solarbetriebenen „**Super Trees**", die abends in faszinierend-bunten Farben leuchten. Zweimal täglich, 19.45 und 20.45 Uhr, erstrahlen die Bäume in einer grandiosen, 12 Minuten dauernden Licht-und-Ton-Show. Zwischen den Superbäumen ist ein erhöhter Wandelgang angelegt, der „**Skyway**". Besonders eindrucksvoll ist es hier oben während der Dämmerung gegen 19.15 Uhr, wenn die Lichter der „Super Trees" erstrahlen und zusammen mit dem Abendhimmel einen magischen Effekt erzeugen. Im höchsten der „Super Trees" ist oben gar ein Restaurant eingerichtet, das **SuperTree by IndoChine.** Ob das Essen die hohen Preise wert ist, ist fraglich, man kann es aber auch bei ein paar Drinks belassen. Die Aussicht und das Gesamterlebnis sind zweifellos fantastisch.

Doch Gardens by Bay hat noch mehr zu bieten: Sehr interessant und lehrreich

EXTRATIPP

### Licht-Show im Doppelpack

Den besten optischen Eindruck vom Park erhält man, wenn man sich gegen 19.15 Uhr auf dem „Skyway" befindet und dann rechtzeitig zur Licht-und-Ton-Show um 19.45 Uhr wieder unten am Fuße der „Super Trees" angelangt ist, an der „Super Tree Grove" genannten Sitzwiese. Von unten, aus einiger Entfernung von den „Super Trees", hat man einen größeren Überblick und die Show lässt sich besser genießen als vom „Skywalk" aus. Wer sehr schnell zu Fuß ist, könnte nach dem Ende der Show von 19.15 Uhr – also um 19.27 Uhr – flink zur Event Plaza vor The Shoppes at Marina Bay Sands hinübermarschieren und wird so noch etwa die letzte Hälfte der dortigen, um 20 Uhr beginnenden Licht-Show miterleben können. Allerdings muss man dafür schon einen forschen Sprintschritt einlegen. Einfacher wird das Unterfangen, wenn man das Lichtspiel im Gardens by the Bay 6 von der runden Aussichtsterrasse an der Verbindungsbrücke zwischen dem Marina Bay Sands Hotel und den Gardens beobachtet, und sich dann von dort zur Event Plaza begibt. So ist die Entfernung erheblich abgekürzt.

077si Abb.: rk

sind die zwei großen künstlichen **Klimahallen** oder „Conservatories“: der „Flower Dome“, in dem ein mediterranes Klima erzeugt wird samt der dazugehörigen Vegetation, und der „Cloud Forest“ mit einer Pflanzenwelt, wie sie in einer Höhe von 1000 bis 2000 m anzutreffen ist. Dazu gehört sogar ein 35 m hoher künstlicher Berg samt Wasserfall – die höchste künstliche Kaskade der Welt. Insgesamt sind über 220.000 Pflanzenarten zu bewundern. Mit den „Conservatories“ hat Singapur wieder einen Standard gesetzt, der weltweit seinesgleichen sucht.

› 18 Marina Gardens Drive, Singapore 018953, www.gardensbythebay.com.sg, Tel. 64206848, geöffnet 5–2 Uhr, Eintritt frei. Die Begehung des „Skyway“ kostet 5 S$, für Kinder bis 12 Jahre 3 S$; geöffnet 9–21 Uhr. Zutritt zu den „Conservatories“ 28 S$, Kinder 15 S$; geöffnet 9–21 Uhr, letzter Ticketverkauf 20 Uhr. Für 5 S$ (Kinder 3 S$) kann man das Gelände per „Garden Cruiser“ erkunden, ein an den Seiten offener Kleinbus.

› **Anfahrt** mit der MRT bis Station Bayfront, dann den Schildern folgend hinaus aus Ausgang B, ca. 5–6 Min. Fußweg bis zum Park. Alternativ nach MRT-Station Marina Bay und dann mit Bus Nr. 400 direkt in den Garten; von der MRT-Station Marina Bay bis zur Bushaltestelle sind es aber ca. 5 Min. Fußweg, man folge den Schildern. Ansonsten per Bus Nr. 97, 97e, 106 oder 133 bis vor das Marina Bay Sands Hotel. Bus Nr. 106 eignet sich gut für diejenigen, die an der Orchard Rd. einsteigen wollen.

**217** [ek] **SuperTree by IndoChine** €€-€€€, 18 Marine Gardens Dr., 03-01, Singapore 018953, Tel. 66948489, www.indochine-group.com/home/locsingapore-supertree.php, tgl. 10–1 Uhr (10–12 Uhr nur Getränke)

*Ein Rundgang auf dem „Skyway“ sollte beim Besuch von Gardens by the Bay 6 nicht fehlen*

*Das Riesenrad des Singapore Flyer 7 ist in der Innenstadt weithin sichtbar*

## 7 Singapore Flyer ★★★ [H5]

Als der Singapore Flyer 2008 eröffnete, war er eine kleine Sensation: **ein 165 m hohes Riesenrad**, das sich im Schneckentempo dreht und von dem sich fantastische Ausblicke auf Singapur ergeben. Mit der Eröffnung des Marina Sands 5 ist dieses Highlight ein wenig ins Hintertreffen geraten. Beim Singapore Flyer sitzen die Gäste in komfortablen, großen Gondeln, selbst Rollstuhlfahrer haben Platz. Der Ausblick im derzeit noch höchsten Riesenrad der Welt ist beinah so gut wie beim Marina Sands, allerdings ist beim Singapore Flyer die Zeit begrenzt – eine Runde oder ein „Flug", wie es offiziell heißt, dauert 30 Min. Angeschlossen sind einige Geschäfte, Restaurants und ein Garten.

Im Unterbau des Flyer kann man sich im Food Court **„Singapore Food Trail"** stärken. Der Food Court mit seinen typisch chinesischen Rundtischen ist den Hawkers Centres (s. S. 69) früherer

078si Abb.: rk

EXTRATIPP

### Erst fliegen, dann flanieren

Nach dem „Rundflug" mit dem Singapore Flyer lässt sich ein netter kleiner Spaziergang unternehmen: An der Ostseite des Flyer befindet sich das Kallang Basin, das Mündungsgebiet von Kallang und Geylang River, die sich weiter südlich praktisch mit der vom Singapore River gespeisten Marina Bay vermengen. Entlang dem Ufer erstreckt sich eine palmengesäumte Promenade, die Marina Promenade. Folgt man dieser nach Norden, so befindet man sich bald auf gleicher Höhe mit dem Flower Dome und Cloud Forest von Gardens by the Bay 6, die man hier aus einem ganz neuen (Seiten-)Winkel betrachten kann.

Der Uferweg verläuft anschließend relativ idyllisch weiter in nördliche Richtung, zumindest an der Seite zum Wasser hin (auf der Landseite sind hingegen streckenweise unschöne Bauarbeiten in Gange). Nicht umsonst sieht man hier viele Jogger oder flanierende Paare. Unter der Merdeka Bridge oder „Freiheits-Brücke" hindurch gelangt man schließlich zur MRT-Station Nicoll Highway an der Circle Line, von wo man Anschluss an die gesamte Stadt hat (Rückfahrt in Richtung Innenstadt z. B. nach MRT Promenade, Esplanade, Bras Basah oder Dhoby Ghaut). Gehzeit ca. 15 bis 20 Min.

## Spaziergang vom Marina Bay East Garden zu Gardens by the Bay

Einer der schönsten Spaziergänge in Zentral-Singapur führt vom Marina Bay East Garden am Marina Bay Golf Course zu Gardens by the Bay (6). Am günstigsten ist es, um ca. 18.30/19 Uhr am Marina East Park zu beginnen, um in den **vollen Genuss der abendlichen Skyline** und der Licht-Show in Gardens by the Bay zu kommen. Der Spaziergang beginnt an Rhu Cross, einer kleinen Straße, über der die erhöhte Trasse des ECP oder „East Coast Parkway“ zur Merdeka Bridge hinführt. Als Orientierungspunkt diene der Eingang zum Marina Bay Golf Course.

Neben dem Golfklub erstreckt sich der ruhige Marina Bay East Garden (teilweise noch in Entwicklung). Ein Uferweg führt entlang der Marina Bay und dieser bietet einen der allerbesten Ausblicke auf die Skyline von Singapur. Auf der gegenüberliegenden Seite der Bucht sieht man die „Conservatories“ von Gardens by the Bay, das so markante Marina Bay Sands Hotel (5), die Hochhäuser des Business District und den Singapore Flyer (7), der abends wie ein Diamantring funkelt - einzeln sind all diese schon Prachtobjekte, in ihrer Gesamtheit ist das Anblick wahrhaft atemberaubend. Für Fotofreunde ist dies eine der besten Stellen für ein tolles Erinnerungsfoto.

Geht man den Weg entlang der Bucht weiter gen Süden, so gelangt man nach einigen Minuten zur **„Barrage“**. Dieses ist eine Art Damm, der eine ganz spezielle Aufgabe hat: Das Wasser nordwestlich davon, also in der Marina Bay, stammt aus mehreren Flüssen und wird zur Trinkwasserversorgung genutzt; das Wasser südöstlich davon ist hingegen zum Trinken ungeeignetes Mweerwasser. Die „Barrage“ hält die beiden auseinander und sorgt dafür, dass Singapurs Trinkwasserversorgung weiterhin sichergestellt ist, zumindest an diesem Wasser-Reservoir. Vor der Seeseite der „Barrage“ sind gelegentlich Delfine gesichtet worden.

Singapur versteht es, das Nützliche mit dem Angenehmen zu verbinden, und man kann nun über die „Barrage“ hinweg die Bucht überqueren und zu den Gardens by the Bay gelangen. Vom Süden weht hier der salzige Geruch von Meerwasser herüber. Von der „Barrage“ sind es noch ca. 15 bis 20 Min. Fußweg bis zur „Super Tree Grove“, wo man sich das allabendli-

080si Abb.: rk

*che Licht- und Klangspiel zu Gemüte fügen kann. Auf dem Weg von der „Barrage" passiert man den empfehlenswerten Open-Air-Food-Court „Satay by the Bay" (s. S. 70). Eventuell sieht man Otter, die gelegentlich über den Gehweg tollen.*

*Die Strecke lässt sich natürlich ebenso gut in umgekehrter Richtung absolvieren. Gehzeit ca. 45 bis 60 Min., je nachdem, wie viel Muße man sich gönnt.*

› *Rhu Cross ist am besten per Taxi zu erreichen; Kostenpunkt ab der Innenstadt ca. 5 bis 8 S$. Busse fahren nur ab den MRT-Stationen Aljunied und Paya Lebar (Bus Nr. 158) sowie vom Geylang Lor. 1 Bus Terminal (Bus Nr. 11) - also Bereiche, von denen man als Tourist normalerweise nicht unbedingt anfahren würde. Nicht alle Taxifahrer kennen diesen relativ neu erschlossenen Bereich am Marina East Garden; als Fahranweisung gebe man am besten an „Tanjong Rhu" („Rhu-Landzunge") oder „Marina Bay Golf Course". Sollte man den Spaziergang in umgekehrter Richtung absolvieren, so könnte es abends schwer werden, in Rhu Cross ein Taxi für die Rückfahrt zu bekommen. In diesem Falle nehme man Bus Nr. 158 von Rhu Cross, Haltestelle 90079 vor dem „Costa Rhu Condominium", dem großen Häuserblock, und fahre bis zu MRT-Station Aljunied oder Paya Lebar. Bus Nr. 158 fährt bis ca. 23.30 Uhr.*

*◁ Vom Marina Bay East Garden eröffnet sich ein grandioser Panoramablick*

Jahrzehnte nachempfunden und hält viele altgediente lokale Favoriten parat. Darunter sind Bak Kut Teh (eine Suppe mit Schweinerippchen), Satay (geröstete Fleischspieße), gebratene Austern u. v. m. Der Food Trial ist von 10.30 bis 22.30 Uhr geöffnet.

2014 wechselte der Flyer den Besitzer, und es bleibt abzuwarten, welche Veränderungen die neue Betreiberfirma plant.

› 30 Raffles Ave., Singapore 039803, MRT Promenade, oder per Bus, denn nahe dem Flyer befindet sich der Marina Centre Bus Terminal, der End- und Ausgangspunkt zahlreicher Buslinien (Nr. 56, 75, 77, 97, 97e, 171, 195 und 960, dazu einige Nachtbusse, s. S. 265); Tel. 67348829, www.singaporeflyer.com, tgl. 8.30–22 Uhr, Eintritt 33 S$, Kinder bis 12 Jahre 21 S$, ab 60 Jahre 24 S$. 69 S$ kostet es, wenn beim Flug noch ein *Singapore Sling* serviert werden soll (nur 14.30, 16.30, 18.30, 20.30 und 21.30 Uhr; Alkohol nur für Pers. ab 18 J.). Darüber hinaus gibt es Champagner- und Cocktail-"Flüge". Problemloser Zugang zu den Gondeln auch für Menschen im Rollstuhl.

## 8 Theatres on the Bay ★★ [G5]

An der Nordwestecke von Marina Bay erstreckt sich der Theaterkomplex Theaters on the Bay mit seinem markanten Dach, das dem Ensemble den **Spitznamen „Durian"** eingetragen hat (s. S. 56). Genau genommen besteht das Gebäude aus zwei „Durians" oder einer „Zwillings-Durian". Der Architekt hatte den Auftrag, ein einzigartiges Gebäude zu schaffen, das optisch mit dem Opera House in Sydney konkurrieren kann – und das ist ihm auch gelungen. Das unverwechselbare Gebilde wurde 2002 eröffnet. Es umfasst eine **Konzerthalle mit**

081si Abb.: rk

**ausgefeilter Akustik**, einen Theatersaal und eine Bibliothek, die sich mit den dramatischen Künsten befasst. Dazu gibt es eine Open-Air-Arena, in der man abends – insbesondere freitags und samstags – oft Konzerten lauschen kann und zahlreiche Restaurants, Cafés und Geschäfte.

Hier befindet sich unter anderem die **Max Brenner's Chocolate Bar**, in der Schokolade in allen erdenklichen Varianten präsentiert wird – auf Waffeln mit diversen Geschmacksrichtungen, in Milch-Shakes und gar als Fondue. Schokolade und Pralinen gibt es auch zum (Kaufen und) Mitnehmen (8 Raffles Ave., #01-06/08, Esplanade Mall, Singapore 039802, Tel. 62359556, www.maxbrenner.com, So–Do 12–23, Fr/Sa 12–24 Uhr).

An der Südseite der „Durians" schmiegt sich ein Open-Air-Food-Court an das Gebäude, **Makansutra Gluttons Bay** (#01-15, Tel. 64384038; Mo–Do 17–2, Fr/Sa 17–3, So 16–1 Uhr). Hier lassen sich etliche singapurische Spezialitäten kosten, seien dies die allseits beliebten Chili Crabs, Satay oder sogar Austern-Omelettes. Die **Uferpromenade** an der Westseite der Theatres on the Bay ist ein beliebter Platz zum Entspannen oder Spazierengehen. Die Aussicht von hier ist – wie überall entlang der Bucht – unvergesslich. Von links nach rechts sieht man den Singapore Flyer ❼, das Marina Bay Sands Hotel ❺, dann die Hochhäuser des Business Districts, den Merlion ❹ und rechts daneben das Fullerton Hotel (s. S. 259), dessen Vorderseite samt Säulengang abends prachtvoll illuminiert ist. Für Fotofreunde ist dies ein großartiger Spot für einen „City-Shot".

› 1 Esplanade Drive, Singapore 038981, MRT Esplanade, bzw. Bus Nr. 36, 56, 75, 77, 97, 97e, 106, 111, 133, 857; Tel. 68288377, www.esplanade.com. Man sollte sich in den örtlichen Medien (wie dem Singapore Tourism Board, s. S. 229) darüber informieren, welche Veranstaltungen geplant sind.

# Civic District

Der alte Civic District wurde einst angelegt, um ein Viertel für Verwaltungsgebäude, Museen, Parks und Denkmäler zu schaffen. Hier gibt es auch heute noch sehr viel zu sehen.

## 9 Padang ★ [F5]

Padang war das Zentrum des alten kolonialen Singapur Bei ihm handelt es sich um eine weite, grüne Rasenfläche, die den Kolonialherren als **Kricketplatz** oder für öffentliche Veranstaltungen diente. Noch heute befinden sich hier die Gebäude des Singapore Cricket Club, der auch noch immer sehr aktiv ist und Mitglieder aus zahlreichen Nationen umfasst. Dazu finden hier heute neben Kricketspielen gelegentlich noch andere **sportliche Ereignisse** statt und wenn im September alljährlich das Formel-1-Nachtrennen (s. S. 25) abgehalten wird, ist der Padang von Zuschauertribünen umrahmt. Entlang der Ostflanke des Padang, im **Esplanade Park** am Connaught Drive, erinnern einige Denkmäler an die Zeiten der beiden Weltkriege. Beim **Bo Lim Seng Memorial** handelt es sich um eine 3,5 m hohe Marmorsäule, die einer chinesischen Pagode ähnelt und Bo Lim Sengs gedenkt, einem Generalmajors, der sich im Zweiten Weltkrieg als Widerstandskämpfer gegen die Japaner verdient machte und von den Japanern hingerichtet wurde.

*◁ Der „stachelige" Kuppelbau von Theatres on the Bay 8 hat dem Gebäude den Spitznamen „Durian" (s. S. 56) eingetragen*

Etwas nordöstlich führen einige Stufen hinauf zum **Cenotaph**, einem von einem Turm überragten massiven Bau, der 1922 im Gedenken an die britischen Gefallenen des Ersten Weltkriegs errichtet wurde. Heute sitzen hier auf den Stufen oft Jugendliche, die sich vom Skateboarden ausruhen.

Weiter nordöstlich steht **Tan Kim Seng Fountain**, ein 1882 im viktorianischen Stil erbauter Brunnen, der eine Würdigung der Leistungen und Errungenschaften der Straits-Chinesen oder Peranakan (s. S. 64) darstellen soll. Mit seinen griechisch-inspirierten Frauenfiguren, die an der zentralen Säule angebracht sind, ähnelt der Brunnen anderen Monumenten aus der britischen Kolonialzeit, so z. B. dem Flora Fountain in Mumbai.

Das **Civilian War Memorial** nordöstlich des Padang – mit vollem offiziellen Namen **Memorial of the Civilian Victims of the Japanese Occupation** – gedenkt der Zivilisten, die während der japanischen Besatzungszeit 1942 bis 1945 umkamen. Bei ihm handelt es sich um eine schlanke, sich nach oben hin zuspitzende Säule, die sich aus vier einzelnen Säulen zusammensetzt. Diese symbolisieren die vier größten ethnischen Gruppen Singapurs, die alle unter der japanischen Besatzung litten – wobei die Chinesen zweifellos am meisten einstecken mussten. Das Denkmal wurde 1967 fertiggestellt. Aufgrund seiner Form nennen die meisten Singapurer es schlicht „Chopstick" – und tatsächlich, es ähnelt sehr einem chinesischen Essstäbchen.

An der Südwestseite des Padang stand bis vor Kurzem die lang gestreckte, graue **City Hall**, das Rathaus, ein Bauwerk, das auch aus dem London des 19. Jahrhunderts hätte stammen können. Gebaut

082si Abb.: rk

wurde es 1929. Während der japanischen Besatzung Singapurs wurden hier die europäischen Bewohner der Stadt zusammengetrieben. Am 12.9.1945 nahm Lord Mountbatten an dieser Stelle die Kapitulation der Japaner entgegen.

Derzeit ist das Gebäude wahrscheinlich hinter Baumaterialien versteckt, denn zusammen mit dem links davon gelegenen ehemaligen **Supreme Court**, dem Obersten Gerichtshof, wird es zur **National Gallery** umgebaut. Diese Nationalgalerie soll im Oktober 2015 eröffnet werden. Geplant ist dazu eine Art Wandelgang von der MRT-Station City Hall aus, der beiderseits mit künstlerisch bearbeiteten Fotos von Singapurern flankiert sein soll. Dieses soll ein Teil der (gänzlich gerechtfertigten) Selbstgratulation zu Singapurs 50. Geburtstag am 9.8.2015 sein.

Die hohe runde Kuppel des einstigen Gerichtshofs dürfte von den Bauarbeiten jedoch unbeeinträchtigt und weithin ein unverwechselbarer Orientierungspunkt bleiben. Ob von den markanten Treppen und Säulengängen während der Bauarbeiten viel zu sehen sein wird, ist fraglich. Ein paar Schritte weiter südwestlich des Padang sieht man das **ehemalige Parlament** Singapurs, vor dem eine Elefantenstatue steht, ein Geschenk des siamesischen Königs Chulalongkorn aus dem Jahr 1871. In dem schmucken alten Parlament ist nun **The Arts House** untergebracht, ein Haus der Kunst, für Tanz-, Theater, Film- oder andere Aufführungen.

Einige Meter weiter nordöstlich, an der North Bridge Road, steht das **neue Parlament**, ein erstaunlich schmuckloser, grauer Klotzbau, der in dieser architektonisch sonst so bezaubernden Umgebung etwas wie ein Fremdkörper wirkt.

› MRT Raffles Place, City Hall oder Bus Nr. 75, 97, 130, 131, 167, 605, 607, 608 (Haltestelle 02028 am Connaught Dr.)

## ⑩ St. Andrew's Cathedral ★ [F5]

Entgegen ihrem Ruf als Geizhälse waren es Schotten, die 1834 den größten finanziellen Beitrag zum ursprünglichen Bau dieser Kathedrale leisteten. Als Anerkennung wurden als Namensgeber der **schottische Nationalheilige St. Andrew** erkoren. Die erste an dieser Stelle errichtet Kathedrale sowie eine nachfolgende wurde jedoch als architektonisch unzureichend erachtet und abgerissen. Der letzte Faden riss, als die zweite Kathedrale in den Jahren 1845 und 1949 vom Blitz getroffen wurde. 1855 wurde auch sie abgerissen.

1856 begann man mit dem Neubau, der allen architektonischen Ansprüchen gerecht werden sollte. Leitender Bauin-

*Das Areal um den Cenotaph (s. S. 143) wird von Jugendlichen oft zum Skateboarding genutzt*

genieur war Colonel Ronald MacPherson, der Entwurf war im **englisch-gotischen Stil** gehalten.

Die Bauarbeiter waren indische Strafgefangene. In Bereich zwischen Bras Basah Rd. und Stamford Rd., wo heute die Singapore Management University (SMU) steht, wurden in der Kolonialzeit bis zu 2000 indische Strafgefangene gehalten. 1942, während der Fliegerangriffe der Japaner und kurz vor dem Fall Singapurs, diente die Kathedrale als Notlazarett.

Sie ist heute strahlendweiß gestrichen und sieht außen wie innen aus wie neu. Es finden noch immer zahlreiche Gottesdienste statt, die Zeiten entnehme man der Homepage. Sonntags finden sich zahlreiche Kirchgänger ein und auf dem weiten Rasengelände um die Kathedrale sitzen myanmarische Gastarbeiter/innen, um hier ihren Sonntagsschwatz zu halten.

› 11 St. Andrew's Rd., Singapore 178959, Tel. 63376104, www.livingstreams.org.sg, MRT City Hall oder Bus Nr. 32, 51, 61, 63, 80, 124, 145, 166, 174 u. a. (Haltestelle 04167, St. Andrew's Cathedral)

## 11 Central Fire Station ★ [E5]

Feuerwachen sind möglicherweise nicht immer sehenswerte Gebäude, aber die alte Hauptfeuerwehrwache in Singapur, fertiggestellt 1908, bildet eine Ausnahme. Der von Türmen überragte rot-weiße Bau sieht eher aus wie ein **kleiner Palast.** Auf dem indischen Subkontinent bauten die Briten Bahnhöfe, die eine ähnlich elaborierte Architektur aufwiesen. Kein Wunder, dass die Feuerwache zu einem der 70 singapurischen Nationaldenkmälern zählt. Abends wird das Gebäude von außen beleuchtet, der Anblick ist dann umso imposanter.

KURZ & KNAPP

### Kling ist out

Ein Straßenname wie „Kling St." ist heute in Singapur nicht mehr denkbar. „Kling" war bis in die jüngere Vergangenheit eine saloppe oder leicht herablassende Bezeichnung für eine Person aus Südindien, und so etwas ist im politisch-korrekten Singapur nicht tragbar. Das Wort war abgeleitet von der einstigen südindischen Region Kalinga, von der aus Seefahrer bis nach Südostasien vordrangen.

Der Gedanke, eine professionelle Feuerwehr aufzubauen, entsprang 1855 nach einem Brand in der Kling St. (die heutige Upper Cross St.), bei dem großer Sachschaden entstanden war. Die erste richtige Feuerwache wurde aber erst 1891 in Betrieb genommen. Links in der Central Fire Station befindet sich die **Civil Defence Heritage Gallery**, eine Ausstellung, die über die Geschichte der Berufsfeuerwehr und der zivilen Hilfsfeuerwehr vom späten 19 Jahrhundert an informiert.

› 62 Hill St., Tel. 63323000, Singapore 179367, MRT City Hall, Bus Nr. 2, 12, 32, 33, 51, 61, 63, 80, 124, 147, 166, 174, 197

› **Defence Heritage Gallery,** Tel. 63322996, Di–So 10–17 Uhr, außer an Feiertagen

## 12 Armenian Church ★ [E4]

Der offizielle Name der Kirche lautet „Armenische Apostolische Kirche von St. Georg dem Illuminator", aber aus verständlichen Gründen hat sich der kürzere Name eingebürgert. Das weiße Got-

## In Würde gealtert und schöner denn je: das Raffles Hotel

*Einen sehr kleinen Straßenblock nimmt das Raffles (s. S. 259) ein, Singapurs berühmtestes Hotel, zu dem man sich zahlreiche Anekdoten erzählt. Das Gebäude wurde 1899 von den armenischen Brüdern Martin, Aviet, Tigran und Archak Sarkies erbaut. Das geschäftstüchtige Team besaß zu dieser Zeit schon das E&O auf Penang und das Strand in Rangoon – ebenfalls Hotels, um die sich bald so manche Traveller-Legende rankte.*

*Auch das Raffles übte eine magische Anziehungskraft auf die Reisenden des frühen 20. Jh. aus. Zu den illustren Gästen zählten Somerset Maugham, Rudyard Kipling und Charlie Chaplin ebenso wie Jawarharlal Nehru und Indira Gandhi, ja auch Michael Jackson wohnte hier und zeigte sich seinen Fans winkend am Fenster. Rudyard Kipling soll nicht vollauf zufrieden mit dem gebotenen Standard gewesen sein: „Der Reisende möge es sich hinter die Ohren schreiben", notierte er, „iss im Raffles, aber schlafe im Hotel de l'Europe". Das (Grand) Hotel de l'Europe befand sich damals etwa an der Stelle der heutigen National Gallery Singapore (s. S. 84, zuvor Supreme Court) und wurde 1900 abgerissen.*

083si Abb.: rk

*Später wurde das Raffles für seinen Singapore Sling berühmt, einen Cocktail, den ein Barmann namens Ngiam Tong Boon in die Alkoholgeschichte hineinmixte. 1925 schüttelte er sich das etwas süße Getränk zum ersten Mal aus dem Handgelenk und in der Long Bar des Raffles war eine Legende geboren. Seine Bestandteile: Beefeater Gin, Cointreau, Cherry Brandy, Benediktiner, Angostura und Fruchtsaft. Beim Preis von ca. 30 S$ pro Singapore Sling muss man sich aber gut überlegen, ob man ihn probieren will. Heutzutage kann man den Cocktail aber auch „ready-made" in Flaschen kaufen, z. B. auf Flügen der Singapore Airlines. In der berühmten Long Bar (geöffnet Mo–Do 11–00.30, Fr/Sa 11–1.30 Uhr) darf man sich sogar daneben benehmen: Die Tradition will es, dass man die Schalen der Erdnüsse, die man gereicht bekommt, einfach auf den Boden wirft.*

*Das Raffles machte in den 1980er-Jahren einen reichlich heruntergekommenen Eindruck, wurde jedoch von 1989 bis 1991 renoviert, wobei sein kolonialer Charakter erhalten blieb.*

*Wer – entgegen Kiplings Rat – im Raffles zu wohnen gedenkt, sollte etwas Kleingeld mitbringen. Das gilt auch für die schmucken Shopping-Arkaden, in der sich die Nobelgeschäfte aneinanderrei-*

*hen. Mit dabei ist auch der legendäre deutsche Kamerafabrikant Leica (www.leica-store.sg/the-leica-store-raffles-hotel-arcade). Zumindest aber sollte man vielleicht den Tiffin Room besuchen, ein hervorragendes Restaurant und stilvolles Überbleibsel der Kolonialzeit (www.raffles.com). Wie die alten Kolonialisten kann man sich an reichhaltigen Buffets mit indischer und asiatischer Küche bedienen. Eine vorherige Reservierung ist ratsam (Tel. 64121816, diningreservation.raffleshotel@raffles.com).*

› *Frühstück 6.30–10.30, Lunch 12–14, High Tea 15–17.30, Dinner (Buffet) 19–22 Uhr. Die Preise liegen in der Oberliga, selbst ein Frühstück schlägt schon mit 45++ S$ zu Buche. Ein Dinner-Buffet kost etwa das Doppelte. Kinder bekommen ca. 40 % Ermäßigung. Wer es gerne etwas legerer mag, ist im Raffles Courtyard & Gazebo Bar gut aufgehoben, einem Open-Air-Restaurant samt Bar im Innenhof. Hier, umgeben von den kolonialen alten Gemäuern, kann man italienische Küche genießen bzw. Wein oder Cocktails - und das zu relativ humanen Preisen für ein Hotel dieser Klasse.*

› *Raffles Courtyard, tgl. 11–22 Uhr, Gazebo Bar tgl. 11–23.30 Uhr, Tel. www.raffles.com/dining/raffles-courtyard. Reservierungen wie oben.*

› *1 Beach Rd., Singapore 189673, Tel. Tel. 633718876; MRT City Hall oder Bus Nr. 14, 14e, 16, 36, 77, 106, 111, 128, 130, 162, 167, 171, 175, 190, 502, 700, 857 u. a. (Haltestelle 02049 in Bras Basah Rd.)*

teshaus mit dem zart wirkenden, spitzen Turm wurde 1835 vom Architekten G. D. Coleman erbaut und ist **die älteste Kirche Singapurs.** Coleman, ein Zeitgenosse von Stamford Raffles (s. S. 114), zeichnete für zahlreiche herausragende Gebäude in der Stadt verantwortlich. Hinter der Kirche befindet sich ein gartenähnlicher Friedhof, auf dem armenische Gemeindemitglieder unter Engelsfiguren begraben sind. Die armenische Gemeinde war im 19. Jh. sehr einflussreich, ihr gehörten zahlreiche Geschäftsleute an. Die armenischen Gebrüder Sarkies gründeten das Raffles Hotel (s. S. 146) und der Armenier Catchick Mossevian (Moses) war im Jahre 1845 Mitbegründer der Straits Times (s. S. 231).

Die Kirche ist meist offen und bildet einen friedlichen Ort inmitten des so geschäftigen zentralen Singapur.

› 60 New Hill St./Ecke Coleman St., Singapore 179366, tgl. 9–18 Uhr, MRT City Hall, Bus Nr. 2, 12, 32, 33, 51, 61, 63, 80, 124, 147, 166, 174, 197.

## 13 Fort Canning Hill und Battle Box ★ [E4]

Bukit Larangan, „Verbotener Hügel", hatten die Malaien einst Fort Canning Hill genannt, einen zentral in der Innenstadt gelegenen Hügel, der mit tropischer Parklandschaft bewachsen ist. Die **höchste Erhebung** im Park ist nur 52 m hoch, aber die sich windenden Wanderpfade können einem bei dem feuchten Klima dennoch etwas zusetzen.

In früheren Zeiten war der Hügel der Mittelpunkt des Lebens auf der Insel, Funde von javanischem Goldschmuck aus dem 14. Jh. deuten auf eine frühe Besiedlung hin. Aus dieser Zeit stammt auch das oben auf dem Hügel gelegene **Grabmal des Iskander Shah** (Keramat Iskander Shah), das den Malaien zu Raffles Zeit als heilig galt. 1923 ließ sich Raffles auf der Kuppe des Hügels ein Holzhaus bauen. Im Jahre 1857 musste es einem Fort weichen, das 1907 abgerissen wurde. Auf dem Friedhof am Fuß der Anhöhe ist u.a. der Architekt G.D. Coleman begraben.

Im Zweiten Weltkrieg war Fort Canning Hill die Kommandozentrale der Briten. In den Hügel hinein wurde ein weitverzweigtes Tunnelnetz gebaut, das heute besucht werden kann. In dieser **Battle Box** werden durch eine Art Multimediashow die letzten dramatischen Stunden vor der japanischen Übernahme Singapurs dargestellt. Von den zahlreichen Stätten, die an den Zweiten Weltkrieg erinnern, ist dies die am zentralsten gelegene.

› **Battle Box,** 2 Cox Terrace, Tel. 6330510, www.battlebox.com, tgl. 10–18 Uhr, letzter Zutritt 17 Uhr, Eintritt 10 S$, Kinder bis 12 Jahre 5 S$. **Zurzeit ist die Battle Box zwecks Renovierung geschlossen.** Der Wiedereröffnungstermin ist noch nicht bekannt.
› Hauptzugang von der Hill St., von wo eine steile, lange Treppe auf den Hügel führt. MRT City Hall, Clarke Quay. Weitere Zugänge befinden sich rund um den Park, so an Canning Rise, Fort Canning Rd., Clemenceau Ave., MRT Dhoby Ghaut, Bras Basah, Clarke Quay. Ab 2017: zusätzlich MRT Fort Canning.

## 14 CHIJMES ★ [F4]

Das seltsame Wort ist die Abkürzung für „Convent of the Holy Infant Jesus Middle Education School" und wird günstigerweise einfach wie „chimes" ausgesprochen. Beim CHIJMES handelt es sich um ein altes Konvent, dem eine Mädchenschule angeschlossen war, samt einer hübschen Kapelle im anglo-französischen Gotik-Stil aus dem Jahre 1904. Die Kapelle ist entkonsekriert und so darf es auf dem Gelände heute sehr weltlich zugehen. Innenhalb der historischen Gemäuer sind einige Bars angesiedelt, dazu locken Restaurants wie Lei Garden, Oyster Bar & Wine Dining Wharf, El Mero Mero (mexikanisch) und Giardino (italienisch). „The Berlin Bar" gehört dem singapurischen Rockmusiker John Molina und ist ein Nachtklub/Disco, z.T. mit Livemusik.

› 30 Victoria St., Singapore 187996, MRT Bras Basah, City Hall, Bus Nr. 2, 12, 32, 33, 51, 61, 63, 80, 124, 147

KURZ & KNAPP

### Eine Blume braucht das Land: Vanda Miss Joaquim

Singapur ist ein junger Vielvölkerstaat auf der Suche nach Identität und so fahndet man auch nach nationalen Symbolen, wie z.B. dem Merlion 4, der quasi aus dem Nichts erschaffen wurde. 1981 wurde eine **Nationalblume** gesucht und unter 40 Mitbewerberinnen schließlich die Orchidee Vanda Miss Joaquim zur Siegerin gekrönt. Sie war 1983 im Garten von Agnes Joaquim an der 2 Narcis Street in Tanjong Pagar entdeckt worden, wo die **Orchidee** durch Spontankreuzung entstanden sein soll. Manche Blumenexperten hegen Zweifel an dem wundersam-spontanen Entstehen, doch es ist eine schöne Geschichte und die geläufigste Version. Agnes Joaquim schweigt zu allem, sie liegt friedlich auf dem Friedhof der Armenischen Kirche 12 begraben und lässt Gras über sich und die Legende wachsen.

# 15 Chinatown und CBD ★★★ [D7]

*1822 wurden den unterschiedlichen Volksgruppen auf Stamford Raffles (s. S. 114) Bestreben hin separate Stadtteile zugeteilt. Da Raffles überzeugt war, dass die Chinesen immer die größte ethnische Gruppe stellen würden, wurde westlich und südwestlich des Singapore River ein weitläufiger chinesischer Stadtteil geschaffen, heute schlicht Chinatown genannt.*

Anfangs waren die Chinesen sogar nach Herkunftsgebieten getrennt untergebracht. So entstand ein **Fukien-Viertel** (Havelock Rd.), ein **Swatow-Viertel** (South Bridge Rd.) und ein **Kantonesen-Viertel** (New Bridge Rd.) – und von Raffles wohl kaum geplant: ein berüchtigtes **Opiumviertel** in der Pagoda Street. Gegen Ende des 19. Jh. wurden die umliegenden Straßen der Pagoda Street zum Rotlichtviertel (s. S. 76). Heute ist die Straße eine touristische Fußgängerzone.

Das historische Herz Chinatowns zeigt sich heute **wunderschön renoviert.** Zahllose Häuser sind in zarten Pastelltönen gestrichen und schöner, als sie es jemals waren. Hier wurde großartige Arbeit geleistet. Zu vielen **chinesischen Festen** sind die Straßenzüge im touristischen Herzen Chinatowns zusätzlich mit bunten Laternen oder anderem Schmuck dekoriert. Chinatown verschmilzt im Osten mit dem CBD, dem kommerziellen Zentrum Singapurs.

084si Abb.: rk

*Weithin sichtbar: Die chinesichen Schriftzeichen dieses Apartmentgebäudes bedeuten „Chinatown Point" (nicht zu verwechseln mit einem gleichnamigen Shoppingcenter)*

EXTRAINFO

**Kostenloses WLAN in Chinatown**

Im touristischen Bereich von Chinatown, etwa dem Straßenblock zwischen Sago Lane und Mosque St., dazu dem Kreta Ayer Square, kann man kostenlos im Internet surfen. Das Projekt wird von der Chinatown Business Association (CBA) und der Tourismusbehörde gesponsert. Das Einloggen ist über das Netz „Wireless@Chinatown" möglich.

## 16 Temple of the Sacred Tooth Relic and Museum ★★★ [D7]

*2007 wurde dieser Tempel eröffnet, das wohl ansprechendste Bauwerk, das Singapur in den letzten Jahren dazugewonnen hat. Schon von Weitem sieht man sein rotes, imposant geschwungenes Dach, auch die Außenwände des Tempels sind in sattem Rot gehalten: Die Farbe Rot gilt unter Chinesen als Glück verheißend.*

Der Tempel wurde von einem singapurischen Mönch erbaut, um ein Zeichen für den Buddhismus zu setzen – was offenbar auch bestens gelungen ist. Die Baukosten betrugen stolze 75 Mio. S$, wurden durch Spenden aufgebracht und es wurde an nichts gespart.

In der Architektur des aus verschiedenen Stufen bestehenden Daches verbinden sich **chinesische und japanische Elemente**, gestützt wird das Dach durch ein komplexes System von geschickt ineinander verschachtelten Dachstreben – die Zimmerleute, teilweise aus China herbeigeholt, waren Meister ihres Fachs.

Der Haupteingang wird von grimmigen steinernen Wächtern flankiert. Hat man sie passiert, so eröffnet sich im Inneren eine **große Gebetshalle** im Stil der Tang-Dynastie, an deren Ende sich drei große Figuren buddhistischer Gottheiten befinden. Von ca. 10 bis 11 Uhr finden hier Gebetszeremonien statt, zu denen sich die Teilnehmer **schwarze Talare** umhängen und **buddhistische Gesänge** anstimmen. Die Farbe Schwarz symbolisiert in der chinesischen Kultur Stärke. Die Wände der Halle sind mit Abertausenden von kleinen, filigranen Buddhafiguren verziert – wahre Kleinode, die die gesamten Wände bedecken. Unterbrochen wird diese Tausendschaft nur durch Gebetsnischen, in denen sich größere Figuren von Buddha oder buddhistischen Göttern befinden. Hinter dieser prunkvollen Halle liegt eine kleine Gebetshalle (am Hintereingang des Tempels).

085si Abb.: rk

In den beiden Etagen darüber sind Ausstellungs- und Museumsräume eingerichtet, die buddhistische Kunst- und Ritualobjekte beherbergen. Im 4. Stock schließlich befindet sich das größte Heiligtum des Tempels: eine 3,6 m hohe goldene Stupa, in der Überreste eines Zahns von Buddha untergebracht sind. Die Stupa besteht aus 420 Kilo Gold, das zum größten Teil von Gläubigen gestiftet wurde. Passend zu der Opulenz ist die Stupa von einem fabelhaft geschmückten Gebetsraum umgeben, es dominieren die Farben Gold und Rot.

An den vier Ecken des Tempels befinden sich Treppenaufgänge, über die man zum Dach gelangen kann, wo Buddhafiguren in die vier Himmelsrichtungen schauen. Das alles ist umgeben von Orchideen und anderen Pflanzen.

Der Temple of the Sacred Tooth Relic ist **ein Meisterwerk** und somit ein Muss auf dem Besuchsprogramm.

Im ersten Untergeschoss (Basement 1) wird in der „Five Insights Dining Hall" sehr preiswert chinesische vegetarische Kost ausgeschenkt. Man halte die exakte Summe bereit, denn das Geld wird statt in eine Kasse in eine Art Spendenbox gesteckt, und man bekommt kein Wechselgeld.

› 288 South Bridge Rd. (Hintereingang Sago St.), Singapore 058840, tgl. 7–19 Uhr, freier Eintritt, MRT Chinatown, Bus Nr. 61, 80, 145, 166, 197, Tel. 62200220, www.btrts.org.sg. Außer im 4. Stock ist Fotografieren erlaubt, doch sollte insbesondere während der Gebetszeremonien auf Blitzlicht verzichtet werden.

◁ *Außen wie Innen gibt der Temple of the Sacred Tooth Relic ein imposantes Bild ab*

EXTRATIPP

### Chinatown Heritage Centre: eine Hommage an die Pioniere

In der Pagoda Street liegt auch das **Chinatown Heritage Centre,** das sich der chinesischen Einwanderung in Singapur widmet. Von außen macht es nicht viel her, innen aber bietet es einen ergreifenden Einblick in das Leben der kleinen Leute von damals, der Kulis oder Rikscha-Zieher, die in China bitterer Armut entflohen waren. Eine gute Einstimmung in diesen von Chinesen geprägten Stadtteil. Das Centre ist **derzeit zwecks Renovierung geschlossen** und wird in der zweiten Hälfte des Jahres 2015 neu eröffnet werden.

## 17 Sri Mariammam Temple ★★ [D7]

An der South Bridge Rd./Ecke Pagoda Street reckt sich der **typisch südindische Tempelturm** *(gopuram)* von Singapurs ältestem Hindu-Tempel in die Höhe. Der Turm ist sowohl mit bunten Figuren hinduistischer Götter geschmückt als auch mit Darstellungen von ganz „bürgerlich" aussehenden Zeitgenossen. Ein gutes Fotomotiv, vor allem, wenn man ein Teleobjektiv dabei hat.

Der Bau des Tempels geht auf den Inder Narayana Pillai zurück, der mit Raffles an Land gegangen war und somit als **„Singapurs erster Inder"** gilt. Pillai arbeitete erst als Schreiber in der Verwaltung, machte später aber ein Vermögen als Textilhändler und Ziegeleibesitzer. 1827 stiftete er den Tempel, zunächst als eine Art einfacher Palmwedelhütte, 1834 dann entstand die erste Steinkonstruktion, der später weitere Anbauten folgten.

LITERATURTIPP

**Hinduismus, eine Religion unter vielen**

Der Hinduismus ist im multireligiösen Singapur eine Minderheitenreligion. Nur 5,1 % der einheimischen Bewohner sind Hindus. Bis auf wenige Ausnahmen sind sie ethnische Inder, die nicht nur zum Thaipusam (s. S. 22) und Thimithi das Straßenbild bereichern. Zahlreiche Informationen zu hinduistischen Gebräuchen im Alltagsleben bietet das Buch „Hinduismus erleben“ von Rainer Krack, erschienen im Reise Know-How Verlag.

086si Abb.: rk

Obwohl er mit zahlreichen Figuren der hinduistischen „Dreifaltigkeit“ Brahma, Vishnu und Shiva ausgestattet wurde, ist der Tempel doch der Göttin Mariammam geweiht, Shivas Gemahlin.

Am aufregendsten geht es am Tempel zum Fest Thimithi (s. S. 26) zu.

› 244 South Bridge Rd., Singapore, MRT Chinatown, Bus Nr. 61, 166, 197, Tel. 62234064, tgl. 7–12 und 19–21 Uhr

## 18 Jamae Mosque ★ [D7]

Ein paar Schritte östlich des Hindu-Tempels trifft man auf die kleine, hellgrün gestrichene Jamae-Moschee (Grün ist die Farbe des Islam), die als **Nationalmonument** gilt. Erbaut von 1830 bis 1835 von einigen Chulia, muslimischen Händlern aus Südindien, verbinden sich in der Moschee **chinesische, malaiische und anglo-indische Architekturstile.**

› 218 South Bridge Rd./Ecke Mosque Street, Singapore 058767, tgl. 5.45–21.30 Uhr, MRT Chinatown, Bus Nr. 61, 166, 197

## 19 Jinriksha Station ★ [D7]

Die **ehemalige Rikscha-Zentrale** von Singapur ist eines der auffälligsten Gebäude in Chinatown. Sie wurde 1903 erbaut, weist an ihren Seiten romanische Säulengänge auf und wird von einem soliden Turm gekrönt. Rikschas oder Jin-Rikschas („Mensch-Vehikel“), die von einem Rikscha-Zieher an zwei an den Seiten angebrachten Stangen gezogen wurden, waren 1869 in Japan erfunden worden.

*Der Gopuram oder Eingangsturm des Sri Mariammam Temple 17 ist mit kunterbunten Götterfiguren besetzt*

1880 wurden sie aus Shanghai nach Singapur eingeführt. 1885 schon bekamen sie Konkurrenz durch die Straßenbahn, und 1946 wurden sie durch *Trishaws* (dreirädrige Fahrradrikschas) ersetzt. Zieh-Rikschas gibt es heute nur noch in Kolkata in Indien.

2007 kaufte **Jackie Chan** die Jinrikscha Station für 11 Mio. S$. Der Schauspieler aus Hongkong versprach sich durch die in der Jinriksha Station untergebrachten Geschäfte sicher gute Mieteinnahmen.

Betrachtet man das Gebäude von der South Bridge Road aus, sieht man im Hintergrund den massiven, nach außen hin nicht sehr attraktiv wirkenden Gebäudekomplex des Pinnacle@Duxton (s. S. 113).

› 1 Neil Rd./Ecke Tanjong Pagar Rd., Singapore 088804, MRT Tanjong Pagar, Chinatown, Outram Park, Bus Nr. 61, 80, 145, 166, 197, 645

*Einst lag direkt vor ihm das Meer: der Thian Hock Keng Temple*

## 20 Thian Hock Keng Temple ★★ [E7]

Mitte des 19. Jh. war die **Telok Ayer Street** aufgrund der dort ansässigen chinesischen Landsmannschaftsvereinigungen und zahlreicher religiöser Bauten die **möglicherweise wichtigste Straße in Chinatown.** Der Mittelpunkt war der Thian Hock Keng Temple, der älteste Tempel der Stadt, der sich damals praktisch am Meerufer befand – der Bereich auf der anderen Straßenseite wurde erst später durch Landaufschüttung dem Meer abgerungen.

Der Tempel wurde zwischen 1839 und 1842 ohne Verwendung eines einzigen Nagels gebaut, mit Goldarbeiten verziert und **Ma Ju Por (Mazu) geweiht, der Göttin der Seefahrer.** Bevor Seeleute ihre Reise antraten, beteten sie hier zu der Göttin. Neben dem Hauptgebäude, das sich in einer Art Innenhof befindet, sind Schreine mit anderen Göttern angelegt, dahinter ist ein Schrein für Kuan Im eingerichtet, die Göttin der Gnade. Verbunden sind die einzelnen Gebäude durch

## Räucherstäbchen: Düfte für die Götter

*Vor chinesischen Tempeln werden die Besucher oft von dichten Rauchschwaden empfangen, verursacht von zahlreichen Räucherstäbchen, die die Gläubigen zur Verehrung der Götter abbrennen.*

*Der Brauch, beim Gebet wohlriechende Substanzen zu verbrennen, lässt sich einige Jahrtausende zurückverfolgen. Ausgrabungen im Indus-Tal brachten Figuren von Göttinnen zum Vorschein, an denen sich Spuren von Weihrauch befanden, und im Grab des Tut-Ench-Amun in Ägypten wurden Weihrauchkugeln entdeckt. Hinweise auf den Gebrauch von Räucherwerk lassen sich auch in babylonischen Tempeln sowie in den Heiligtümern der Inkas, Mayas und Azteken nachweisen. In der Shang-Dynastie (1600–1030 v. Chr.) wurden zu diesem Zweck spezielle formschöne Weihrauchbehälter hergestellt. Im 19. und teilweise 20. Jh. standen selbst an oder in chinesischen Opiumhöhlen und Bordellen in Südostasien taoistische Schreine, in denen dicke Bündel von Räucherstäbchen schwelten. Einige Taoisten sahen den Rauch nicht nur als Gabe an die Götter, sondern als legitime Gelegenheit zu einem ausgedehnten Rausch: Sie mischten Hanf oder Opium unter das Räucherwerk und begaben sich so für einige Zeit selbst in höhere Gefilde.*

*Abgesehen von solch selbstsüchtigen Motiven erfüllt das Abbrennen von Räucherwerk zwei Zwecke – einerseits sollen die bösen Geister ausgeräuchert werden, andererseits ist der aufsteigende Rauch auch eine Gabe an die Götter und die Ahnen. Auch etymologisch lässt sich eine Verbindung zwischen den Göttern und dem Weihrauch herstellen: Eine englische Bezeichnung für Räucherstäbchen ist „joss stick", wobei das „joss" eine Abwandlung des portugiesischen „deos" (Gott) darstellt.*

*Die Grundbestandteile von Weihrauch und Räucherstäbchen sind traditionell das Holz des Sandelbaumes und der Aloe; in Hindi heißen Räucherstäbchen „agarbatti", was „Licht der Aloe" bedeutet. Dazu kommen Zutaten wie Campher, Benzoe, Ambra, Moschus, Patschuli, Gewürznelken, Zitronella, Basilikum, Jasmin u. v. a., je nach der gewünschten Duftnote.*

*In der traditionellen Fertigungsweise wurden die Zutaten mit einem feinen Sägemehl vermahlen, mit Wasser und einem klebrigen Harz vermengt und zu einer tonartigen Masse verknetet. Diese wurde dann um ein dünnes Holzstäbchen von ca. 20 bis 30 cm Länge gerollt und anschließend einige Stunden in der Sonne getrocknet. Am Ende des Fertigungsprozesses wurden die Stäbchen in eine Farblauge getaucht und fertig war das Räucherwerk. Heute geht der gesamte Prozess maschinell vonstatten und viele Räucherstäbchen enthalten chemische Stoffe, die sowohl Geister verjagen als auch bei hoher Konzentration gesundheitsschädlich sein dürften.*

*Die Handwerkskunst der Räucherstäbchenherstellung ist somit praktisch zu Ende. Noch im alten China waren Räucherstäbchen teilweise so exakt und uniform hergestellt, dass man sie auch als Zeitmesser einsetzen konnte: Über die Länge der Räucherstäbchen verteilt, waren in regelmäßigen Abständen Kerben angebracht, anhand derer man die „verqualmte" Zeit ablesen konnte.*

Wandelgänge, über denen rote Laternen aufgehängt sind. Besonders künstlerisch sind die grimmigen Wächter, die auf die Türen gemalt wurden. Interessanterweise sind die Wächter in diesem Fall Eunuchen, zu erkennen an ihren wallenden Gewändern. In die goldene Farbe der Figuren ist Goldstaub mit eingemischt.

1973 wurde dieser „Tempel der himmlischen Glückseligkeit" – so die Übersetzung – als eines der ersten Gebäude in Singapur zum Nationaldenkmal erklärt und in der Folgezeit mehrmals renoviert.

› 158 Telok Ayer St., Tel. 64234616, Singapore 068613, www.thianhockkeng.com.sg, MRT Telok Ayer, Tanjong Pagar, tgl. 7.30–17.30 Uhr

## 21 Yu Huang Gong ★ [E7]

Direkt rechts vom Thian Hock Keng 20 befindet sich Yu Huang Gong, das **ehemalige Gebäude der Keng-Teng-Keck-Whay-Klansassoziation**, einer Vereinigung von Kaufleuten aus den Reihen der Peranakan-Chinesen (s. S. 64). Gegründet wurde sie 1831. Die Klanmitglieder hielten sich ziemlich zurückgezogen und machten nicht viel Aufhebens um ihr Gebäude – viele Singapurer hielten es für einen Teil des benachbarten Thian Hock Teng Temple. 2013/14 wurde das Gebäude unter Mithilfe von Künstlern aus der chinesischen Provinz Fujian renoviert und im Januar 2015 als taoistischer Tempel neu eröffnet.

Am Eingang wird man von zwei Drachen begrüßt, dahinter zeigt sich die Tür, die mit prächtigen Gemälden von Tempelwächtern verziert ist. Ansonsten gibt der kleine Tempel nicht viel her, zudem ist das Fotografieren im Inneren verboten. Man muss durch die Tür rechts hineingehen und links wieder hinaus. Hinter dem Tempel befindet sich ein Pagodenähnlicher Turm, der vielleicht das augenfälligste Merkmal der Anlage darstellt.

› 150 Telok Ayer St., Singapore 0686008, Tel. 62956112, tgl. 7.30–17.30 Uhr, MRT Telok Ayer, Tanjong Pagar

## 22 Nagore Durgha Shrine ★ [E7]

Einige Schritte weiter rechts des Thian Hock Keng Temple 20 liegt dieser kleine Schrein, **eines der wichtigsten muslimischen Heiligtümer** der Stadt, errichtet zwischen 1828 und 1830. Wie so viele religiöse Gebäude wurde er von den Chulia erbaut, den Muslimen von der indischen Südküste, die sich in Singapur und Malaysia heute häufig als Geldwechsler betätigen – das *Verleihen* von Geld ist den Muslimen verboten und so wird dies von geschäftstüchtigen Hindus übernommen. Der Schrein hat eine Fassade, die eher an ein altes Palastgebäude erinnert und an ihren vier Ecken mit Türmen besetzt ist.

› 140 Telok Ayer St., Singapore 068613, tgl. 5.45–21.30 Uhr, MRT Telok Ayer, Tanjong Pagar

## 23 Masjid Al-Abrar ★ [E7]

Auch diese Moschee geht auf den Baueifer der Chulia zurück. Errichtet wurde sie 1827 an einer Stelle, an der sich zuvor eine schlichte Bambushütte befunden hatte (auf Tamil *Kachu Palli*). Das heutige Gebäude mit seinen zwei schlanken Minaretten wurde 1974 zum Nationaldenkmal erklärt.

› 192 Telok Ayer St., Singapore 068613, tgl. 5.45–21.30 Uhr, MRT Telok Ayer, Tanjong Pagar

### 24 Ann Siang Hill ★ [E7]

An der westlich der Telok Ayer Street verlaufenden Amoy Street findet sich an einem 90-Grad-Knick in der Straße der kleine **chinesische Siang Ko Keong Temple.** Ein paar Schritte weiter nordöstlich gehen von der Straße in westliche Richtung Treppen ab, über die man auf die kleine Anhöhe **Ann Siang Hill** gelangt. Mitte des 19. Jh. wurden auf dem Hügel Muskatnüsse und Gewürznelken angebaut. Heute befindet sich hier ein **kleiner Park mit Sitzbänken,** von der obersten Stelle aus blickt man auf einige Hinterhöfe, aber auch auf die Bürohochhäuser des nahen Bankendistrikts. Man beachte die englisch- und chinesischsprachigen Straßenschilder der Ann Siang Hill Rd. – hier könnte man anfangen, Chinesisch lesen zu lernen, denn das Zeichen für „Hügel" ist ganz eindeutig und auch jedem Laien verständlich: 山 (Shān). Ann Siang Hill Road und die benachbarte Erskine Road sind, wie weite Teile Chinatowns, liebevoll renoviert und in den ehemaligen chinesischen Wohnhäusern warten heute charmante kleine Cafés und Restaurants auf.

An der Straßenbiegung 66 Amoy St. steht der kleine **Siang Cho Keng (Xian Zu Gong) Temple,** der 1969 von Mitgliedern der Hokkien-Gemeinde errichtet wurde. Gehuldigt wird hier der Gottheit Gong (etwa „der erhabene Onkel"), dem unter anderem auch auf Kusu Island 75 ein Tempel gewidmet ist.

Weiter südlich, zwischen Amoy St. und Telok Ayer St., schließt sich das **Amoy Street Food Centre** an, ein von Touristen so gut wie unentdecktes Hawker Centre mit zahlreichen chinesischen Essenständen, dazu einigen mit internationaler Küche und Salaten und exotischen Fruchtsäften (unterschiedliche Öffnungszeiten). Ab 3 S$ gibt es hier schon so manch leckere kleine Mahlzeit. 2015 wurde es renoviert und ist nun einladender denn je.

› **Amoy Street Food Centre,** 9 Maxwell Rd. (Zugang aber auch von der Telok Ayer Rd.), Singapore 069111, geöffnet je nach Essensstand ca. 10–20 Uhr
› Ann Siang Hill Rd./Amoy St./Telok Ayer Rd., MRT Telok Ayer, Tanjong Pagar

### 25 Keong Saik Road ★ [D7]

Die **Keong Saik Rd.** hat in den letzten Jahren – wie so viele Teile Singapurs – eine beachtliche Transformation durchlebt. Bis ins erste Jahrzehnt des 21. Jh. war es eine Rotlichtmeile, in der fast jedes dritte Haus ein Billigbordell beherbergte. Aus diesen Lotterzeiten sind nur noch ein oder zwei Etablissements übrig geblieben. Der Straßenzug wurde wunderschön restauriert, hier haben sich nun Boutique-Hotels und Restaurants niedergelassen.

Biegt man von der Kreta Ayer Rd. kommend in die Keong Saik Rd. ein, sieht man dort als Erstes den hinduistischen **Layan Sithi Vinayagar Temple** aus dem Jahre 1925.

Wie alle südindischen Tempel in Singapur ist der Turm über dem Eingang mit zahllosen bunten Götterfiguren dekoriert. Weiter in die Straße hineingehend, passiert man mehrere schicke Boutique-Hotels, die in ehemaligen alten Wohn- oder Geschäftshäusern untergebracht sind: **Keong Saik Hotel, Naumi Liora Hotel** (s. S. 255), **Hotel 1929** und ums Eck in der abzweigenden Teck Lim Rd. das **Park 22 Hotel** und **Chinatown Hotel.**

088si Abb.: rk

Etwas weiter dahinter, in der Jiak Chuan Rd., befindet sich noch das **Hotel 81 Cosy**, das moderneren Stils ist, aber für reichlich Unterkunftsmöglichkeiten ist somit gesorgt.

•**218** [D7] **Layan Sithi Vinayagar Temple,** 77 Keong Saik Rd., tgl. 6.30–12 und 16–18.30 Uhr

Das auffälligste Gebäude in der Keong Saik Rd. ist das **„Potato Head Folk Building“**, ein schmales Eckhaus von 1939, das sich in die Kreuzung der Keong Saik Rd. und der Teck Lim Rd. hineinzwängt und eine rechteckige Form hat. Das Wort „Eckhaus“ trifft es vielleicht nicht ganz, denn die „Ecke“ ist elegant abgerundet, so wie bei den Häusern im alten Tiong Bahru (s. S. 158), die aus derselben Epoche stammen. Der Name des Gebäudes stammt von dem darin befindlichen, 2014 eröffneten **Restaurant Potato Head Folk** (s. S. 161), der Ableger eines bekannten Restaurants auf Bali. Hier werden unter anderem ausgezeichnete Tapas und Hamburger serviert. Auf der Dachterrasse kann man originelle Cocktails oder „Mocktails“ (alkoholfreie Cocktails) schlürfen. Ein paar Schritte weiter westlich findet man das vegetarische Restaurant **Afterglow** (s. S. 68).

Schräg gegenüber steht in der 13 Keong Saik Rd. ein kleiner chinesischer Tempel, der **Kong Tee Peng Temple** aus dem Jahr 1929; und rechts daneben befindet sich – nur ganz bescheiden durch ein kleines Schild angedeutet – eine Vertretung der **deutschen ARD.** Von hier berichtet diese über Südostasien, Australien und Neuseeland. Das hübsche, blau-weiß gestrichene Haus fügt sich nahtlos in die pittoreske Straße ein, und von atemloser Korrespondentenhek-

*Abends zeigt sich die Keong Saik Rd. von ihrer fotogensten Seite*

## Alt ist „in" – das Nostalgie-Viertel Tiong Bahru

*Im traditionellen Herz des Stadtteils Tiong Bahru, ca. 1,5 km nordwestlich von Chinatown gelegen, erstrecken sich einige beschauliche Straßenzüge, die Singapurs erste Projekte des öffentlichen Wohnungsbaus beherbergen. Diese entstanden ab den 1930er-Jahren und sind im Art-déco-Stil erbaut. Die Häuser setzen sich stilistisch wohltuend von den sie umgebenden modernen Hochhäusern ab. Die „Ecken" an den Häusern sind schwungvoll abgerundet, genau wie die Balkone. Der Stil weckt in vielen Singapurern nostalgische Gefühle und das Viertel ist heute „in". Infolge der neu entdeckten „Coolness" haben sich hier auch einige gemütliche kleine Cafés, Bars und Läden, die keiner Kette angehören, angesiedelt.*

*Die hier befindlichen Wohnungen sind unter anderem auch bei westlichen Expats beliebt, denn damals hatte man noch viel Platz in Singapur, und man baute geräumig. Die kleinen Straßenzüge sind zudem verkehrsarm und ruhig. Mietpreise für eine mittelgroße Wohnung: ca. 3000 S$ pro Monat.*

*Das alte Tiong Bahru befindet sich nahe der Tiong Bahru Rd., in den Straßenblöcken um Eng Hoon St., Seng Poh Lane, Eng Watt St. und Guan Chuan St. All diese Straßen sind nach Pionieren des frühen Singapur benannt. Block Nr. 78 an Guan Chuan St./Moh Guan Terrace, erbaut von 1939 bis 1940, war Singapurs erster fünfstöckiger Wohnblock und zudem der erste, der einen eigenen Luftschutzbunker aufwies. Der Bunker hatte eine Fläche von 1500 m² und konnte bis zu 1600 Menschen aufnehmen.*

*Hier einige spezielle Plätze in Tiong Bahru:*

**220** *[A7]* ***Books Actually,*** *9 Yong Siak St., Singapore 168645, Tel. 62228195, www.booksactually.com; Mo 11–18, Mi–Fr 11–21, Sa 10–21, So 10–18 Uhr. Unabhängiger, gutbestückter Buchladen mit Fokus auf Romanen und Poesie, mit vielen Werken einheimischer Autoren.*

**221** *[B7]* ***Drips Bakery Café,*** *82 Tiong Poh Rd. 01-05, Singapore 160082, Tel. 62220400, www.drips.com.sg, So–Do 11–21.30, Fr/Sa 11–23 Uhr. Ein schmuckes, helles und geräumiges Café, das sich auf Obsttorten spezialisiert. Auch anderes Gebäck gelingt hier gut, z. B. das Special Foccacia, italienisches Brot mit Tomaten und Gewürzen.*

**222** *[B6]* ***Hotel Nostalgia*** *€€-€€€, 77 Tiong Bahru Rd., Singapore 168727, Tel. 68081818, 68081814, www.hotelnostalgia.com.sg. Gemütliches, kleines Hotel mit hübsch eingerichteten Zimmern, das sich zudem architektonisch bestens in den Stadtteil einfügt. Von einem zur Straßenseite gelegenen Open-Air-Restaurant lässt sich gut die Szenerie beobachten. Das Hotel ist eine gute Wahl in diesem von Touristen so gut wie unentdeckten Viertel.*

**223** *[A7]* ***Nana & Bird,*** *79 Chay Yan St. 01-02 (Eingang von Yong Siak St.), Singapore 160059 und 59 Eng Hoo St. #01-65, Singapore 160059, Handy 91170430, shop.nanaandbird.com, Di–Fr 12–19, Sa/So 11–19 Uhr. Schicke Boutique mit Damen- und Kinderkleidung von singapurischen und aus-*

*ländischen Designern, dazu Handtaschen, Ohrringe und andere ungewöhnliche Accessoires.*

**224** *[A7]* ***Strangelets,*** *7 Yong Siak Rd., Singapore 168644, Tel. 62221456, www.strangelets.sg, Mo–Fr 11–20, Sa/So 10–20 Uhr. Kunstvolle, originelle Zier-, Spiel- und Nutzobjekte aus aller Welt bietet dieser Laden: von superhaltbaren, schicken Rucksäcken bis hin zu „auf alt" getrimmten Radios aus Holz, die sogar funktionieren.*

**225** *[A6]* ***Tiong Bahru Food Market & Hakwer Centre*** *€, 83 Seng Poh Rd, Singapore 168898, geöffnet: Markt ab ca. 6 Uhr bis abends, Essensstände unterschiedlich, ca. 6.30/8/10 – 21/22 Uhr. Unter vielen älteren Singapurern gilt das dem Markt angeschlossene, im 2. Stock befindliche Hawker Centre als eines der besten. Unter den Ständen ist das „Tiong Bahru Lee Hong Kee Cantonese Roasted" (Nr. 02-60) besonders beliebt. Die Gerichte aus geröstetem Schweinefleisch lassen so manche Warteschlange vor dem Stand entstehen. Das „Tiong Bahru Hainanese Boneless Chicken Rice" (Nr. 02-82) kredenzt mit den besten „Chicken Rice", eines der singapurischen Nationalgerichte.*

**226** *[B6]* ***Tiong Bahru Bar (TBB),*** *3 Seng Poh Rd. 01-01, Singapore 168891, Tel. 64384380, Mo–Sa 12–1, So 16–1 Uhr. Eine der „hippen" Bars im Viertel. Leicht industriell angehauchtes Dekor, dazu gute Getränkeauswahl und internationale Gerichte (darunter viele spanische). Die Räumlichkeiten sind sehr großzügig angelegt, man hat viel Platz. Abends sorgt ein DJ für die begleitende Musik, am Samstagabend gibt es Livemusik von einer Band.*

**227** *[B6]* ***Tiong Bahru Bakery by Gontran Cherrier,*** *56 Eng Hoon Rd. 01-70, Singapore 160056, Tel. 62203430, www.tiongbahrubakery.com; Zweigstellen in Raffles City (s. S. 41) und Tangs (s. S. 42), Mo–Do 8–20, Fr/Sa 8–22 Uhr. Vom französischen Fernsehkoch und Kochbuchautor Gontran Cherrier gegründetes Café mit exquisiten Backwaren, Torten, Delikatess-Burgern u. a. Mit Sitzgelegenheit draußen auf dem Trottoir.*

**228** *[B6]* ***Tiong Bahru Pau,*** *237 Outram Rd. 02-09, Singapore 169041, Tel. 62227656, MRT Outram Park; Di–So 8–20 Uhr. Schon etwas außerhalb von Tiong Bahru gelegen, verdient dieses nach dem Stadtteil benannte Restaurant dennoch eine Erwähnung, denn es serviert mit die besten „Pau" (auf Engl. „buns"), gedämpfte Klöße mit diversen Füllungen. Hier fallen sie besonders zart aus und zergehen angenehm im Mund. Besonders beliebt ist die Variante „Char Siew" mit einer Füllung aus geröstetem Schweinefleisch.*

› ***Anfahrt Tiong Bahru:*** *MRT-Station Tiong Bahru, von dort ist es aber noch ein zehnminütiger Fußweg bis zum alten Stadtkern. Ansonsten direkt mit Bus Nr. 5, 16, 33, 63, 121, 123, 195 oder 851. Bus Nr. 33 verbindet Tiong Bahru unter anderem mit dem Joo Chiat-Viertel* **55***, und so könnte man damit gleich zwei „Heritage"-Stadtteile hintereinander besuchen.*

## Die chinesischen Geheimbünde: vom Landsmannsklub zur Mafia

*Mit dem Zustrom von chinesischen Einwanderern in Singapur und auf der Malaiischen Halbinsel bildeten sich schon früh landsmannschaftliche Vereinigungen, in denen die Neuankömmlinge die Pflege ihrer Kultur und Sprache hegen konnten. Die Vereinigungen waren strikt nach Region und Sprache getrennt – so gab es Hokkien-, Hakka-, Kantonesen- und Teochew-Verbände, die alle von ihrem eigenen „Kapitän" angeführt wurden.*

*Diese „Geheimbünde", wie sie aufgrund ihrer geheim gehaltenen Rituale auch genannt wurden, hatten zunächst eine durchaus nützliche Funktion: Sie halfen frisch eingetroffenen Immigranten, die oft nichts besaßen als die Kleidung, die sie trugen, vermittelten ihnen Arbeit und schlichteten Streitfälle. Damit boten sie ihren Mitgliedern zwar Sicherheit, Schutz und einen Zufluchtsort fern der Heimat, andererseits verhinderten sie durch ihre enge Bindung die Integration als Bürger Singapurs. Singapur war ein Ort, um Geld zu verdienen, keine Stadt, in der man tiefe Wurzeln zu schlagen plante. Erst nach der chinesischen Revolution von 1911 und der Einführung einer konstitutionellen Monarchie in China verbreiteten sich nationalistische Ideen. Später waren es vor allem die Chinesen, die die Unabhängigkeit von der britischen Kolonialmacht anstrebten.*

*Mit dem Zustrom von chinesischen Prostituierten (s. S. 76) bot sich den Geheimbünden eine einträgliche Verdienstmöglichkeit durch Zuhälterei oder den Transport von Frauen nach Singapur. Eine weitere gute Einnahmequelle war die Vermittlung von Kulis (Lastenträgern).*

*Eine wachsende Zahl von Einwanderern bedeutete steigende Umsatzzahlen, was wiederum den Konkurrenzkampf zwischen den Geheimbünden schürte, und häufig kam es zu blutigen Auseinandersetzungen. Die britischen Behörden sträubten sich zunächst noch gegen ein Verbot der Gesellschaften, da man befürchtete, sie nur in den Untergrund zu treiben. Stattdessen versuchte man, auf die Anführer einzuwirken.*

*1851 kam es jedoch zu ernsthaften Machtkämpfen, die den gesellschaftlichen Frieden in Singapur zu gefährden schienen. Der Umstand, dass es einigen sehr missionsfreudigen katholischen Priestern gelungen war, zahlreiche Chinesen zum Christentum zu bekehren, bedeutete einen erheblichen Verlust von Einfluss und somit Geld. Zur Abschreckung überfielen Chinesen ihre konvertierten Landsleute, plünderten deren Häuser, brannten sie nieder und mordeten. Die tobenden Geheimbündler konnten nur durch ein großes Polizeiaufgebot von weiteren Gräueltaten abgehalten werden – vorläufig.*

*1854 führte ein Marktstreit zwischen einem Hokkien-Chinesen und einem Kantonesen – angeblich ging es um sechs Pfund Reis – zu einem Gemetzel unter den betreffenden Landsmannschaften, das mit Äxten, Messern und Spießen ausgetragen wurde. Am Ende einer einwöchigen Schlacht waren 600 Tote zu beklagen und 300 Häuser waren zerstört.*

*Als 1867 ähnliche Auseinandersetzungen Penang für ein paar Tage in ein Schlachtfeld verwandelten, sahen sich die britischen Behörden zu strikten Maßnahmen genötigt. Ab 1869 mussten sich alle Geheimbünde registrieren lassen und 1877 gründeten die Briten ein „Chinesisches Protektorat“, das sich um die Belange chinesischer Einwanderer, inklusive der Prostituierten, kümmerte. 1890 schließlich wurden die Geheimbünde in Singapur verboten, bald darauf auch in Malaysia – mit diesem Schritt waren diese endgültig zu einer Art Untergrundorganisation oder „Mafia“ geworden.*

*Neben dem Opiumhandel, der Prostitution und dem Glücksspiel spezialisierten sich die Bünde auf das Eintreiben von Schutzgeldern, denen sich kaum ein Geschäftsbesitzer widersetzen konnte. Ältere Singapurer erzählen noch heute davon, wie noch in den 1960er-Jahren Gangsterbanden ihre „kampong“ oder Siedlungen beherrschten und wie gefährlich es war, sich in ein fremdes „kampong“, also in fremdes Territorium, zu verlaufen. Eines der weltweit größten Drogensyndikate seiner Zeit war die in den 1970er- bis 1990er-Jahren aktive Organisation „Ah Kong“, die ihren Ursprung in Singapur hatte, aufgrund verschärfter Gesetzgebung jedoch nach Bangkok und Amsterdam ausgewichen war.*

*Heute herrschen in Singapur extrem strenge Gesetze gegen organisierte Kriminalität. Allein der Verdacht, einer kriminellen Vereinigung anzugehören, kann genügen, um unter Berufung auf den „Internal Security Act“ (ISA) für einige Zeit aus der Öffentlichkeit zu verschwinden.*

tik zeigt sich zumindest von außen rein gar nichts. Als die ARD das Haus im Jahr 2002 übernahm, stand es leer; davor hatte es als Restaurant gedient und davor – wie es in der Straße halt so üblich war – als Bordell.

Im südlichen Bereich der Straße haben einige weitere Restaurants ihre Pforten geöffnet – Gaumenrichtung kontinental, thailändisch und chinesisch – und dazu lockt eine Weinstube (Wine Mansion). Auf Schritt und Tritt sieht man in der Straße im Hintergrund – fast wie ein bedrohliches Monster – das riesige, futuristische Gebilde des Pinnacle@Duxton (s. S. 113).

Besonders schön zeigt sich die Keong Saik Rd. in der Abenddämmerung, dann, wenn die Lichter der schmuck renovierten Häuser zusammen mit dem Dämmerhimmel von Minute zu Minute sich wandelnde Lichtkombinationen erzeugen.

Biegt man am Südende der Keong Saik Rd. rechts (westlich) in die Neil Rd. ein, so stößt man auf das **Goethe-Institut** (s. S. 234). Auch die benachbarte restaurierte Bukit Pasoh Rd. ist einen Blick wert. Hier finden sich **Majestic Hotel** (s. S. 259) und **Oso Ristorante** (s. S. 62). Man beachte auch den schmalen Park, der hinter den Häuserfassaden zwischen Bukit Pasoh Rd. und Keong Saik Rd. angelegt ist. Dieser quasi die Hinterhöfe durchziehende Park, der **Duxton Plain Park**, ist ein gutes Beispiel dafür, wie ernst es Singapur damit ist, auch das kleinste freie Stück Land zu begrünen.

› MRT Outram Park, Chinatown, Bus Nr. 80, 145 (zur Kreta Ayer Rd.) oder Bus Nr. 166, 167, 196, 197 (zur Neil Rd.)

**219** [D7] **Potato Head Folk** €€-€€€, 36 Keong Saik Rd., Tel. 63271939, www.pttheadfolk.com, Di–So 11–24 Uhr

089si Abb.: rk

## 26 Ying Fo Fui Kun ★ [E7]

1822 gründeten Hakka-Chinesen eine Klans-Vereinigung, deren Gebäude 1998 zum **Nationalmonument** erklärt wurde. Das Klans-Haus Ying Fo Fui Kun war eines der ersten Gebäude in der Telok Ayer St. In späteren Jahren diente es auch als Tempel und als Schule. Heute gibt das restaurierte Haus einen guten Einblick in die Architektur eines Klan-Hauses. Neben Steintafeln mit chinesischen Inschriften birgt das Gebäude einen Altar, der dem taoistischen Kriegsgott Guan Ti geweiht ist. Der martialische Guan Ti gilt unter Taoisten auch als Schutzpatron des Buddhismus.

› 98 Telok Ayer St., Singapore 048474, Tel. 65336726, MRT Telok Ayer, Mo–Fr 9–17, Sa 9–12 Uhr. Eintritt frei

*Dieses Relief im Yueh Hai Ching Temple erzählt eine mythische Geschichte aus dem alten China*

## 27 Yueh Hai Ching Temple ★★ [E6]

Durchschreitet man das Eingangstor, an dem zu beiden Seiten in chinesischen Schriftzeichen segensreiche Wünsche angebracht sind, durchquert man erst einen großen Vorhof und erreicht dann den eigentlichen Tempel. Der Yueh Hai Ching Temple hat seinen Ursprung im Jahr 1826, als an der Stelle ein einfacher Schrein angelegt wurde. Das gegenwärtige Gebäude stammt aus den Jahren 1850 bis 1855. Der Tempel ist das **wichtigste Heiligtum der Teochew-Gemeinde** in Singapur, die nach den Hokkien- und Kantonesisch-Sprechern die drittgrößte ethnische chinesische Gruppe in Singapur darstellt. Nach fünfjähriger Restaurierung, die 7,5 Mio. S$ verschlang, wurde der Tempel 2014 neu eröffnet. Allein die Recherchen, um die zahllosen, stark angegriffenen Figuren und anderen Kunstwerke originalgetreu wiederherzustellen, nahmen zwei Jahre in Anspruch.

Die Mühe hat sich jedoch gelohnt: 2014 verlieh die **UNESCO** dem Tempel eine Auszeichnung als **Kulturerbe** des Asien-Pazifik-Raumes.

Der Yueh Hai Ching Temple ist derjenige chinesische Tempel in Singapur, der auf seine Fläche umgerechnet die **größte Anzahl an Kunstwerken** aufweist. Schon die zahllosen dreidimensionalen Figuren auf dem Dach sind eine wahre Wonne und im Inneren sind zahlreiche Gemälde, Reliefs und Figuren untergebracht. Viele der Figuren stellen Charaktere aus alten chinesischen Dramen dar; gelegentlich werden ganze Szenen daraus nachgestellt. Falls ein Tempelangestellter anwesend ist, lasse man sich z. B. die Szene aus dem Roman *Shi Gong'an* („Die Fälle von Richter Shi") aus dem Jahr 1798 zeigen. Darin wird von Porzellanfiguren sehr detailliert und lebensecht eine Gerichtsverhandlung dargestellt.

Besonders eindrucksvoll sind auch die **Gemälde der Türwächter,** möglicherweise die schönsten ihrer Art in Singapur. Der Tempel ist vielleicht keine Sehenswürdigkeit, die den durchschnittlichen Besucher lange fesseln kann; Kunstfreunde aber oder Leute mit Blick fürs Detail werden beeindruckt sein.

› 30B Philip St., Singapore 048696, Tel. 65338537, MRT Raffles Place, tgl. 6–18 Uhr

091si Abb.: rk

*Clarke Quay zieht sowohl Touristen als auch Einheimische an*

# Um Clarke Quay

Die Reihen einstiger Lagerhäuser am Clarke Quay sind zwar in ein modernes Restaurant- und Entertainment-Center umgewandelt worden – lobenswerterweise weitgehend unter Beibehaltung der historischen Architektur –, in seiner Umgebung findet sich aber auch noch die eine oder andere kulturelle Sehenswürdigkeit.

## 28 Tan Si Chong Su Temple ★ [D5]

Ein Klan, ein Tempel – der Tan Si Chong Su Temple wurde von 1876 bis 1878 als **Klans-Tempel der Tan** errichtet. Die Tan sind noch heute sehr präsent in Singapur. „Tan" ist der häufigste Nachname in der Stadt, und die chinesischen Götter seien demjenigen gnädig, der im Telefonbuch nach einem bestimmten „Tan" suchen muss.

Beim Bau des Tempels ließen die Tan sich nicht lumpen, er ist einer der **sehenswertesten chinesischen Tempel in der Innenstadt.** Das Gebäude wird von mehreren Innenhöfen durchzogen, allesamt meisterlich ornamentiert und mit viel frisch leuchtendem Rot versehen, der Farbe, die als Glück verheißend gilt. An den Seiten sind Altäre mit vielen Göttern angelegt. Das Zentrum der Anlage bildet jedoch die **Ahnenhalle,** die hinter dem Hauptgebetsschrein geschaffen wurde und für die Öffentlichkeit nicht zugänglich ist. Auf Plaketten und Tafeln wird hier das Loblied auf die Ahnen angestimmt. Die Ahnenverehrung bildet einen fundamentalen Bestandteil der chinesischen Kultur.

Der Tempel befindet sich unweit vom Riverside Point am Clarke Quay und kann bequem in Zusammenhang mit einem Essen im Brewerkz (s. S. 62) oder Jumbo Seafood (s. S. 58) besucht werden.

› 15 Magazine Rd., Singapore 059568, Tel. 65332880, MRT Clarke Quay, tgl. 10–18 Uhr

## ㉙ Hong San See Temple ★ [C4]

Weiter flussaufwärts, westlich von Clarke Quay und nahe Robertson Quay, steht stolz auf einer kleinen Anhöhe der Hong San See Temple, errichtet 1908 bis 1913. Bei diesem stimmt das **Feng Shui** (s. S. 180) ganz ausgezeichnet: Er steht in erhöhter Lage, in seinem Rücken, im „kalten" Norden oder der Richtung des *ying,* schützt ihn eine weitere Anhöhe, und der Eingang zeigt nach Süden, haargenau in die Richtung des *yang* – alles prima also. Früher konnte man aufgrund der erhöhten Lage von hier aus das Meer erblicken, die Aussicht wird heute aber durch Hochhäuser blockiert.

Der Hong San See Temple ersetzte einen gleichnamigen Tempel in der Tras St. (Tanjong Pagar), der 1820 gebaut worden war und Einwanderern aus der chinesischen Provinz Fukien als Treffpunkt diente. Nach mehreren Renovierungen in den letzten Jahrzehnten – die letzte erfolgte 2014 – zeigt sich der Tempel nun beinah wieder wie neu. Das Haupttor ist mit Phönixen bemalt, eine Anspielung auf den Namen der Anlage, der übersetzt „Tempel auf dem Phönixhügel" bedeutet. Im Inneren zeigen sich weitere, filigrane Dekorationen, so z. B. an vier Granitpfeilern, die mit Figuren von Drachen und chinesischen Göttern („Die acht Unsterblichen") verziert sind. Auf dem prachtvollen Hauptaltar befindet sich eine goldene Figur des Gottes Guangze Zunwang, dem Gott des Glücks.

› 29 Mohamed Sultan Rd., Singapore 238971, Tel. 67373683, tgl. 7–18 Uhr, Anfahrt ab 2017 am besten über MRT-Station Fort Canning, ansonsten MRT Clarke Quay oder Bus Nr. 32, 54, 139, 195, 930

## ㉚ Sri Thandayuthapani Temple (Chettiar Temple) ★ [D4]

Von 1855 bis 1860 dauerte der Bau dieses Tempels, der von den Mitgliedern der Händler-Kaste der Chettiar aus Tamil Nadu in Indien errichtet wurde. Der Tempel ist dem Gott Murugan oder Subramaniam geweiht, mit dem sich die Chettiar aufgrund von einigen Mythen und Legenden besonders verbunden fühlen. Besonderes Augenmerk verdient der 23 m hohe *gopuram,* der **Tempelturm**, der wie üblich in Südindien mit zahllosen bunten Götterfiguren übersät ist. Die über 6 m hohen Türen sind aus Rosenholz und mit typischen südindischen Mustern bedeckt. Die größte architektonische Besonderheit aber ist *thoonganai maadam* (auf Tamil) oder *gajabrishta* (Sanskrit) – die **Statue des Hinterteils eines liegenden Elefanten.** Derlei Darstellungen soll es in Indien nur viermal geben, sie stammen alle aus der Zeit der späten Chola-Dynastie (1070–1279) in Indien.

Der Tempel ist der Endpunkt der **Thaipusam-Prozessionen** (s. S. 22) und das weite, palmenbepflanzte Gelände vor dem Tempel ist bestens dazu geeignet, die Festteilnehmer nach der Tortur ausruhen zu lassen.

› 15 Tank Rd., Singapore 238065, Tel. 67379393, tgl. 8–20.30 Uhr, Anfahrt mit Bus Nr. 32, 54, 139, 195, 930 oder MRT-Station Clarke Quay und von dort ca. 10–15 Min. zu Fuß. Ab 2017 am günstigsten MRT-Station Fort Canning.

› Siehe auch The Forbidden City (s. S. 31)

*☐ Das Goodwood Park Hotel (s. S. 260) liegt nur zwei Gehminuten von der eleganten Orchard Rd. entfernt*

# 31 Orchard Road und Umgebung ★★ [C3]

*Um 1830 befand sich an der Stelle der heutigen Orchard Road nur ein rustikaler Trampelpfad, zu dessen Seiten Obst- und Gemüsegärten angelegt waren. 1848 wurde aus dem Bereich eine Muskatplantage, in der sogar manches Mal ein Tiger gesichtet wurde.*

Die einzigen Tiger, die man heute hier antrifft, sind die auf den Etiketten des in Singapur hergestellten „Tiger Beer“ (s. S. 55). Dic Orchard Road ist **die bekannteste Shoppingmeile der Stadt,** wenn nicht gar Südostasiens. Falls man aber aufgrund der hohen Preise nicht shoppen möchte, lässt sich in den Straßencafés so manch eisgekühlter Tiger erlegen.

In und um Orchard ist vom malerischen alten Singapur fast nichts mehr übrig. Eine Ausnahme bildet die unter Denkmalschutz stehende **Emerald Hill Road Conservation Area** [C2], bestehend aus Emerald Hill Road, Hullet Road und Saunders Road. Die Häuser auf diesem „Smaragd-Hügel“ (Emerald Hill) stammen aus der Zeit von 1901 bis 1925 und sind ein pittoreskes Relikt aus den frühen Tagen Singapurs.

Weiter östlich an der Orchard Road befindet sich der gut bewachte Zugang zum **Istana**, Malaiisch für „Palast“. Dies ist der von einem weitläufigen Park umgebene **Sitz des Präsidenten** von Singapur. Ganz im Sinne von Singapurs Multikulti-Kultur wird dieser teilweise von nepalesischen Gurkha-Soldaten bewacht, die seit der britischen Kolonialzeit einen legendären Ruf als furchtlose Kämpfer genießen. An fünf Feiertagen im Jahr ist das Gelände der Öffentlichkeit zugänglich: CNY, Deepavali, Hari Raya Puasa, Tag der Arbeit und dem Nationalfeiertag (9.8.). Singapurer kommen umsonst hinein, Ausländer zahlen eine minimale Eintrittsgebühr.

Unweit des Eingangs des Istana, in der 101 Penang Rd., befindet sich das **House of Tan Yeok Nee,** die ehemalige hochherrschaftliche Residenz eines wohlhabenden Händlers. Das Haus wurde 1885 im typischen Teochew-Stil errichtet und ist eines von nur noch zwei traditionellen chinesischen Herrenhäusern in der Stadt. (Das andere ist das vom selben Bauherren in Auftrag gegebene Haus „Lian Yi Xuan“, in dem sich

092si Abb.: rk

KURZ & KNAPP

### „Vogelreservat" Orchard Road?

Man sollte es kaum glauben, aber die Bäume entlang der Orchard Rd. sind das Habitat von Abertausenden von Vögeln. Jeden Tag zur Abenddämmerung (ca. 18.45 bis 19.15 Uhr) stimmen die Vögel im mittleren Bereich der Straße, also um den Bereich der MRT-Station Somerset, ein ohrenbetäubendes Gezwitscher an. Dieses übertönt beinah den Verkehrslärm.

heute ein Restaurant der IndoChine-Kette befindet, s. S. 138). Von 1938 bis 1991 hatte hier die Heilsarmee ihren Sitz. Heute präsentiert sich das Haus bestens renoviert und modernisiert, hat aber einiges von seinem alten Charakter eingebüßt. Es dient nun als die asiatische Vertretung der **University of Chicago Booth School of Business.**

Hübsch anzusehen ist das **Winsland Conservation House** in der 165 Penang Rd., das sich mit seiner grellweißen Farbe und dem kolonialen Look scheinbar anschickt, das Raffles Hotel (s. S. 146) imitieren zu wollen. Erbaut wurde es 1842 von Dr. Thomas Oxley, dem Besitzer einer Muskatplantage. Damals hieß es „Killiney House". Rundum befanden sich Muskatplantagen. Als 1860 die Muskaternte ausblieb, verkaufte Oxley das Anwesen und ein neuer Besitzer taufte es später um in „Belle Vue". In der jüngsten Vergangenheit hatte sich sukzessiv das eine oder andere Restaurant in dem Gebäude befunden, zuletzt ein Irish Pub. Derzeit steht es leer und wird wohl bald wieder eine Reinkarnation erleben: Auf der Orchard Rd. ist jeder Quadratmeter Gold wert.

093si Abb.: rk

Eine „Sehenswürdigkeit" im herkömmlichen Sinne ist der Bereich um die Orchard Rd. ansonsten nicht – auch wenn die Shoppingcenter und Nobel-Boutiquen samt ihren blinkenden Fassaden durchaus beeindrucken können.

Jeden ersten Samstag im Monat zwischen 18 und 23 Uhr ist **„Pedestrian Night"**, d. h. das 660 m lange Teilstück der Orchard Rd. zwischen dem ION Orchard und Ngee Ann City/Takashimaya ist für den Verkehr gesperrt und wird dann zu einer reinen Fußgänger- und Spielzone. Für das Event gilt Rauchverbot.

⌃ *Der National Orchid Garden (s. S. 167) überwältigt seine Besucher durch Blütenpracht und dichten Palmenbestand*

› *Die Singapore Botanic Gardens* 32 *überraschen mit einem vielfältigen Naturangebot*

094si Abb.: rk

## 32 Singapore Botanic Gardens ★★★ [bi]

Eine nur kurze Busfahrt führt von der Orchard Rd. zum Botanischen Garten, einer erfrischenden Oase, die man so nah in der Innenstadt gar nicht vermutet. Die Botanic Gardens wurden schon 1859 von den Briten angelegt, aber Singapur hat das grüne Areal perfektioniert – wie könnte es auch anders sein? Wenn man nur einen Park in Singapur besuchen könnte, so sollte es dieser sein!

Kurz hinter dem Eingangstor erreicht man den Swan Lake, einen pittoresken kleinen See, der, wie zu erwarten, das Revier einiger Schwäne ist. Weiter geradeaus erstreckt sich eine gepflegte Park- und Tropenlandschaft, durch die man zum **National Orchid Garden** gelangt (geringer Eintritt). Hier kann man u.a. **Singapurs Nationalblume Vanda Miss Joaquim** (s.S. 148) bewundern. Etwas weiter geradeaus liegt Palm Valley, ein sich sanft wellendes kleines Tal, das über 100 verschiedene Palmenarten beherbergt. Dies ist vielleicht einer der schönsten Bereiche des Gartens. Es bieten sich zahlreiche Sitzbänke an, von denen aus man die wunderbare Szenerie auf sich wirken lassen kann. Noch etwas weiter nördlich liegt der Evolution Garden, in dem Schautafeln über den Werdegang der Pflanzen in den letzten 4 Mio. Jahren informieren. Aber es geht hier nicht darum, möglichst viel in möglichst kurzer Zeit zu sehen – dieser begnadete Garten fordert zum Ausruhen und Relaxen auf!

› 1 Cluny Rd., Tel. 64717138, Singapore 259569, www.sbg.org.sg, tgl. 5–24 Uhr, Anfahrt mit Bus Nr. 7, 75, 77, 105, 106, 123, 174 u.a. oder MRT Botanic Gardens oder ab der Innenstadt für ein paar Dollar mit dem Taxi. Die MRT-Station befindet sich am nördlichen Ende des Gartens am vielleicht wenigsten interessanten Teil des Geländes. Um z.B. zum Orchideengarten zu gelangen, bedarf es eines ca. 20-minütigen Fußwegs.

095si Abb.: rk

## 33 Little India ★★★ [F1]

*Südindien auf Singapurisch – das in etwa ist Little India, der historische indische Stadtteil, eine exotische Mischung aus südindischer Quirligkeit und Farbenpracht, gepaart mit singapurischer Ordnungsliebe. Reisenden, denen Indien immer etwas zu beängstigend erschien, finden hier einen abgemilderten Ersatz.*

Little India ist in erster Linie **tamilisch geprägt**, die meisten der frühen Einwanderer stammten aus der indischen Region Tamil Nadu. Heute gesellen sich aber auch Inder aus anderen Landesteilen hinzu, dazu Bangladescher, Nepalesen und Sri Lanker. Sonntagabends (ca. 17–23 Uhr) ist Little India besser zu meiden, wenn Zigtausende Gastarbeiter aus dem indischen Subkontinent den Stadtteil förmlich überfluten. An ihrem freien Tag treffen sie sich hier auf einen Schwatz. In diesen Stunden ist Little India so überfüllt, dass man sich kaum durch die Menschenmengen fortbewegen kann. Die Geschäftsinhaber lieben den Sonntag gar nicht, denn viele potenzielle Kunden können nicht bis zu ihrem Geschäft vordringen und die nicht sonderlich gut verdienenden Gastarbeiter sorgen nur für mäßige Beträge in den Kassen.

Interessanterweise verteilen sich die Besucher von Little India nach Ländern: Im südlichen Bereich treffen sich die Inder und die (relativ wenigen) Nepalesen und Sri Lanker, weiter nördlich an der Serangoon Road, nahe dem Mustafa Centre (s. S. 39), versammeln sich die Bangladescher. Hier, besonders um die Desker Rd. herum, finden sich **zahlreiche kleine Restaurants**, die rund um die Uhr geöffnet haben.

*In der Buffalo Road in Little India überwacht der Elefantengott Ganesh den Gemüseverkauf*

Auch wenn es hier nur „Klein-Indien" ist, so treibt es in dem Viertel jedoch jede Menge „exotische" indische Blüten. So gibt es z. B. in der Kerbau Rd. ein Geschäft, in dem sich alles um einen bestimmten indischen Heiligen dreht: Im **„Sheerdi Sai Baba Hub"** werden Figuren des in Indien hochverehrten **Heiligen (Shirdi) Sai Baba** (1838–1918) verkauft. Die Figuren gibt es in allen erdenklichen Größen: Viele passen bequem in die Handtasche, andere sind lebensgroß, zeigen Sai Baba in seiner typischen Pose sitzend und sind nur mit einem Lieferwagen abzutransportieren. Dazu werden Fotos des Heiligen und zahlreiche andere Devotionalien angeboten. An Kunden scheint es nicht zu mangeln, das Geschäft besteht schon seit einigen Jahren. (Der o.g. Sai Baba ist nicht zu verwechseln mit dem kontroversen, gleichnamigen „Wunder-Guru", der 2011 verstarb).

Gelegentlich wird man in Little India vielleicht noch Zeuge der **„Papageien-Wahrsagerei"**. Bei dieser zieht ein Papagei aus einem Stapel Tarot-ähnlicher Karten eine Karte heraus, auf dieser findet sich dann die Antwort auf die Frage eines ratsuchenden Kunden.

Dazu zeigt sich noch der eine oder andere **Betelverkäufer** (vor allem abends), der an seinem kleinen Stand Mischungen aus Betelblatt, Areka-Nuss und anderen Zutaten verkauft. Die Mischungen werden zusammengerollt und gekaut. Einige der Mischungen wirken leicht stimulierend, andere sind mehr auf Geschmack ausgerichtet und „versüßen" den Mund nach einer Mahlzeit. Beim Kauen einiger Mischungen entsteht vermehrter Speichelfluss, doch im Gegensatz zu Indien ist das Ausspucken hier verboten. Die meisten Kauer halten sich auch daran.

EXTRAINFO

### Wochenend-Alkoholverbot in Little India

Infolge der Ausschreitungen im Dezember 2013 (s. S. 118) ist Sa, So und feiertags der **Alkoholkonsum** in zahlreichen öffentlichen Bereichen von Little India untersagt. Man beachte diesbezügliche Schilder. Das Verbot gilt von Sa 6 Uhr bis Mo 6 Uhr bzw. 6 Uhr am betreffenden Feiertag bis 6 Uhr am ersten Tag nach dem Feiertag. Auch die Geschäfte, darunter der Supermarkt FairPrice im City Square Mall (s. S. 44) und die vielen kleinen indischen Schnapsläden, dürfen zu dieser Zeit keinen Alkohol verkaufen.

096si Abb.: rk

## 34 The House of Tang Teng Niah ★ [F1]

In einem Wettbewerb um Singapurs farbenprächtigstes Haus würde dieses wahrscheinlich den ersten Preis davontragen: Das House of Tang Teng Niah ist ein überschwängliches Farbenkunstwerk mit Wänden und Fenstern, die sich in einem Farbrausch zu befinden scheinen. Grün, Blau, Gelb und Rot, alles geht durcheinander, die Farben prallen förmlich aufeinander und lassen dabei ein großartiges Fotomotiv entstehen.

147si Abb.: rk

Die Villa wurde 1900 von Tang Teng Niah erbaut, einem Chinesen, der es durch die Herstellung von Süßigkeiten zu ansehnlichem Wohlstand gebracht hatte. Seine Kunden waren vornehmlich Inder, die in der Regel begeisterte Konsumenten von Süßspeisen sind.

Die aus acht Zimmern bestehende Villa hieß damals „Siew Song" („Elegante Pinie") und war wahrscheinlich nach Tengs Ehefrau benannt.

Heute ist das Haus die **letzte noch erhaltene chinesische Villa in Little India.** Im Erdgeschoss, an der Westseite, befindet sich ein kleiner Laden, in dem Räucherstäbchen, hinduistische Talismane und Souvenirs veräußert werden. Ein paar Meter vor der Nordseite des Hauses agiert ein preiswertes südindisches Restaurant, das vor allem an Wochenenden zahlreiche indische Gastarbeiter anzieht. Manchmal werden auf Bildschirmen tamilische Filme gezeigt.

› 37 Kerbau Rd., Singapore 219168, MRT Little India

## 35 Abdul Gaffoor Mosque ★ [F2]

Die Abdul Gaffoor Mosque ist eine kleine Moschee inmitten einer Siedlung, die einst Kampong Kapor hieß („Campher-Dorf") und in der viele muslimische indische Händler zu Hause waren. Die

EXTRATIPP

### Apropos Süßigkeiten ...

... das beliebteste indische Süßigkeitengeschäft in Little India, ja wahrscheinlich in ganz Singapur, ist **Moghul Sweet Shop** in der Little India Arcade. Verkauft werden die quadratischen oder rechteckigen kleinen und oft bunten nordindischen „mithai" (Süßigkeiten), deren Grundsubstanz eingedickte Milch ist. Dieser werden Mandeln, Cashewnüsse, Kardamom und andere Zutaten beigefügt – und natürlich reichlich Zucker. Die von vielen Indern als Delikatesse geschätzten „Gulab Jamun", gebratene Bällchen aus Teig und flockigem Paneer (eine Art indischer Hüttenkäse), schwimmen gar förmlich in einer dickflüssigen, gelben Siruplösung. Wer nicht ganz so zuckerfreudig ist, könnte sich vielleicht an „Badam Barfi" versuchen, kleinen Mandelschnitten, die ein wenig an Marzipan erinnern.

Besonders abends ist der Moghul Sweet Shop von indischen Kunden dicht umringt, die Süßigkeiten fliegen schneller aus der Vitrine als man „Diabetes" buchstabieren kann. Na ja, sie schmecken ja auch. Preis pro Stück: 1 bis 2 S$.

229 [F2] **Moghul Sweet Shop,** Little India Arcade, 48 Serangoon Rd., Singapore 217959, Tel. 63925797, MRT Little India, ab 2017 auch MRT Rochor, tgl. 11–23 Uhr

1907 bis 1910 erbaute Moschee zeigt besonders **auf dem Dach interessante Merkmale:** filigrane Türme mit kleinen Minaretten.

Da die Moschee zu den **Nationaldenkmälern** zählt, ist sie eine der wenigen in Singapur, denen es erlaubt ist, fünfmal täglich per Lautsprecher zum Gebet zu rufen. Wer in einer der Backpacker-Unterkünfte in oder nahe der Dunlop Road absteigen möchte, sollte vielleicht erst einmal überprüfen, ob ihn die Rufe stören.

› 41 Dunlop St., Singapore 209369, tgl. 7–12 und 14.30–16.30 Uhr, MRT Little India, Bugis, ab 2017 günstiger MRT Jalan Besar und MRT Rochor

## 36 Veerama Kaliammam Temple ★★ [F1]

*Dieser Hindu-Tempel ist ein optischer Mittelpunkt in Little India, seinen mit kunterbunten Götterfiguren geschmückten Turm kann man schon aus einiger Entfernung sehen.*

Der Tempel wurde 1855 von indischen Arbeitern erbaut und ist **der Göttin Kali gewidmet**. Mehrmals täglich werden *pujas* zelebriert, d. h. von südindischer Tempelmusik begleitete Gebetszeremonien. Die Musiker (meist mit *shenai*, einer Art Klarinette, und Trommel ausgestattet) spielen passenderweise unter einem Bildnis von Shiva, der hier als kosmischer Tänzer dargestellt ist. Die hauptsächlich aus Südindien stammenden Priester vollführen Gebetsriten im Hauptschrein, zu dem einige Stufen emporführen.

2013/2014 wurde der Tempel renoviert und die zahllosen Götterfiguren und Schreine erstrahlen nun in neuem Glanz. Der Tempel wurde am 22.6.2014 genau um 9.01 Uhr – ein astrologisch genau errechneter, Glück verheißender Zeitpunkt – in einer pompösen Zeremonie neu eröffnet. Dazu wurde gar die gesamte Serangoon Rd. abgesperrt.

› 141 Serangoon Rd./Ecke Belilios Rd., Singapore 218042, www.sriveeramakaliamman.com, Tel. 62954538, tgl. 5.30–12.30 und 16–22 Uhr, Pujas, Gebete mit klassischer südindischer Musikbegleitung, um 5.30, 8, 12, 16, 19.30 und 21 Uhr, MRT Little India, Farrer Park oder Bus Nr. 65, 131, 139, 147, 166, 857 u. a.

0098si Abb.: rk

*◁ Bunter als The House of Tang Teng Niah 34 kann ein Haus kaum sein*

*▷ Nach einer Restauration zeigen sich die Götterfiguren am Veerama Kaliammam Temple wieder in voller Pracht*

KURZ & KNAPP

**Einsturz-Katastrophe in Little India**

1986 kam es an der Stelle des heutigen Fortuna Hotel [F2] an der Serangoon Rd. zu einer für Singapur einmaligen Katastrophe. Das **Lian Yak Building**, dessen drei oberste Stockwerke vom New World Hotel eingenommen wurden, stürzte ein und begrub 50 Personen unter sich. 17 konnten gerettet werden, 33 starben. Der Grund des Einsturzes: Der Bauingenieur hatte bei der Konstruktion zwar das potenzielle Gewicht des Gebäudeinhalts (Menschen, Möbel etc.) in die strukturellen Berechnungen einbezogen, nicht aber das Gewicht des Gebäudes selbst. Der Einsturz war nur eine Frage der Zeit. 1994 wurde an dem Unglücksort das Fortuna Hotel erbaut, dessen Name wohl der Versuch ist, das „Glück" herbeizuwünschen, das dem Vorgängergebäude offenbar gefehlt hatte. Danach wurde jedoch ein neues Hotel mit Namen New World errichtet, das heutige Parkroyal Hotel, einen Steinwurf entfernt in der Kitchener Rd. gelegen.

## 37 Srinivasa Perumal Temple und Sri Vadapathira Kaliammam Temple ★ [ei]

Der **Srinivasa Perumal Temple** ist Shiva geweiht und Ausgangspunkt der Thaipusam-Prozessionen (s. S. 22). Schon 1855 ließ an dieser Stelle ein tamilischer Händler eine Gebetsstätte anlegen. Der heutige Bau stammt aus dem Jahre 1979 und wurde von P. Govindasamy Pillai finanziert, einem stadtbekannten Geschäftsmann und Philanthropen, der aus Südindien stammte. Der Tempel wird von einem 20 m hohen *gopuram* (Tempelturm) überragt, der wiederum mit Götterfiguren geschmückt ist. Darunter sind Perumal (= Shiva) und der elefantenköpfige Ganesh zu sehen.

Der nur zwei Minuten Fußweg entfernte **Sri Vadapathira Kaliammam Temple** ist der Göttin Kali geweiht. Die reiche Dekoration zeigt Kali als allumfassende Mutter, als Blutrünstige und als Todesgöttin. Der Tempel besticht durch seine großen, bunten Götterfiguren und -reliefs, die wunderbare Fotomotive abgeben. Zur Zeit der Abendgebete (ca. 19–21 Uhr) ist die Tempelvorderseite hell angestrahlt und die dort angebrachten Götterfiguren kommen so besonders gut zur Geltung. Dies ist mit Abstand die beste Besuchszeit.

Im 3. Stock der angeschlossenen **Festhalle** (Function Hall) befindet sich das Sai Baba Centre (www.saisthan.com), der Treffpunkt von Anhängern des Heiligen Sai Baba (s. S. 169).

› Serangoon Rd., Singapore 218174, MRT Farrer Park oder Bus Nr. 65, 139, 147, 857, tgl. ca. 6.30–12 und 18–21 Uhr

## 38 Sakya Muni Buddha Gaya Temple (Temple of 1000 Lights) ★★ [ei]

Der Bau dieses buddhistischen Tempels wurde 1929 von einem thailändischen Mönch namens Phra Vuthissara initiiert. Er wurde **im thailändischen Stil** errichtet, hat oben auf dem Dach eine gelbe Kuppel und im Inneren des Tempels thront eine 15 m hohe Statue Buddhas, die von zahlreichen elektrischen Lichtern beleuchtet wird. Am Sockel des Kolosses sind Szenen aus Buddhas Leben dargestellt. An der Rückseite der Statue

EXTRATIPP

## Lukullische Genüsse im Tempelbezirk

In direkter Nähe des Srinivasa Perumal und des Sri Vadapathira Kaliammam Temple 37 befinden sich einige der empfehlenswertesten indischen Restaurants des Stadtteils. Indische Restaurants in Tempelnähe sind aus Respekt vor den Göttern zumeist rein vegetarisch, zudem würden die Tempelbesucher – so sie Nicht-Vegetarier sein sollten – vor oder nach einem Tempelbesuch kein Fleisch zu sich nehmen.

**230** [ei] **Gopal's** €-€€, 517 Serangoon Rd., Singapore 218156, MRT Farrer Park, Mo–Sa 18.45–22, So 9.30–15 Uhr. Dieses unscheinbare Restaurant, wenige Meter links vom Vadapathira Kaliammam-Tempel gelegen, ist nur wenige Stunden am Tag geöffnet, da die Betreiber tagsüber mit der Arbeit an zwei gleichnamigen Essensständen beschäftigt sind (in der National University of Singapore, oder NUS, und im Changi Industrial Estate). Zu den kurzen Öffnungszeiten finden sich jedoch viele Stammkunden ein, denn das Essen ist ausgezeichnet und der Service wird beinah als eine Art „Gottesdienst" verstanden – die Betreiber sind Anhänger der Hare-Krishna-Bewegung (ISKCON), das Restaurant untersteht aber nicht der Bewegung. Alle Speisen werden ohne Zuhilfenahme von Knoblauch und Zwiebeln zubereitet, da diese bei besonders frommen Hindus als „das Gemüt erhitzend" angesehen werden. Aber man hat keineswegs das Gefühl, dass an den Speisen etwas fehlt. Geboten werden nord- und südindische Gerichte sowie zahlreiche südostasiatische Speisen, bei denen Sojaprodukte als Fleischersatz zum Einsatz kommen, dazu das eine oder andere westliche Gericht. Fr und Sa gibt es Buffets für 16,90 S$.

**231** [ei] **MTR (Mavalli Tiffin Rooms) Restaurant** €, 438 Serangoon Rd., Singapore 218133, Tel. 62965800, www.mavallitiffinrooms.com/singapore, MRT Farrer Park, Di–Sa 8.30–15 und 17.30–22.30 Uhr. Dieses schlichte aber blitzsaubere Restaurant, das auch MTR 1924 genannt wird, ist der Ableger eines legendären, 1924 gegründeten Restaurants in Bangalore und bietet die Küche des indischen Bundesstaates Karnataka. Die Preise sind etwas höher als in anderen ähnlichen Restaurants, dafür ist die Küche aber herausragend. Die *masala dosa* (Teigfladen mit würziger Gemüsefüllung) zu 6,40 S$, hier ausnahmsweise aus dem Mehl von braunem Reis gefertigt, ist nach Ansicht des Autors eine der mit Abstand besten Masala Dosa, die man in Singapur bekommen kann. Empfehlenswert ist auch Khara Bhaat (5,40 S$), ein würziges Griesgericht, sowie die mittags erhältlichen Thalis (8,60 S$), d. h. Gemüseplatten mit Reis und Fladenbrot.

**232** [ei] **Sri Rajya Lakshmi Narasimhan Restaurant** €, 438 Serangoon Rd., Singapore 218133, Tel. 62922434, MRT Farrer Park, Do–Di 7–15 und 17–22 Uhr. Hier wird man möglicherweise mit den authentischsten südindischen (tamilischen) Thalis Singapurs belohnt. Für 8,60 S$ und 10,40 S$ gibt es eine köstliche Zusammenstellung von Gemüse-Curries, scharfen Soßen und Chutney und natürlich auch Fladenbroten oder Reis. Es wird sogar kostenlos nachgereicht. Auch andere klassische südindische Gerichte gelingen hier auf großartige Weise. Auch hier werden die Speisen ohne Zusatz von Knoblauch und Zwiebeln zubereitet. Das Restaurant wird von drei sehr herzlichen tamilischen Schwestern geleitet, die ihre Gäste sehr zuvorkommend behandeln. Zu einigen tamilischen Festtagen schenkt die Besitzerfamilie kostenlose Köstlichkeiten aus.

ist eine Öffnung, in der sich eine kleinere, **liegende Buddhafigur** befindet, die ebenfalls von den Gläubigen verehrt wird.

› 366 Race Course Rd., Singapore 218636, tgl. 8–16.30 Uhr, Eintritt frei, MRT Farrer Park oder Bus Nr. 65, 139, 147, 857 bis zum Sri Vadipathira Temple an der Serangoon Rd., dann links neben Gopal's (s. S. 173) durch einen Verbindungsweg zur Race Course Rd. gehen

## 39 Leong San See Temple ★ [ei]

Schräg gegenüber dem Sakya Muni Buddha Gaya Temple 38 steht der kleine chinesische Leong San See Temple aus dem Jahr 1917, dessen Besuch sich gut mit dem Buddha Gaya Temple verbinden lässt. Dieser „Tempel des Drachenberges" wurde während seiner Laufbahn mehrfach renoviert, zuletzt 2014. Er ist der chinesischen Göttin der Gnade, **Kuan Im**, geweiht, deren Statue vor dem Bau des Tempels von dem chinesischen Abt Chuan Wu von China nach Singapur gebracht worden war. 1926 wurde dem Tempel eine Statue von Konfuzius hinzugefügt. Der Innenraum ist reich verziert und die meditative buddhistische Musik, die oft in einer Endlosschleife gespielt wird, lädt zu einigen Minuten des Verweilens ein.

› 371 Race Course Rd., Singapore 218641, Tel. 62988371, MRT Farrer Park, tgl. 7.30–17 Uhr

## 40 Balestier Road ★ [S. 290]

Einen Spaziergang wert ist die Balestier Rd., in der sich hübsche Wohnhäuser aus dem frühen 20. Jh., chinesische Tempel und Neubauten aus verschiedenen Jahrzehnten zu einer eklektischen Stilmischung zusammenraufen. Leider ist die Straße sehr verkehrsreich und Fußgänger müssen oft einen kleinen Umweg machen, um an einer der Fußgängerampeln auf die andere Straßenseite zu gelangen. Aus diesem Grunde ist bei den untenstehenden Adressen mit angegeben, ob sich die betreffende Sehenswürdigkeit an der Süd- (S) oder an der Nordseite (N) der Straße befindet. Hier die interessanten Gebäude:

Günstig gleich neben einer Bushaltestelle stehen die knallroten Gebäude des chinesischen **Goh Chor Tua Pek Tong Temple** aus dem Jahr 1847, der von Mitgliedern der Hokkien-Gemeinde errichtet wurde. Der hier verehrte Hauptgott ist Tua Pek Tong („Der große alte Mann"), der als Bringer von Glück und Wohlstand gilt und gleichzeitig auch Krankheiten und Stürme fernhalten kann. Letzteres machte ihn verständlicherweise bei Seefahrern sehr beliebt. „Goh Chor" ist lediglich eine Verballhornung von „Rochor", dem Namen des umgebenden Stadtgebiets. Vor dem mit bunten Motiven bemalten Tempelbauten sitzt der eine oder andere chinesische Wahrsager oder Astrologe, der unter Zuhilfenahme von esoterischen Manualen die Zukunft voraussagt.

Links neben dem Hauptgebäude des Tempels befindet sich der fast legendäre Durian-Stand **Combat Durian** (s. S. 56). An der Stelle hatte sich einst eine Bühne befunden, auf der *wayang*, Puppen- oder Theaterspiele, aufgeführt wurden.

328 Balestier Rd. (N) ist der Sitz von **Lam Yeo Coffee Powder Factory**, eines der letzten Geschäfte in Singapur, das selbstgemahlenes Kaffeepulver verkauft. Die Kaffeebohnen stammen aus

Indonesien. Diese werden hier in Mühlen zermahlen, die noch aus dem Jahr 1959 stammen – zwölf Jahre, bevor Starbucks auf die Welt kam. Das Aroma, das von dem Laden ausgeht, lässt moderne Café-Franchise-Ketten aber ziemlich alt aussehen. Es gibt 20 verschiedene Kaffeesorten. In übermannshohen Schränken hinten im Laden sind altertümliche Kaffeetassen, Kaffeekannen und Gläser aufbewahrt.

Ein **sehr schönes Eckhaus** befindet sich in **333 Balestier Rd. (S)**, Ecke Martaban Rd. Die Fassade ist mit zahlreichen Tiermotiven dekoriert. Im Erdgeschoss ist das **188 Café & Bak Kut Teh** beheimatet, ein gemütliches chinesisches Restaurant. Wie viele althergebrachte, bodenständige Ecklokale liegt es offen zur Straße und benötigt keine Klimaanlage. Die Spezialität ist „Bak Kut Teh", eine würzige Suppe mit Schweinsrippchen, eine der Lieblingsspeisen der Chinesen in Singapur.

In der 401 Balestier Rd. liegt das etwas protzigere **Boon Tong Kee,** eines der besten chinesischen Restaurants der Gegend (S). Einen Namen gemacht hatte es sich einst durch seinen hervorragenden „Chicken Rice", heute bietet es aber ein größeres, und immer noch gutes Programm – kein Wunder, dass es auch von asiatischen Tourgruppen angesteuert wird.

Direkt gegenüber, an der Balestier Rd., Ecke Jin. Kemaman (N), sieht man **eine Reihe besonders prachtvoller Wohnhäuser** aus dem Jahr 1928 (Balestier Rd. 412–418). Die Häuserfronten sind überschwänglich mit Reliefs mit verschiedensten Motiven verziert. Da sind zwei scheinbar kämpfende Löwen (oben am dreieckigen Eckgiebel des Daches), Engelsfiguren, Pfauen, mystische Wesen und Vasen mit Blumen – eine Stilmixtur aus Ost und West. Besonders originell sind die „Wächter"-Reliefs vorne an den Pfeilern: Statt wie üblich Drachen oder grimmige chinesische Gestalten zu präsentieren, sind hier Sikhs abgebildet. Zur britischen Kolonialzeit dienten viele Sikhs in Singapur als Polizisten. Sie galten als zuverlässig, loyal und effizient. Folglich waren ihre Abbilder auch zur Abschreckung böser Geister bestens geeignet. Somit mischt sich hier auch ein „modernes koloniales" Element (aus der damaligen Zeit betrachtet) in den kulturellen Mischmasch mit ein. Die Gebäude wurden im Jahr 2000 renoviert und im Erdgeschoss befindet sich heute das

099si Abb.: rk

▷ *Viele der alten Häuser an der Balestier Road zeigen reich verzierte Fassaden*

schnörkellose, nicht klimatisierte chinesische Seafood-Restaurant **Hong Kong Street Chun Tat See.** Das schlichte Aussehen täuscht, das Seafood hier ist hervorragend. Die Spezialität sind Fischspeisen, unter anderem mit „XO"-Soße, einer erst seit den 1980er-Jahren gebräuchlichen Soße, die in der kantonesischen Küche verwendet wird. Hergestellt wird die Soße aus diversen getrockneten Meeresfrüchten – darunter Garnelen –, die mit Chili, Knoblauch und Zwiebeln gekocht werden. Das mag eine originelle Kreation sein, der Name „XO" allerdings wurde der gleichnamigen Cognac-Klassifizierung „entliehen" (XO steht für „extra old"). Sehr geschätzt sind hier auch Krabbengerichte wie „Crab Bee Hoon".

Ums Eck, etwa 150 m in die Jln. Kemaman (N) hinein, steht der große, von einem weitläufigen Gelände umgebene **Pei Yuen Temple** aus dem Jahr 1964. Dieser wird von einer Äbtissin geleitet. Hier werden u. a. gelegentlich auch Meditationskurse angeboten (www.dabei.org.sg).

In der 525 Balestier Rd. (S) steht der **Kwan Im Tng (Teng) Temple,** der der chinesischen Göttin der Gnade, Kwan Im, geweiht ist. Vorne sieht man ein prächtiges Eingangstor und ein von Ornamenten eingefasstes Schild mit den Öffnungszeiten (6–17 Uhr). Man beachte auch die kreisförmigen Metallornamente vor den Fenstern vorne am Tempel – das Zentrum des Kreises bildet ein Swastika, ein Glückssymbol („Hakenkreuz"), bei dem die Arme des Kreuzes nach links abgewinkelt sind. Im Buddhismus wird meist diese Variante des Swastika verwandt, wogegen im Hinduismus die Arme eher – aber nicht ausschließlich – nach rechts abgewinkelt sind (wie auch beim Hakenkreuz des Nationalsozialismus).

Entlang der Balestier Rd. haben sich auch einige Hotels etabliert, z. B. mehrere Niederlassungen von Hotel 81, Fragrance Hotel und Value Hotel (s. S. 248) sowie das Balestier Hotel. In allen werden die Zimmer auch in Zweistundenschichten vermietet, wobei dem Eingeweihten gleich ein Licht aufgeht (bzw. ein Rotlicht!). Ein sehr gutes Hotel in der Gegend ist das Ibis Novena (s. S. 176).

› Anfahrt mit Bus Nr. 21, 124, 125, 130, 131, 139, 145, 186, 565. Die nächsten MRT-Stationen sind Novena und Farrer Park, beide jedoch ca. 20 Min. Fußweg von der Balestier Rd. entfernt.

**233 188 Café & Bak Kut Teh** €, 333 Balestier Rd. (S), Singapore 329765, Tel. 62569816; 24 Std. geöffnet

**234 Boon Tong Kee** €, 401 Balestier Rd. (S), Singapore 329803, Tel. 62543937, www.boontongkee.com.sg, Mo–Sa 11–17 und 17.30–5, So 11–17 und 17.30–3.30 Uhr

★**235 Goh Chor Tua Pek Tong Temple,** 261 Balestier Rd. (S), Singapore 238065, tgl. 10–18 Uhr

**236 Hong Kong Street Chun Tat See** €, 412 Balestier Rd. (N), Singapore 329805, Tel. 62545768, Reservierungen sind nicht die Regel, tgl. 11–23 Uhr

**237 Ibis Novena** €€, 6 Irawaddy Rd./Ecke Balestier Rd., Singapore 329543, Tel. 68089888, www.ibishotel.ibis.com/ExploreSG. Zimmerpreise je nach Nachfrage unterschiedlich.

★**238 Kwan Im Tng (Teng) Temple,** 525 Balestier Rd. (S), Singapore 32985, tgl. 6–17 Uhr

**239 Lam Yeo Coffee Powder Factory,** 328 Balestier Rd. (N), Singapore 329760, Tel. 62562239, Mo–Sa 9–17 Uhr

★**240 Pei Yuen Temple,** 7 Jln. Kemaman (N), Singapore 329333

# 41 Kampong Glam ★★★ [H3]

*Etwa 15 bis 20 Gehminuten östlich von Little India 33 liegt das kleine malaiische Viertel Kampong Glam. Wer die beiden Stadtteile nacheinander besuchen möchte, dem ist mit Laufen vielleicht besser gedient als mit einer Bus- oder Taxifahrt, denn aufgrund der zahlreichen Einbahnstraßen, die zwischen den beiden Gebieten liegen, kann die Fahrt etwas kompliziert werden.*

Der Name Kampong Glam stammt von den Orang Laut, wörtlich den „Meeresmenschen", die schon vor Raffles Ankunft auf und um Singapur lebten. Kampong Glam bedeutet **„Dorf des Glam-Baumes"** *(Melaleuca leucodendron)*, dessen Holz zum Bootsbau verwendet wurde. Raffles ließ die zum Teil sumpfigen Gefilde von Kampong Glam von indischen Strafgefangenen trockenlegen

EXTRATIPP

## Die Haji Lane: eine Gasse mit Geschichte

Die Haji Lane [G3] bezieht ihren Namen von den Mekka-Pilgern oder Hajis, die sich hier aufhielten, bevor sie die Reise nach Arabien antraten. Viele mussten erst arbeiten, um sich das Geld für die Reise zu verdienen. So mancher bekam das Geld nie zusammen und blieb. Bis in die 1960er-Jahre wurden die Gassen des Viertels von kriminellen Banden beherrscht – so wie praktisch ganz Singapur unter der Knute zahlreicher Gangster stand. Die Gangs verteidigten ihre Territorien mit Gewalt. Paradoxerweise unterstand die Haji Lane einer bestimmten Bande, die sehr kurze Bali Lane wiederum, die von der Haji Lane nur wenige Meter entfernt verläuft, wurde von einer anderen Bande kontrolliert. Man war somit auf engster Tuchfühlung miteinander und Reibereien waren kaum zu umgehen.

› Haji Lane, Bali Lane, Ophir Rd.: MRT Bugis, oder Bus Nr. 32, 51, 61, 63, 80, 145, 175, 197, 851 (North Bridge Rd.) bzw. 100, 107 (Beach Rd.). An der Ophir Rd./Bali hält auch Bus Nr. 48.

*Bunt und hip: Die Haji Lane hat sich in den letzten Jahren zu einer Art „alternativem Geiheimtipp" gemausert*

100si Abb.: rk

101si Abb.: rk

und bald darauf siedelten sich dort muslimische Buginesen, Javanesen, Malaien und Inder an. Das Viertel wurde zum **islamischen Zentrum der Stadt** und mit der Sultan-Moschee 42 bekam es einen unübersehbaren Mittelpunkt. Hier versammelten sich auch die Haji, die Mekka-Pilger, die sich hier vor ihrer langen Reise mit dem Notwendigsten ausstatteten.

Es lohnt sich auch, einen Blick in die **Arab Street** [G2/H3] und die **zahlreichen Teppich- und Textilgeschäfte** zu werfen. Viele der Besitzer stammen aus dem Mittleren Osten. So manche weibliche Schaufensterpuppe ist streng islamisch mit Kopftuch bedeckt.

In Vergleich zu Little India 33 und Chinatown 15 ist das Viertel sehr klein. Dennoch ist es sehr charmant und aufgrund seiner zahlreichen **„alternativ" wirkenden Bars** hat es ein sehr jugendliches Flair. Eine besonders große Anzahl von Bars und Restaurants findet sich in der **Haji Lane** (s. S. 177) und in der parallel dazu verlaufenden Bali Lane [G3]. Vor allem in der Haji Lane findet sich zudem so manch kleine „Indy"-Boutique mit ausgefallener Mode. Der **Bereich um Haji Lane und Bali** ist derzeit absolut „in" und besonders an Wochenenden sehr gut besucht.

Die Bussorah Street vor der Sultan Mosque 42 ist eine reine Fußgängerstraße und auf dem Gehweg mit künstlerischen Mosaiken verziert. Flankiert wird sie von Souvenirgeschäften, Kameraläden und einigen schmucken kleinen Restaurants, vor allem arabische oder tür-

EXTRATIPP

### Nadel rein, Bart ab!

Auch ein Tätowierladen darf in dem „hippen" Viertel natürlich nicht fehlen – im Salon „Hounds of the Baskervilles" kann man(n) sich fachgerecht tätowieren, und auch nach guter alter Manier barbieren lassen. Die vielen alten Fotos, Bilder und 1950er-Jahre-Möbel, mit denen der Laden ausstaffiert ist, erwecken dabei ein anheimelndes, vertrautes „Gute-alte-Zeiten"-Gefühl.

•**241** [G3] **Hounds of the Baskervilles,** 21 Bali Lane, Mo–Fr 11–22, Sa/So 11–19 Uhr

*Von den Seitengassen in Kampong Glam erhält man so manch ungewöhnlichen Ausblick auf die Sultan Mosque 42*

*Die Sultan Mosque 42 ist das prachtvollste muslimische Bauwerk der Stadt*

kische. Statt Alkoholausschank gab es bis in die jüngere Zeit mancherorts nur Shishas, Wasserpfeifen, zu rauchen, die mit diversen aromatischen Tabakmixturen gefüllt wurden. Ende 2014 verbot die Regierung jedoch die Einfuhr von Shishas und Shisha-Tabak, und nach einer Kulanzzeit werden die Shishas nun bald verschwunden sein (spätestens 2016).

Kampong Glam ist ein stimmungsvolles Viertel und auch ein guter Ort, sein Zelt in Singapur aufzuschlagen (sozusagen). Besonderer Tipp: das stilvolle Hotel „The Sultan" (s. S. 256).

EXTRATIPP

### Arabische Düfte en masse

Exotische Düfte gehen auch von dem Geschäft „Jamal Kazura Aromatics" aus, das *attar* verkauft, kräftig riechende, schwere arabische Parfüme und Essenzen, dazu Badeöle und aromatische Seifen. Das 1933 gegründete Unternehmen betreibt drei Filialen in Kampong Glam: in der 21 Bussorah St./Ecke Pahang St., in der 27 Arab St. und der 728 North Bridge Rd. Alle sind tgl. von 9.30 bis 18.30 Uhr geöffnet.

242 [H3] **Jamal Kazura Aromatics,** 21 Bussorah St./Ecke Pahang St., www.jamalkazura.com

## 42 Sultan Mosque ★★ [G3]

Von der Fußgängerstraße Bussorah Street aus bekommt man den besten Eindruck von der Sultan Mosque, die sich hier mit ihrer großen goldenen Kuppel und den schlanken Minaretten von ihrer attraktivsten Seite zeigt. Schon 1824 hatte sich an dieser Stelle eine kleine Moschee befunden, die durch ein Darlehen der East India Company finan-

102si Abb.: rk

## Feng Shui, Minyak Cinta und die heilige Kuh: Zauber und Aberglaube hinter Hochhausfassaden

*Singapur ist sicher eine der modernsten Metropolen der Welt, dennoch hat sich hinter den glänzenden Hochhausfassaden so mancher Aberglaube oder alte Brauch erhalten. Zahlreiche Gebäude in Singapur sind nach den Regeln der chinesischen, metaphysischen Lehre des Feng Shui angelegt, bei der die Ausrichtung nach Himmelsrichtungen, das Vorhandensein von Wasser(stellen), Glück oder Unglück bringenden Elementen u. Ä. von erheblicher Bedeutung sind. Geister oder negative Einflüsse werden durch das Anbringen von Spiegeln abgewendet. Feng Shui wird von vielen Menschen, vor allem Chinesen, sehr ernst genommen und viele Zeitschriften- und Buchläden führen das in Malaysia verlegte Magazin „Feng Shui World" (www.fswmag.com), das das Thema aus allen Blickwinkeln beleuchtet.*

*So manch junger Malaie oder Malaiin behilft sich bei Liebeskummer mit Minyak Cinta („Liebesöl"), Liebesessenzen und -ölen, die Erfolg in der Liebe herbeizaubern sollen. Ein Hindu, der dem Autor bekannt ist, ließ eine Kuh aus Malaysia anliefern, um bei der Einweihungszeremonie für ein neues Apartment das Ritual „Grihapravesham" („Hauseinzug") abzuhalten. Bei diesem soll die Anwesenheit einer heiligen Kuh das neue Heim segnen. Um eine Kuh in ein HDB-Apartment zu befördern, war eine Sondergenehmigung der Wohnungsbehörde nötig, und dazu natürlich die Benutzung des Lastenaufzugs. Besonders groß war die Freude, als die Kuh im Aufzug - wahrscheinlich in klaustrophobischer Panik - ein paar Kuhfladen absonderte. Kuhdung gilt bei Hindus als „spirituell rein", reinigend und segensreich. Das Ritual war also ein voller Erfolg!*

*Unter Indern und Malaien werden gelegentlich geschäftliche Konkurrenten verhext - so wie ein dem Autor bekannter Restaurantbesitzer, der eines Morgens eine merkwürdige, zusammengeschnürte Packung aus Limonen und grünen Chilischoten an der Schwelle seines Restaurants vorfand. Der Besuch bei einem Bomoh, einem malaiischen Zaubermeister, bestätigte den Verdacht des Gastronomen: Ein Konkurrent, der Besitzer eines direkt gegenüber gelegenen Restaurants, wollte ihn*

ziert worden war. Der gegenwärtige Bau wurde von 1924 bis 1928 errichtet. Sein Gebetsraum bietet **Platz für 5000 Gläubige.** Einige Bereiche sind nur für Muslime zugänglich; man achte auf die am Eingang befindlichen Schilder.

**Abends** wird die Moschee **wunderschön beleuchtet** und die Minarette erstrahlen dann, alle paar Sekunden abwechselnd, in ganz verschiedenen Schattierungen von Rot, Grün und Blau. Den besten Ausblick darauf erhält man von der North Bridge Rd. aus, wo man das Farbenspiel von einem der dort befindlichen muslimischen Restaurants aus beobachten kann – beispielsweise vom Zam Zam (s. S. 65) oder dem benachbarten Victory Restaurant und dem Al-Tasneem. Die Sultan Mosque ist zweifellos die schönste Moschee in

*durch Hexerei in den Ruin treiben. Sofort wurden Gegenmaßnahmen ergriffen, Rituale wurden abgehalten, um Geister und spirituelle Kräfte gegen den Widersacher zu aktivieren. Genützt hatte es am Ende nicht: Der „verfluchte" Restaurantbesitzer gab nach einiger Zeit sein Restaurant auf, das Geschäft lief nicht allzu gut - ob die Geister schuld daran waren oder die mangelnde Speisequalität, sei dahingestellt.*

*Der scharfsinnige, immer hörenswerte Lee Kuan Yew hat eine klare Meinung zu dem Thema: Auf die Frage eines Journalisten, ob er an Feng Shui und Astrologie glaube, lachte LKY laut und antwortete vehement „Sie machen wohl Witze! So ein totaler Unfug!" Doch dann fuhr er etwas bedächtiger fort und sagte (sinngemäß): „Ich selber glaube zwar nicht im geringsten dran, aber sehen Sie, ich bin Pragmatiker - wenn ich eine Wohnung kaufe und sie ist nach dem Feng Shui ausgelegt, kann ich sie später leichter verkaufen (weil die anderen Leute dran glauben)!".*

*Glaube und Pragmatismus - Lee Kuan Yew und Singapur scheinen eine perfekte Balance gefunden zu haben.*

Singapur. 2014/2015 waren Renovierungen im Innen- und Außenbereich im Gange, damit dies auch weiterhin so bleibt.

› North Bridge Rd./Arab St./Kandahar St., Haupteingang 14 Bussorah St., Singapore 199437, www.sultanmosque.org.sg, MRT Bugis oder Bus Nr. 32, 51, 61, 63, 80, 145, 175, 197, 851 (North Bridge Rd.), Sa–Do 9.30–12 und 14–16, Fr 14.30–16 Uhr

## 43 Malay Heritage Centre ★★ [H2]

Dieses Museum, das die malaiische und muslimische Geschichte Singapurs zeigt, ist in einem **ehemaligen Sultanspalast** untergebracht. Der Palast, **Istana Kampong Glam**, wurde von 1836 bis 1843 erbaut, wirkte für einen „Palast" aber bescheiden. Bis vor wenigen Jahren befand sich das Gebäude in einem eher heruntergekommenen Zustand. 2004 aber erstrahlte es im Gewand des Malay Heritage Centre neu, einer Idee des ehemaligen Premierministers Goh Chok Tong.

Hier kann man lernen, wie **Batik und Töpferwaren** hergestellt werden und gelegentlich gibt es sogar Workshops dazu. Außerdem wird in neun Sektionen der Werdegang der malaiischen Bevölkerung des Viertels und Singapurs anhand von Exponaten dokumentiert. Heute ist allein schon das wunderschön restaurierte Gebäude einen Besuch wert. Es wird abends von außen hübsch angeleuchtet.

› 85 Sultan Gate, Singapore 198501, MRT Bugis oder Bus Nr. 32, 51, 61, 63, 80, 145, 175, 197, 851 (North Bridge Rd.), www.malayheritage.org.sg, Tel. 63910450, Di–So 10–18 Uhr, Eintritt frei

## 44 Malabar Jama'ath Mosque und Old Malay Cemetery ★ [H2]

Diese 1963 eröffnete Moschee ist **eine der auffälligeren Moscheen der Stadt:** Die blaue Farbe des Gebäudes, gekrönt von einer goldenen Kuppel, und dazu markant an einer Straßenkreuzung gelegen, verleihen der Moschee etwas Unverwechselbares. Ursprünglich war sie blau gestrichen, was regelmäßig Neuanstriche notwendig macht: Später wurde sie mit blauen Kacheln eingedeckt und damit war sie gegen Witterungseinflüsse bestens gefeit. Meist wird die Moschee nur kurz „Malabar Mosque" genannt. Der Name Malabar stammt von der gleichnamigen Region im heutigen indischen Bundesstaat Kerala, auf die viele indische Moslems in Singapur ihre Herkunft zurückführen.

Hinter der Moschee und an ihrer Südwestseite entlang der Victoria St. erstreckt sich ein **alter malaiischer Friedhof,** der um 1819 angelegt wurde. Heute wird er nicht mehr genutzt. Der Friedhof ist förmlich mit alten Grabsteinen übersät, und es ist faszinierend anzusehen, wie neben dieser alten, fast mysteriös wirkenden Stätte das normale Alltagsleben entlang der Victoria St. seinen Lauf nimmt. Viele der hier Begrabenen müssen gelebt haben, noch bevor Sir Thomas Stamford Raffles (s. S. 114) in Singapur an Land ging. Es gibt keine Pfade durch den Friedhof, man muss sich also selbst seinen Weg durch das Gelände bahnen.

› 471 Victoria St./Ecke Jalan Sultan, Singapore 198370, Tel. 62943862, www.malabar.org.sg, MRT Bugis. Der Friedhof liegt an der Victoria St. beiderseits der Einmündung von Jalan Kubor. Direkt davor befindet sich die Haltestelle der Busse Nr. 2, 7, 12, 32, 33, 51, 61, 63, 80, 130, 133, 145, 197, 640, 647, 851 und 960.

## Bugis

Die Gegend um die Bugis Street war **einst eine berüchtigte Rotlichtzone.** In den 1990er-Jahren wurde das Gebiet saniert und renoviert und heute erinnert nichts mehr an die alten „Lotterzeiten" (s. S. 76).

Die heutige New Bugis Street [F3/G3] ist eine Art überdachte **Basarstraße,** auf der man preiswert Kleidung und allerlei Kleinkram erstehen kann. Zahlreiche Durian-Stände (s. S. 56) gibt es auch.

Die nahe gelegene **Albert Street** [F2–3] und der nördliche Teil der **Waterloo Street** [F3] sind zu einer Fußgängerzone ausgebaut, an der sich zwei gut besuchte Tempel befinden sowie zahlreiche Geschäfte, die buddhistische Ritualobjekte, prächtige Götterfiguren und anderes religiöses Beiwerk veräußern.

Eine ganze Reihe solcher Geschäfte befindet sich im Fu Lu Shou Si Mian Fo Complex 45 an der 149 Rochor Rd. Das Gebäude ist eine wahre Fundgrube für alle, die sich mit Buddha-Figuren oder anderen buddhistischen Ritualobjekten eindecken wollen oder solche, die sich ganz einfach an religiösen Kunstobjekten erfreuen. Die meisten Geschäfte befinden sich im 1. und 2. Stock. Man könnte fast meinen, man befände sich in einem buddhistischen Museum.

### 45 Fu Lu Shou Si Mian Fo ★ [F3]

Das Geschäft hat zwei Niederlassungen in Bugis, eine im Erdgeschoss des Fu Lu Shou Complex in 149 Rochor Rd. und eine schräg gegenüber an der Kreuzung Waterloo St./Albert St. Beide sind **randvoll mit buddhistischen Figuren und Schreinen,** die vorherrschende Farbe ist Gold und die Räumlichkeiten scheinen in einer Art göttlichem Glanz zu erstrahlen. Hier weiß man kaum, ob man sich in einem Geschäft befindet oder einem mit kostbaren Schätzen angefüllten Tempel. Tatsächlich beten einige Gläubige vor der einen oder anderen Statue. Besonders bemerkenswert ist eine Buddha-Statue in der Hauptniederlassung im Fu Lu Shou Complex, der zur Beschwichtigung eine Kette mit Schnullern umgehängt ist. Neben chinesisch-buddhistischen Objekten werden auch solche aus Thailand veräußert, dazu jedweder religiöse Schmuck, Glück bringende Armbänder, Amulette und Ketten sowie Edelsteine und Kristalle mit Heilwirkung. Nicht zuletzt kann man sich die Zukunft voraussagen lassen und sich durch Aura-Fotografie eine Diagnose der seelischen und körperlichen Gesundheit stellen lassen – ein spirituelles Rundumprogramm und ein Fest für die Augen dazu.

› 149 Rochor Rd., Singapore 188425, Tel. 63345735, www.fulushousimianfo.com, tgl. 10–20 Uhr. MRT Bugis, Bencoolen (ab 2017)

## 46 Kwan Im Tong Hood Cho Temple ★ [F3]

Dieser chinesische Tempel wurde 1884 erbaut und ist der chinesischen Göttin der Gnade, Kwan Im oder Kuan Yin, geweiht. Es ist **einer der populärsten Tempel Singapurs** und jeden Tag pilgern Tau-

103si Abb.: rk

*Vor dem Kwan Im Tong Hood Cho gibt es alles, was Gläubige brauchen*

EXTRATIPP

### Fetter Bauch lässt hoffen: der Lachende Buddha der Waterloo Street

Vor dem Sin Chew Chinese Cultural Products Supermart an der Waterloo St. / Ecke Bencoolen [F3] steht die Figur eines dickbäuchigen, auffallend gut gelaunten und lachenden Buddhas. Gläubige Buddhisten beten kurz davor und streichen über dessen fetten Bauch – und werfen ein paar Münzen in einen dort angebrachten Schlitz. Dadurch erhoffen sie sich Glück, und vielleicht färbt ja auch die gute Laune des Buddhas auf die Gebenden ab. Glücklicherweise steht die Buddhafigur auf Rollen und kann so zur Sicherheit abends hinter verschlossene Türen gefahren werden. Aufgrund des „Erfolgs" des Buddha steht in Umgebung der Waterloo St. mittlerweile die eine oder andere ähnliche Figur; eine weitere findet sich in der Sago Street [D7] in Chinatown. Nahe dem Buddha sitzen an einigen Tischen chinesische Astrologen und Kartenleser und klären über das zu erwartende Schicksal auf. Wer beim Lachenden Buddha etwas einwirft, hat vielleicht gleich bessere Zukunftsaussichten.

sende von Gläubigen hierhin. Die Blumen- und Räucherstäbchenhändler in der Fußgängerzone vor dem Tempel machen gute Geschäfte. Besonderen Zulauf verzeichnet die Göttin sowohl am Vortag des chinesischen Neujahrs als auch zum westlichen Neujahr, wenn die Besucher für Glück und Wohlstand beten. Die Göttin mag es gern vegetarisch, aus diesem Grund finden sich in der Umgebung einige vegetarische Restaurants, so im rechts gelegenen South-East Asia Hotel, und gleich mehrere im und am 100 m links gelegenen Fortune Centre (s. S. 66).

› 178 Waterloo St., Singapore 187964, tgl. 6–18 Uhr, MRT Bugis (ab 2017 günstiger MRT Bencoolen)

## 47 Sri Krishnan Temple ★ [F3]

Im 19. Jh. hatte sich an dieser Stelle ein Banyan-Baum befunden, der von vielen Hindus als beseelt vom Affengott Hanuman und dem Elefantengott Vigneshwara (Ganesha) angesehen wurde. Passenderweise befindet sich rechts vom Eingang eine **große, grüne Statue des Affengottts,** der die Besucher mit gefalteten Händen begrüßt. Links am Eingang steht eine **Statue des Garuda,** des göttlichen Vogels, der als das Reittier des Gottes Vishnu gilt.

Der gegenwärtige Tempel wurde erst 1959 fertiggestellt und **ist dem Hindugott Krishna geweiht.** Trotzdem finden sich hier auch Abbildungen zahlreicher anderer Götterfiguren, da gibt es gar keinen Konkurrenzneid. An der Vorderseite des Gebäudes sieht man am Dachsims einige schöne und ebenso bunte Götter-Reliefs. So mancher chinesische Besucher des benachbarten Kwan Im Temple 46 hält auch vor diesem Tempel kurz zu einem Gebet inne – kosmopolitisches, polyreligiöses Singapur!

› 152 Waterloo St., Singapore 187961, 6–14.30 und 17.30–21 Uhr, MRT Bugis (ab 2017 günstiger MRT Bencoolen)

*Am Sri Krishnan Temple wird man von Figuren des Affengottes Hanuman und des Garuda, des Reitvogels des Gottes Vishnu, begrüßt*

104si Abb.: rk

# Im Norden

## 48 Liang San Shuang Lin Monastery ★★ [S. 290]

Inmitten gleichförmiger Vorstadtarchitektur befindet sich dieser 1908 erbaute, weitläufige buddhistische Tempelkomplex, der von Einheitswohnungen der HDB (s. S. 112) umgeben ist. Hier bekommt man einen guten Eindruck davon, wie die meisten Singapurer leben. Die Raumnot beschränkt die Individualität. Toa Payoh ist die **erste Retortenstadt in Singapur** und auch die erste MRT-Station wurde hier eröffnet (1985).

Die Tempelanlage selbst hingegen ist ein **ausgezeichnetes Beispiel klassischer chinesischer Tempelarchitektur.** In der großen, luftigen Gebetshalle vornean befinden sich zahlreiche Statuen von chinesischen Gottkönigen, vor denen Opfergaben abgelegt werden. Hinter dieser Halle gruppieren sich weitere Tempel- und Klostergebäude, zwischen denen gepflegte Innenhöfe angelegt sind. Diese sind mit zahlreichen Bonsai-Bäumen bepflanzt, was ihnen eine beinahe zenhafte, meditative Stimmung verleiht. Zwischen den Bäumen finden sich große Wassertöpfe mit Lotusblumen. Der **Lotus,** mit seiner Wurzel tief im Schlamm verstrickt und seiner über der Wasseroberfläche triumphierend aufblühenden Blume, gilt als ein **Symbol des Buddha.** Besonders ungewöhnlich ist hier der weiße **„Zwillings-Lotus“,** eine einzelne Lotusblume mit zwei Knospen, die wie siamesische Zwillinge ineinander verwachsen sind. Dazu finden sich hier zahlreiche Schreine und imposante Götterfiguren.

105si Abb.: rk

*Bonsai zwischen den Tempelgemäuern: der Liang San Shuang Lin Monastery*

Ein weiteres Highlight ist die 29 m hohe, siebenstöckige **Dragon Light Pagoda,** die aus reinem Granit errichtet und mit einer goldenen Turmspitze versehen wurde. Die Anlage wurde – wie so viele kulturelle Stätten in Singapur – vor Kurzem renoviert und ist nun besuchenswerter denn je.

› 184 Jln. Toa Payoh, Singapore 319944; MRT Toa Payoh, dann Bus Nr. 57, 235, 238, 535, bzw. zu Fuß ca. 20 Min. von der MRT-Station, Taxis ca. 6–8 S$, tgl. 7.30–17 Uhr

## 49 Kong Meng San Phor Kark See Monastery ★★ [S. 290]

Im Stadtteil Bishan liegt versteckt **Singapurs größte buddhistische Anlage**, die 1920 bis 1921 entstand, um die buddhistische Lehre zu propagieren und Mönchen eine Unterkunft zu bieten. Zu jener Zeit war Singapur noch weitgehend von wilder Vegetation bedeckt und die Mönche lebten hier praktisch in einer Waldeinsiedelei. In den folgenden Jahrzehnten kamen zahlreiche weitere Gebäude hinzu und der Wald drumherum wurde immer weiter zurückgedrängt. Heute ist das Kong Meng San Phor Khark See Monastery von modernen Wohnsiedlungen umgeben.

Über das Gelände verteilen sich **zahlreiche erstklassig instand gehaltene Kloster- und Tempelgebäude**, von einer goldenen „Pagoda of 10.000 Buddhas" bis hin zu einer Halle, die den Vorfahren geweiht ist, sowie einem Krematorium und diversen Gebetshallen. Ein Bodhi-Baum erinnert daran, dass Buddha die Erleuchtung erlangte, als er unter einem solchen Baum meditierte. Über das gepflegte Gelände verstreut finden sich kleine Granitfiguren, die betende Gläubige darstellen; diese werden von einer großen Statue der Göttin Kuan Im überblickt, die segensvoll ihre rechte Hand erhebt. An den zahlreichen Besuchern an Sonn- und Feiertagen merkt man, welch große Rolle der Buddhismus für viele Singapurer spielt.

› 88 Bright Hill Rd., Singapore 574117, Tel. 68495300, www.kmspks.org, MRT Bishan, dann Bus. Nr. 52 (3,1 km) oder 410 (2,8 km), Taxi ab Innenstadt ca. 10–12 S$, tgl. 6–22 Uhr (Zugang durch Gate 1 und 2 an der Bright Hill Rd., andere Tore schließen früher).

## 50 Singapore Zoo und Night Safari ★★★ [S. 290]

Gegründet 1973, ist der Singapore Zoo heute ein Musterbeispiel dafür, wie ein Zoo aufgebaut sein sollte. Die Tiere werden in beinah wildbahnähnlicher Freiheit belassen und die Barrieren, die Fauna und Menschen voneinander trennen, sind so gehalten, dass man sie kaum sieht. Hinzu kommt eine äußerst gepflegte Park- und Tropenlandschaft, sodass sich hier sowohl Tier- und Naturfreunden als auch Familien mit Kindern eine wunderbare Ausflugsmöglichkeit bietet. Als Michael Jackson in Singapur weilte, wollte er gar den Zoo ganz allein für sich und seine Begleiter haben, aber das wurde ihm dann doch nicht gewährt. Einer der Hauptattraktionen ist ein seltener weißer (Albino-)Tiger namens Omar. Bis 2014 hatte es sogar zwei weiße Tiger im Zoo gegeben, im August jenes Jahres verstarb das andere Exemplar – eine Tigerin mit Namen Winnie – jedoch.

Die **Night Safari** ist noch beeindruckender als der Zoo selbst! Mit einer Bahn wird man durch das nächtliche Gelände gefahren und kann an bestimmten Haltepunkten aussteigen, um die **130 Spezies von Nachtieren** allein oder in kleinen Gruppen zu beobachten. Ein faszinierendes Erlebnis, bei dem man manchmal tatsächlich den Eindruck hat, in freier Wildbahn zu sein; wenn z. B. die Raubkatzen genüsslich ihr Abendessen zerreißen. Die Rundfahrt mit der Bahn ohne Aussteigen dauert 45 Min. und vermittelt einen guten Überblick über den Zoo. Die Night Safari wurde 1991 erstmals durchgeführt und hat inzwischen schon einige Nachahmer gefunden.

- 80 Mandai Lake Rd., MacRitchie, Singapore 729826, Tel. 62693411, www.zoo.com.sg bzw. www.nightsafari.com.sg
- **Zoo:** tgl. 8.30–18 Uhr (letzter Einlass 17.30 Uhr), Eintritt 28 S$, Kinder bis 12 Jahre 18 S$, Anfahrt mit Bus Nr. 138, 926, 927 oder MRT Ang Mo Kio und weiter mit Bus Nr. 138 (13,4 km) oder MRT Choa Chu Kang und Bus Nr. 927 oder – nur sonn- und feiertags – MRT Marsiling oder Woodlands und jeweils weiter mit Bus Nr. 926 (fährt nur an Sonn- und Feiertagen). Zusätzlich spezielle Zubringerbusse ab Orchard Rd., Little India, Jurong Bird Park und Sentosa, siehe Website. Taxis ab Innenstadt ca. 15–20 S$.
- **Night Safari:** tgl. 19.30–24 Uhr, Eintritt 39 S$, Kinder 22 S$ (jeweils inkl. Tram-Fahrt). Rückfahrt von der Night Safari: am besten per Taxi, denn die öffentlichen Verkehrsmittel stellen ihren Betrieb vor Mitternacht ein. Ansonsten bieten sich die Busse der Gesellschaft Bus Hub an, die von 21.30 bis 23.30 Uhr zwischen Innenstadt und der Night Safari hin- und herpendeln. Fahrpreis einfach 6 S$, Kinder bis 12 J. 3 S$; www.bushub.com.sg/_saex_to_the_night_safari.html.

## (51) River Safari ★★ [S. 290]

Gleich rechts neben dem Eingang zum Zoo (50) wurde 2014 die River Safari eröffnet, in der man die Tierwelt verschiedener Fluss-Biotope beobachten kann. In Aquarien, die teilweise in Tunnelgängen errichtet sind, sind **zahlreiche Fischarten** zu bewundern, die in diversen Flüssen der Welt beheimatet sind. Auf kurzen Bootstouren kann man sich unter anderem in die Fauna und Flora des Amazonas einführen lassen („Amazon River Quest"), darunter in den „Squirrel Monkey Forest", das Habitat zahlreicher Totenkopfäffchen.

Im „Panda Forest", der zu Fuß und ohne Bootsfahrt erreicht werden kann, sieht man **Singapurs zwei einzige Pandas**, genannt Kai Kai und Jia Jia, die – sofern sie nicht durch laut johlende Schulklassen ins Dickicht vertrieben wurden – genüsslich Bambussprossen kauen oder faul herumliegen und schlafen. Pandas erfreuen sich in asiatischen Zoos großer

EXTRAINFO

### Achtung, Parkhopper!

Man sollte sich an den Schaltern von Zoo (50), Night Safari, River Safari (51) oder Jurong Bird Park (63) nach dem „Park Hopper Ticket" erkundigen, mit dem alle vier Attraktionen zum verbilligten Preis besucht werden können. Ende 2014 lag der Preis für ein Erwachsenen-Ticket bei 104 S$, was eine Verbilligung von 23 S$ bedeutete.

106si Abb.: rk

*☒ Bei der River Safari kann man mit Meeresbewohnern posieren*

EXTRATIPP

**Karting mit Karacho**

Entworfen von Hermann Tilke, der auch für die Formel-1-Rennstrecken von Abu Dhabi, Bahrain, Istanbul und Shanghai verantwortlich zeichnete, ist dies Singapurs erster Go-Kart-Kurs von internationalem Format. Eröffnet wurde er im November 2014. Der Parcours ist 960 m lang, verläuft teilweise unter der MRT-Trasse, und ist für Geschwindigkeiten von bis zu 100 km/Std. angelegt. Fahrten mit dem preiswertesten Gefährt, dem „Viper Cart" (bis zu 40 km/Std.) kosten 35 S$ bzw. etwas billiger für Personen unter 21 J. und außerhalb der „Hauptstoßzeiten" (wochentags von 13–17 Uhr). Höhere Preise für schnellere Fahrzeuge, siehe Homepage.

•243 **KF 1 Karting Circuit,** 1 Turf Club Ave. (auf dem Gelände des Singapore Turf Club), Kranji, Singapore 738078, Tel. 86859798, www.kf1karting.com, MRT Kranji, von dort 3 bis 4 Min. zu Fuß, oder Bus Nr. 170, 178, 925 bis MRT-Station Kranji, Mi–So 9-22 Uhr

Beliebtheit und diesen beiden ist sogar eine eigene Facebook-Seite gewidmet. Im Restaurant Mama Panda Kitchen am Panda Forest werden „Panda Pau" angeboten, chinesische Klöße, die aussehen wie Panda-Köpfe (es ist nicht ganz so schlimm, wie es sich anhört!), dazu „Bamboo Rice" (Bambus-Reis), in Anlehnung an das Panda-Leibgericht. Vielleicht nichts für Gourmets, aber sicher ein besonderes Erlebnis für Kinder.

› 80 Mandai Lake Rd., Tel. 62693411, Singapore 729826, www.riversafari.com.sg, tgl. 8–10 Uhr, letzter Einlass 17 Uhr. Eintritt 25 S$, Kinder bis 12 J. 16 S$. Die Bootsfahrten (Dauer nur 10 Min.) kosten zusätzlich jeweils 5 S$ bzw. für Kinder 3 S$. Kinder müssen mindestens 1,06 m groß sein, um an den Fahrten teilnehmen zu können. Für diese begebe man sich zur „Boat Plaza", die sich jenseits des Wegs, der vom Eingang rechts durch einige Tunnelgänge mit Aquarien führt, befindet. Der Weg links hinunter führt zum „Panda Forest". Beide Seiten sind aber auch durch eine Brücke miteinander verbunden und man kann die Attraktionen im Rundlauf abgehen. Anfahrt wie bei Zoo und Night Safari 50.

## 52 Kranji War Cemetery ★ [S. 290]

Der Zweite Weltkrieg ist eine traumatische Periode in der singapurischen Geschichte und diese **Gedenkstätte** vermittelt einen guten Einblick in die Schrecken, die der Krieg hierhin brachte. 4000 weiße Grabsteine verteilen sich über eine stille Hügellandschaft, Erinnerungstafeln erzählen so manche Geschichte des Grauens oder des Heldentums. Hier liegen auch zwei der frühen Präsidenten von Singapur begraben. Am besten kombiniert man den Besuch dieses weit im Norden Singapurs gelegenen Friedhofs mit einem Ausflug in die Sungei Buloh Wetlands 53.

› 9 Woodlands Rd., Kranji, Singapore 738656, MRT Kranji, dann ca. 800 m zu Fuß, Bus Nr. 925 fährt u. a. von den MRT-Stationen Marsiling und Choa Chu Kang zur MRT-Station Kranji oder direkt mit Bus. Nr. 178 zum War Cemetery, z. B. von MRT Kranji (zwei Haltestellen), MRT Woodlands oder MRT Boon Lay, tgl. 7–18 Uhr

*Die Gräber des Kranji War Cemetery erinnern an Singapurs düsterste Epoche der Geschichte*

LITERATURTIPP

**Singapore in World War II – A Heritage Trail**
Dieses vom „National Heritage Board" herausgegebene Buch, das für ein paar Dollar erhältlich ist, beschreibt 50 Lokalitäten in Singapur, die eng mit den Ereignissen des Zweiten Weltkriegs verbunden sind. Es vermittelt zudem einen guten Eindruck von dem Leid, das der Krieg Singapur bescherte.

## 53 Sungei Buloh Wetlands Reserve ★ [S. 290]

Wald, Mangrovenwälder und Teiche sowie 140 verschiedene Vogelarten gibt es in diesem Naturschutzgebiet – dazu kann man möglicherweise noch Affen sehen. Die besten **Vogelbeobachtungen** ergeben sich frühmorgens. Jedes Jahr im August und September fliegen etwa 2000 Wandervögel aus Russland, der Mongolei, China und Japan hierher, einige davon ziehen alsbald weiter nach Indonesien und Australien, die meisten aber bleiben bis März oder April. Drei teilweise auf erhöhten Brückengängen angelegte Wanderpfade mit einer Länge von 3 bis 7 km führen durch das Areal.

Am 6.12.2014 feierte die Sungei Buloh Wetlands Reserve ihren 21. Geburtstag und zu diesem Anlass wurde ein zusätzliches, 31 Hektar großes Areal am Küstenstreifen östlich des ursprünglichen Gebietes eröffnet. In dem neuen Bereich befindet sich unter anderem ein „Mid-Canopy Walk", ein Brückenweg unter den Baumkronen, von dem aus man Vögel und Insekten beobachten kann; dazu ein „Coastal Boardwalk", ein auf einem Steg angelegter Wanderweg entlang der Küste, sowie ein „Junior Adventure Trail" für Kinder. Dieser besteht aus zahlreichen im Watt befestigten kleinen Plattformen, von denen aus man im Schlamm lebende Tierarten sehen kann.

› 301 Neo Tiew Crescent, Lim Chu Kang, Singapore 718925, Tel. 67941407, www.sbwr.org.sg, tgl. 7.30–19 Uhr; MRT Kranji, dann Bus Nr. 925 (außer So und Fei) bis Haltestelle Kranji Reservoir Car Park B (4,7 km), dann die Straße überqueren, um zum Visitor Centre des Parks zu gelangen. Oder mit dem täglich fahrenden Sonderbus „Kranji Express" ab MRT-Station Kranji, Haltebucht oder „Bay" 3; Abfahrt um 9, 10.15, 11.30, 12.45, 14, 15.15, 16.30, 17.45 und 19 Uhr; Fahrpreis 3 S$ bzw. 1 S$ für Kinder bis 12 J. und Personen ab 60 J. Fahrzeit 10 Min. Taxis ab Innenstadt kosten ca. 18–22 S$, Mo–Sa 7–17, So 7–19 Uhr.

# Im Osten

*Man muss nur wenige Kilometer fahren, und schon liegt das touristische Singapur in relativ weiter Ferne. Einige Bereiche östlich der Innenstadt eignen sich besonders gut für Stadtviertelexkursionen, wie zum Beispiel die Viertel Geylang und Katong* 55.

## 54 Geylang ★★ [gi]

Der Stadtteil Geylang, wenige Kilometer östlich der Innenstadt gelegen, ist **einer der ältesten und urtümlichsten Bezirke Singapurs.** Im Gegensatz zum weiter östlich gelegenen Katong sind die Straßenzüge und alten Häuser Geylangs noch weitgehend „unveredelt", stellenweise wirkt der Bezirk vielleicht sogar ein wenig „heruntergekommen" – na ja, zumindest, wenn man Singapurs extrem hohe Maßstäbe anlegt. Viele der chinesischen Geschäfts- oder Wohnhäuser stammen aus dem frühen 20. Jh., und die wenigsten sind bisher so wohlgefällig restauriert worden wie ihre Gegenstücke in Chinatown 15, Little India 33 oder Katong. An manchen Stellen des Viertels zeigt sich aber schon, dass eine Modernisierung nicht ausbleiben wird, zudem nimmt die Zahl der Neubauten zu.

Einen zweifelhaften Ruhm genießt Geylang aufgrund seiner lizensierten Bordelle. **Prostitution** ist in markierten Bereichen erlaubt. Die Freudenhäuser liegen in einigen Lorongs (Gassen) südlich der Geylang Rd., d. h. in den Lorongs mit den geraden Zahlen – also Lorong 18, 20 usw. In den Lorongs mit ungeraden Zahlen sind offiziell keine Rotlichtetablissements erlaubt; aber hier in Geylang geht wohl nicht alles so gesetzestreu zu: Auch in diesen Bereichen gibt es sonderbare „Klubs", an deren Eingangstür Schilder mit dem Hinweis „Nur für Mitglieder" prangen, und es locken Reklameschilder mit „traditioneller Thai-Massage". In diesem Umfeld weiß man, was dahintersteckt. Wie in Little India ist auch in Geylang der Alkolverkauf an Wochenenden eingeschränkt. Es gelten dieselben Verbotszeiten (s. S. 169).

*Die Kadijah Mosque (s. S. 194) ist ein guter Orientierungspunkt*

108si Abb.: rk

Die niedrigen Mietpreise im Viertel ziehen **zahlreiche asiatische Zuwanderer** an, vor allem aus China. Darunter sind auch illegale Prostituierte, „Bordsteinschwalben“, die schon morgens auf dem Bürgersteig auf Kundensuche sind. Das geht allerdings ohne jedwede Belästigung vor sich.

Die Kriminalität in Geylang ist höher als anderswo in der Stadt, aber auch in Sachen Ordnungstreue ist man in Singapur ja einen außerordentlich hohen Standard gewöhnt, und somit ist diese Feststellung im lokalen Kontext zu sehen. Vor dem kleinen Supermarkt „Sheng Siong“ in der 301 Geylang Rd. [fi] ist ein Schild aufgestellt, auf dem die Zahl der erwischten Ladendiebe angegeben wird: Pro Monat sind es etwa zwei.

Neben seinem etwas verruchten Ambiente bietet Geylang aber auch einen **nostalgischen Hauch des „alten“ Singapur:** An fast jeder Ecke befindet sich ein preiswertes Kaffeehaus oder Restaurant (chinesisch oder malaiisch), allesamt unglamourös und bodenständig, und unter den Kunden ist so manch uriger Charakter von altem Schrot und Korn. Das „591 Coffee Shop“ an der Geylang Rd./Ecke Lorong 27A ist 24 Std. geöffnet.

In vielen kleinen Läden lässt sich zu Niedrigstpreisen einkaufen, von Kleidung und Handys bis hin zu Nahrungsmitteln. Dazu findet sich hier eine Vielzahl kleiner Tempel und so manch anderes überraschendes Kleinod.

Um das Viertel ein wenig kennenzulernen, empfiehlt sich ein **Spaziergang** entlang der Geylang Rd. [fi/gi], bei dem man auch in die eine oder andere Seitengasse hineinschauen kann. Hier einige markante Stellen, von West nach Ost:

In Singapur stehen die Gebetshäuser unterschiedlicher Religionen oft friedlich nebeneinander. So auch an der Geylang Rd./Ecke Lorong 11, wo sich neben einem schmucken kleinen, leuchtend rotgrünen **chinesischen Tempel** (San Yuan Tang) eine große, nüchtern wirkende **Moschee** (Masjid Haji Mohammed Salleh) befindet. Die völlig unterschiedliche Religionspraxis scheint sich auch in einem gänzlich unterschiedlichen architektonischen Stil ausdrücken zu wollen.

**Lorong 13** ist eine der traditioneller wirkenden Seitenstraßen, hier finden sich zwei kleine chinesische Tempel, ein thailändisches „Geisterhaus“, in dem den hier herrschenden Geistern gehuldigt wird, sowie Vereinsräume, in denen der traditionelle chinesische Löwen- und Drachentanz gelehrt und gepflegt wird. Die „Bien Nan Lion & Dragon Troupe“ in Haus Nr.15 hat angeblich auch schon mal einen deutschen Schüler in der Kunst des Drachentanzes unterrichtet. Im selben Gebäude befindet sich die „You Hao Athletic Association“, ein Sportklub, sowie der „Kindness Senior Citizens Club“ – zu Deutsch etwa „Der Seniorenklub Zur Gütigkeit“. Eine kriminelle Vereinigung könnte sich keinen besseren Tarnnamen ausgedacht haben.

Der Stadtteil bietet vielerorts traditionelle chinesische Kost, außergewöhnlich aber ist das Restaurant **Old Geylang** (s. S. 194) an der Geylang Rd. nahe Ecke Lorong 23. Hier ist man auf Schildkröten- und Krokodilfleisch spezialisiert. Krokodilfleisch gilt als Heilmittel gegen Asthma. „Stir-fried Crocodile Fin Meat“ z. B. (Kurz angebratenes Krokodilrückenflossenfleisch) kostet je nach Portionsgröße ab 32 S$; „Braised Crocodile Tail Meat with Mushrooms“ (Geschmortes

Krokodilschwanzfleisch mit Pilzen) preiswerte 12 S$. „Steamed Turtle Leg and Skin with Minced Ginger" (Gedämpftes Schildkrötenbein mit Haut und kleingehacktem Ingwer) gibt es ab 30 S$. Weniger exotische Meeresfrüchte sind aber ebenso erhältlich, darunter die in Singapur beliebten Chili Crabs.

Ein Überbleibsel des frühen 20. Jh. ist das kolonial anmutende, weitgehend in Grün-Weiß gehaltene **Lai Ming Hotel** (s. S. 194). Das Haus wird auch zu „Transit"-Zwecken genutzt, so wie praktisch alle Hotels in diesem etwas schlüpfrigen Viertel.

Schräg gegenüber auf der anderen Straßenseite steht der chinesische **Chong Tuck Tong Temple** (s. S. 193) aus dem Jahr 1902, dessen grünes Dach von der goldenen Statue der Göttin Kuan Im gekrönt wird.

**Lorong 24A** weist eine Reihe von gut erhaltenen, pittoresken **Peranakan-Wohnhäusern** auf. In Haus Nr. 2 ist die **Buddhist Library** untergebracht, die 16.000 englisch- und chinesischsprachige Bücher zum Thema Buddhismus umfasst. Die Lokalhistorie besagt, dass es anders als in den anderen Gassen der Umgebung in Lorong 24A niemals Rotlicht-Aktivitäten gegeben habe.

Das **Meng Yew Hotel** (s. S. 194) in der 488 Geylang Rd. ist wohl das hübscheste Hotel des Viertels: Es ist ein kleines, koloniales Gebäude, das sich in einer Art verschachtelter Bauweise von vorne nach hinten verbreitert. **The Sunflower** (s. S. 194) ist ein Wohnblock, der aus einem wunderschönen, sanft abgerundeten Altbau und einem Neubau besteht.

Gegenüber, in Lorong 29, ist bei Hausnummer 5 die **Sagaramudra Buddhist Society** angesiedelt, die Kurse in Buddhismus und Meditation veranstaltet (www.sagaramudra.org.sg). Im offenen Unterbau des Gebäudes sieht man vorne eine Bodhisattva-Figur, die jubilierend in einem Erleuchtungsmoment die Arme hochreißt. Im Gegensatz zu anderen Figuren dieser Gattung ist diese eine Art „siamesischer Zwilling": Die Rückseite sieht genauso aus wie die Vorderseite, mit Gesicht, rundem Bauch etc. Im Bereich dahinter befindet sich ein großes Buddha-Relief und rechts daneben ein Gemälde des Business-Distrikts von Singapur mit seinen Wolkenkratzern – ein bemerkenswerter, vermutlich beabsichtigter Gegensatz.

Ein paar Schritte weiter hinein in die Gasse steht der vielleicht interessanteste chinesische Tempel des Viertels, der **Soon Thian Keing Temple**. Dieser hatte sich ursprünglich an der Malabar St. im Bereich Bugis befunden, musste aber aufgrund des Baus der MRT-Linie weichen. Eine Steininschrift, die im Tempel gefunden wurde, besagt, dass dieser 1812 errichtet worden war, d. h. schon einige Jahre vor der Inbesitznahme Singapurs durch die Briten. Durch den Fund war die Existenz einer chinesischen, Hokkien sprechenden Gemeinde im frühen Singapur unzweifelhaft bewiesen. Der Tempel und die ihm innewohnenden Götter wurden in der Folgezeit einige Male verlegt, bis sie 1994 hier in Geylang ihren wohl endgültigen Standort fanden. Der Tempel ist mit einem eleganten, kühn geschwungenen Dach bedeckt und unten am Eingang befinden sich zwei Öfen, in denen Opfergaben verbrannt werden und an deren Seiten die bunten Bildnisse chinesischer Götter und Heiliger angebracht sind. Im Zentrum des Tempels befindet sich der prachtvolle

Schrein mit den hier verehrten Götterfiguren. 2012 wurde das 200-jährige Jubiläum des Tempels begangen.

Direkt gegenüber auf der anderen Straßenseite sieht man das Gebäude der **Thong Kheng Welfare Services Society,** einer karitativen Einrichtung (www.thongkheng.org.sg). Diese betreut ältere Mitbürger und Behinderte. Die tempelähnliche Anlage beherbergt einen Gebetsschrein im Erdgeschoss; der sehenswerteste Teil ist aber vielleicht der kleine künstliche Felsen samt Wasserfall rechts hinter dem Eingangstor: Auf diesem sind zahlreiche kleine Figuren angebracht, die buddhistische Heilige, Einsiedler oder Pilger darstellen. Eine der Figuren übt sich in einer Kampfsportart. Es lohnt sich, genau hinzusehen, denn die Figuren erzählen kleine Geschichten. Unten endet der Mini-Wasserfall in einem kleinen Teich mit orangefarbenen Karpfen – sowohl die Karpfen als auch die Farben Rot und Orange gelten als Glücksbringer. Eine der kleinen Figuren hält zudem einen roten Karpfen in den Händen.

Etwas weiter östlich, in der 583 Geylang Rd., erhebt sich die helle, ockerfarbene **Kadijah Mosque** (s. S. 194), deren hohes, auffallend schlankes Minarett ein weithin sichtbarer Orientierungspunkt ist. Die Moschee wurde 1920 fertiggestellt und vor einiger Zeit renoviert. Ihr Name stammt von einer wohlhabenden Muslima, die im Jahre 1916 das Geld zum Bau der Moschee gestiftet hatte.

In diesem fleischbetonten Viertel (in doppelter Hinsicht) finden auch Vegetarier etwas zu essen und zwar im chinesischen **Southern Palace Vegetarian Restaurant** (s. S. 194). Für Fleischesser lohnt ein Abstecher zum **126 Dim Sum Wen Dao Shi** (s. S. 193). Das kleine, 24 Std. geöffnete Lokal ist berühmt für seine *dim sum,* gedämpfte Klöße mit Fleisch- oder Garnelenfüllungen. Einige vegetarische Gerichte sind ebenfalls erhältlich.

Die zahlreichen **Hotels in dem Viertel** – darunter etliche der Ketten Fragrance und Hotel 81 – werden zu kommerziellen Kurzzeit-Liaisions benutzt, was vielleicht nicht jedem Urlauber zusagt. Trotzdem werden diese Hotels gerne von Reisebüros angeboten, da sie relativ preiswert sind. Manche Gäste wundern sich dann allerdings, wo sie hier gelandet sind.

› MRT Aljunied, von dort noch ca. 10 Min. zu Fuß. Per Taxi: Der Verkehr in der Geylang Rd. verläuft nur von Ost nach West, sodass man bei der Anfahrt von der Innenstadt von parallel zu ihr verlaufende Guillemard Rd. oder die Sims Ave. anfahren müsste, wonach man dann durch eine der Lorongs zur Geylang Rd. gelangen kann. Fahrpreis von der Innenstadt je nach Ausgangspunkt ca. 6 bis 10 S$. Busse von der Innenstadt zur Guillemard Rd., dann zu Fuß durch die Lorongs zur Geylang Rd. weitergehen, Bus Nr. 7, 26, 51, 70, 80, 197 oder Bus Nr. 2, 12, 63, 853 u. a. zur Sims Ave. und dann ebenfalls zu Fuß weiter. Das Weiterkommen ins benachbarte Katong und zur Joo Chiat Conservation Area wird ebenfalls durch die Einbahnstraßen kompliziert. Zu Fuß gelangt man in ca. 20 bis 30 Min. bis zur Joo Chiat Rd.

**244** [fi] **126 Dim Sum Wen Dao Shi** €, 126 Sims Ave., Singapore 387449, Tel. 67464757, tgl. 24 Std. geöffnet

•**245** [fi] **Buddhist Library,** 2 Lorong 24A, Geylang, Tel. 67468435, Singapore 398526, www.buddhlib.org.sg; Di–Sa 12–21, So 10–21 Uhr

★**246** [fi] **Chong Tuck Tong Temple,** 477 Geylang Rd., Singapore 389436, Tel. 67482971, tgl. 8–17 Uhr

★247 [gi] **Kadijah Mosque,** 583 Geylang Rd., Singapore 389522

🍴248 [fi] **Lai Ming Hotel** €, 432 Geylang Rd., nahe Lorong 24. Singapore 389396, Tel. 67449095, 67441063, www.laimingho tel.com.sg. Rechts neben dem alten Gebäude befindet sich ein neuerer Flügel (424 Geylang Rd.). Kostenloses WLAN

🏨249 [fi] **Meng Yew Hotel** €, 488 Geylang Rd., nahe Lorong 26, Singapore 389447, Tel. 67443717

🍴250 [fi] **Old Geylang** €-€€, 1 Lorong 23, Singapore 388352, Tel. 68446041; So–Do 12–2, Sa/So und vor Feiertagen 12–3 Uhr

★251 [fi] **Soon Thian Keing Temple,** 19 Lorong 29, Singapore 388070, Tel. 67428566, tgl. 7–18 Uhr

🍴252 [gi] **Southern Palace Vegetarian Restaurant** €, 654 Geylang Rd./Ecke Lorong 40, Singapore 389584, Tel. 68461772, tgl. 9–21 Uhr

•253 [fi] **The Sunflower,** 510 Geylang Rd./Ecke Lorong 28, Singapore 389466

## 55 Joo Chiat Conservation Area/Katong ★★ [hi]

Dieser Bereich im Stadtteil Katong, östlich an Geylang 54 anschließend, wird nur selten von Touristen aufgesucht. Einst war dies ein ruhiges, am Meer gelegenes Dorf, in dem wohlhabende Chinesen und Portugiesen Kokos- und Baumwollplantagen bewirtschafteten. Aufgrund der städtischen Entwicklung und durch **Landgewinnung** veränderte sich hier das Leben jedoch. Die East Coast Road, die das Gebiet im Süden begrenzt, liegt heute nicht mehr am Meer, wie der Name noch andeutet. Landaufschüttungen haben die See einige Hundert Meter zurückgedrängt und die Plantagen sind Neubauten gewichen.

Entlang der Joo Chiat Road und ihren Seitenstraßen zeigen sich jedoch noch heute prächtige alte Wohnhäuser und **Villen aus dem frühen 20. Jh.** Das Leben ist entspannt und die Bevölkerung ein toleranter Mix aus Malaien, Indonesiern, Chinesen und den chinesisch-malaiischstämmigen Peranakan. Die ethnische Vielfalt schlägt sich auch in den Restaurants nieder, die eine internationale Auswahl bieten: Indonesisch, Malaiisch, Vietnamesisch, Chinesisch, Indisch, Thai, Türkisch, Deutsch (siehe Brotzeit S. 59), Vegan (Loving Hut, s. S. 68) und Peranakan. Besonders gut schmecken soll besonders hier im Stadtteil Katong die typische Peranakan-Spezialität *Laksa („Katong Laksa“),* eine Suppe auf Kokosmilch-, Chili-, Nudel- und Fischbasis. Das Restaurant 328 Katong Laksa (s. S. 197) ist darauf spezialisiert.

In vielen Restaurants des Viertels fällt der malaiisch-indonesische Einschlag auf, aber es gibt auch westliche Speisen sowie u. a. thailändische und vietnamesische Gerichte. Joo Chiat verfügt auch über ein pulsierendes Nachtleben, das aber nicht immer ganz „koscher“ ist: Die Bars des Viertels sind z. T. das Betätigungsfeld von Prostituierten. Am schönsten ist Joo Chiat aber ohnehin frühmorgens und spätnachmittags – die Straßenzüge sind sehr pittoresk und es lohnt sich, wachen Auges umherzuschlendern.

Das **Lucky Shophouse** (s. S. 197) an der 125 Joo Chiat Place, wurde in den 1920er-Jahren erbaut, sein Name rührt von dem einst darin befindlichen Buchladen. Nach einer grundlegenden Renovierung mit radikal innovativer, moderner Architektur in seinen Innenräumen wurde das Haus 2013 mit einem Preis des singapurischen Präsidenten und ein Jahr

EXTRATIPP

### Sungei Road Laksa – Singapurs beste Laksa?

Katong ist für seine Laksa bekannt, die beste Laksa gibt es nach Ansicht vieler Stammkunden jedoch an einem unscheinbaren kleinen Stand im Rochor-Viertel zwischen Little India und Kampong Glam.

Zahlreiche Einheimische schwören auf die Laksa von „Sungei Road Laksa" im unscheinbaren Hawker Centre „Top 33 Kopitiam". Neben dem einzigartigen Geschmack ist die Laksa hier mit 2 S$ pro Schale auch ausgesprochen preiswert. Wie lange der Niedrigpreis noch gehalten werden kann, ist allerdings fraglich. Die Laksa wird von drei Damen nach altem Hausrezept zubereitet. Neben dem einzigartigen Geschmack mögen viele Stammkunden die Tatsache, dass die in dem Gericht vorhandenen Nudeln kurz geschnitten sind, sodass man die Laksa mit Löffeln essen kann und keine Stäbchen benötigt. Benutzt werden die typischen chinesischen Suppenlöffel, die tiefer ausgewölbt sind als ihre im Westen üblichen Pendants. Rechts vor dem Hawker Centre befindet sich ein typischer hinduistischer Brahma-Schrein, so wie man ihn in Thailand oft antrifft. Um die Brahma-Figur sind kleine Figuren von Tänzerinnen postiert, die den Gott unterhalten sollen – sonst könnte er sich ja langweilen und auf dumme Gedanken kommen.

Wer Laksa zu Hause ausprobieren möchte, kann es auch als Fertiggericht kaufen: Die Nahrungsmittelfirma „Prima Taste" produziert eine „Instant-Laksa" namens „Laksa LaMian". Diese ist z. B. in den Supermarkt-Kette Cold Storage erhältlich. Ein Zwölferpack kostet 33,55 S$. Man folge der Zubereitungsanleitung auf der Packung, nach sieben Minuten ist die leckere Instant-Laksa schlürfbereit.

254 [G1] **Sungei Road Laksa,** Top 33 Kopitiam, 27 Jln. Berseh; MRT Bugis, Lavender (ab 2017 günstiger MRT Jalan Besar), tgl. 9–18 Uhr, an jedem ersten Mittwoch des Monats geschlossen.

› Eine vegetarische Version des Gerichts gibt es bei Gokul (s. S. 67), Gopal's (s. S. 173), Veggie Cottage Café (s. S. 68), Southern Palace Vegetarian Restaurant (s. S. 194), Whole Earth (s. S. 68) und zahlreichen anderen vegetarischen Restaurants.

später mit einem UNESCO-Preis ausgezeichnet. Es befindet sich in Privatbesitz und ist innen nicht zugänglich.

Natürlich darf auch in diesem Viertel ein chinesischer Tempel nicht fehlen, hier heißt er **Kuan Im Tng (Teng) Temple** (s. S. 197). Besonders auffallend ist die vor dem Eingang stehende Statue eines Bodhisattva oder Erleuchteten, der in einem Heureka-Moment die Arme triumphierend in die Höhe reißt. Allein das Betrachten der Figur macht schon gute Laune. Etwas weiter östlich kommen Seafood-Fans auf ihre Kosten. Das **Eng Seng Restaurant** (s. S. 197) serviert die vielleicht besten *Black Pepper Crabs* der Stadt, Krabben, die mit schwarzem Pfeffer gewürzt sind – eines der Leibgerichte der Singapurer. Oft bilden sich schon spätnachmittags Warteschlangen vor der Tür, eine Voranmeldung kann nicht schaden.

Die hübschen und **malerisch restaurierten Häuser** in der Koo Seng Rd. sind im typischen Peranakan-Stil erbaut und schaffen mit ihren unterschiedlichen Pastellfarben ein augenfreundliches Farbgemisch. Ein Juwel aus dem frühen 20. Jh. ist das scharlachrote Haus an der East Coast Road, ca. 200 m westlich der

109si Abb.: rk

Joo Chiat Road, direkt an einer Fußgängerbrücke gelegen. Dies war einst eine **stadtbekannte Bäckerei**, allerseits nur „Red Bakery“ genannt, obwohl sie nicht so hieß. Derzeit wird das Gebäude restauriert und ist hinter der Bauverkleidung kaum zu sehen. Ab ca. Ende 2015 wird es Teil eines dahinter gelegenen Wohnprojekts namens „Red House“ sein und sich frisch restauriert zeigen. Wozu das Haus genutzt werden wird, ist noch nicht abzusehen.

Ums Eck, in der 19 Ceylon Rd., prägt der tamilisch-hinduistische **Sri Senpaga Vinayagar Temple** (s.S. 197) das Straßenbild. Der dem Elefantengott Ganesh

*Priester bei einer „Aarti“ (Lichterzeremonie) an einem Nebenschrein im Sri Senpaga Vinayagar Temple (s.S. 197)*

geweihte Tempel zeigt an seinen Außenwänden Figuren des dickbäuchigen Elefantengottes, darunter sind aber auch Figuren des tanzenden Gottes Shiva zu sehen. Die vor rotem Hintergrund angebrachten Figuren zeigen Shiva in seinen 108 *Thandavam* oder *Tandava*, d.h. Tanzschritten, die als die Grundlage der südindischen Tanzform Bharatnatyam gelten. Unterhalb der Figuren sind die Namen der Tanzschritte angebracht. Über dem Tempeleingang erhebt sich wie immer bei tamilischen Tempeln ein *Gopuram*, ein reich mit Götterfiguren verzierter Tempelturm. Innen zeichnet sich der Tempel durch besonders schöne Deckenmalereien aus.

Und wie so oft bei indischen Tempeln findet sich auch hier gleich gegenüber ein vegetarisches indisches Restaurant. Das **Udipi Ganesh Vilas** (s.S. 197) bietet äußerst preiswerte süd- und nordindische Küche.

An der Ecke East Coast Rd./Tembeling Rd. steht das **Santa Grand Hotel East Coast** (s.S. 197), das 2013 aus einigen hübsch renovierten alten chinesischen Geschäftshäusern und einem zusätzlichen Neubau entstand – eine gute Wohnmöglichkeit in diesem so charmanten Stadtteil. Ein weiteres Plus ist das empfehlenswerte gute **PeraMakan Restaurant** mit Peranakan-Küche (tgl. 7–10.30, 11.30–15, Di–So zusätzlich 18–22 Uhr).

Auch die kolonialen, von Gärten umgebenen kleinen **Bungalows in der Kuo Chuan Avenue** [hi] südlich der East Coast Road lohnen einen Blick. Heute sind sie begehrte, aber teure Wohnobjekte. Interessierte finden vorne links am Eingang zur Gasse Name und Telefonnummer des Maklers. Eine Warnung vorweg: Eine Haushälfte kostet ca. 4000 S$ Monatsmiete.

Ein mehrminütiger Fußweg in östliche Richtung führt zur Still Rd. [hi] und den beiden Gebäuden des ehemaligen **Grand Hotels** (eröffnet 1947), die sich auf beiden Seiten der Still Rd. befinden. Beide wurden vor Kurzem renoviert. Das an der westlichen Straßenseite gelegene Gebäude (25 Still Rd.) ist wunderschön hellblau angemalt und wirkt wie ein kleiner Sommerpalast. Das auf der anderen Straßenseite gelegene Haus (26 Still Rd.) ist zwar größer, aufgrund seines gräulichen Anstriches jedoch nicht sonderlich attraktiv. Diese Sektion des ehemaligen Grand Hotel wurde 1920 von einem reichen indischen Viehzüchter namens Moona Kadir Sultan errichtet und war auf den Namen „Karikal Mahal" getauft, „Karikal-Palast", nach dem indischen Herkunftsort von Mr. Sultan. In dem in der Tat palastähnlichen Gebäude waren die vier Frauen des (muslimischen) Mannes untergebracht. Später wurde es Teil des Grand Hotel.

Wer über die East Coast Rd. und Mountbatten Rd. zurück in die Innenstadt fährt, passiert im Bereich von Geylang 54 einige ansehnliche Bungalows aus der Kolonialzeit. Besonders auffallend ist das weiß getünchte **Sing Hoe Hotel** (s. S. 197), das wie ein hochherrschaftlicher Adelssitz aussieht. Wie viele Hotels in der Gegend wird es jedoch hauptsächlich für „Transit"-, also sexuellen, Aktivitäten genutzt. Die Präsenz zahlreicher singapurischer Autos ist immer ein verräterisches Anzeichen. Welcher Singapurer übernachtet schon in der eigenen Stadt im Hotel?

In der Joo Chiat Rd. selbst sind außerdem **zahlreiche Hotels** angesiedelt, so einige der Ketten Hotel 81 und Fragrance, das Joo Chiat Hotel, Venue Hotel u. a., darunter auch das Betel Box (s. S. 250) und das Champion Hotel (s. S. 251).

› **Stadtteil Katong,** MRT Paya Lebar oder Eunos, von dort jeweils noch ca. 10 Min. zu Fuß bis zum Nordende der Joo Chiat Rd., ansonsten am besten Bus Nr. 10 (nach Joo Chiat Pl.) oder Bus Nr. 2, 7, 12, 13, 21, 24, 26, 28, 32, 51, 61, 67, 154, 155, 854, die, je nachdem aus welcher Richtung kommend, entweder an der East Coast Rd. oder der Changi Rd. halten. Die Joo Chiat Rd. liegt genau zwischen den beiden. Taxi ab Innenstadt ca. 8–12 S$.

255 [hi] **328 Katong Laksa** €, 216/218 East Coast Rd., Singapore 428914, Tel. 97328163, tgl. 10–21 Uhr

256 [hi] **Eng Seng Restaurant** €€, 241 Joo Chiat Pl., Singapore 427932, Tel. 64405560, tgl. 16–20.30 Uhr

★257 [gi] **Kuan Im Tng (Teng) Temple,** 62 Tembeling Rd., Singapore 423586, Tel. 63480967, www.kuanimtng.org.sg, tgl. 5–18.15 Uhr

★258 [hi] **Lucky Shophouse,** 125 Joo Chiat Place, Singapore 427854

259 [hi] **Santa Grand Hotel East Coast** €€, 171 East Coast Rd., Singapore 428877, Tel. 63446866, www.santagrandhotels.com/eastcoast.asp

260 [gj] **Sing Hoe Hotel** €, 759 Mountbatten Rd., Singapore 437761, Tel. 64400602

★261 [hi] **Sri Senpaga Vinayagar Temple,** 27 Ceylon Rd, Singapore 429620, www.senpaga.org.sg. Gebetszeremonien um 5, 6.30, 7, 12, 12.30, 15.30, 16.30, 19 (nur Fr und an religiösen Feiertagen) und 21 Uhr

262 [hi] **Udipi Ganesh Vilas** €, 8–10 Ceylon Rd., Singapore 429606, Tel. 63454405, tgl. 7.30–21.30 Uhr

## 56 Changi Chapel und Museum ★★ [S. 290]

In den 1930er-Jahren hatten die Briten das Changi Prison gebaut, das zur Zeit der japanischen Besatzung im Zweiten Weltkrieg **als Kerker für Briten und andere Alliierte** diente – eine Ironie des Schicksals. Zeitweise hielten die Japaner hier und an anderen Orten in Singapur 50.000 Soldaten und Zivilisten gefangen, meist unter menschenunwürdigen Umständen. 7000 wurden im Changi Prison eingepfercht, das eigentlich nur für 1000 Gefangene gebaut worden war.

Das Museum zeigt Ausstellungsstücke und Fotos, die Licht auf das Leben in japanischer Gefangenschaft werfen. Das Museum ist auch als Hommage an den Überlebenswillen und den Einfallsreichtum der Inhaftierten zu verstehen, die es selbst hier noch schafften, z. B. kleine Radios zu bauen.

Die kleine Kapelle, die auch St. Luke's Chapel genannt wird, ist ein Nachbau der religiösen **Zufluchtsstätte der Gefängnisinsassen.** Das Original war nach Australien verschifft worden, woher ein Großteil der Gefangenen stammte. Die religiösen Wandgemälde, die hier in Kopie zu se-

### Einmal durch die Niere und zurück: NEWater

*Singapur hat ein chronisches Trinkwasserproblem. Die eigenen Wasserquellen reichen nicht aus und der größte Teil des Trinkwassers wird über Pipelines aus Malaysia herbeigeschafft. Die Pipelines sieht man, wenn man über den Causeway, die Brücke zum Festland, nach Malaysia einreist. Malaysia ist per Vertrag verpflichtet, das Bruderland mit Wasser zu versorgen, aber die Beziehungen sind nicht immer ganz harmonisch und leichte Schlagabtausche kommen vor. Aber das kleine Singapur lässt sich nicht gern drohen, schon gar nicht von Malaysia. So wurde in den 1990er-Jahren beschlossen,* ***Wasserwiederaufbereitungsanlagen*** *zu bauen, um sich etwas unabhängiger vom malaysischen Wasserfluss zu machen.*

*Seit 2003 gibt es in Singapur* ***Plastikflaschen mit NEWater*** *zu kaufen: Wasser, das wiederaufbereitet wurde. NEWater ist heute ein Symbol dafür, wie fortschrittlich Singapur in Sachen Umweltschutz ist. Derzeit wird* ***etwa ein Drittel des singapurischen Wasserverbrauchs*** *durch NEWater gedeckt. 2020 sollen es 40 % sein. Entsalztes Meerwasser macht 10 % des Wasserbedarfs aus.*

*Im* ***NEWater Visitor Centre*** *dreht sich alles um das kostbare Gut Wasser und um NEWater. Der Besuch hier ist ein lehrreiches Erlebnis für Kinder und Schüler. Die Teilnehmer erfahren in diesem Multimediacenter, wie aus verbrauchtem Wasser neues entsteht und spazieren dabei sogar durch einen Filter, so wie es das OLDWater auf dem Weg zum NEWater tut.*

- **263** ***NEWater Visitor Centre,*** *20 Koh Sek Lim Rd., Singapore 486593, Tel. 65467874, www.pub.gov.sg/water/newater, MRT Tanah Merah, von dort Zubringerbusse zum NVC oder Bus Nr. 12, 24, 31, 38 ab der Innenstadt, Di–So geöffnet, Vorführungen: 8.45, 10.30, 12.15, 14 und 15.45 Uhr*

hen sind, schuf der Brite Stanley Warren, um den Mitgefangenen Trost zu spenden. Die Originalgemälde befinden sich noch in Block 151 in der Cranwell Road in Changi im militärischen Sperrgebiet. In den Jahren 1963, 1982 und 1988 kehrte Warren nach Singapur zurück, um die Gemälde zu restaurieren. Es dominieren die Farben Blau und Weiß, weil dem Briten in Gefangenschaft hauptsächlich blaue und weiße Billardkreide zur Verfügung gestanden hatte.

› 1000 Upper Changi Rd., Singapore 507707, Tel. 62142451, www.changimuseum.com, tgl. 9.30–17 Uhr, letzter Einlass 16.30 Uhr, Eintritt frei. Bus Nr. 2 oder 29 von der Innenstadt aus oder MRT nach Tanah Merah, dann Bus Nr. 2 oder MRT bis Tampines, dann Bus Nr. 29, Taxi von der Innenstadt ca. 15–18 S$

# Im Westen

## 57 Mount Faber Park ★ [bk]

Gute Ausblicke ergeben sich vom 106 m hohen Mt. Faber, auf der einen Seite sieht man in Richtung Meer und Hafen, auf der anderen – etwas weniger romantisch – auf moderne, teils bunte Wohnsiedlungen. Nach dem Bukit Timah ist Mt. Faber der zweithöchste Hügel Singapurs. Er wurde 1845 nach Captain Charles Edward Faber benannt, der eine Straße baute, die zum Gipfel und einer Signalstation führte.

**Wanderpfade** ziehen sich quer durch das Gelände und eine Art Ringstraße (Mt. Faber Loop) führt um den südlichen Teil des Parks herum. Dies ist eine gute Joggingstrecke, inklusive schweißtreibender Steigungen. An der Ecke Mt. Faber Loop/ Pender Rd. steht die auffällige, weiß-rote **Danish Seamen's Church**, die eher aussieht wie ein vornehmer Gouverneurssitz aus alten Tagen.

An den Hügel gebaut ist **The Jewel Box**, eine Art hell beleuchteter, riesengroßer Glaskasten, der fünf Restaurants beherbergt, die nach Edelsteinen benannt sind (daher der Name). Es schimmert und leuchtet schon von Weitem.

Ein Souvenirladen ist angeschlossen (199 Mt. Faber Rd., Tel. 62708855, www.mountfaber.com.sg). An dieser Stelle befindet sich passenderweise die **Jewel Cable Car Station** (s. S. 210), von der aus eine Art Seilbahn nach Sentosa führt.

› Anfahrt nur mit Taxi, am günstigsten von der MRT-Station HarbourFront für ca. 6 S$. Oder man geht zu Fuß von HarbourFront über den Marang Trail (s. S. 200).

## 58 Haw Par Villa (Tiger Balm Gardens) ★★ [S. 290]

Bei Haw Par Villa handelt es sich um einen bizarren kleinen Park, der mit Figuren übersät ist, die von einem chinesischen Brueghel entworfen worden sein

110si Abb.: rk

*Allegorische Szene in der Haw Par Villa*

EXTRATIPP

## Die Southern Ridges

Das Gebiet um den Mt. Faber Park 57 ist Teil der sogenannten Southern Ridges, der waldbewachsenen südlichen Hügelketten Singapurs. Dieses wunderbare Stück Natur bietet ausgezeichnete Wandermöglichkeiten und die singapurische Regierung hat diese in den letzten Jahren vorbildlich ausgebaut.

Beginnen könnte man die Wanderung am **Marang Trail,** der am Nordende der Marang Rd., ein paar Minuten Fußweg von VivoCity (MRT HarbourFront), beginnt. Über eine sich windende, lange Holztreppe steigt man durch den dichten Wald zum **Mt. Faber** empor und bekommt dabei möglicherweise auch einige Affen zu sehen. In westlicher Richtung passiert man dann die **Jewel Box** (s. S. 199) und anschließend die **Danish Seamen's Church.** An Letzterer biegt man scharf nach rechts ab und folgt der Straße (Mt. Faber Loop) weiter in nördliche Richtung. Etwa hier geht der „Marang Trail" in einen Wanderweg über, der „Henderson Waves" getauft wurde. Nach ca. 200 m führt links eine Abzweigung zu einer sehr hohen und langen Fußgängerbrücke über die Henderson Rd. Auf der Brücke gibt es Bänke zur Rast.

In westlicher Richtung schließen sich weitere Wanderwege an, so der **Canopy Walk,** der **Forest Walk** und der **Hilltop Trail.**

Wer eine Stärkung benötigt, kann im **Alkaff Mansion** einkehren, einer romantischen Villa aus dem 19 Jh., die heute als italienisches Restaurant dient. Wenn man nun nicht den ganzen Weg zurück- oder weiter gen Westen laufen möchte, kann man sich zur nahen Henderson Rd. begeben, von wo aus Busse in die Innenstadt oder nach VivoCity fahren (z. B. Nr. 57).

Geht man von Alkaff Mansion weiter in westliche Richtung, erreicht man nach ca. 20 Min. durch eine gleichbleibend grüne Park- und Waldlandschaft die **Gillman Barracks** (s. S. 82). Auch dieser Spaziergang lohnt sich. Von den Gillman Barracks könnte man nun noch weiter in Richtung Westen bis zu **Bukit Chandu** (s. S. 97) und dem **Kent Ridge Park** (s. S. 96) wandern. Vom Mt. Faber bis zum Kent Ridge Park dauert der gesamte Spaziergang ca. 2 Std. bzw. mehr, wenn man noch ein paar Schlaufen über die Seitenwege miteinbezieht oder in Bukit Chandu „Memories at Bukit Chandu" besucht. Insgesamt ist dies sicher eine der allerschönsten Wanderungen, die man sich in Singapur gönnen kann.

**265** [bk] **Alkaff Mansion** €€€, 10 Telok Blangah Green, Singapore 109178, www.alkaff.com.sg, Tel. 65103068, Mo–Fr 11.30–14.30, Sa/So und feiertags 8.30–15.30 und tgl. 18–23.30 Uhr

111si Abb.: rk

*Erhöhter Wandersteg nahe den Gillmann Barracks (s. S. 82)*

könnten. **Szenen aus der chinesischen Mythologie** werden dargestellt, dazu solche, die wohl der moralischen Unterrichtung dienen sollen, und solche, die dem Betrachter schlichtweg eine Höllenangst einjagen. Ein ziemlich einzigartiges Konzept, dennoch scheinen sich hier nur wenige Besucher einzufinden. Kinder dürften sich hier recht gut amüsieren.

Der Park wurde 1937 von den Brüdern Aw Boon Haw und Aw Boon Par gegründet, die ihr Vermögen mit der Tiger-Balm-Salbe gemacht hatten.

› 262 Pasir Panjang Rd., Queenstown, Singapore 118628, Tel. 68722780, MRT Haw Par Villa, Bus Nr. 10, 51, 143, 175, 176, 188, 200, tgl. 9–19 Uhr, geringer Eintritt für die Sonderabteilung „The Ten Courts of Hell" (nur 9–18 Uhr)

## 59 Bukit Timah Nature Reserve ★★★ [S. 290]

Wer glaubt, es gäbe keine ursprüngliche Natur mehr in Singapur, wird hier eines Besseren belehrt. Das Bukit-Timah-Naturschutzgebiet ist **ein Stück tropischen Regenwaldes,** so wie er zur Ankunft Raffles beinah die gesamte Insel bedeckt hatte. Angeblich beherbergt das Gebiet mehr Pflanzen auf einem Hektar als ganz England zusammen oder mehr Baumarten, als auf dem gesamten nordamerikanischen Kontinent zu finden sind. 500 Tierarten leben hier, darunter Makaken, Schlangen und Eichhörnchen.

Das Gelände wird von vier **Wanderpfaden** durchzogen, die nach Schwierigkeitsgraden unterteilt sind. Die Gehzeit reicht von 45 Min. bis 2 Std., Route Nr. 3 führt über einen sich windenden Dschungelpfad vorbei an Höhlen, die japanischen Soldaten im Zweiten Weltkrieg als Unterschlupf dienten. Dazu gibt es Pfade, die man mit Mountainbikes befahren kann. Am besten, man besucht das Gebiet an einem Wochentag, an den Wochenenden trudeln hier sehr viele Besucher ein. Wanderschuhe und Trinkbares sind mitzubringen.

› 177 Hindhede Drive, Panjir Panjang, Singapore 589333, Tel. 18004685636, www.nparks.gov.sg, tgl. 7–19 Uhr, Anfahrt mit Bus Nr. 67. 2014 begannen in Bukit Timah **Ausbesserungsarbeiten,** die sich bis ins Jahr 2016 hinziehen werden. Aus diesem Grunde werden sukzessive **einige Sektionen nicht zugänglich sein.** Als Alternativen stehen einige andere, relativ naturbelassene Gebiete zur Verfügung; siehe z. B. die Southern Ridges (s. S. 200), MacRitchie Reservoir (s. S. 100) und Pulau Ubin 74.

•264 **Bikehaus,** Fahrradverleih, 553 Bukit Timah Rd., Singapore 269692, Tel. 64683908, www.bikehaus.com.sg, Mo–Sa 10–19 Uhr, sonn- und feiertags geschlossen

## 60 Memories at Old Ford Factory ★ [S. 290]

Memories at Old Ford Factory ist eine der zahlreichen Einrichtungen, die des Zweiten Weltkriegs gedenken und Anschauungsmaterial dazu liefern. Die Lokalität ist passenderweise eine **alte Ford-Fabrik,** in der die Briten vor den Japanern kapitulierten.

Ausstellungsstücke und Text verdeutlichen **die Auswirkungen der japanischen Besatzung Singapurs** und erhellen einige weniger bekannte Aspekte der Zeit – z. B. die Tatsache, dass einige Chinesen und Eurasier versuchten, auf Nachbarinseln dem Zugriff der Japaner zu entkommen und dort mit Gleichgesinnten Überlebensgemeinschaften aufzubauen. Angeschlossen ist der Syonan Garden, in dem Nahrungsmittel angebaut werden, von denen sich Singapurs Bewohner zur Zeit der japanischen Besetzung ernähren mussten.

› 351 Upper Bukit Timah Rd., Bukit Batok, Singapore 588192, Tel. 64626724, www.nas.gov.sg/moff, MRT Bukit Batok, dann Bus Nr. 173 oder MRT Choa Chu Kang, dann Bus Nr. 67 oder MRT Clementi, dann Bus Nr. 184 oder direkt mit Bus Nr. 67, 171, 173, 184, 961, Mo–Sa 9–17.30, So 12–17.30 Uhr, Eintritt: 3 S$, Kinder bis 5 J. kostenlos

## 61 Chinese Garden und Japanese Garden ★ [S. 290]

Die im klassischen **chinesischen und japanischen Stil angelegten Gärten** sind übersät mit Bonsai-Bäumen, Pagoden, Pavillons, Figuren und geschwungenen roten Holzbrücken. Das Hauptgebäude ist dem Pekinger Sommerpalast nachempfunden. Besonders der japanische Teil strahlt eine beinahe zenhafte Ruhe aus. Leider gibt es nur wenig Schatten und Besuche zur Mittagszeit können so leicht unangenehm werden. Die beste Besuchszeit ist frühmorgens oder spätnachmittags. Von der MRT-Station Chinese Garden läuft man nur ein paar Schritte gen Süden und steht dann bereits gleich inmitten der Anlagen.

**Seit Ende 2014** werden die Gärten **ein Jahr lang einer Renovierung unterzogen,** bleiben aber geöffnet.

› 1 Chinese Garden Rd., Jurong East, Singapore 619795, Tel. 62613632, MRT Chinese Garden, dann ca. 2 Min. zu Fuß, Mo–Fr 6–22, Sa/So 6–23 Uhr, Eintritt frei

0112si Abb.: rk

*Ruhe und landschaftliche Schönheit in den chinesischen und japanischen Gärten*

## 62 The Live Turtle and Tortoise Museum ★ [S. 290]

Mitten im Chinese Garden 61 befindet sich dieses Museum, das über 800 Schildkröten beherbergt, die 50 verschiedenen Spezies angehören. Dazu werden 5000 Exponate ausgestellt, die Schildkröten nachempfunden sind: Schmuckstücke, Spielzeuge, Hausdekorationen und sogar Möbel. Diese sind wohlgemerkt nicht aus Schildkrötenpanzern gefertigt.

› Chinese Garden Rd., Singapore 619795, Tel. 62685363, www.turtle-tortoise.com, tgl. 9–18 Uhr, MRT Chinese Garden, dann noch ca. 5 Min. zu Fuß durch den Chinese Garden hindurch

## 63 Jurong Bird Park ★★★ [S. 290]

Eine von Singapurs Topattraktionen ist dieser Vogelpark mit 5000 Vögeln, die mehr als 400 verschiedenen Arten angehören. Darunter sind zahlreiche seltene oder in Südostasien gefährdete Tierarten wie beispielsweise Tukane, Pelikane, Ibisse, Flamingos und viele mehr.

EXTRATIPP

### Singapore Discovery Centre

Das Singapore Discovery Centre ähnelt mit seinen **zahlreichen technischen und wissenschaftlichen Exponaten** und der interaktiven Ausrichtung dem Science Centre 64. Hier geht es aber vor allem um Singapur und singapurischen Kindern wird ein wenig Nationalstolz eingebläut, wenn auch auf spielerische Weise. Unter anderem darf ausnahmsweise mal geschossen werden, wenn auch nur mit einer modifizierten Version der in Singapur entwickelten und hergestellten SAR 21 („Singapore Assault Rifle 21"). Dazu gibt es aber auch das „So Singapore Theatre", eine mediale, humorige Vorführung darüber, was es bedeutet, Singapurer zu sein, einen Spielplatz u. a.

•266 **Singapore Discovery Center,** 510 Upper Jurong Rd., Singapore 609081, Tel. 67926188, www.sdc.com.sg, MRT Boon Lay, dann Bus Nr. 182, 193 oder MRT Joo Koon, dann 10 Min. zu Fuß, Di–So 9–18 Uhr, Mo nur an Feiertagen, Eintritt 12 S$, Kinder bis 12 Jahre 8 S$

Der Park kann sich brüsten, mit 3000 m² das **größte Vogelgehege der Welt** zu besitzen. Man kann sogar hineingehen und die insgesamt 1500 dort lebenden Arten beobachten. Im Gehege befindet sich auch ein 30 m hoher künstlicher Wasserfall. Der 1971 eröffnete Park kann immerhin fast 1 Mio. Besucher jährlich vorweisen und hat bereits so manche Auszeichnung erhalten.

Es werden **einige Tiershows** geboten, darunter eine Papageienshow (13 Uhr), die besonders für Kinder interessant sein dürfte. In der „Early Morning Breakfast Show" kann man in der Gesellschaft diverser geflügelter Stars seine Morgenmahlzeit einnehmen (Hawk Café Palm Plaza, 8.30 Uhr). Oder man darf am eigenen Leib erfahren, wie sich ein Falkner mit einem der edlen Raubvögel auf dem Arm fühlt.

Es gibt Pläne, den Bird Park in den nächsten Jahren mit dem Zoo 50 zusammenzulegen, eine Entscheidung steht allerdings noch aus.

› 2 Jurong Hill, Boon Lay, Singapore 628925, Tel. 6265022, www.birdpark.com.sg, MRT Boon Lay, dann Bus Nr. 194 (4 km; 4 Haltestellen) oder Nr. 251 (3,3 km; 2 Haltestellen), Taxis ab Innenstadt ca. 15–20 S$., tgl. 8.30–18 Uhr, letzter Ticketverkauf 17.30 Uhr, Eintritt 25 S$, Kinder 3–12 J. 16 S$. Für Behinderte sind am Eingang kostenlos Rollstühle erhältlich. Siehe auch Sammeltickets zum Jurong Bird Park und drei anderen Attraktionen unter „Parkhopper" (S. 187).

## 64 Singapore Science Centre ★★★ [S. 290]

Über 1000 Exponate zur allen Bereichen der Wissenschaft, bei denen es scheppert, kracht, blitzt oder zischt – oder es auf andere Weise zu Überraschungen kommt. Das **interaktive Konzept für Kinder** ist unterhaltsam und vor allem lehrreich. Kein Wunder, dass singapurische Kinder in Wissenschaftswettbewerben so gut abschneiden. Im angeschlossenen **Omni-Theatre** gibt es Dokumentar- und Zeichentrickfilme, teilweise in IMAX 3D und Super-Surround-Sound.

› 15 Science Centre Rd., Singapore 609081, Bus Nr. 66, 178, 198, 335, oder MRT Jurong East, dann Bus Nr. 66, 335, www.science.edu.sg, Tel. 64252500, Di–So 10–18 Uhr (letzter Einlass 17.15 Uhr), Mo nur an Feiertagen geöffnet, Eintritt: 12 S$, Kinder 8 S$, bei Besuch eines 3D-Kinos oder Special-Effect-Theaters etwas teurer

# Sentosa

Die Insel Sentosa umfasst eine Fläche von ca. 5 km². Sie liegt vor Singapurs Südküste. In ihrer Vergangenheit war sie unter verschiedenen Namen bekannt, erst 1972 wurde sie in Sentosa umgetauft, malaiisch für „Ruhe und Zufriedenheit“. Bis in die jüngere Vergangenheit wurde das Wort Sentosa von vielen Reisenden mit eher zynischen Gesichtsausdrücken quittiert: Mit seinen künstlichen, etwas kitschigen Attraktionen galt Sentosa als so etwas wie ein **südostasiatisches Disneyland**, nur nicht so gut wie das Original.

Mit Singapurs rapider Entwicklung hat sich aber auch Sentosas Gesicht grundlegend gewandelt. Die Insel (www.sentosa.com.sg) ist heute so vollgespickt mit Sehenswürdigkeiten verschiedener Art, dass jeder etwas Begeisterndes finden kann. Für **Familien mit Kindern** ist Sentosa ideal. Allerdings sind die meisten der Attraktionen teuer, und wer hier viele Angebote wahrnimmt, wird auch reichlich Geld dabei loswerden. An den Kassen liegen oft Prospekte mit besonderen **Package-Angeboten** aus, mit denen mehrere Attraktionen vergünstigt besucht werden können. Ob einem das Mischungsverhältnis des Programms aber zusagt, ist eine andere Sache.

Mit der *sentosa,* der Ruhe, die der Name der Insel beschwört, ist es heute größtenteils vorbei, zumindest tagsüber. Sentosa wird von chinesischen Touristen förmlich überrannt und es kann sehr chaotisch zugehen. Vor den Monorail-Stationen bilden sich oft lange Schlangen und auf Schritt und Tritt kommt man fotografierenden Chinesen in die Quere. **Tipp:** Am angenehmsten ist Sentosa ab dem frühen Abend, wenn sich die Insel stark geleert hat, dann kann man es sich in den Strandrestaurants oder -bars gutgehen lassen. Wer um 19 Uhr eintrifft, kommt rechtzeitig zur Abenddämmerung, danach tritt tatsächlich allmählich immer mehr *sentosa* auf Sentosa ein.

## 65 Butterfly Park and Insect Kingdom ★ [bl]

Der Butterfly Park bietet ca. 1500 exotische Schmetterlinge verschiedener Spezies und dazu verschiedenartige Krabbeltiere, das alles in tropischem Umfeld. Mit dabei sind Riesenkäfer und gar Skorpione. Man kann sogar mit ihnen fürs Fotoalbum posieren. Angeschlossen ist zudem ein Insektenmuseum. Morgens wird der Butterfly Park oft von lauten Schulklassen besucht, Besichtigungen am Nachmittag sind geruhsamer.

› 51 Imbiah Rd., Tel. 62750013, www.jungle.com.sg, Monorail-Station Imbiah, tgl. 9.30–19 Uhr, Eintritt: 16 S$, Kinder von 3 bis 12 J. 10 S$

## 66 Madame Tussaud's ★ [bl]

Im Oktober 2014 eröffnete der Singapur-Ableger von Madame Tussaud's, dem weltbekannten Wachsfigurenkabinett. Neben Bratt Pitt, Madonna, Michael Jackson und Tiger Woods kann man hier auch Lee Kuan Yew (s. S. 113) und seine Gemahlin in (beinah) lebensecht bewundern, auf einer Bootsfahrt hat man zudem die Möglichkeit, sich in eine Fantasiewelt entführen zu lassen.

› 40 Imbiah Rd., Imbiah Lookout, Tel. 67154000, Monorail-Station Imbiah, tgl. 9–21 Uhr, letzter Einlass 19.30 Uhr, Eintritt 32 S$, Kinder (3–12 J.) 22 S$, Personen ab 60 J. 27 S$.

## 67 Fort Siloso ★★ [bl]

Vom Fort am Westzipfel der Insel aus verteidigten sich die Engländer im 2. Weltkrieg gegen die Japaner. Die engen Gänge und Räume der Festung vermitteln einen guten Eindruck vom beengten Leben der Soldaten. Eine Geräuschkulisse aus explodierenden Bomben, Sirenengeheul und Flugzeuglärm untermalt den Besuch – da kann einem schon mulmig werden.

EXTRATIPPS

### The Wine Company

Mitten auf dem **Sentosa Boardwalk** befindet sich The Wine Company, ein Weinlokal mit einer Auswahl von 300 Weinen. Abends ist dies ein wunderbarer Ort, um zu entspannen und sich ein wenig Meerwind um die Ohren wehen zu lassen. Die Aussicht ist ebenfalls nicht zu verachten.

**267** [cl] **The Wine Company,** www.thewinecompany.com.sg, Mo–Do 17–24, Fr/Sa und vor Feiertagen 17–1, So und an Feiertagen 12–23 Uhr

### Imbiah Trail (Sentosa Nature Discovery)

Wanderpfade führen durch ein Dschungelgebiet inmitten der Insel, kein schwieriger Treck, schlimmstenfalls setzt einem die Hitze etwas zu. Der 1,8 km lange Imbiah Trail wird in der Regel relativ wenig besucht, sodass man hier ein wenig Ruhe in der Natur genießen kann. Nebenbei lassen sich zahlreiche Vogel- und Insektenarten beobachten. Zur Vegetation gehören unter anderem insektenfressende Kannenpflanzen und die mächtigen, bis zu 25 m hohen Tembusu-Bäume *(Fagraea fragrans)*. Wie immer in singapurischen Waldgebieten ist die Luftfeuchtigkeit sehr hoch, und das Mitbringen einer Flasche Trinkwasser kann nicht schaden.

•**268** [bl] **Imbiah Trail,** 40 Imbiah Rd, Singapore 099700, Tel. 1800 7368672, tgl. 9–18 Uhr, letzter Zugang 18.30 Uhr, Eintritt frei

## Gefangen auf der Ferieninsel

*Eine kuriose Fußnote in der Geschichte Sentosas besagt, dass die Insel einst auch einen politischen Gefangenen beherbergte. Chia Thye Poh (geb. 1941) war unter Berufung auf Singapurs strengen ISA (Internal Security Act, „Gesetz zur inneren Sicherheit") wegen angeblicher prokommunistischer Aktivitäten 23 Jahre lang ohne Gerichtsverfahren auf der Hauptinsel Singapur inhaftiert gewesen. 1998 wurde er entlassen und war offiziell frei, wurde aber sogleich nach Sentosa verbannt. Hier verbrachte er neun Jahre. Für die Wohnung, die ihm zwangsweise zugeteilt wurde, musste er sogar Miete zahlen.*

*Chia war der am längsten inhaftierte politische Gefangene Singapurs – und sogar der Welt, wenn man die Jahre auf Sentosa mitrechnet. Nelson Mandela belegt mit 23 Jahren Haft den zweiten Platz. Chia lebte später zwecks Studiums in Holland und zuletzt in Surinam.*

*Die Moral von der Geschicht': Wer sich mit der singapurischen Regierung anlegt, hat nichts zu lachen. Das haben auch schon einige Journalisten zu spüren bekommen und so mancher Oppositionelle. Ein Paradebeispiel war J. B. Jeyaratnam (1926–2008) von der „Workers' Party of Singapore". Jeyaratnam war der erste oppositionelle Parlamentsabgeordnete Singapurs, allerdings wurde er von der Regierung mit Gerichtsverfahren überhäuft, in den Bankrott getrieben und als Abgeordneter disqualifiziert.*

113si Abb.: rk

Auf dem Gelände sind Kanonen ausgestellt und in einem Wachsfigurenkabinett sind Szenen aus den Kriegstagen nachgestellt. Am bekanntesten ist die Szene in der **Surrender Chamber**, in der Briten und Japaner die Übernahme Singapurs durch die Briten besiegeln. Die Wachsfiguren wirken erstaunlich lebensecht. Wenn man ihnen aber zu nahe kommt (vielleicht beim übereifrigen Fotografieren), wird ein Alarm ausgelöst.

› Tel. 67368672, www.fortsiloso.com, tgl. 10–18 Uhr (letzter Einlass 17.30 Uhr), Eintritt: 10 S$, Kinder bis 12 Jahre 7 S$, kostenlose Führungen Fr/Sa und an Feiertagen 12.30 und 15.30 Uhr

### 68 MegaZip Adventure Park ★★ [bl]

Hangeln, hängen, klettern und ein Wettrennen in einer Seilbahn – der MegaZip-Abenteuerpark ist ein beeindruckendes Erlebnis und ein großer Spaß für Kinder und Erwachsene ebenso. Wer sich besonders mutig fühlt, kann sich im „ParaJump" 15 m in die Tiefe fallen lassen.

› Imbiah Hill Rd., Tel. 68845602, www.megazip.com.sg, Monorail-Station Imbiah, tgl. 11–19 Uhr, Eintritt 39 S$, hinzukommen Extrakosten für diverse Attraktionen

## 69 Resorts World Sentosa ★★ [bl]

2010 wurde dieser Hotel- und Kasinokomplex eröffnet, das erste von bisher zwei Kasinos in Singapur. Über eine psychedelisch ausgeleuchtete Rolltreppe gelangt man zum unterirdisch angelegten **Kasino.** Singapurer und *Permanent Residents* müssen 100 S$ Eintritt zahlen (was die Spielleidenschaft der eigenen Bevölkerung im Zaum halten soll), alle anderen kommen umsonst hinein. Reisepass nicht vergessen! Das Kasino ist rund um die Uhr geöffnet.

Um das Kasino herum befindet sich ein **Shoppingkomplex,** der wiederum von sechs Hotels umgeben ist. Die Hotels zielen auf eine unterschiedliche Klientel ab, so sind Hotel Michael und Hotel Equarius gut geeignet für Familien, während das **Hard Rock Hotel** (s. S. 258) eher für Menschen mit einem unabhängigeren oder unkonventionelleren Lebensstil gedacht ist.

Der „Lake of Dreams" nahe dem Hotel Michael ist eine Art futuristischer Teich, an dem sich abends **Licht- und Laserstrahlen,** Wasserkanonen und seltsame Klangwelten vereinen und die Sinne betören. Die Szenerie ist sehr beeindruckend – und kostenlos erlebbar dazu.

› Monorail-Station Waterfront, www.rwsentosa.com

## 70 Universal Studios Singapore ★★ [cl]

In diesem Teil der Resorts-World-Anlage werden Shows und wilde Fahrten durch **die Welt bekannter Filmhits** von Shrek über Jurassic Park bis zu Madagascar geboten. Das Zauberschloss des Parks kann man schon bei der Anfahrt per Monorail von VivoCity aus sehen – Neuschwanstein lässt grüßen. Ein großartiges Erlebnis für Kinder, sofern deren Eltern bereit sind, die hohen Eintrittspreise zu zahlen.

› Tel. 65778899, www.rwsentosa.com/language/en-US/Homepage/Attractions/UniversalStudiosSingapore, Monorail-Station Waterfront, tgl. 10–19 Uhr, Eintritt 74 S$, Kinder (4–12 Jahre) 54 S$, Personen ab 66 Jahre 36 S$, spezielle Mehrtages- oder Wochenendtickets, während der Hauptsaison (Zeiträume auf der Homepage) etwas höhere Preise

114si Abb.: rk

*Die Universal Studios sind eine der Hauptattraktionen auf Sentosa*

### 71 Underwater World and Dolphin Lagoon ★★ [bl]

Durch einen gläsernen Tunnel durchläuft man hier die Welt der Meeresbewohner und kann 2500 Tiere (250 Spezies) bestaunen. An der Delfinlagune kann man Delfine, Rochen und andere freundliche Vertreter der Meeresbevölkerung kennenlernen und sie vielleicht auch füttern. Für eine Gebühr von 190 S$ kann man sogar mit den Delfinen schwimmen.

› 80 Siloso Rd., Tel. 62750030, www.underwaterworld.com.sg, tgl. 9–21 Uhr, Eintritt: 29 S$, Kinder (3–12 Jahre) 29,60 S$

### 72 iFlySingapore ★★ [bl]

iFlySingapore ist der **größte künstliche Windkanal der Welt** und bietet Skydiving mit Blick über das Meer. Durch den Wind von zwei Turbinen, die eine Windgeschwindigkeit von 120 km/Std. erzeugen, wird man in die Lüfte gehoben und dadurch praktisch schwerelos. Passend zur Flugthematik ist das Gebäude einem Flughafen-Terminal nachempfunden und wie bei einem richtigen Flug hat man zuvor ein Check-In zu absolvieren: 1½ Std. vorher wird man von einem Instrukteur auf das Erlebnis vorbereitet und am Ende bekommt man seine Flugkleidung angelegt. Insgesamt ein lohnendes, wenn auch nicht ganz billiges Vergnügen.

› 43 Siloso Beach Walk Nr. 01-01, Monorail-Station Beach Station, Vorbuchungen unter Tel. 6571000 und über www.iflysingapore.com, Mi 10.30–22, Do–Di 9–22 Uhr, Preis: 99 S$, für Familien (2 Erwachsene, 2 Kinder) verbilligt. Für das Geld erhält man zwei Flüge von jeweils 45 Sekunden Dauer. Bei vier Flügen wird es etwas billiger. Der Reisepass muss mitgebracht werden.

### 73 S.E.A. Aquarium ★★ [bl]

Dieses Aquarium ist ein relativer Neuzugang auf Sentosa, aber einer, der sich sehen lassen kann, denn bei ihm handelt es sich um das **größte Aquarium der Welt.** Zu sehen sind 800 Fischspezies aus unterschiedlichen Meeresgefilden, darunter 200 Haie, Muränen, Mantarochen u. v. m. Das Aquarium ist sehr gut besucht, vor allem von lärmenden Reisegruppen, was der Muße vor Ort nicht gerade zuträglich ist.

› www.rwsentosa.com, tgl. 10–19 Uhr, Eintritt: 38 S$, Kinder bis 12 J. und Pers. ab 60 J. 28 S$. Das Aquarium ist von VivoCity aus gut zu Fuß zu erreichen. Wenn man den Sentosa Boardwalk überquert hat, liegt es gleich rechts. Ansonsten Monorail-Station Waterfront, dann ein paar Minuten zu Fuß.

## Strände auf Sentosa

Eines der Highlights auf Sentosa sind die Strände, die man in solcher Schönheit hier vielleicht gar nicht erwartet. Der Sand ist teilweise künstlich aufgeschüttet und die Vegetation wurde von Menschenhand hierhin gepflanzt, doch das tut dem pittoresken Anblick keinen Abbruch.

Mit der Monorail gelangt man zur Beach Station, von der man in einigen Minuten Fußweg zum Meer gelangt. Westlich davon liegt der **Siloso Beach**, ein ausgedehnter Strand mit weißem Sand, im Westen flankiert vom Rasa Sentosa Resort. Östlich der Beach Station liegt zunächst der vielleicht noch sehenswertere **Palawan Beach** mit einigen malerischen kleinen Buchten. Wiederum weiter östlich schließt sich der **Tanjong Beach** an, der einsamste der Strände

115si Abb.: rk

und vielleicht der beste. Hier finden sich zwei kleine, von Kokospalmen gesäumte Buchten. Die Kokospalmen stehen etwas weit auseinander, ein dichter Wald ist es nicht, aber dennoch: ein tropisches Idyll.

Etwas störend wirken lediglich die Tanker und Ozeanriesen, die im Hintergrund an Sentosa vorbei in Richtung Hafen fahren bzw. auf die Einfahrt in den Hafen warten. Auch soll das Wasser gelegentlich mit Öl verschmutzt sein. Einige Strandabschnitte sind nicht zum Schwimmen geeignet, man schwimme nur in Zonen **zwischen den rotgelben Fahnen mit der Aufschrift „Swim Here"**.

- •**269** [cm] **Palawan Beach**
- •**270** [bl] **Siloso Beach**
- •**271** [cm] **Tanjong Beach**

*Am Siloso Beach könnte man fast vergessen, dass man sich noch in Singapur befindet*

## Anreise

Die Möglichkeiten, nach Sentosa zu gelangen, sind zahlreich. Wichtigster Ausgangs- oder Umsteigepunkt ist die VivoCity Mall (s. S. 43), der per MRT oder Bus erreicht werden kann. Die MRT-Station befindet sich direkt unter VivoCity Mall. Per Bus gelangt man nach VivoCity Mall mit den Linien 10, 30, 30E, 57, 65, 80, 97, 97E, 100, 131, 143, 145, 166, 866, NR1, NR6.

Im 3. Stock der VivoCity befindet sich ein Ticketschalter für den „Sentosa Express" oder Monorail, ein einspuriger, fahrerloser Zug. Der Eintritt zur Insel samt Zugfahrt beträgt 4 S$ und man erhält eine kostenlose Überblickskarte von Sentosa. Es gibt auch Automaten für den Ticketkauf. Mit dem Zug gelangt man auf Sentosa zu den Haltestellen **Waterfront Station, Imbiah Station** und **Beach Station.** Man kann die Züge während des Aufenthalts auf Sentosa beliebig oft benutzen (innerhalb des betreffenden Tages). Die Bahnen verkehren von 7 bis 24 Uhr.

Alternativ könnte man auch zu Fuß die 600 m lange Verbindungsbrücke zwischen dem „Festland" und Sentosa – genannt Sentosa Gateway oder neuerdings auch Sentosa Boardwalk – überqueren. Diese ist sogar überdacht, Rollbänder machen das Laufen größtenteils sogar überflüssig. In der benachbarten VivoCity Mall weisen Schilder den Weg zum Sentosa Boardwalk. Läuft man über diesen, so erreicht man kurz vor Sentosa ein Kassenhaus; hier kostet der Eintritt nur 1 S$.

Eine besondere Anreisemethode bietet das **Jewel Cable Car**, eine Art Seilbahn, in deren Gondeln man über Singapur schwebt und so „auf höchstmöglichem Niveau" nach Sentosa gelangt. Abfahrt an The Jewel Box (s. S. 199), am sogenannten „Faber Peak", tgl. 8.45–22 Uhr (letzter Zustieg 21.30 Uhr), einfache Fahrt 29 S$, Kinder bis 12 Jahre 18 S$, Kinder unter 3 Jahren kostenlos. Retourtickets sind gegen einen minimalen Aufpreis erhältlich, dazu gibt es häufig *Packages* wie z. B. Nachtfahrten für Paare, bei denen man fast die Hälfte spart, Fahrten (teuer) mit Festessen („Sky Dining") o. Ä. Anfragen unter Tel. 63779688 oder unter www.faberpeak.com.sg.

Resorts World Sentosa 69 betreibt einen **kostenlosen Busservice** zum Resort und dem angeschlossenen Kasino. Es fahren verschiedene Linien, die meisten von Vororten aus. Einsteigemöglichkeiten sind an einigen MRT-Stationen vorhanden, so z. B. Ang Mo Kio, Bedok, Bishan, Buona Vista, Redhill und Tampines, Abfahrt alle ½ bis 1 Std.

Dazu ist die **Anfahrt per Taxi** möglich, siehe rechts.

## Unterwegs auf Sentosa

Mit dem **Taxi** kann man die meisten Sehenswürdigkeiten erreichen, zumindest soweit es die Straßen auf Sentosa und eventuelle Sperren erlauben. Auf das Taxameter wird automatisch eine kleine Einfahrts- oder Eintrittsgebühr geschlagen (je nach Wochentag und Uhrzeit unterschiedlich). Die Taxikosten ab der Innenstadt betragen ansonsten ca. 10–15 S$, hinzu kommen eventuelle Rushhour-Zuschläge.

Auf Sentosa kann man sich ferner **mit den kostenlosen Bussen** der roten, blauen oder gelben Linie fortbewegen sowie mit der ebenso **kostenlosen Beach Tram**, die die Strände entlangfährt. Letztere ist keine „Straßenbahn" *(tram)* im herkömmlichen Sinn, sondern eine Art Autozug mit mehreren kleinen Waggons. Auf der Überblickskarte von Sentosa, die mit dem Eintrittsticket übergeben wurde, sind die Routen und Haltepunkte der Busse und der Tram verzeichnet. Restaurants, Imbissbuden und 7-Eleven-Läden finden sich überall auf der Insel.

2015 wird eine Seilbahn in Betrieb genommen werden, die quer über die Insel verläuft und einige Sehenswürdigkeiten leichter erreichbar machen wird.

EXTRATIPP

### Kostenloses WLAN

Derzeit existieren vier Hotspots auf Sentosa: an der Beach Station, am Imbiah Lookout, am Port of Lost Wonder und an der Cable-Car-Station. Einloggen kann man sich über „Wireless@SGx". Möglicherweise wird das kostenlose Internet bald auf die Strände ausgedehnt.

## Essen und Trinken

**272** [bm] **Bikini Bar**, 50 Siloso Beach Walk 01-01, Sentosa, Singapore 099000, Tel. 66318938, www.bikinibar.sg, geöffnet: Mo-Do 14-23, Fr 14-1, Sa 11-1, So 11-23 Uhr. Die Bikini Bar ist eine legere Bar am Siloso Beach (s. S. 209) und bietet eine große Auswahl an Bieren, dazu Wein, Champagner, Cocktails und „Finger Food". Ca. 5 Min zu Fuß von der Beach Station entfernt. Man kann auch eines der kostenlosen Pendlervehikel (eine Art Zug auf Rädern) nehmen, welche hier die Strandstraße entlangfahren.

**273** [bm] **Coastes** €€, 50 Siloso Beach Walk 01-05, Sentosa, Singapore 099000, Tel. 62749668, www.coastes.com, geöffnet: Mo-Do, So und feiertags 9-23, Fr/Sa und vor Feiertagen 9-1 Uhr. Rustikales Strandlokal mit Pizza, Burgern, Fish & Chips, gegrillten Schweinerippchen und Hühnerflügeln, Salaten, Cocktails und „Mocktails" in schöner Strandlage.

**274** [cm] **Tanjong Beach Club** €€€, 120 Tanjong Beach Walk, Sentosa, Singapore 098942, Tel. 62701355, www.tanjongbeachclub.com, geöffnet: Di-Fr 11-23, Sa/So 10-24 Uhr. Ein moderner und schicker Klub am Tanjong Beach samt kleinem Swimmingpool, an dem man sich sonnen und dabei Cocktails schlürfen kann. Darunter ist auch der speziell kreierte „Tanjong Sling", gemixt aus Wodka, Elderflower Cordial (ein Softdrink), Blättern der Kaffernlimette, Apfelsaft, Lychee und frischem Ingwer. Dazu darf natürlich gespeist werden, wobei hier im Tanjong Beach Club vor allem Fans von Meeresfrüchten voll auf ihre Kosten kommen dürften. Von der Beach Station sind es knapp 15 Min. Fußweg bis hierhin, man kann aber auch mit dem kostenlosen Pendlerzug anfahren.

# Weitere Inseln

## 74 Pulau Ubin ★★★ [S. 290]

Die vor der Ostküste Singapurs gelegene Insel Pulau Ubin ist mit einer Fläche von 10,19 km² etwa doppelt so groß wie Sentosa und wird von der Regierung bewusst als eine Art **„Naturreservat"** von der großstädtischen Entwicklung ferngehalten. Hier dürfen zwar noch Taxis fahren, die auf der Hauptinsel aus Altersgründen ausrangiert wurden, es gibt aber nur sehr wenige von ihnen. Von Autoverkehr kann daher kaum die Rede sein. Nach dem Willen der Planer soll die Insel als ein Gegenpol zum urbanen Singapur und als naturbelassenes Naherholungsziel dienen – und wie immer in Singapur klappt der Plan ganz famos.

Nach der Ankunft auf Pulau Ubin sieht man am Ende des Piers gleich einen **Informationskiosk** (Tel. 65424108; tgl. 8.30-17 Uhr). Biegt man nach dem Pier links ein, so gelangt man zur einzigen Ansiedlung auf der Insel. Hier befinden sich ein Taxistand, ein paar einfache Restaurants, ein paar kleine chinesische Tempel, vor allem aber mehrere Fahrradverleiher. In der Tat ist Pulau Ubin am besten per Fahrrad zu erkunden. Eines der Verleihgeschäfte ist „Comfort Bicycle Rentals" (Handy: 91465202) mit Rädern zu 8 bis 14 S$/Tag bzw. niedrigeren Stundentarifen. Der nette Besitzer von „PU 24 Yen Fa Bicycle Rental" verlangt ebenfalls ab 8 S$ und lässt gerne mit sich über den Preis reden (Handy 81948588). Die Läden sind von 8 bis 18 Uhr geöffnet. Bei dem einen oder anderen Verleiher gibt es auch Tandemräder.

Pulau Ubin, übersetzt die „Granitinsel", war ursprünglich eine Gruppe von

116si Abb.: rk

KURZ & KNAPP

### Geburtstags-Party für Tua Pek Kong

Nur einmal im Jahr wird es richtig lebendig, ja gar aufregend auf Pulau Ubin. Das ist am Geburtstag von Tua Pek Kong. Tua Pek Kong ist ein chinesischer Gott, dem im kleinen Ortszentrum von Pulau Ubin ein Tempel geweiht ist, der Fo Shan Ting Da Bo Gong Temple; und wenn am buddhistischen Feiertag Vesak (meist im Mai), der als Buddhas Geburtstag gilt, gleichzeitig auch Tua Pek Kongs Geburtstag gefeiert wird, strömen Tausende von Gläubigen herbei. Zu Ehren des Gottes werden chinesische Theaterstücke aufgeführt und das eine oder andere Medium fällt in Trance und wirkt dabei, als wäre der Leibhaftige persönlich in es eingefahren.

› Nächste Termine: 1.6.2015, 20.5.2016, 10.5.2017

fünf kleinen Inseln, die durch tideabhängige Flüsse *(tidal rivers)* voneinander getrennt waren. Im Zuge der Errichtung von Garnelenfarmen wurden die Inseln miteinander vereint. Außer der **Garnelenzucht** war hier vor allem der **Abbau von Granit** bedeutend – bis heute liegen über die Insel die *„quarry lakes"* verstreut, mit Wasser gefüllte Abbaukrater, die der Granitboom für alle Ewigkeit hinterlassen hat. In den besten Zeiten, den 1960er-Jahren, lebten mehrere Tausend Menschen auf Pulau Ubin. Heute sind es nur noch ein paar Dutzend. Teile der Insel werden von der singapurischen Armee zu Ausbildungszwecken verwendet und sind Sperrgebiet.

*Vom Changi Point Ferry Terminal geht es nach Pulau Ubin und Malaysia*

Pulau Ubin präsentiert heute eine weitgehend wild-raue Landschaft. Diese wird teilweise von exzellenten Straßen durchzogen, teils aber auch von rustikalen Wanderpfaden.

Der schönste Teil der Insel ist vielleicht das Ostende, wo sich die **Chek Java Wetlands** erstrecken (geöffnet: tgl. 8.30 bis 18 Uhr), ein Feucht- und Mangrovengebiet mit zahllosen Meereslebewesen – darunter Tintenfische, Oktopusse, Krabben, Seepferde, Seesterne, Meeresschnecken u.v.a. Einer der besonders bemerkenswerten Faunavertreter ist der seltene „Basket Star" *(Gorgonocephalus caputmedusae)*, eine Art fünfarmiger Seestern, dessen Arme sich in zahlreiche „Mini-Arme" aufspalten. Das verleiht ihm, mit etwas Fantasie betrachtet, das Aussehen eines beweglichen Korbgeflechts, daher der Name. Wer gerne beim Italiener isst, sieht darin vielleicht eher einen lebendigen Haufen Spaghetti.

Um das Feuchtgebiet herum führt ein hölzerner, erhöhter Wanderweg und von einem etwas klapprig wirkenden, hölzernen Aussichtsturm ergibt sich ein hervorragender Ausblick. Vom Pier aus sind es ca. 3 km bis zu den Wetlands (vom Pier aus rechts hinunter, vorbei an der Polizeistation). Auf dem Weg dahin passiert man einen kleinen Kräutergarten, in dem die Kräuter auf Schildern erläutert werden, Gummibäume, Palmenhaine und generell viel idyllische Vegetation.

Auf der Insel sind zwei **Camping-Plätze** angelegt, genannt „Mamam Campsite", am Mamam Beach im Norden der Insel, und „Jelutong Campsite", im Bereich des Dorfes gelegen. Eine Camping-Erlaubnis ist nicht notwendig, es wird jedoch empfohlen, sich am Info-Kiosk der Parkverwaltung Tipps und Hinweise einzuholen sowie sich – im eigenen Interesse – auf der Polizeiwache rechts vom Pier zu registrieren.

Wer sich komfortabler als im Zelt einnisten möchte, findet Unterkunft in den Bungalows des **Celestial Ubin Beach Resort**, 5 Min. Fußweg rechts vom Pier nach der Polizeistation. Die preiswerteren Zimmer oder „Standard Rooms" sind in Reihen-Bungalows angelegt und nicht allzu wohnlich, besser sind die separat stehenden Bungalows oder „Beach Villas" die Platz für bis zu 5 Pers. bieten. Angeschlossen sind ein Fahrrad- und Kajak-Verleih.

**275 Celestial Ubin Beach Resort** €-€€, 8V Pulau Ubin, Singapore 508421, Tel. 65429749, www.ubinbeach.celestialresort.com

› **Anfahrt:** Mit Bus Nr. 2 (ab Innenstadt), Nr. 29 (ab MRT Tampines), Nr. 59 (ab MRT Bishan) oder Nr. 109 (ab MRT Serangoon) bis zum Busbahnhof Changi Village, von wo es noch ca. 100 m bis zum **Changi Point Ferry Terminal** sind, dem Pier nach Pulau Ubin. Ideal zur Fahrt von der Innenstadt aus ist Bus Nr. 2, der auf seinem Weg Richtung Osten direkt vor mehreren MRT-Stationen hält: Outram Park, Chinatown, Clarke Quay, Bugis, Lavender, Bedok und Tanah Merah. Da die MRT-Züge schneller sind als die Busse, könnte man also gut mit der MRT bis Tanah Merah fahren und dann die restlichen 10,8 km weiter mit Bus Nr. 2. Taxis ab der Innenstadt zu ca. 15 bis 20 S$. Vom Pier Changi Point fahren ältere *„bum boats"*, nicht mehr ganz fabrikneu aussehende Fähren, mit maximal 12 Passagieren nach Pulau Ubin. Für den Notfall stecken oben im Dach der Boote ausreichend Schwimmwesten. Die Abfahrt erfolgt, wenn die Boote einigermaßen voll sind. Preis pro Überfahrt 2,50 S$, Fahrzeit 10 Min., Fahrräder können mitgenommen werden.

EXTRATIPP

### Delikatessausflug nach Malaysia

Von Changi Point fahren auch **Boote zur malaysischen Ortschaft Pengerang,** 35 km südlich von Desaru oder 120 km südöstlich von Singapurs Nachbarstadt Johor Bahru. Besuchen könnte man die dortige Straußenfarm, in der Strauße in allen Altersstufen zu bewundern sind (Eintritt umgerechnet ca. 4 €); die meisten Singapurer aber reisen an, um sich in den dortigen Seafood-Restaurants an Hummern und anderen Delikatessen schadlos zu halten. Die Preise liegen erheblich unter dem Singapur-Niveau.

› **Abfahrt** der Boote unregelmäßig. Meist, wenn die maximale Passagierzahl von 12 erreicht ist. Fahrpreis 11 S$ bei älteren Holzbooten, 13 S$ bei moderneren Booten. Die Mitnahme eines Fahrrads kostet 2 S$. Erste Abfahrt gegen 7 Uhr, letztes Boot zurück ca. 16 Uhr. Die Fahrtzeit beträgt ca. 45 Min. Bei der Abfahrt von Changi ist links im Boots-Terminal an dem Schalter unter dem Schild „Pengerang" der Reisepass vorzulegen. Ein Visum wird nicht benötigt.

› Bei der **Rückkehr** nach Changi Point werden eventuelle Gepäckstücke geröntgt und man wird mit einem Metalldetektor abgesucht; auf Pulau Ubin könnten ansonsten leicht unerwünschte Materialien aus Malaysia eingeschmuggelt und weiter auf die Hauptinsel Singapur eingeführt werden. Die ersten Fähren legen ab ca. 6.30 ab, letzte Rückfahrt von Pulau Ubin ca. 18/19 Uhr. Tagsüber wird es recht heiß auf der Insel und je früher man kommt, desto besser.

## 75 Kusu Island (Pulau Kusu) ★ [S. 290]

Kusu Island, ca. 6 km südlich der Hauptinsel von Singapur gelegen, ist aufgrund eines chinesischen Tempels, der Da Bo Gong (auch: Tua Pek Kong) geweiht ist, dem taoistischen Gott des Reichtums und Schutzpatron der Händler, **ein beliebtes Pilgerziel.** Der Schrein wurde 1923 dank der Spenden eines wohlhabenden Geschäftsmannes angelegt. Vor allem im 9. Monat des chinesischen Mondkalenders (ca. Okt.) treffen jeden Tag Tausende chinesische Besucher ein, viele auch aus Malaysia oder Indonesien. Nebenbei beherbergt die Insel auch einen „keramat", einen muslimischen Schrein, dem nicht minder wundersame Eigenschaften nachgesagt werden.

Der Legende nach entstand Pulau Kusu, als eine mit magischen Kräften ausgestattete **Riesenschildkröte** sich in eine Insel verwandelte, um zwei Schiffbrüchige zu retten. Die Legende wird werbetechnisch bestens ausgespielt, so wurde ein Schildkrötenteich angelegt, dazu ein etwas kitschiges Schildkrötendenkmal, vor dem sich Touristen gerne ablichten lassen. Dazu befinden sich einige chinesische Pavillons auf der Insel. Umrahmt wird diese von einem recht passablen Strand, im seichten Wasser einiger Lagunen kann man sogar schwimmen!

**Essbares** gibt es auf der Insel nur im Pilgermonat, wenn unter einem großen Zelt an diversen Ständen die Besucher bekocht werden. Ansonsten ist Proviant selbst mitzubringen. Übernachtungen sind **nicht gestattet**, man beachte daher die letzten Rückfahrzeiten der Boote.

› **Anfahrt** mit Fähren von „Singapore Island Cruise"(www.islandcruise.com.sg) ab dem

117si Abb.: rk

Marina South Pier, 31 Marina Coastal Drive, MRT Marina Bay South Pier [ek]. Abfahrt der Fähren: Mo–Fr 10 und14, Sa 9, 12 und 15, So und feiertags 9, 11, 13, 15 und 17 Uhr. Die Fähren legen erst in St. John's Island 76 ab und fahren dann weiter nach Kusu Island. Die Fahrzeit beträgt ca. 45 Min., Preis 18 S$ (hin und zurück), Kinder bis 12 Jahre 12 S$. Im Pilgermonat fahren zahlreiche Fähren direkt nach Kusu Island; Abfahrt alle 15 bis 30 Min. Fahrzeit dann nur 20 Min., Preis ebenfalls 18/12 S$. Rückfahrt: Mo–Fr 12 und 16 Uhr, Sa 11.30, 14.30, 16.30, So und feiertags 10.15, 12.15, 14.15, 16.15, 18.15 Uhr. Nach der Rückkehr wird am Marina South Pier eine Gepäck- und Personenkontrolle durchgeführt.

*Chinesische Pavillons auf Kusu Island 75 dienen zur kurzen Rast und machen auch optisch etwas her*

## 76 St. John's Island ★ [S. 290]

Einst als Quarantänestation und Strafkolonie genutzt, ist die Insel heute sehr **beliebt bei Campern, Schwimmern und Schnorchlern.** Es gibt einen etwa einen Kilometer langen Strand (samt dorthin verpflanzter Palmen), drei Lagunen sowie Basketball- und Fußballplätze, Toiletten und Unterkünfte.

2006 beschloss die Regierung, die kleineren Inseln in der Meerenge von Singapur („Singapore Straits") zu Ferienzielen auszubauen und in diesem Zuge St. John's Island, Lazarus Island und Pulau Seringat durch Landaufschüttung zu verbinden. Das ist mittlerweile geschehen: Pulau Seringat und Lazarus Island verbindet an ihrer Schnittstelle nun ein 800 m langer Strand, flankiert von tausend (künstlich gepflanzten) Kokospalmen. Dies ist nicht unbedingt ein exotisches Traumziel, für einen Ausflug von

Singapur aus aber gut geeignet. Die Insellage garantiert eine allzeit frische Brise und die Strände sind durchaus reizvoll. In der nördlichen Bucht zwischen St. John's Island und Lazarus Island werden oft Delfine gesichtet. Eigener Proviant ist mitzubringen, auf der Insel selber gibt es nichts zu kaufen. Gelegentlich werden buddhistische Meditationskurse (Vipassana) auf der Insel abgehalten (www.dhamma.org/en/schedules/noncenter/sg). Eine Unterkunftsmöglichkeit besteht im **Holiday Bungalow.** Zur Verfügung stehen preisgünstige Bungalows samt Kochgelegenheit, deren Preis sich an Wochenenden und während der Schulferien allerdings verdoppelt. Bei Buchungen ist ein Pfand von 30 S$ zu hinterlegen. Das Geld ist persönlich an der Sentosa Station zu zahlen (VivoCity, 3. Stock, tgl. 9–20 Uhr).

**276 Holiday Bungalow** €, St. John's Island, Tel. 65349339, www.sentosa.com.sg/en/nature/southern-islands/st-johns-island

› Anfahrt per Fähre ab dem Marina South Pier [ek] Mo–Fr 10 und 14, Sa 9, 12 und 15, So und feiertags 9, 11, 13, 15 und 17 Uhr. Preis: 18 S$ (hin und zurück), 12 S$ für Kinder bis 12 Jahre, Fahrzeit ca. 30 Min. Die Rückfahrt zum Marina South Pier erfolgt über Kusu Island 75. Die Abfahrtzeiten liegen somit jeweils 15 Min. vor denen von Kusu Island.

EXTRAINFO

### Sisters' Islands Marine Park

Westlich von St. John's Island liegen die beiden kleinen Sisters' Islands, die von Korallenriffen umgeben sind und in ihren Marschgebieten eine vielfältige Meeresfauna aufweisen. Ein 40 Hektar großes Gebiet um die Inseln ist zum **Naturschutzgebiet** erklärt worden, und 2014 wurden die ersten, auf wenige Teilnehmer begrenzten Führungen dorthin durchgeführt. In naher Zukunft sollen die Inseln ganz für die Öffentlichkeit zugänglich gemacht werden. Siehe www.nparks.gov.sg, Stichwort Sisters' Islands. Die **Anfahrt** wird wie bei St. John's Island vom Marina South Pier erfolgen.

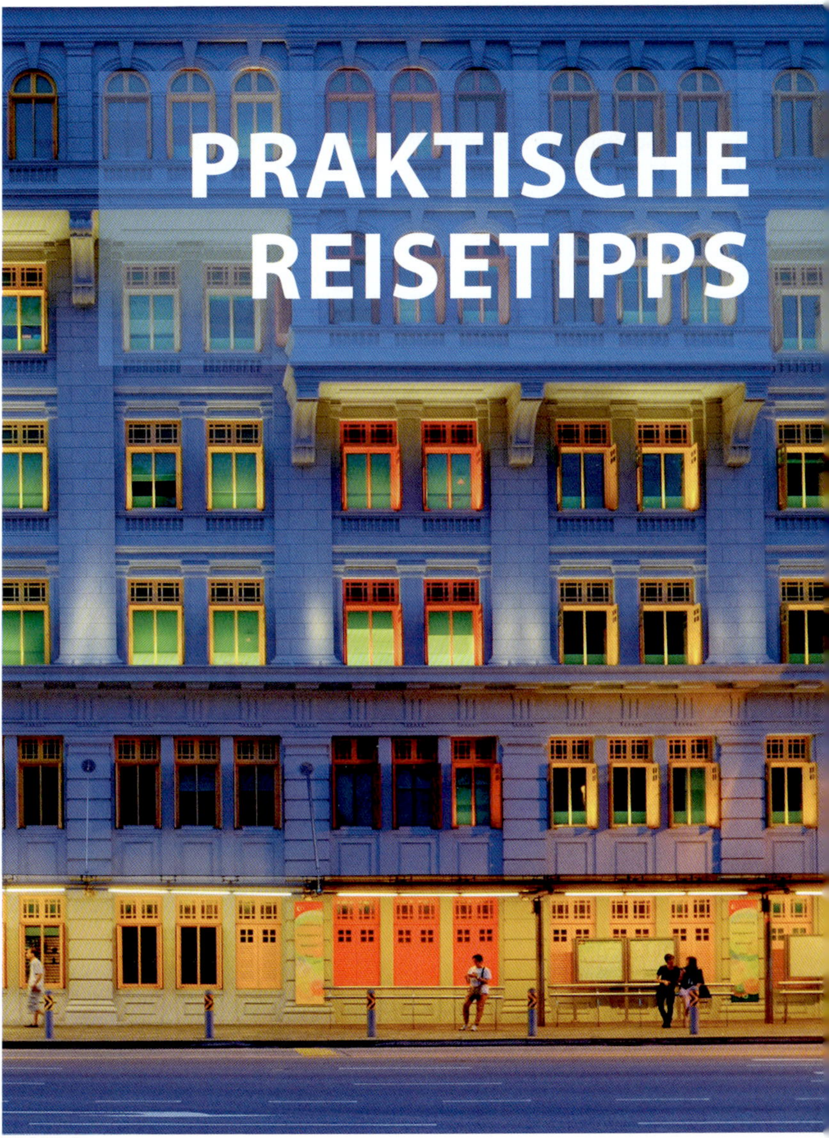

# PRAKTISCHE REISETIPPS

118si Abb.: rk

# An-, Rück- und Weiterreise

Lufthansa (www.lufthansa.com) und Singapore Airlines (www.singaporeair.com) fliegen jeweils 2-mal täglich von Frankfurt (FRA) **nonstop** nach Singapur (SIN), Die Flugzeit beträgt ca. 12 Std. Preiswerter fliegt man u. U. mit Gesellschaften, bei denen **umgestiegen** werden muss, z. B. Emirates (umsteigen in Dubai), MAS (Kuala Lumpur), Thai Airways (Bangkok) oder Srilankan (Colombo). Bei der Flugkombination mit den Partner-Airlines Air Berlin und Etihad erfolgt der Umstieg in Abu Dhabi.

Zahlreiche Verbindungen bestehen aus Asien, teilweise mit preiswerten Budget Airlines, z. B. ab Bangkok mit Air Asia, Tiger Airways und Scoot, ab zahlreichen Städten in Indien mit Jet Airways oder IndiGo, ab Indonesien mit Lion Air oder Air Asia. Etwas teurer ist Silk Air, eine Tochtergesellschaft der Singapore Airlines, die Singapur mit zahlreichen Ländern in der Region verbindet.

## Ankunft

Je nachdem, mit welcher Fluglinie man einfliegt, entsteigt man dem Flugzeug entweder an Terminal 1, 2 oder 3 des **Changi Airport** (ein vierter Terminal ist im Bau und wird 2017 eröffnet werden, ein fünfter ist in Planung). Die Flüge von Singapore Airlines enden an Terminal 2 oder 3, die der Lufthansa an Terminal 2.

Der Flughafen ist bestens ausgeschildert und die Schilder „Arrival" geleiten die Reisenden zu den eine Etage unter der Ankunftshalle gelegenen **Einreiseschaltern.** Vor der Landung erhält man im Flugzeug schon eine Landekarte *(Embarkation Card),* die mit den persönlichen Daten ausgefüllt und samt dem Reisepass am Einreiseschalter vorzulegen ist. Ein abtrennbarer Teil der Einreisekarte verbleibt beim Einreisenden und wird bei der Ausreise einbehalten, bei Verlust muss der betreffende Abschnitt lediglich neu ausgefüllt werden.

Gleich hinter den Einreiseschaltern befindet sich ein **Duty-free-Shop.** Für den zollfreien Einkauf sind Reisepass und Bordkarte vorzulegen. Pro Person kann man 1 l Spirituosen kaufen, dazu 1 l Wein und 1 l Bier bzw. 2 l Wein und 1 l Bier oder umgekehrt. Nachdem das Gepäck per Rollband angekommen ist, sind die **Zollschalter** zu passieren. Falls nichts zu verzollen ist (s. S. 224), geht man durch die grün ausgeschilderte Passage.

EXTRAINFO

### Project Jewel

Derzeit ist ein riesiger „Lifestyle Complex" am Flughafen im Bau, genannt Project Jewel, der Ende 2018 eröffnet werden soll. Das aus Glas und Stahl bestehende Gebäude wird die Terminals 1, 2 und 3 miteinander verbinden und wird aus zehn Stockwerken bestehen – fünf über der Erde und fünf unterirdischen. Kostenpunkt: ca. 1,1 Mrd. €. Darin enthalten sein werden unter anderen Shopping-Bereiche, ein Hotel, ein Garten mit Tausenden von Bäumen und Blumen sowie ein 40 m hoher Wasserfall.

*In der Abenddämmung sind viele Gebäude – hier das MICA Building (s. S. 29) – wunderschön beleuchtet*

0119si Abb.: rk

*Im Changi Airport wird es den Passagieren so angenehm wie möglich gemacht*

An den Taxiständen reihen sich die Passagiere in die Warteschlange ein und wer an der Reihe ist, dem wird von einem am Kopf der Schlange postierten Angestellten (mit weißen Handschuhen!) ein **Taxi** zugewiesen. Bei Fahrten ab dem Flughafen wird auf den Taxameterpreis ein Zuschlag von 3 S$ erhoben, hinzu kommen je nach Fahrziel und Tageszeit eventuell noch Sondergebühren (s. S. 266). Die Fahrzeit in die Innenstadt beträgt ca. 20 bis 30 Min. und kostet im Durchschnitt ca. 16 bis 20 S$.

Reist man zu mehreren Personen, so ist ein **Maxi Cab** zu erwägen, ein weißes Großraumtaxi mit Platz für 4 bzw. 7 Passagiere. Die Fahrt in die Innenstadt kostet 55 bzw. 60 S$, ggf. kommen Extragebühren hinzu (www.maxicab.sg, Tel. 66892222). Zu buchen sind diese Taxis am „Ground Transport Desk" (24 Std.). Hier lassen sich auch Zubringerbusse zu 400 Hotels in der Stadt buchen (Preis: 9 S$ pro Passagier). Allerdings fahren diese Busse u.U. eine Reihe von anderen Hotels an, ehe man zu seinem gewünschten Hotel gelangt.

Außerdem kann man sehr **preiswert mit der MRT** in die Stadt gelangen (max. 2,40 S$). Man folge den Schildern zur MRT-Station. Diese befindet sich in Terminal 3 auf der Ebene B2. Dort nehme man einen Zug und steige an der Station Tanah Merah aus (zwei Haltestellen). Hier nehme man einen Zug Richtung Innenstadt, der gleich vom gegenüberliegenden Gleis abfährt (Fahrzeit ins Zentrum insgesamt ca. 30–35 Min.).

Eine weitere preiswerte Möglichkeit ist der **Bus**, zum selben Preis wie die MRT. Von den Terminals 1, 2 und 3 fährt Bus Nr. 36 in die zentralen Stadtbereiche, z. B. Raffles Ave., Stamford Rd., Orchard Rd., Dhoby Ghaut, Penang Rd., Somerset Rd., Orchard Boulevard. Die Busse enden am Regent Hotel in der Tomlinson Rd. Man sollte beachten, dass die Busse in umgekehrter Richtung aufgrund von Einbahnstraßen nicht exakt dieselbe Strecke fahren. Der erste Bus

EXTRATIPP

### Rückerstattung der Mehrwertsteuer

Touristen können sich die 7-prozentige Mehrwertsteuer *(GST = Goods and Services Tax),* die sie beim Kauf von Waren zahlen, zurückerstatten lassen. Der Mindestkaufwert beträgt 100 S$, die in einem einzigen Geschäft ausgegeben worden sein müssen. Die Käufe werden im Geschäft elektronisch gespeichert (Electronic Tourist Refund Scheme oder eTRS) und gegen Vorlage des Reisepasses kann man sich im Flughafen sein Geld bar auszahlen lassen (Schalter „GST Refund"). Es wird eine Bearbeitungsgebühr einbehalten. Statt der offiziellen 7 % bleiben so nur 5,5 % übrig. Es wird auch die Mehrwertsteuer auf Waren zurückerstattet, die auf Cruise-Fahrten vom Singapore Cruise Center aus gekauft wurden (Hin- und Rückfahrt).

Nr. 36 ab Changi Airport fährt Mo bis Fr um 6.10 Uhr, der letzte um 22.55 Uhr, Sa 6.08/22.54 Uhr, So und feiertags 6.08/22.55 Uhr. Weiterhin fährt Bus Nr. 36A, dieser hält jedoch nur an einigen wenigen Haltestellen. Endstation der Route ist ebenfalls das Regent Hotel.

## Rückreise

Zum Changi Airport gelangt man per Taxi, MRT oder Bus (siehe Anreise). Bei **Taxifahrten zum Flughafen** wird – anders als bei Fahrten *ab* dem Flughafen – kein Zuschlag erhoben. Zu Hauptverkehrszeiten ist es manchmal nicht leicht, ein Taxi zu bekommen (16–19 Uhr, besonders Fr und Sa). **Taxis** lassen sich aber auch über die Hotelrezeption buchen. Dabei wird auf den Fahrpreis eine geringe Buchungsgebühr aufgeschlagen. Zu beachten ist allerdings, dass manche Hotels Abmachungen mit Limousinenunternehmen haben, deren Dienste teurer sind als die der normalen Taxis. Zur Sicherheit ist nachzufragen.

Vor dem Abflug muss klargestellt werden, von welchem **Terminal** aus die Flüge der jeweiligen Gesellschaft abfliegen (1, 2 oder 3), damit man dies dem Taxifahrer angeben kann. Die Terminals sind aber auch durch ein (fahrerloses) Zugsystem miteinander verbunden, sodass man schnell von einem zum anderen gelangen kann.

Wer mit Singapore Airlines fliegt, kann das Gepäck an den mit „Early Check In" ausgezeichneten Schaltern jederzeit einchecken.

Nach dem Einchecken folgt die Passkontrolle und dahinter erstreckt sich die **Abflughalle.** Hier finden sich zahlreiche Geschäfte, Wechselbüros, Restaurants, Cafés, ein *food court* mit Küchen von indisch bis europäisch (in Terminal 2) u. v. m. An Computerterminals lässt sich kostenlos im Internet surfen und es stehen kostenlose WLAN-Verbindungen zur Verfügung (ohne Password zugänglich).

In allen drei Terminals ist eine **„Children's Play Area"** angelegt, ein Spielbereich für Kinder, dazu eine „Family Zone" mit Spielmöglichkeiten, Wickelraum und Cartoon-Programmen. In Terminal 3 gibt es einen **Schmetterlingspark** (Butterfly Garden), in dem man 47 Schmetterlingsarten beobachten kann.

Changi Airport gilt als **einer der besten Flughäfen der Welt** und selbst wenn man lange warten muss, wird der Aufenthalt kaum unangenehm sein. Die Terminals wirken stellenweise eher wie die Lobby eines Nobelhotels als wie eine Abflughalle. Passenderweise spielt oft zur Unterhaltung auch ein Pianist und nicht selten gibt es Sondervorstellungen oder Veranstaltungen für Kinder, Quizze o. Ä.

## Weiterreise

Wer von Singapur aus weiter in Länder reisen will, zu deren Einreise ein Visum benötigt wird, sollte sich zuvor erkundigen, ob dieses in Singapur eingeholt werden kann. Das ist nicht immer der Fall: **Visa für Indien und Myanmar** z. B. werden in Singapur nur Personen mit singapurischer Staatsangehörigkeit oder mit Dauerwohnrecht in Singapur ausgestellt.

Die **thailändische Botschaft** gibt sich auch oft störrisch und stellt nur Touristenvisa (60 Tage) mit einer einzigen Einreise aus, anstatt mit mehreren Einreisen wie zumeist in anderen thailändischen Vertretungen. Personen, die schon mehrere thailändische Visa im Pass haben, wird oft ein weiteres Visum verweigert. Aufenthalte von bis zu 30 Tagen in Thailand sind aber auch ohne Visum möglich.

Zur Einreise in **Malaysia** und **Indonesien** ist kein Visum nötig. In Malaysia bekommt man bei der Einreise einen 90-Tage-Stempel in den Pass gedrückt, in Indonesien einen für 30 Tage.

In allen Fällen muss ein Rück- oder Weiter(flug)ticket vorhanden sein, sonst kann die Einreise verweigert werden. Viele Fluglinien lassen Reisende erst gar nicht an Bord, wenn sie weder Visum noch Rück- oder Weiter(flug)ticket haben, besonders im Falle von Thailand.

EXTRATIPP

### Wohnen in oder am Flughafen

In den Abflughallen aller drei Terminals steht jeweils ein Transit Hotel zur Übernachtung oder zum kurzen Ausruhen zur Verfügung. Geboten werden auch ein Fitnessraum und Swimmingpool. Die Zimmer werden in Blöcken von sechs Std. vermietet, kosten ca. 40 € für Zimmer ohne eigenes Bad. Für Zimmer mit Bad *(standard rooms)* zahlt man ab ca. 50 €. Jede zusätzliche Stunde wird jeweils mit ca. 10 € berechnet. Am Transit Hotel in Terminal 1, Level 3, befindet sich gar ein Swimmingpool, der im balinesischen Stil angelegt ist. Gäste der Transit Hotels können ihn kostenlos aufsuchen, ansonsten kostet die Benutzung ca. 10 €.

› **Ambassador Transit Hotel,** www.harilelahospitality.com, Terminal 1: Tel. 65425538, Fax 65425537, Terminal 2: Tel. 65428121, Fax 65426122, Terminal 3: Tel. 65079788, Fax 62428542

Direkt außerhalb des Flughafens befindet sich das komfortablere Crowne Plaza Changi Airport Hotel, mit Zimmern ab ca. 200 €. Frühstück kostet extra (ca. 13 €).

› **Crowne Plaza Changi Airport Hotel,** 75 Airport Blvd. #01-01, nahe Terminal 3, Changi Airport, Singapore 819664, Tel. 68235300, http://www.singaporeairporthotel.com/crowne-plaza-hotel-changi-airport. Das Hotel ist durch eine Verbindungsbrücke direkt an Terminal 3 angebunden.

› Neben dem Crowne Plaza ist derzeit ein **Budget-Hotel** im Bau, das Ende 2015 eröffnet werden soll. Über einen 40 m langen, klimatisierten Brückengang wird es mit dem Crowne Plaza verbunden sein.

› Siehe auch das nahe dem Changi Beach gelegene, nur wenige Fahrminuten entfernte **Changi Village Hotel** (s. S. 94)

## Nach Malaysia

Vom Queen St. Bus Terminal (auch Ban San Bus Terminal) fährt der reguläre Bus Nr. 170 nach Johor Bahru in Malaysia. Fahrpreis 2,40 S$. Abfahrt ca. alle 15 Min. Vom Busbahnhof fahren auch Sammeltaxis nach Johor Bahru, Preis 10 S$/Pers.

- **277** [G2] **Queen St. Bus Terminal,** Queen St./ Ban San St., Singapore 884001, MRT Bugis, ab 2017 günstiger MRT Jalan Besar

**Züge nach Malaysia** fahren vom Woodlands Train Checkpoint hoch im Norden von Singapur ab. Die Tickets können bis zu 20 Min. vor Abfahrt des Zuges am Schalter gekauft werden oder online unter www.ktmb.com.my.

- **278** **Woodlands Train Checkpost (WTCP),** 1 Woodlands Centre Rd., Singapore 739038, Tel. 67675885. Fahrt dorthin mit Bus Nr. 170 oder bis MRT-Station Kranji und dann weiter mit Bus Nr. 170 oder 178.

Um mit dem **Schiff** nach Malaysia zu fahren, s. S. 214.

120si Abb.: rk

Eine Fähre am Changi Point Ferry Terminal

## Nach Indonesien

Vom Singapore Cruise Centre neben der VivoCity Mall (s. S. 43) fahren Schiffe zu den indonesischen Inseln Batam und Bintan, die bei Singapurern beliebte Ausflugsziele sind. Die Abfahrt erfolgt etwa einmal pro Stunde.

- **279** [ek] **Singapore Cruise Centre,** HarbourFront Passenger Terminal, 1 Maritime Sq., Singapore 099253, Tel. 65132200, www.singaporecruise.com.sg, MRT HarbourFront

Weitere Schiffe zu beiden Inseln fahren vom Tanah Merah Ferry Terminal an der Südostküste Singapurs ab.

- **280** **Tanah Merah Ferry Terminal,** 50 Tanah Merah Ferry Rd., Singapore 498833, Anfahrt mit Bus Nr. 35 ab MRT-Station Bedok, Tel. 18002222121 (innerhalb von Singapur kostenlos)

Die Flugpreise sind in Singapur höher als z. B. in Malaysia oder Thailand. Günstig ist oft das Reisebüro des Mustafa Centre über das auch online gebucht werden kann.

- **281** [G1] **Mustafa Air Travel,** 5 Verdun Rd. (neben dem Hauptgebäude von Mustafa in der Syed Alwi Rd.), #1-02/03 SPA Bldg., Singapore 207274, MRT Farrer Park, Tel. 64190782, 64190718, 64190600, www.mustafa.com.sg/travel, geöffnet 24 Std. tgl.
- **282** [E6] **Chan Brothers,** 150 South Bridge Rd., Fook Hai Bldg., Singapore 058727, Tel. 64388880, www.chanbrothers.com.sg, MRT Chinatown, Mo–Fr 10–19, Sa 10–18, So und feiertags 12–18 Uhr. Gute Angebote hat oft die Agentur Chan Brothers, insbesondere bei Package-Touren. Das in Chinatown gelegene Büro ist meist sehr voll und man muss eine Wartenummer ziehen und auf einer der Wartebänke Platz nehmen.

# Barrierefreies Reisen

Singapurs **Bürgersteige** sind zumeist in ausgezeichnetem Zustand, es gibt kaum problematische Hindernisse. Generell ist Singapur **weit behindertenfreundlicher als andere Länder der Region.**

Im **Flughafen** stehen spezielle Toiletten, Aufzüge und Rampen für Rollstuhlfahrer zur Verfügung. Viele MRT-Stationen haben behindertenfreundliche Ein- und Ausgänge (man achte auf das Rollstuhlsymbol auf den Hinweisschildern). Diese Eingänge sind im **Bus Guide** (s. S. 265) auf den Plänen der MRT-Stationen eingezeichnet. In den **MRT-Zügen** gibt es speziell ausgezeichnete Sitze für Behinderte, befindlich gleich neben der Tür. Derlei Sitze finden sich auch in den Bussen. An den Bushaltestellen weisen Schilder darauf hin, ob der Einstieg an der Haltestelle per Rollstuhl möglich ist oder – aufgrund der Bürgersteigbeschaffenheit – nicht. In Bussen und Zügen machen die Mitfahrenden für ältere oder gebrechlich aussehende Personen gerne Platz; besonders die jüngere Generation von Singapurern ist in dieser Beziehung gut erzogen.

In vielen der wichtigsten **Sehenswürdigkeiten,** bei denen oft lange Strecken zurückzulegen sind, können Rollstühle ausgeliehen werden, so z. B. im Zoo 50, in der River Safari 51 u. a.

Akustische Signale an neueren Ampeln sind für Menschen mit Sehbehinderung hilfreich.

Weitere Informationen erhält man hier:

- **Disabled People's Association (DPA),** www.dpa.org.sg
- **Handicapped Welfare Association (HWA),** www.hwa.org.sg
- **Singapore Association of the Visually Handicapped (SAVH),** www.savh.org.sg

# Diplomatische Vertretungen

- •**283** [F6] **Deutsche Botschaft,** 12-00 Singapore Land Tower, 50 Raffles Place, Singapore 448623, Tel. 65336002, www.singapur.diplo.de, Mo–Fr 8.30–11.30 Uhr, außer an Feiertagen, MRT Raffles Place
- •**284** [G3] **Botschaft Österreichs,** 600 North Bridge Rd., 24-04/05, Parkview Sq., Singapore 188788, MRT Bugis, Tel. 63966350/2, www.advantageaustria.org/sg, Mo–Fr 9–17.30 Uhr, außer an Feiertagen
- •**285 Botschaft der Schweiz,** 1 Swiss Link Club, Singapore 288162, Tel. 64685788, www.eda.admin.ch/singapore, Mo–Fr 9–12 Uhr, außer an Feiertagen

## Singapurische Auslandsvertretungen

- **Embassy of the Republic of Singapore,** Voßstr. 17, 10117 Berlin, Tel. 030 2263430, www.mfa.gov.sg/berlin.
- **Consulate-General of the Republic of Singapore,** Raiffeisen Zentralbank Österreich AG, Am Stadtpark 10, A-3010 Wien, Tel. 01 717071250, www.mfa.gov.sg/vienna
- **Permanent Mission of the Republic of Singapore,** Avenue du Pailly 10, 1219 Châtelaine, Genf, Tel. 022 7950101, www.mfa.gov.sg/geneva

# Ein- und Ausreisebestimmungen

Bürger Deutschlands, Österreichs und der Schweiz benötigen **kein Visum** und bekommen bei der Einreise per Flugzeug i. d. R. eine **Aufenthaltsgenehmigung**

*(Social Visit Pass)* für **90 Tage.** Voraussetzung ist, dass der Reisepass mindestens noch sechs Monate gültig ist. Theoretisch schreiben die Regeln vor, dass zudem „genügend finanzielle Mittel zum Aufenthalt in Singapur" und ein Weiter- oder Rückflugticket vorhanden sein müssen. Beides wird jedoch so gut wie nie überprüft. Bei der Einreise über Land oder Wasser werden meist maximal 15 Tage Aufenthalt gewährt.

Der *Social Visit Pass* kann bis zu drei Monate verlängert werden. Anträge können online eingereicht werden (www.ica.gov.sg).

Seit 2012 benötigen auch alle **Kinder**, egal wie jung, für eine Auslandsreise einen eigenen Reisepass. Der Eintrag im Pass der Eltern ist nicht mehr gültig.

## Zoll

Es dürfen je ein Liter **Wein**, ein Liter **Bier** und ein Liter **höherprozentige Getränke** pro erwachsener Person zollfrei eingeführt werden. **Tabak** unterliegt generell einer Einfuhrsteuer, es gibt keine Freimenge. Jede einzelne Zigarette muss in Singapur einen Zollstempel tragen. Wird man mit Zigaretten ohne Stempel von der Polizei erwischt, sind etwa 250 € Strafe pro Packung fällig.

**Streng verboten** sind sämtliche Waffen (darunter auch Klappmesser, echt wirkende Waffenimitationen und Pfeffer-Sprays), Munition, pornografisches Material und Drogen. Als Waffe kann theoretisch auch der malaiische *Kris,* eine Art Dolch, gewertet werden, den sich manche Touristen in Malaysia oder Indonesien zulegen. Am besten gibt man ihn daher bei der Zollkontrolle an. Gelegentlich werden Passagiere, die durch den grünen Kanal gehen („Nichts zu verzollen"), dazu aufgefordert, ihr Gepäck durchleuchten zu lassen. Eingecheckte Gepäckstücke werden von Drogenhunden abgeschnüffelt, bevor sie auf dem Rollband erscheinen. Selbst „leichte" **Drogen** wie Marihuana sind streng verboten. Ab dem Besitz von 500 g Marihuana oder 15 g Heroin droht die Todesstrafe. Auch an Ausländern wurde diese bereits vollstreckt, denn vor dem singapurischen Gesetz sind alle gleich. Dabei spielt es auch keine Rolle, ob das Rauschgift „nur" beim Transit im Changi Airport mitgeführt wird – 2005 wurde ein Australier vietnamesischer Herkunft hingerichtet, der bei einem vierstündigen Transitaufenthalt eine große Menge Heroin mit sich geführt hatte.

**Pflanzen, Tiere** und gewisse **Nahrungsmittel** (z. B. Fleisch, aber auch Kaugummi) unterliegen Einfuhrbeschränkungen. Informationen gibt es bei der Agri-Food & Veterinary Authority of Singapore.

Die Behörden sind **sehr sicherheitsbewusst** und bei großen Kongressen, zu anderen wichtigen Anlässen oder bei vermuteter Gefährdung wird gelegentlich schon beim Verlassen des Flugzeuges das Handgepäck geröntgt.

Für Medikamente, die für den eigenen Gebrauch gedacht sind, gibt es gesonderte Bestimmungen, über die die singapurische Gesundheitsbehörde informiert (www.hsa.gov.sg/publish/hsaportal/en/health_products_regulation/bringing_personal_medication.html). In der Praxis werden Medikamente so gut wie nie kontrolliert.

Auch die Einfuhr von gleich mehreren Notebooks, iPads, Kameras oder sonstigem **elektronischem Alltagsgerät** stellt keinerlei Problem dar.

Aktuelle Informationen und weiterführende Links stellen auch das Auswärtige Amt und die deutsche Botschaft in Singapur (s. S. 223) zur Verfügung.

- **www.customs.gov.sg** – Homepage der Zollbehörde Singapurs
- **www.ava.gov.sg** – Homepage der Agri-Food & Veterinery Authority of Singapore
- **www.hsa.gov.sg** – Homepage der Gesundheitsbehörde Singapurs

121si Abb.: rk

## Elektrizität

Es herrscht 220–240 V Wechselstrom, 50 Hertz. Ein Adapter zur **Spannungsumstellung** ist nicht nötig. Die meisten **Steckdosen** in Singapur sind allerdings dreipolig und die Stecker sind rechteckig. Der obere Pol ist ein Sicherheitspol, der beim Einstecken des Steckers nach hinten weggedrückt wird. In einigen besseren Hotels kann man sich Adapter ausleihen. Ansonsten empfiehlt sich entweder die Mitnahme eines **internationalen Steckeradapters** oder der Kauf eines passenden Exemplars vor Ort (z. B. für ca. 3 S$ im Erdgeschoss des Mustafa Centre, s. S. 39).

## Fotografieren

Singapur ist eine ungeheuer fotogene Stadt, Fotografen werden ihre helle Freude daran haben. Aufgrund des wechselhaften Wetters empfiehlt es sich, früh aufzustehen. Morgens ist die Regenwahrscheinlichkeit geringer. Das schönste Licht ergibt sich zudem zwischen 8 und 10 Uhr, dann wieder von ca. 17 bis 18 Uhr, sofern der Himmel nicht bedeckt ist. Eventuell benötigtes **Fotozubehör** ist preiswert in den einschlägigen Fotoläden erhältlich, z. B. bei Cathay Photo (s. S. 50), sowie in den anderen Fotoläden in Peninsula Plaza, Peninsula Shopping Centre und The Adelphi. Hier kann auch Filmmaterial erworben werden.

Für **Kamerareparaturen** empfiehlt sich das P&G Photographic Centre.

In einigen wenigen chinesischen Tempeln ist das **Fotografieren verboten** bzw. dürfen in manchen Tempeln die Götterstatuen nicht fotografiert werden. In diesen Fällen weisen Schilder auf das Verbot hin. Fehltritte werden allerdings nicht sehr böse genommen.

Nicht alle Menschen lassen sich gerne fotografieren, vor allem die Chinesen zeigen sich oft etwas kamerascheu. Bei der Fotografie von Straßenszenerien mit vielen Menschen ist dies unproblematisch, bei Porträts sollte man aber besser um Erlaubnis bitten.

*„Selfie" am Rand eines Rolling-Stones-Konzerts im März 2014*

# Geldfragen

Die örtliche Währung ist der Singapur-Dollar (S$, SGD), eine der stabilsten Währungen der Welt. Der Dollar ist in 100 Cents unterteilt. Der Singapur-Dollar ist im Verhältnis 1:1 an den Brunei-Dollar gekoppelt. Banknoten aus Brunei werden überall in Singapur akzeptiert. Gelegentlich – sehr selten – kann es vorkommen, dass man Brunei-Dollar als Wechselgeld herausbekommt. Dies ist kein Problem, denn die Währungen sind gleichberechtigt.

Zwecks Reisekasse kann man **Bargeld, Reiseschecks und/oder Kreditkarte** mitnehmen. Bargeld aller wichtigen Weltwährungen können an Wechselschaltern oder in Banken eingewechselt werden. Ebenso leicht lässt sich ausländisches Bargeld kaufen. Günstige Kurse bieten die Wechselschalter am Mustafa Centre (s. S. 39). Hier kann man auch weniger geläufige Währungen tauschen.

Mit einer **Kreditkarte** oder **EC-Karte** sind Abhebungen an zahlreichen Bankautomaten möglich. Man erkundige sich bei der Heimatbank, welche Gebühren bei der Abhebung anfallen. Selbst mit viel Bargeld in der Tasche kann man sich in Singapur sehr sicher fühlen. Gelegentliche **Taschendiebstähle** kommen jedoch vor, ein vernünftiges Maß an Vorsicht ist also auch hier angebracht.

Einige deutsche Banken statten ihre **Geldkarten** nicht mehr mit der Maestro-, sondern der Bezahlfunktion **„VPay"** aus, bei der statt des Magnetstreifens der Chip gelesen wird. Allerdings kann an Bankautomaten außerhalb der EU mit der V-Pay-Karte kein Geld gezogen werden, da die Automaten die Chips nicht lesen können (www.vpay.de).

### Wechselkurs

Stand: Februar 2015
1 € = 1,52 S$
1 CHF = 1,45 S$
1 S$ = 0,65 €/0,67 CHF

## Handeln

Um den Preis **feilschen** kann man in vielen kleineren Läden, egal, ob es um ein Hemd oder eine teure Kamera geht. Dieses gilt vor allem für Geschäfte in touristischen Zonen oder/und für solche, bei denen die Verkäufer die potenziellen Kunden schon draußen vor der Tür anwerben.

Nicht handeln kann man in Supermärkten, Kaufhäusern, Shoppingcentern und vielen anderen Läden mit modernem Geschäftscharakter.

122si Abb.: rk

*Am Mustafa Centre (s. S. 39) gibt es oft die besten Wechselkurse*

## Singapur preiswert

- *Singapur ist ein für asiatische Verhältnisse relativ teures Pflaster. Der größte einzelne Ausgabeposten dürfte die* ***Hotelrechnung*** *sein. Um hier so preiswert wie möglich davonzukommen, könnte man sich in einem der einschlägigen Budget-Hotel-Ketten einmieten (z. B. Hotel 81 und Fragrance Hotel Elegance, s. S. 251). Noch günstiger wird es, wenn man in einem Schlafsaal unterkommt, z. B. im Footprints Hostel oder im Sleepy Sam's (s. S. 252).*
- *Was die* ***Verkehrsmittel*** *angeht, so lässt sich getrost auf Taxis verzichten, denn die öffentlichen Verkehrsmittel sind gut und preiswert. Selbst die Fahrt von/zum Flughafen kann mit Bus oder MRT bewerkstelligt werden. Die längste Fahrt mit Bus oder MRT kostet 2,45 S$. Wer im Besitz der elektronischen* ***ez-link Card*** *ist (s. S. 263), erhält noch eine kleine Reduktion auf den Fahrpreis und bei eventuellem Umsteigen wird die zweite Fahrt noch ein wenig günstiger. Abgesehen davon ist Singapur eine ausgesprochen fußgängerfreundliche Stadt.*
- *Auch das* ***Essen*** *muss nicht teuer sein. Die preiswertesten und zugleich am meisten sättigenden Mahlzeiten bekommt man in den südindischen Restaurants in Little India* (33)*. Besonders lohnend sind die* ***Thalis*** *- große Metallteller, auf denen mehrere Gemüse-Currys, Fladenbrote, Reis, Joghurt und weitere Beilagen gereicht werden (vegetarisch). Die Thali-Mahlzeiten sind oft so reichhaltig, dass man einen halben Tag lang satt ist. Sie kosten ca. 6 bis 12 S$. Empfehlenswerte Restaurants sind die Filialen von Komala Vilas (s. S. 60), und das Annalakshmi Restaurant (s. S. 67), wo man so viel oder wenig bezahlen kann, wie einem das Essen wert war.*
- *Ansonsten bieten sich die* ***Hawker Centres*** *an, in denen jeweils zahlreiche Stände diverse Küchen präsentieren, ab ca. 2–3 S$ pro Teller/kleine Mahlzeit. Die Hawker Centres in den Vorstädten, dem sogenannten „Heartland" von Singapur, sind noch preiswerter als diejenigen in den zentralen Bereichen. Es findet sich eines an praktisch jeder MRT-Station oder jedem „Interchange" (kombinierte MRT- und Busstation).*

  *Sowohl in den Hawker Centres als auch in vielen kleinen Eckrestaurants bekommt man* ***Kaffee und Tee*** *ebenfalls zu Niedrigstpreisen (ab 1 S$). In einem der nobleren Kaffeeläden oder bei Starbucks zahlt man hingegen das 6- bis 8-fache. Das* ***Leitungswasser*** *in Singapur ist vollkommen trinkbar, man braucht also nicht extra in Flaschen abgefülltes Wasser zu kaufen.*
- *Auch als* ***Selbstversorger*** *ist man recht gut bedient, denn Singapurs Supermärkte sind gut bestückt und die Waren relativ preiswert - für singapurische Verhältnisse. Im Vergleich zu Deutschland sind viele Nahrungsmittel teurer, denn praktisch alles muss importiert werden, zum großen Teil aus Australien und gar den USA. Dafür gibt es alles, was man braucht, und wer in einem der Hostels mit Kü-*

*chenbenutzung wohnt, kann sich bestens selbst bekochen. In den Tempeln der Sikhs, den sogenannten Gurudwaras, wird morgens oft ein* ***kostenloses (nordindisch-vegetarisches) Essen*** *ausgegeben, das „Langar". Das ist Teil der Sikh-Tradition und jedermann, egal welcher Religion, ist willkommen. Eine Liste der Gurudwaras in Singapur findet sich unter www.sikhs.org.sg.*

- ***Fazit:*** *Wer in einem Schlafsaal nächtigt (ab ca. 22 S$), sich mit Bus oder MRT fortbewegt (ca. 2–6 S$), sich dazu zweimal täglich mit einer der o.g. Thali-Mahlzeiten satt isst, kommt theoretisch mit ca. 45–60 S$ pro Tag aus. Ob man mit diesen Summen viel Spaß hat, ist allerdings nicht garantiert; nur sehr genügsame Menschen werden auf diesem Ausgabenniveau zufrieden sein können. Der Konsum von Alkohol z. B. erhöht die Kosten erheblich, denn selbst im Supermarkt kostet eine Dose Bier (500 ml) nicht unter 7 S$, die preiswerteste Flasche Wein 15 S$. Auch das Rauchen schlägt teuer zu Buche (s. S. 79).*
- ***Dienstleistungen*** *sind teilweise sehr preiswert erhältlich, gewusst wo. So kann „mann" sich in einem der kleine Friseursalons in Little India ㉝ oder Geylang ㊿④ für 5 bis 6 S$ einen Haarschnitt verpassen lassen. Indische Schneider, die auf dem Bürgersteig entlang der Serangoon Rd. in Little India postiert sind, nähen einen Knopf für eine Minimalsumme an oder flicken preisgünstig bedürftige Kleidungsstücke. Apropos Kleidung: Siehe auch „Wäschewaschen: Do It Yourself oder dem Profi überlassen?" auf S. 236.*

⊡ *In manchen Hindu-Tempeln gibt es an Festtagen kostenloses Essen*

123si Abb.: rk

# Hygiene und Gesundheit

Singapur ist **eines der saubersten Länder Asiens** und steht Westeuropa in Reinlichkeit in nichts nach. Krankheiten, die auf mangelnder Hygiene beruhen, z. B. Typhus oder Ruhr, sind fast unbekannt. Leitungswasser kann unbedenklich getrunken werden und auch die Essensstände in den einfachen Hawker Centres (s. S. 69) stellen keinerlei Gefahr dar. Die Auflagen der Behörden sind streng, die Hygienetests in Restaurants und Hawker Centres unerbittlich. In der Tageszeitung „Straits Times" werden Hawker Centres, deren Toiletten zu wünschen übrig lassen, gerne angeprangert – samt fotografischem Beweis –, und i. d. R. wird das Problem darauf in Kürze behoben, um nicht Singapurs sehr wählerische Kundschaft zu verprellen.

Singapurs **Toiletten** sind in der Regel die uns bekannten „westlichen" Toiletten. Für die meisten Singapurer sind diese selbstverständlich. Um asiatischen Gepflogenheiten entgegenzukommen, sind in einigen Lokalitäten teilweise auch die typisch asiatischen Hock-Klos eingerichtet – so z. B. im Changi Airport, in Gardens by the Bay 6 und in einigen Hawker Centres. Aber auch hier befinden sich die asiatischen Toiletten in der Minderheit. Toilettenpapier gibt es überall.

**Tropische Krankheiten** sind in Singapur **nicht zu befürchten.** Am meisten Sorge bereitet der Regierung das von Moskitos übertragene Dengue-Fieber, das sich in den letzten Jahren zunehmend ausgebreitet hat. 2013 kam es zu über 14.000 Krankheitsfällen, von denen 8 tödlich verliefen. Die meisten Fälle ereigneten sich in den HDB-Siedlungen (s. S. 112) der Vorstädte. Informationen zum Thema findet man unter www.dengue.gov.sg. Siehe unter der Rubrik „Cluster Locations" die Stadtteile mit der höchsten Anzahl von Krankheitsfällen. Die meisten Besucher werden nicht einmal ein Moskito zu sehen bekommen.

# Informationsquellen

## Infostellen in der Stadt

**286** [ci] **Singapore Tourism Board,** Tourism Court, 1 Orchard Spring Lane, Singapore 247729, Tel. 0065 67366622, Fax 0065 673669423, Mo–Fr 9–18 Uhr, www.stb.gov.sg. Das Informationsbüro hält jede Menge kostenlose Broschüren bereit und bietet persönliche Beratung. Sehr viele Broschüren kann man auch gleich bei der Ankunft im Changi Airport mitnehmen.

**287** [C3] **Singapore Visitor Centre @ Orchard,** 216 Orchard Rd., Singapore 238898, MRT Somerset, tgl. 9.30–22.30 Uhr, Tel. 1800 736 2000 (Hotline, Mo–Fr, außer Fei, 9–18 Uhr). Hier werden pfundweise Broschüren ausgehändigt und es können auch Touren und Hotels gebucht werden.

› Informationen auch unter www.yoursingapore.com

## Im Internet

› **www.news.asiaone.com/news/singapore** – Die Seite bietet englischsprachige Nachrichten aus Singapur.
› **www.auswaertiges-amt.de** – das Auswärtige Amt Deutschlands mit landesspezifischen Informationen, Visa-, Reise- und gegebenenfalls Sicherheitshinweisen
› **www.channelnewsasia.com** – Onlineausgabe des singapurischen TV-Nachrichtensenders Channel News Asia

- **events.insing.com** – ein Veranstaltungskalender mit allen großen und kleinen Ereignissen in der Stadt
- **www.forums.sgclub.com** – singapurisches Forum mit Diskussionen zu aktuellen lokalen Themen
- **www.gov.sg** – Informationen der singapurischen Regierung
- **www.hungryangmo.com** – Ein hungriger Engländer testet die vegetarischen Restaurants Singapurs.
- **www.ieatishootipost.sg** – des Singapurers liebstes Thema im Internet: alles ums Essen
- **www.makansutra.com** – Restaurantkritiken, Food-Blog und -Forum, alles auf Singapur bezogen

124si Abb.: rk

- **www.nlb.gov.sg** – Die Nationalbibliothek Singapurs bietet eine Menge Hintergrundartikel, Informationen, ein Fotoarchiv mit historischen Ansichten und eNewspapers.
- **www.razor.tv** – Videoclips mit Nachrichten aus Singapur
- **www.singaporeexpats.com** – englischsprachiges Forum für in Singapur lebende Ausländer oder solche, die es werden wollen
- **www.stomp.com.sg** – Stomp ist die Abkürzung für „Straits Times Online Mobile Print"; Online-Zeitung mit journalistischem Input von singapurischen Bürgern, oft trivial, aber auch erhellend darüber, was abseits der großen Schlagzeilen passiert und was die Bevölkerung zu aktuellen Themen denkt
- **www.straitstimes.com** – Onlineausgabe der englischsprachigen singapurischen Tageszeitung Straits Times
- **www.tabla.com.sg** – Onlineausgabe der kostenlosen, auf indische Leser ausgerichteten Tageszeitung
- **www.timeoutsingapore.com** – das Stadtmagazin TimeOut im Internet, u. a. mit Hinweisen zu Veranstaltungen
- **www.tnp.sg** – Onlineausgabe des Boulevardblattes New Paper
- **www.todayonline.com** – die Internetausgabe der kostenlos verteilten Tageszeitung Today
- Zahlreiche interessante, englischsprachige Dokumentationen zu Singapur sind auf **YouTube** zu sehen. Suchwörter „documentary Singapore" oder „history Singapore".

## Singapur-Apps

- **GrabTaxi.com/singapore:** Grabtaxi lokalisiert den Aufenthalt des abzuholenden Passagiers und kontaktiert Taxifahrer, die sich in der Nähe befinden. Angeschlossen sind alle Taxiunternehmen in Singapur. Auf dem Smartphone werden alle Fahrer angezeigt, die sich zur Abholung bereitfinden sowie deren Entfernung. Von der Abholposition ist auch der zu erwartende Fahrpreis abrufbar (kostenlos für Android, iOS und WindowsPhone).

- **MyTransport Singapore:** Die Land Transport Authority Singapore hat diese hilfreiche App rund um den Verkehr in Singapur konzipiert. Sie enthält einen Routenplaner, informiert über die aktuelle Verkehrslage, Taxistände und Bushaltestellen in der Nähe, Fahrradrouten u. v. m. (kostenlos für iOS und Android).
- **MySentosa:** Die offizielle App der Insel Sentosa enthält aktuelle Informationen zu Veranstaltungen, Attraktionen, Unterkünften, Restaurants, Rabattaktionen und gibt spezielle Empfehlungen für einen Ausflug nach Sentosa. Außerdem sorgt eine integrierte Karte für die richtige Orientierung (kostenlos für iOS und Android).
- **HotelQuickly.com:** Hiermit lassen sich günstig kurzfristig Hotelzimmer buchen, mit Reduktionen von bis zu 70 % (kostenlos für Android, Blackberry und iOS).
- **iChangi:** Neben allgemeinen Informationen zur Infrastruktur des Singapurer Flughafens (Shops, Restaurants, Services, Transportmöglichkeiten, Hotlines) bietet diese App auch Hinweise auf Veranstaltungen und aktuelle Angaben zu Ankunfts- und Abflugzeiten, Flugsteigen usw. (kostenlos für iOS und Android).
- **in2nite:** Wer noch am gleichen Tag ein Hotel in Singapore benötigt, ist gut mit dieser App beraten (kostenlos für Android, Blackberry und iOS).
- **HungryGoWhere:** Was gibt es wo zu essen und wie bewerten andere Kunden das Restaurant? Eine App für Foodies und Gourmets (kostenlos für iOS und Android).

☐ *Hinweis auf einen Info-Kiosk*

## Zeitungen, TV und Radio

- **8 Days** – an ein junges Publikum gerichtetes Wochenmagazin: alles über Singapurs TV- und Popstars, dazu Artikel zu Reise, Mode etc.
- **New Paper** – Boulevardblatt, leicht zu lesen, gut für eine kurze Fahrt in Bus oder MRT
- **Straits Times** – die Zeitung mit dem weltweit höchsten prozentualen Anteil an Lesern in ihrem Land, sehr umfangreich, professionell und informativ, aber gelegentlich auch manipulierend. Wer zwischen den Zeilen zu lesen vermag, weiß, was die Regierung plant und in welche Richtung sie die Bevölkerung Singapurs zu lenken gedenkt. Die Wochenendausgaben sind voller Annoncen und kiloschwer.
- **Tabla!** – kostenlose, freitags erscheinende Wochenzeitung, erhältlich in 7-Eleven-Läden, vor allem in Little India; Zielgruppe ist die indische Bevölkerung, mit dementsprechend maßgeschneidertem Inhalt, Reviews indischer Restaurants, Nachrichten aus Bollywood u. a.
- **TimeOut Singapore** – gut gemachtes, monatlich erscheinendes Stadtmagazin mit vielen hilfreichen Tipps (www.timeoutsingapore.com)
- **Today** – an MRT-Stationen kostenlos verteilte Postille mit leicht verdaulich präsentierten Nachrichten aus Singapur und dem Rest der Welt
- **Channel News Asia(CNA)** – informativer singapurischer Nachrichtensender mit kompetenten Asien-Korrespondenten. Auch über das Internet zugänglich, z. B. über das Portal wwiTV (wwitv.com/tv_channels/6797.htm).
- Zahlreiche **singapurische Radiosender** in allen vier Nationalsprachen können über das Internet-Portal www.tunein.com empfangen wernden (www.tunein.com/radio/Singapore-r101293).

# Meine Literaturtipps

- *Brazil, David:* ***No Money, No Honey,*** *Angsana Books. Ein Sachbuch über Singapurs Schmuddelbezirke, die Teile der Stadt, die den meisten Touristen verborgen bleiben.*
- *Cheah Jin Seng:* ***500 Early Postcards from Singapore,*** *Editions Didier Millet. Eine Kollektion alter Postkarten, die das alte Singapur wieder zum Leben erwecken und auf denen man so manchen markanten Ort von heute wiedererkennt.*
- *Frost, Mark Ravinder/Balasingamchow, Yu-Mei:* ***Singapore: A Biography,*** *Editions Didier Millet. Alles, was man über die „Laufbahn" Singapurs wissen muss, textlich und optisch sehr gut aufgearbeitet. Das Buch ist allerdings ebenso schwer wie lesenswert, und man sollte sich gut überlegen, ob man sich die anderthalb Kilo schon zu Anfang der Reise zulegen will oder erst vor dem Heimflug. Aber auch zur späteren Aufarbeitung leistet es gute Dienste.*
- *Jayapal, Maya:* ***Old Singapore,*** *Oxford University Press. Eine kurzer, lesenswerter geschichtlicher Abriss über das frühe Singapur, mit zahlreichen zeitgenössischen Zeichnungen und Fotos.*
- *Kang Ger-Wen:* ***Decorations and Symbolism in Chinese Architecture – Understanding Singapore's Historic Chinese Buildings,*** *Editions Didier Millet. Ein aufwendig bebilderter Band, in dem die künstlerischen Details, Ornamente und Symbole an chinesischen Tempeln anhand von einigen herausragenden Sakralbauten in Singapur erläutert werden. Nach dem Studium des Buches betrachtet man die chinesischen Bauten gleich mit aufmerksameren Augen und versteht, was z. B. die Tiergestalten, Darstellungen von Obst, Pflanzen und Blumen bedeuten.*
- *Lee Kuan Yew:* ***From Third World to First,*** *Harper. Lee Kuan Yew, der Vater des modernen Singapurs, gewährt faszinierende Einblicke darin, mit welch akribischer Planung er Singapur zu einer Weltstadt emporgezogen hat – ein perfektes Strickmuster für Staatsmänner in spe. Interessant sind auch die persönlichen Eindrücke LKYs von den Politikern seiner Zeit. Ein besonders herzliches Verhältnis verband ihn mit Helmut Kohl, obwohl die beiden nur per Dolmetscher miteinander kommunizieren konnten. Freundschaftlich verbunden war er auch mit Helmut Schmidt, der sich als ein Bewunderer LKYs bezeichnete.*
- *Lee Kuan Yew:* ***The Singapore Story: Memoirs of Lee Kuan Yew,*** *Financial Times. Lee Kuan Yews Memoiren, in denen er die Ereignisse schildert, die ihn geformt haben bzw. die Ereignisse, die er selber formte sowie seine Vision für Singapur. Wie immer schreibt LKY mit erstaunlicher Offenheit und hält seine Meinung nicht unter dem Scheffel.*
- *Lee Kuan Yew:* ***The Wit and Wisdom of Lee Kuan Yew,*** *Editions Didier Millet. Eine Sammlung von 600 Zitaten von Lee Kuan Yew, die Aufschluss über den Menschen LKY geben und damit auch zu einem erheblichem Teil erklä-*

*ren, auf welchen Prinzipien Singapur aufgebaut ist.*

- *Liu, Gretchen:* ***Singapore – A Pictorial History 1819–2000,*** *Routledge. Singapurs koloniale und moderne Geschichte, untermalt mit wunderbaren alten Fotos.*
- *Malathronas, John:* ***Singapore Swing,*** *Summersdale Publishers. Eine locker geschriebene Reiseerzählung, worin der Autor ein weitgehend unbekanntes, verstecktes Singapur vorführt. Der Autor ist homosexuell, was die Sache im nicht sehr schwulenfreundlichen Singapur um so pikanter macht.*
- *Maugham, Somerset:* ***The Casuarina Tree,*** *Heinemann. Sechs Kurzgeschichten des bekannten englischen Autors, der seine Reisen durch Malaysia und Singapur mit dem Geld finanzierte, dass er als Spion vom britischen Geheimdienst kassierte. Zuerst veröffentlicht 1926. Die Themen sind die Gegensätze und Konflikte zwischen den Kulturen sowie damit verbundene persönliche Entfremdung und Krisen. Der Titel rührt von den Kasuarina-Fichten her, die zur Bodenstabilisierung gepflanzt werden und als Metapher für die britische Kolonialmacht benutzt werden.*
- *Reith, G.M.:* ***1907 Handbook to Singapore,*** *Oxford University Press. Die zweite Auflage eines frühen Reiseführers zu Singapur, erschienen 15 Jahre nach der Erstauflage. Ja, das waren noch geruhsame Zeiten damals – eine Zeit, als die Dampfer der diversen Reedereien, darunter die des Norddeutschen Lloyd mit Sitz in Bremen, jeweils nur zweimal monatlich aus Europa eintrudelten. Bei „Behn, Meyer & Co. Ltd." in Singapur konnte man die Rückfahrkarten kaufen. Das deutsche Konsulat befand sich damals in der 2 D'Souza St., ganz in der Nähe der heutigen deutschen Botschaft. Das Buch ist ein Führer durch ein längst vergangenes Singapur.*
- *Smith, Colin:* ***Singapore Burning,*** *Penguin. Die japanische Besatzung Singapurs im Zweiten Weltkrieg war und ist ein traumatisches Ereignis in der kollektiven Psyche des Landes, und der Autor beschreibt die Periode auf fesselnde Weise. Wer das heutige Singapur erlebt, vermag sich kaum vorzustellen, welche Gräueltaten sich dort abspielten.*
- *Yap, Sonny/Lim, Richard/Kam, Leong Wam:* ***Men in White: The Untold Story of Singapore's Ruling Party,*** *Marshall Cavendish Trade. Entstehung und Geschichte von Singapurs allbeherrschender People's Action Party (PAP). Lee Kuan Yew ist mit dieser Geschichtsversion nicht ganz einverstanden, was die Sache um so interessanter macht.*
- *Zangger, Andreas:* ***The Swiss in Singapore,*** *Editions Didier Millet. Die Geschichte der kleinen schweizerischen Gemeinde in Singapur sowie die der diplomatischen Beziehungen zwischen der Schweiz und Singapur. Der erste Klub, den die Schweizer in Singapur gründeten, war der Gewehrverein „Swiss Rifle Club" – wahrscheinlich, weil Armbrüste zu schwer zu bekommen waren.*

EXTRATIPP

### Deutschsprachige Magazine und Bücher

Die Möglichkeiten zum Kauf deutschsprachiger Magazine ist begrenzt. „Der Spiegel" ist erhältlich im **Market Place** (s. S. 44) im Untergeschoss des Paragon Shopping Centre in 290 Orchard Rd., Singapore 238859, 10–22 Uhr, MRT Somerset, Orchardund bei Kinokuniya (s. S. 46) Preis 15,90 S$. Den „Spiegel" gibt's auch im **Thambi Magazine Store & Money Changer,** dem wohl bestbestückten Zeitungsstand der Stadt. Aufgrund seiner Lage im von vielen Expats bewohnten Viertel Holland Village führt Thambi (tamilisch für „kleiner Bruder") eine Riesenauswahl an ausländischen Publikationen. Was Thambi nicht vorrätig hat, kann er möglicherweise besorgen.

- **288** [ai] **Thambi Magazine Store & Money Changer,** #01-K4 Holland Village Shopping Centre, 211 Holland Ave., Singapore 287967, MRT Holland Village, Tel. 64625031, tgl. ca. 8–20 Uhr

Eine große Auswahl an deutschsprachigen Büchern führt **Kinokuniya** (s. S. 46).

Ausleihen lassen sich deutschsprachige Bücher im **Goethe-Institut,** dazu ist allerdings eine Mitgliedschaft nötig. Ohne diese kann man die Bücher aber vor Ort lesen. Nach Registrierung ist das Bibliotheksangebot auch per „Onleihe" ausleihbar, d. h. Bücher und digitale Texte können per Computer abgerufen werden.

- **289** [dk] **Goethe-Institut,** 136 Neil Rd., Singapore 088865, Tel. 67354555, www.goethe.de/ins/sg/en/sin.html, MRT Tanjong Pagar, Outram Park. Bibliothek-Öffnungszeiten Mo–Fr 14–18.30 und Sa 13–18 Uhr

# Internet

Die Singapurer sind gut vernetzt – so gut, dass Internetcafés nicht allzu häufig anzutreffen sind. Zahlreiche **kleine Internetläden** finden sich in und um die Dunlop Street [F2] und die Perak Road [F2] in Little India, wo sich eine kleine Backpacker-Szene herangebildet hat. Die Surf-Preise liegen bei 1 bis 3 S$ pro Stunde.

Wer mit dem eigenen Laptop unterwegs ist, kann eine der offenen **WLAN-Verbindungen** nutzen.

Zahlreiche öffentliche Bereiche sind mit kostenlosem WLAN ausgestattet. Dazu gehört das touristische Zentrum von Chinatown ⑮, Teile von Sentosa (s. S. 204), alle Bibliotheken und Krankenhäuser sowie eine zunehmende Zahl von MRT-Stationen. Ab Frühjahr 2015 sollten die folgenden Stationen vernetzt sein: City Hall, Raffles Place, Orchard, Bishan, Buona Vista, Choa Chu Kang, Jurong East, Paya Lebar sowie alle Stationen entlang der North-East Line, inklusive des großen Umsteigebahnhofs Dhoby Ghaut (einloggen bei „Wireless@sg").

Dazu gibt es in den zentralen Bereichen viele WLAN-Verbindungen, die von den unterschiedlichsten **Unternehmen** oder von Shoppingcentern unterhalten werden; so beispielsweise im Funan Centre (s. S. 38). WLAN-Spots gibt's auch in Filialen von 7-Eleven und McDonald's, bei Verzehr (eine Tasse Kaffee tut es auch) kann man sich die Einlog-Daten geben lassen. Die meisten Hotels bieten ebenfalls WLAN an, zumeist kostenlos, teils kostenpflichtig.

**SIM-Karten** fürs Handy (s. S. 247) müssen für die Internetnutzung freigeschaltet werden. Beim Kauf ist gleich anzugeben, dass man auch surfen will.

# Kleidung und Ausrüstung

Singapurs feucht-tropisches Klima ist sehr schweißtreibend und wer viel draußen unterwegs ist, wird sich leicht durch zwei oder mehr Hemden oder Blusen pro Tag schwitzen. **Leichte Baumwollkleidung ist zu empfehlen.** Eine Jacke benötigt man in Singapur im Freien zu keiner Jahreszeit. In einigen stark klimatisierten Räumen könnten empfindliche Personen aber durchaus gelegentlich eine Strickjacke zum Überziehen benötigen. Bei Besuchen von Restaurants oder Bars in Nobelhotels bzw. in anderen hochklassigen Etablissements ist ordentliche Kleidung gefragt, nicht viel anders als es in einem äquivalenten Ort in Europa wäre. Kurze Hosen und Gummischlappen gehen in diesem Fall nicht. Ansonsten kleiden sich Singapurer in ihrer Freizeit recht leger und im normalen Alltagsleben sind halblange Hosen und Sportschuhe kein Problem.

Leichte sommerliche Kleidung kann preiswert vor Ort nachgekauft werden. Dazu bieten sich das **Mustafa Centre** an (s. S. 39, Textil- und Schuhabteilung im 1. Untergeschoss), **Haniffa** (s. S. 40), einige **Geschäfte entlang der Serangoon Rd.** [F2] in Little India sowie der **Chinatown Complex**, der direkt daneben gelegene **myCK Department Store** und – wenn es etwas modischer oder jugendlicher sein soll – die Einkaufspassagen der **New Bugis St.** [F3/G3]. Ganz in der Nähe, in der **Albert Street** [F2], sind zahlreiche Wühltische und Open-Air-Stände mit preiswerter Kleidung aufgestellt. Die Orchard Rd. ist in diesem Fall nicht zu empfehlen – es sei denn, man will sich mit teurer Boutique- oder Designer-Ware ausstatten.

125si Abb.: rk

Preislich in der goldenen Mitte liegt das Kaufhaus **Robinsons** (www.robinsons.com.sg), das durchweg gehobene Qualität bietet. Robinsons findet sich im Raffles City Shopping Centre (MRT City Hall; diese Filiale ist 2016 teilweise wegen Renovierung geschlossen), im Centrepoint an der Orchard Rd. (MRT Somerset), in The Heeren, Orchard Rd. (MRT Somerset, Orchard) und im Shoppingcenter Jem in Jurong West (MRT Jurong West). Solide Qualität bietet auch die Kaufhauskette **Marks and Spencer** oder **M&S** (www.global.marksandspencer.com/sg) mit Zweigstellen im Raffles City Shopping Centre, im Plaza Singapura an der Orchard Rd. und in The Centrepoint, Orchard Rd.

Jüngere weibliche Reisende werden vielleicht in der Boutique **Forever 21** fün-

⊡ *Bei einem Herrenausstatter im Raffles City (s. S. 41) spielt abends ein Saxophonist Jazz*

dig werden, die ein großes Angebot an Kleidung und Accessoires vorrätig hält. Die Preise sind moderat und oft gibt es sehr preiswerte Sonderangebote. Das sich über drei Etagen erstreckende Geschäft im Shoppingcenter 313@Somerset (s. S. 38) bietet endlose Möglichkeiten zum Stöbern.

Wer etwas Deftiges, Solides braucht, könnte bei **Tuckshop & Sundry Supplies** vorbeischauen. Hier gibt es robuste (Herren-) Hosen, Hemden, Jacken und Parkas der Marken Red Sun (China) und Rising Sun (Japan), dazu superstrapazierfähige Schuhe von Oak Street Bootmakers (USA).

Gegen Singapurs unvorhersehbare **Regenfälle** hilft ein Schirm, der schon für wenige Dollar erhältlich ist. Ihn mitzubringen, lohnt kaum. Der Schirm kann praktischerweise auch als Sonnenschirm dienen; in Asien ist dies beinah seine primäre Funktion.

Zum Schutz gegen die zum Teil starke Sonneneinstrahlung empfehlen sich **Sonnenschutzpräparate** mit hohem UV-Schutzfaktor. Diese sind relativ günstig in Supermärkten und Drogerien vor Ort erhältlich. Siehe die Drogerieketten Boots (www.sg.boots.com), Guardian (www.guardian.com.sg) und Watsons (www.watsons.com.sg).

**290** [D7] **Chinatown Complex,** Smith St., Singapore 050335; MRT Chinatown

**291** [C3] **Forever 21,** 313@Somerset #01-16 / #02-16 / #03-16, Tel. 68344423, Singapore 238895, MRT Somerset; geöffnet: So–Do 10–22, Fr/Sa 10–23 Uhr

**292** [F4] **Marks & Spencer,** Raffles City Shopping Centre, 252 North Bridge Rd., Singapore 197103, MRT City Hall; geöffnet: tgl. 10–22 Uhr. Dazu Filialen in Plaza Singapura, Orchard Rd., und The Centrepoint, Orchard Rd.

**293** [D7] **myCK Department Store,** Blk. 336 Smith St., Chinatown, Singapore 05336, MRT Chinatown, geöffnet: tgl. 8.30–21.45 Uhr. Zahlreiche Zweigstellen, siehe www.myck.sg.

**294** [F4] **Robinsons,** The Centrepoint, 176 Orchard Rd., Singapore 238843, MRT Somerset, www.robinsons.com; geöffnet: tgl. 10–22 Uhr

**295** [G3] **Tuckshop & Sundry Supplies,** 25 Bali Lane, Singapore 189681, MRT Bugis, Tel. 63964568, www.tuckshopsundrysupplies.com, geöffnet: Mo–Sa 12–20, So und feiertags 12–18 Uhr

EXTRATIPP

### Wäschewaschen: Do It Yourself oder dem Profi überlassen?

Die meisten besseren **Hotels** bieten ihren Gästen einen **Wasch-Service** an, wobei das Waschen eines Kleidungsstücks (z. B. Hose oder Hemd/Bluse) je nach Hotelstandard mit ca. 2,50 bis 15 S$ zu Buche schlägt (für Waschen und Bügeln). Im Falle von sehr hohen Preisen ist u.U. zu überlegen, ob man sich nicht besser für preiswerte 20 bis 25 S$ ein neues Kleidungsstück zulegt. In manchen Hotels und Backpacker-Unterkünften stehen preiswerte **Waschautomaten** zur Verfügung. Waschautomaten mit Münzeinwurf – oder „Laundromats" – gibt es auch außerhalb von Unterkünften; siehe die Filialen von „DIY Laundry" (www.diylaundry.com.sg), „Easy Wash" (www.easywash.sg), „Laundrymart" (www.laundrymart.com.sg), „SQ Laundromat" (www.sqlaundromat.com.sg) und „WonderWash". Eine Trommelfüllung von 10 kg kostet i. d. R. 11–12 S$.

# Maße und Gewichte

Es gelten die bei uns üblichen Einheiten. Bei **Wohnungsflächen** wird oft die englische Einheit *square foot/feet* (Quadratfuß) benutzt, vor allem bei der Wohnungsmiete oder dem Wohnungsverkauf (1 sq.f. = 0,092903 m²).

**Chinesische Kräuter oder Heilpflanzen** werden in *liang* abgewogen, so z. B. in den Kräuterläden in Chinatown: 1 *liang* = 30,5 g (hingegen in China: 1 *liang* = 50 g).

# Medizinische Versorgung

Die medizinische Versorgung ist ausgezeichnet und steht der in Mitteleuropa in nichts nach. Ebenso gut ist es um die **Sauberkeit** bestellt. Leitungswasser ist problemlos genießbar. Impfungen sind für Singapur nicht nötig.

Falls man Krankenhaus- oder Arztrechnungen selbst bezahlen muss, kann eine Behandlung teuer werden. Der hohe medizinische Standard hat seinen Preis. Hier einige empfehlenswerte Adressen:

- **296** [G1] **24-Std.-Apotheke im Mustafa Centre,** Erdgeschoss, Nahe Eingang/Ausgang 3, Syed Alwi Rd., Little India
- **297 Alternativmedizin, Wellness-Therapien: MediTherapie,** 44 Kim Keat Rd., Balestier, Singapore 328817, Tel. 68832345, www.meditherapie.sg. Behandlung mit natürlichen Heilmitteln und durch Ernährungsumstellung.
- **298 Balestier Medical Center,** 221 Balestier Rd., 03-04 ROCCA Balestier, Singapore 329928, Tel. 62588798, www.balestiermedical.com, Konsultationen Mo, Do, Fr 8–13 und 14–17, Di 8.30–12.30 und 14.30–17 sowie Mi u. Sa 8–13 Uhr
- **299** [bi] **Gleneagles Hospital,** A6 Napier Rd., Singapore 258500, Tel. 64737222, www.gleneagles.com.sg
- **300** [B2] **Mount Elizabeth Hospital,** 3 Mount Elizabeth Rd., Singapore 228510, www.mountelizabeth.com.sg, Tel. 67372666, MRT Somerset, Orchard
- **301** [G3] **Raffles Hospital,** 585 North Bridge Rd., Singapore 188770, Tel. 63111111, Notfall-Tel. 6311155, www.rafflesmedicalgroup.com, MRT Bugis. Eine Außenstelle, das Raffles Medical@T3, findet sich in Terminal 3 des Changi Airport (24 Std., Tel. 62418188).
- **302** [ck] **Singapore General Hospital (SGH),** Outram Park Rd., MRT Outram Park, Singapore 169608, Tel. 62223322, www.sgh.com.sg

## Krankenversicherungen

Die Kosten für eine medizinische Behandlung in Singapur werden von den gesetzlichen Krankenkassen in der Europäischen Union nicht übernommen. Daher ist eine **private Auslandskrankenversicherung notwendig.** Beim Abschluss der Versicherung ist darauf zu achten, dass ein **Vollschutz ohne Summenbeschränkung** gewährleistet ist sowie im Fall einer schweren Krankheit oder eines größeren Unfalls die Möglichkeit des **Krankenrücktransports.** Wichtig ist auch, dass sich der Versicherungsschutz über die vorher festgelegte Frist hinaus verlängert, falls man die (geplante) Rückreise nicht antreten kann.

**Schweizer** sollten bei ihrer Versicherung nachfragen, ob die Auslandsdeckung auch für Singapur gilt. Falls das nicht der Fall ist, kann man sich kostenlos bei Soliswiss (www.soliswiss.ch) über mögliche Krankenversicherer informieren.

126si Abb.: rk

# Mit Kindern unterwegs

Singapur ist ein hervorragendes Reiseziel für Familien mit Kindern. Die Stadt ist kinderfreundlich, sicher, sauber, grün und die Unterhaltungsmöglichkeiten für die Kleinen sind vielfältig und oft sogar kostenlos.

Nicht vorenthalten sollte man ihnen den Besuch im **Zoo** 50, der **River Safari** 51 und eventuell der **Night Safari** 50, im **Jurong Bird Park** 63 und im **Science Centre** 64. Oder man besucht das **MINT Museum of Toys** (s. S. 84). Die Insel Sentosa bietet zahllose Möglichkeiten, Kinder zu begeistern, z. B. in den **Universal Studios** 70.

Dazu gibt es zahlreiche Spielmöglichkeiten. Alle größeren Shoppingcenter bieten ein Spielareal. Besonders gut geht es den Kindern im **Children's Garden**, einem Teil von Gardens by the Bay 6. Hier gibt es spezielle Spielbereiche für Kinder von 1 bis 5 und 6 bis 12 Jahren. Neben Planschbecken locken Baumhäuser und Abenteuerpfade durch eine Regenwaldlandschaft, an denen überraschende Spielmöglichkeiten angebracht sind – so z. B. eine riesiges „Spinnennetz", das sich zum Hangeln eignet. Der Children's Garden befindet sich zwischen dem „Cloud Forest" und dem Food Court „Satay by the Bay" (s. S. 70), also im nordöstlichen Bereich von Gardens by the Bay.

Ebenso spannend ist der **Jacob Ballas' Children's Garden** im Botanic Gardens 32, gelegen im Bereich nahe der MRT-Station Botanic Gardens. Auch hier gibt es ein Baumhaus, dazu lernen die Kinder in diversen Gärten viel über Pflanzen, deren Wachstum oder welche Getränke oder Leckereien aus ihnen gewonnen werden – Stichwort Schokolade zum Beispiel. Geeignet für Kinder bis zu 12 Jahren.

Ganz abgesehen von ihrem pädagogischen Wert sind die beiden letztgenannten Attraktionen sogar völlig kostenlos.

Für Kinder, aber auch deren Eltern geeignet ist **The Escape Hunt Experience**, ein spannendes Abenteuererlebnis, bei dem die Teilnehmer sich aus thematisch unterschiedlichen, kniffligen Situationen befreien müssen und dabei mit so mancher Überraschung konfrontiert werden. Das Erlebnis dauert 1 Std., zuvor wird jedoch eine halbstündige Erläuterung und Vorbereitung erteilt.

- •303 [D3] **The Escape Hunt Experience**, Concorde Hotel & Shopping Mall, 100 Orchard Rd. #02-43, Singapore 238840, Tel. 61000828,,www.singapore.escapehunt.com, MRT Somerset, tgl. 10–22 Uhr. Preis maximal 38 S$ pro Teilnehmer, je mehr Leute man mitbringt, desto preiswerter wird es.

*Mit dem Kartenlesen kann man gar nicht früh genug anfangen*

Zu erwägen wäre ansonsten vielleicht ein simuliertes Flugerlebnis, geeignet vielleicht für schon etwas ältere Kinder sowie deren Eltern. Im **Flight Experience Flight Simulator** fliegt man mit einer Boeing 737 und kann dabei ein Ziel seiner Wahl ansteuern. Der unter Piloten berüchtigte alte Kai Tak Airport in Hongkong dürfte dabei eine der größten Herausforderungen darstellen. Günstig ist das Vergnügen allerdings nicht: Das preiswerteste Flugerlebnis, inklusive zweier Starts und Landungen, kostet 175 S$ und dauert 30 Min.

› **Flight Experience Flight Simulator,** Singapore Flyer 7, Tel. 63392737, www.flightexperience.com.sg, MRT Promenade, tgl. 10–22 Uhr

# Notfälle

## Notruf

› **Polizei:** Notruf-Tel. 999
› **Krankenwagen:** Notfall-Tel. 995, ansonsten Tel. 1777
› **Raffles Hospital** (s. S. 237): Notfall-Tel. 6311155

## Kartenverlust

Bei **Verlust der Debit-(EC-)** oder der **Kreditkarte** gibt es für Kartensperrungen eine **deutsche Zentralnummer** (unbedingt vor der Reise klären, ob die eigene Bank diesem Notrufsystem angeschlossen ist). **Aber Achtung:** Mit der telefonischen Sperrung sind die Karten zwar für die Bezahlung/Geldabhebung mit der PIN gesperrt, nicht jedoch für das **Lastschriftverfahren mit Unterschrift.** Man sollte daher auf jeden Fall den Verlust zusätzlich **bei der Polizei zur Anzeige bringen,** um gegebenenfalls auftretende Ansprüche zurückweisen zu können.

In Österreich und der **Schweiz** gibt es keine zentrale Sperrnummer, daher sollten sich Besitzer von in diesen Ländern ausgestellten Debit-(EC-) oder Kreditkarten vor der Abreise bei ihrem Kreditinstitut über den zuständigen Sperrnotruf informieren.

Generell sollte man sich immer die **wichtigsten Daten** wie Kartennummer und Ausstellungsdatum **separat notieren,** da diese unter Umständen abgefragt werden.

› **Deutscher Sperrnotruf:** Tel. +49 116116 oder Tel. +49 3040504050
› **Weitere Infos:** www.kartensicherheit.de, www.sperr-notruf.de

## Geldüberweisung

In finanziellen Notfällen kann man sich Geld zu einer Filiale von Western Union in Singapur überweisen lassen (www.westernunion.com). Viele Western-Union-Filialen haben auch an Wochenenden geöffnet. Die Überweisungskosten sind zwar nicht unerheblich, dafür trifft das Geld aber in wenigen Stunden ein und kann gegen **Vorlage des Reisepasses** und Nennung einer Transaktionsnummer abgeholt werden.

# Öffnungszeiten

**Shoppingcenter** sind i.d.R. tgl. von 10 bis 22 Uhr geöffnet, ebenso viele Einzelhandelsgeschäfte. Einige öffnen auch schon um 9 Uhr. Manche beginnen dagegen erst um 11 Uhr und haben dann bis in die Nacht geöffnet, vor allem in touristischen Bereichen. Rund um die Uhr geöffnet ist das Riesenkaufhaus Mustafa Centre (s. S. 39).

**Banken** haben üblicherweise Mo bis Fr von 9.30 bis 15 und Sa von 9.30 bis 11.30 Uhr geöffnet. Einige Banken verfügen über Zweigstellen mit längeren Öffnungszeiten oder sogar Sonntagsbetrieb.

Chinesische **Tempel** sind meist von morgens 6/7/8 Uhr bis nachmittags 17/18 Uhr geöffnet. Hindu-Tempel sind meist bis in den späten Abend geöffnet, schließen aber u. U. tagsüber einige Stunden.

127si Abb.: rk

⊼ *Origineller Briefkasten an der Neil Road [D7]*

# Post

Singapore Post betreibt einen sehr effizienten Postdienst. Im Zeitalter des Internets ist die Anzahl der Zweigstellen allerdings etwas reduziert worden. Hier einige Adressen:

- ✉**304** [D6] **Post Bras Basah,** Blk 231, Bain Street #01-03, Bras Basah Complex, Singapore 180231
- ✉**305** [F4] **Post Chinatown,** 101 Upper Cross Street, #B1-17A People's Park Centre, Singapore 058357
- ✉**306** [A2] **Post Orchard,** 2 Orchard Turn, #B2-62 ION Orchard, Singapore 238801
- ✉**307** [F7] **Post Raffles Place,** 10 Collyer Quay, #B1-11, Ocean Financial Centre, Singapore 049315

Eine komplette **Liste der Zweigstellen** samt Öffnungszeiten findet sich im Internet (www.singpost.com.sg). In jedem der drei Terminals von Changi Airport findet sich eine Filiale, in Terminal 1 und 3 in Form eines mobilen Standes (PoWee = „Post on Wheels").

Die Öffnungszeiten sind i. d. R. Mo bis Fr 8.30/9.30 bis 17/18 Uhr, einige Filialen auch länger, Sa 8.30/9.30 bis 13/14 Uhr oder auch länger, im Flughafen 6 bis 24 Uhr. Die **Postgebühren** liegen erheblich unter denen in Deutschland, der Schweiz oder Österreich, zumindest solange es sich um normale Sendungen handelt. Expresssendungen per „Speedpost" sind relativ teuer: Der Mindestpreis beträgt 38 $. Die Tarife lassen sich unter www.speedpost.com.sg einsehen (Rubrik: „Price Calculator").

⊳ *Einer der zahlreichen Fahrradverleiher auf Pulau Ubin* 74

Normale Briefe nach Europa sind ca. 5 bis 7 Tage unterwegs. Einschreiben benötigen relativ lange 10 bis 14 Tage. Sind Waren oder sonstige Objekte in der Sendung, muss der Wert dieser auf einem kleinen grünen Zollaufkleber deklariert werden.

Ansonsten bieten sich noch zahlreiche **Kurierdienste** an, die die Sendungen auch im Hotel oder an sonstiger Adresse abholen. Siehe DHL (www.dhl.com.sg), Overseas Courier Service (www.ocs.com.sg), UPS (www.ups.com) o. a.

## Radfahren

Singapur ist ein sehr guter Ort zum **Radfahren.** Besonders geeignet sind Parkgebiete wie z. B. der East Coast Park, Pasir Ris Park oder Punggol Waterway Park (s. S. 105). Diese lassen sich auch leicht auf einer einzigen durchgehenden Tour besuchen. Hügelige Parks wie Mt. Faber Park 57 oder Kent Ridge Park (s. S. 96) in den „Southern Ridges" erfordern ein kleines bisschen mehr Anstrengung. Pulau Ubin 74 ist eines der besten Radfahrgebiete und an Wochentagen auch fast menschenleer. Die **Mietpreise** betragen ca. 3 bis 5 S$/Std. bei einfachen Fahrrädern, ca. 5 bis 8 S$/Std. für Mountainbikes. Preiswertere Tagesraten. Kinderräder gibt es etwa zum halben Preis. Bitte beachten: Es gilt Linksverkehr! In vielen Parks gibt es ausgeschilderte Fahrradwege.

### Fahrradverleiher

› **Listen mit Fahrradverleihern** im gesamten Stadtgebiet finden sich unter www.bicycle-kingdom.com/rental/singapore.htm und www.smbf.com.sg/bikeshop.htm.

128si Abb.: rk

### East Coast Park

- **●308** [hi] **Beach Cabana,** East Coast Park Area C, Tel. 63444773
- **●309 Our Family Corner,** Car Park E2, East Coast Park, Tel. 64433489
- **●310** [hj] **Sunview Leisure Centre,** C-1 East Coast Park Service Rd., Tel. 62440335

### Pasir Ris

- **●311 Fisherman's Village Pte Ltd,** 167 Pasir Ris Rd. #01-13, Singapore 519144, Tel. 65851211, 64533959

### Sentosa

- **●312** [hi] **SDK Recreation,** Siloso Beach off Siloso Road (nahe Underwater World), Sentosa Island, Tel. 62728738

## Schwule und Lesben

Singapur ist in dieser Beziehung eine **konservative Gesellschaft** und gemäß *Section 377A* des singapurischen Strafgesetzbuches ist **homosexueller Geschlechtsverkehr verboten.** Es drohen zwei Jahre Gefängnisstrafe. Dies ist ein Vermächtnis aus viktorianisch-britischen Zeiten; das Gesetz besteht seit 1938. Ein Gesetz, das Anal- und Oralsex unter Heterosexuellen unter Strafe stellte, wurde erst 2007 aufgehoben. Wie so oft in Singapur besteht zwar ein Verbot, in der Praxis aber wird es selten angewendet.

Singapur strebt danach, eine progressive Weltstadt zu sein, und die Regierung weiß, dass sie obiges Verbot am besten nur auf dem Papier bestehen lässt. Lee Kuan Yew (s. S. 113) sagte einmal, dass es nicht Sache der Regierung sei, über Homosexualität zu urteilen, sondern Sache der Gesellschaft.

*Eine Schwulenbar an der Neil Road [D7] lockt mit kessem Spruch*

129si Abb.: rk

Das bestehende Gesetz bleibt allerdings immer als drohender Schatten im Hintergrund und falls ein/e Homosexuelle/r in anderer Beziehung unangenehm auffallen sollte – z.B. durch oppositionelle Arbeit gegen die Regierung – hätte man so einen „legitimen“ Vorwand, ihn oder sie dingfest zu machen.

Der Stadtbezirk **Tanjong Pagar** in Chinatown, insbesondere die Neil Rd., hat die größte Konzentration an Homosexuellentreffs. Die unten aufgeführten Bars sind „gemischt“, d.h. sie werden von Schwulen, Lesben oder Transgender-Personen aufgesucht – oder LGBT, wie es in der englischen Abkürzung heißt *(Lesbian, Gay, Bisexual and Transgender).*

- 313 [D7] **DYMK,** 41 Neil Rd., MRT Tanjong Pagar, Outram Park, Tel. 62243965, www.dymk.sg, geöffnet: So–Do 20–24, Fr 19–1, Sa 20–2 Uhr
- 314 [D7] **OUT Bar,** 43 Neil Rd., MRT Tanjong Pagar, Outram Park, Tel. 62242865, geöffnet: Mo 17–24, Di–Do 17–1, Sa und feiertags 19–2 Uhr
- 315 [D7] **Taboo Cafe & Bar,** 65 Neil Rd., MRT Tanjong Pagar, Outram Park, Tel. 62256256, www.taboo.sg, Mi/Do 20–2, Fr 22–3, Sa 22–4 Uhr
- 316 [D7] **Tantric Bar,** 78 Neil Rd., MRT Tanjong Pagar, Outram Park, Tel. 64239232, So–Fr 20–2, Sa 20–4 Uhr

## Unterkünfte

- 317 [fi] **Gay World Hotel** €-€€, 115 Geylang Rd., Kallang, Singapore 389218, MRT Kallang, Tel. 67458884
- 318 [D7] **Hotel 1929** €€-€€€, 50 Keong Saik Rd., MRT Outram Park, Tanjong Pagar, Outram Park, Tel. 63471929, Singapore 089154, www.hotel1929.com. Ab ca. 80 €.
- 319 [bj] **Singapore Blueroom** €, Tiong Bahru Rd., MRT Redhill, www.singaporeblueroom.weebly.com. Mit Jacuzzi, Sauna, Swimmingpool, Tennis, ab ca. 45 €
- › **The Inn at Temple Street** (s. S. 255)

# Sicherheit

Singapur ist **einer der sichersten Orte der Welt**, selbst nachts hat man praktisch nichts zu befürchten. Es gibt wohl nicht viele Metropolen auf der Welt, in denen man um Mitternacht sorglos durch einen Park schlendern kann. Selbst Singapurer, die ansonsten viel an ihrem Land auszusetzen haben, gestehen ein, dass die allgemeine Sicherheit vielleicht der beste Aspekt des Landes ist. Die singapurische Polizei warnt allerdings: *Low crime doesn't mean no crime* („Geringe Kriminalität bedeutet nicht keine Kriminalität“), und wie überall sollte man seinen gesunden Menschenverstand bewahren. Die Gesetze sind in Singapur sehr streng, selbst das Tragen eines Messers von mehr als 5 cm Länge ist verboten – es sei denn, man hat es soeben gekauft, besitzt eine Quittung dafür und das Messer ist gut verpackt. Auf der Homepage der Polizei erfährt man, wer wann und warum verhaftet (www.spf.gov.sg) wurde und auch die Straits Times (s. S. 231) berichtet ausführlich über Straftaten. Die Message ist klar: Verbrechen zahlen sich nicht aus, das Gesetz ist unerbittlich.

Diese Haltung wird von der Denkweise Lee Kuan Yews gestützt, der sich einmal so äußerte: „Die Menschen sind, so bedauerlich es auch sein mag, von Natur aus lasterhaft und man muss sie in ihrer Lasterhaftigkeit so weit wie möglich eingrenzen.“

LKY benutzte das englische Wort „vicious", das man statt mit „lasterhaft" auch noch dramatischer übersetzen könnte: boshaft, bösartig, brutal, gemein, unmoralisch.

Es wird kaum einmal nötig sein, eine Polizeistation aufsuchen zu müssen, hier dennoch einige Adressen:

- **320** [dk] **Central Police Division,** 391 North Bridge Rd., Singapore 088762, Tel. 683500, www.spf.gov.sg, MRT Outram Park
- **321** **Geylang Serai Neighbourhood Police Post,** Blk. 111, Aljunied Crescent #01-102, Geylang, Singapore 380111, MRT Aljunied, Tel. 1800 7459999
- **322** [H2] **Kampong Glam Neighbourhood Police Post,** 17A Beach Rd., Kampong Glam, Singapore 199596, Tel. 1800 2989999
- **323** [E6] **Kreta Ayer Neighbourhood Police Post,** 32 North Canal Rd., Singapore 069282, Tel. 1800 5359999, MRT Clarke Quay
- **324** [F1] **Rochor Neighbourhood Police Centre,** 11 Kampong Kapor Rd., Little India, Singapore 208678, MRT Little India (ab 2016 günstiger MRT Jalan Besar), Tel. 1800 2949999. Große Polizeiwache in Little India, seit den Ausschreitungen von 2013 (s. S. 118) immer in voller Alarmbereitschaft und mit imposantem, hochmodernen Fahrzeugpark ausgestattet.

## Sprache

Singapur besitzt vier offizielle Nationalsprachen, die die ethnische Herkunft der meisten Bürger des Landes widerspiegeln: Englisch, Mandarin (Chinesisch), Malaiisch und Tamil. Die **Hauptkommunikationssprache ist Englisch,** damit kommt man allzeit zurecht. Auf singapurischen Geldscheinen z. B. oder auf Schil-

130si Abb.: rk

dern in den MRT-Zügen kann man sich Kostproben der vier Sprachen ansehen. Auch die Durchsagen in den MRT-Zügen werden in allen vier Sprachen durchgeführt. Beim singapurischen Militär ist Malaiisch die Befehlssprache, eine Entscheidung, die nach der Unabhängigkeit Singapurs aufgrund der geografischen Lage innerhalb des malaiischen Sprachgebiets getroffen wurde.

Für Ausländer ist Malaiisch – von Englisch einmal abgesehen – auch die am leichtesten erlernbare der Nationalsprachen. Wer viel mit der MRT fährt, kennt bald diesen malaiischen Satz auswendig, der bei jeder Einfahrt in einen Bahnhof durchgegeben wird: *„Berhati-hati di ruang platform!"* – „Aufgepasst bei der Lücke am Bahnsteig!" (gemeint ist die Lücke zwischen Türschwelle und Bahnsteig).

*Das könnte man sich gut ins Haus hängen: eine Segnung am Yueh Hai Ching Temple*

Kommunikationsschwierigkeiten ergeben sich gelegentlich bei Hausmädchen in Hotels, die frisch aus China eingewandert sind und kaum ein Wort Englisch sprechen. Sehr gutes Englisch hingegen wird von den zahlreichen Kellnern und Kellnerinnen aus den Philippinen gesprochen.

## Stadttouren

› **Duck & Hippo Tours,** Verwaltungsbüro: 1 Raffles Boulevard, 01-00 Suntec Convention Centre, Tower 5 Galleria, Singapore 039593, MRT Esplanade, Tel. 63386877, Hotline 633-TOURS, www.ducktours.com.sg. Zweigstellen in 300 Orchard Rd. (neben dem Singapore Tourism Board) und am Visitor Centre des Singapore Flyer, 30 Raffles Ave., #01-07. Für Bootsfahrten gibt es Kioske am Clarke Quay [D5], am Singapore River und an der Esplanade [F6] (nahe Makansutra Gluttons Bay). Duck & Hippo Tours ist eine zuverlässige Gesellschaft mit einem Riesenangebot an verschiedenen Touren zu Lande und zu Wasser, Kultur- und Denkmalreisen sowie Nachttouren. Dazu gibt es Exkursionen mit einem amphibischen Fahrzeug zur gleichzeitigen Erkundung von Land und Wasser (Fluss). Mit einem der preiswerten 1- oder 2-Tagestickets kann man an mehreren Touren teilnehmen. Zu- und Umsteigepunkt für alle Tourteilnehmer ist die Hauptstelle im Suntec Convention Centre.

› **Guided Walking Tours** (Touren zu Fuß) bietet **The Society of Tourist Guides,** Tel. 63388659, www.societyoftouristguides.org.sg. Im Angebot sind Touren, die sich mit spe-

⊡ *Tourboote, so wie hier am Clarke Quay, schippen den ganzen Tag den Singapore River auf und ab*

131si Abb.: rk

ziellen Themenbereichen und bestimmten Stadtteilen befassen, z. B. Streifzüge durch Little India oder den Bankendistrikt und Chinatown. Teilnahmepreis 18 S$, Kinder 10 S$ Dauer der Touren 2 Std., mindestens 24 Std. im Voraus buchen. Die Führer sind gleich zu Beginn der Tour zu bezahlen.

- **Trishaw-Touren** (Touren per Fahrradrikscha) durch Chinatown bzw. Little India kosten ca. 30 bis 45 S$ pro Person. Dauer ca. 35 bis 40 Min. Zu buchen bei Singapore Explorer (Tel. 63396833, Chinatown), Alphaland Travel (Tel. 63330381/2, Little India), Pedicab Tours (Tel. 63360500/1, Little India), Trishaw Tours (Tel. 65456311, Little India), Triwheel Tours (Tel. 63369025/6, Little India) und Singapore Explorer (Tel. 63396833, Little India). Ein Stand mit Trishaws findet sich nahe der MRT-Station Bugis an der Kreuzung Queen St./Albert St. (Trishaw Uncle, Tel. 63377111, www.trishawuncle.com.sg).
- **Viator Tours:** u. a. Touren durch das nächtliche Chinatown (Dauer: 4 Std.), inklusive Trishaw-Fahrt und Essen, www.viator.com/tours/Singapore/Singapores-Chinatown-Trishaw-Night-Tour/d18-3695NOCT.
- **Singapore Airlines** (www.singaporeair.com) bietet Fluggästen mit längerem Transitaufenthalt kostenlose zweistündige Stadttouren an (Mindesttransitzeit 5 Std.). Anmeldung am Schalter mit der Aufschrift „Free Singapore Tour" in Terminal 2 (geöffnet: 7–15.15 Uhr) und Terminal 3 (geöffnet: 7–15 Uhr) des Changi Airport. Abfahrt der Busse um 9, 11, 13, 14 und 16 Uhr.
- **Hafenrundfahrten** bieten sich mit der „Imperial Cheng Ho" an, einem Schiff, das einer prächtigen alten Dschunke nachempfunden ist. Je nach Tageszeit wird noch High Tea oder Dinner serviert. Die Fahrten dauern 2,5 Stunden und beginnen am Marina South Pier (New Clifford Pier). Abfahrt um 10.30, 15 und 18.30 Uhr, kostenlose Abholung jeweils 30 Minuten zuvor an der Bushaltestelle an der MRT-Station Marina Bay, Abholung auch von einigen Hotels in der Innenstadt (Preise: Morgenfahrt 29 S$, Kinder 16 S$, High Tea-Fahrt 34/18 S$, Dinnerfahrt 57/31 S$).

146si Abb.: rk

# Telefonieren

Wer im Besitz eines Smartphones ohne SIM-Lock ist, kann sich in Singapur **eine lokale SIM-Karte zulegen.** Dazu bieten sich mehrere Telefongesellschaften an: SingTel, M1 und StarHub. Unter Vorlage des Reisepasses bekommt man in jeder beliebigen Filiale eine solche Prepaid-Karte bzw. in jeder Filiale von 7-Eleven (meist SingTel oder M1). Die Gebühren der Gesellschaften können variieren, sind meist jedoch sehr niedrig. Man beachte die zusammen mit der SIM-Karte ausgehändigte kleine Hinweisbroschüre, in der u. U. spezielle Tipps zum kostengünstigen Telefonieren gegeben werden. In den kleinen Postämtern im Changi Airport kann man gleich nach der Ankunft eine Telefonkarte kaufen (nur SingTel), Aufladekarten *(Top-Up Cards)* erhält man in den Filialen der betreffenden Gesellschaften oder in den 7-Eleven-Shops. Eingehende Gespräche sind bei den meisten Prepaid-Karten kostenpflichtig.

Wer **preiswert ins Ausland telefonieren** will, kann sich eine internationale Telefonkarte besorgen *(International Calling Card)*. Bei dieser wird zunächst eine Codenummer und anschließend die Nummer des gewünschten Fernsprechteilnehmers gewählt. Die Karten sind in 7-Eleven-Läden oder (in größerer Auswahl) bei Straßenhändlern entlang der Serangoon Rd. [F2] in Little India erhältlich. Die Karten bieten meist unterschiedliche Tarife für diverse Länder. Man gebe dem Händler an, wohin die Telefonate hauptsächlich geführt werden, damit er die günstigste Karte auswählen kann.

Zum **Telefonieren von öffentlichen Fernsprechern** sind elektronische Telefonkarten notwendig. Auch diese werden von 7-Eleven-Shops oder o. g. Straßenhändlern angeboten. Die Karten gibt es im Wert von 5, 10 oder 20 S$.

Beim **Telefonieren vom Hotelzimmer** wird möglicherweise ein Zuschlag erhoben. Man informiere sich diesbezüglich an der Rezeption. Um den Touristen entgegenzukommen, versucht die singapurische Regierung, die Hotels zu einem Verzicht auf diese Aufschläge anzuhalten.

Um von Landverbindungen in Singapur ins Ausland zu telefonieren, wird vor die Landesvorwahl eine 001 gesetzt. Die **Vorwahlnummer für Deutschland** z. B. ist somit 00149, **für Österreich** 00143 und **für die** Schweiz 00141. Danach folgt die Nummer des gewünschten Fernsprechteilnehmers, ggf. ohne die erste Null der Ortsvorwahl. Bei Anrufen per Handy kann statt 001 ein + vorangestellt werden.

Die singapurischen Telefongesellschaften bieten günstige **Budget-Tarife für Auslandsgespräche**, bei denen eine bestimmte Vorwahlnummer voranzustellen ist: z. B. 013 (SingTel, www.singtel.com) und 018 (StarHub, www.starhub.com). Zwecks Details siehe die betreffenden Homepages oder die Instruktionszettel, die man beim Kauf einer SIM-Karte erhält.

Die **internationale Vorwahl für Singapur** ist +65. Die Nummern von Hausanschlüssen sind achtstellig und beginnen alle mit einer 6. Die 6 wurde im Jahre 2002 den bis dato existierenden siebenstelligen Telefonnummern vorangestellt. Handy-Nummern sind achtstellig und beginnen mit einer 9.

*◁ Da geht's lang: lebensechte Skulptur nahe der Pekin Street [E7]*

# Uhrzeit

Zur mitteleuropäischen Sommerzeit ist Singapur Mitteleuropa **um 6 Std. voraus**, d. h. 12 Uhr MEZ ist 18 Uhr in Singapur. Zur europäischen Winterzeit ist Singapur um 7 Std. voraus. Pro Stunde Zeitverschiebung ist etwa mit einem Tag **Umgewöhnungszeit** („Jet-Lag") zu rechnen.

# Unterkunft

Singapur erlebt seit einigen Jahren einen Tourismusboom (zurzeit ca. 15 bis 16 Mio. Touristen pro Jahr), was sich oft sowohl in vollen Hotels als auch in steigenden Unterkunftspreisen äußert. Zu besonderen Gelegenheiten (große Kongresse, chinesisches Neujahr, Formel-1-Rennen) sind häufig alle Hotels belegt bzw. die **Zimmerpreise steigen stark an.** Besonders betroffen ist die Woche, in der das Formel-1-Rennen stattfindet (gegen Ende September), wenn die Preise oft auf das Doppelte oder Dreifache klettern. Wer sich zu dieser Zeit in Singapur aufhalten möchte, sollte am besten einige Monate im Voraus buchen. Manche Hotels nehmen in dieser Zeit jedoch keine langfristigen Vorbestellungen an, da sie abwarten wollen, wie die Nachfrage wird und wie viel sie in o. g. Periode auf die Zimmer aufschlagen können. Zuletzt lag der durchschnittliche Zimmerpreis bei 260 S$ pro Nacht, also ca. 150 €. Die Tourismusbehörde ist sich des Problems der hohen Hotelpreise bewusst, und folglich sind in den letzten Jahren vermehrt Lizenzen für Billighotels und Backpacker-Unterkünfte ausgegeben worden. Für südostasiatische Verhältnisse sind die Unterkunftspreise auch zu normaleren Zeiten recht hoch. In der untersten Preisklasse ist mit ca. 50 bis 75 € zu rechnen. Doppelzimmer sind meist nur wenig teurer als Einzelzimmer. Preiswerter kann man nur in einigen Backpacker-Schlafsälen übernachten. Zu den **günstigsten Hotels** gehören die zahlreichen Häuser der Ketten **Fragrance Hotel** (www.fragrance-hotel.com), **Hotel 81** (www.hotel81.com.sg) sowie **Value Hotel** (www.valuehotel.com.sg). Die Preise von Hotel 81 liegen je nach Zweigstelle bei ca. 50 bis 65 €, bei Value Hotel bei ca. 60 bis 75 €. Ähnliche Preise wie Value Hotel bieten sowohl die Aqueen-Hotel-Kette (www.aqueenhotels.com) als auch die derzeit stark expandierende Kette der Santa Grand Hotels (www.santagrandhotels.com).

Die **Qualität der Zimmer** kann bei den Hotelketten von Zweigstelle zu Zweigstelle sehr unterschiedlich sein. Die Räume sind in der Regel sehr klein, manche haben kein Fenster. 12 bis 15 m² ist eine „normale" Größe für ein Zimmer in einem Budget-Hotel. Ansonsten sind die Budget-Zimmer mit Klimaanlage und kleinem Fernseher ausgestattet, dazu wahrscheinlich mit einem kleinen Kühlschrank (nicht in allen Budget-Hotels), und oft steht ein Heißwasserkocher zur Verfügung und es werden täglich kostenlos ein paar Teebeutel oder Kaffee-Tütchen spendiert. So gut wie alle Budget-Hotels bieten WLAN, meist kostenlos, gelegentlich muss dafür bezahlt werden. In den teureren Hotels ist kostenloses WLAN so gut wie selbstverständlich.

Richtig bequem und komfortabel wird es zumeist erst bei Zimmern ab ca. 150 €. Die Hotels der o.g. Ketten bieten oft auch eine *Transit Rate* an, d. h. Tarife zu Aufenthalten von 2 oder 3 Std., die meist zu „Rotlichtaktivitäten" genutzt werden. Die Häuser besonders von Hotel 81 und Fragrance können aufgrund des „Durchgangsverkehrs" recht laut und unruhig sein, vor allem in den einschlägigen Stadtteilen wie Geylang 54, Joo Chiat Rd. 55 und Chinatown 15. An den Wochenenden (Fr/Sa) erhöhen sich die Zimmerpreise bei Hotel 81 aufgrund des Zulaufs von singapurischen Paaren um ca. 10 S$. Bei Hotel 81 kostet die Internetnutzung (WLAN) 10 S$/Tag. Die Kette Value Hotel besitzt bisher nur 3 Häuser. Besonders gut bedient ist man mit dem Value Hotel Thompson, das – ungewöhnlich für ein Hotel in dieser Klasse – einen Swimmingpool aufweist.

Praktisch alle Hotelzimmer in Singapur verfügen über eine **Klimaanlage**, sodass sich diese Angabe bei den Hotelbeschreibungen erübrigt. Hotels ab der mittleren Preisklasse haben i. d. R. Kühlschrank, Kabel-TV, ein Heißwassergerät für Kaffee oder Tee und manchmal einen Haarfön. WLAN ist praktisch immer vorhanden, in einigen Hotels ist es jedoch kostenpflichtig. Wenn die Website eine Hotels „Wi-Fi Connectivity" o. Ä. angibt, bedeutet das, dass WLAN zwar vorhanden ist, aber bezahlt werden muss. „Free Wi-Fi" klingt schon besser.

Wer in die **Backpacker-Szene** eintauchen will, begibt sich am besten in die Gegend von Dunlop St./Perak Rd. im Stadtteil Little India (MRT Little India) oder in den nördlichen Bereich der Jln. Besar (MRT Farrer Park, Lavender). Besonders in Little India 33 hat sich in den letzten Jahren eine kleine Traveller-Szene entwickelt, mit einigen sehr preiswerten Hostels, Low-Budget-Hotels, Bars, Restaurants und Internetcafés. Betten im Schlafsaal gibt es dort schon zu ca. 22 S$. Die Backpacker-Unterkünfte

133si Abb.: rk

entlang der Jln. Besar liegen ein wenig weiter auseinander; einige befinden sich im nördlichen Bereich der Straße sowie östlich des Nordendes, in der Umgebung der Tyrwhitt Rd. MRT Lavender, Farrer Park (ab 2017 auch MRT Jalan Besar).

Eine Reihe von günstigen Hotels findet sich auch in der östlich des Stadtkerns gelegenen Joo Chiat Rd. Darunter sind mehrere Ableger von Hotel 81 und Fragrance Hotel, dazu das **Santa Grand East Coast Hotel.** Nicht ganz so gut ist hier teilweise die Anbindung an die Innenstadt; zu den MRT-Stationen Paya Lebar oder Eunos ist es je nach Ausgangspunkt ein 10- bis 20-minütiger Fußweg.

*Unterkünfte gibt es reichlich in Singapur, nur wer es besonders günstig haben will, muss manchmal etwas suchen*

### Preiskategorien

Die Angaben sind Richtwerte für eine Nacht im Doppelzimmer. Die Preise für EZ und DZ unterscheiden sich meist nur geringfügig. In besseren Hotels ist meist ein Frühstück inbegriffen.

| | |
|---|---|
| € | bis 75 € |
| €€ | bis 150 € |
| €€€ | bis 300 € |
| €€€€ | über 300 € |

Wer allerdings im südlichen Bereich des Viertels wohnt (Santa Grand East Coast Hotel), kommt mit Bussen von der East Coast Rd. gut in die Innenstadt.

## In der unteren Preisklasse

**325** [ei] **Aqueen Hotel Lavender** €, 139 Lavender St., Singapore 338739, MRT Lavender, Tel. 63957788, 68676867, www.aqueenhotels.com. Relativ neues und preiswertes Hotel, saubere kleine Zimmer mit kostenlosem Breitband- und WLAN-Anschluss, recht gut für den Preis.

**326** [ei] **Asphodel Inn** €, 360 Race Course Rd., Singapore 218702, MRT Farrer Park, Tel. 62969298, www.asphoinn.com. Sehr einfaches Hotel neben dem Temple of Thousand Lights. Einige Zimmer sind besser (bzw. schlechter) als andere, man sehe sich mehrere Räume an. Ruhige Lage nahe Little India. Kostenloses WLAN nur in der Lobby.

**327** [D7] **beary best!** €, 16/18 Upper Cross St., Singapore 058331, MRT Chinatown, Tel. 662224957, www.abearygoodhostel.com. Diverse saubere Schlafsäle mit 4 bis 10 Betten, darunter ein 8-Betten-Schlafsaal nur für weibliche Gäste. Preis pro Person um 18 bis 22 $S, je nach Schlafsaal leicht variierend. Dazu gibt es noch größere und teurere Schlafsäle mit eigenem Badezimmer für private Gruppen, Familien o. Ä. Mit kostenlosem WLAN und den ganzen Tag über Tee, Kaffee und Schoko-Drinks.

**328** [gi] **Betel Box** €, 200 Joo Chiat Rd., Katong, Singapore 427471, MRT Paya Lebar, aber günstiger zu erreichen mit Bus Nr. 33, Tel. 62477340, www.betelbox.com. Gemütliche Backpacker-Absteige in zwei renovierten alten Wohnhäusern in der romantischen Joo Chiat Rd. Das Haus organisiert wöchentliche Touren durch diese interessanten und hübschen Stadtbereiche. Betten in Schlafsälen (gemischt oder nur für weibl. Gäste), dazu preiswerte Zimmer (bis 4 Pers.) ab ca. 45 €, Frühstück jeweils inbegriffen. Tgl. 30 Min. kostenloses Internet, kostenlose Nutzung eines Fitnessraums, großer gemeinschaftlicher Bereich, eine Küche und ein Pool-Tisch. Kostenloses LAN und WLAN.

**329** [ei] **Blanc Inn** €, 151 Tyrwhitt Rd., Singapore 207564, MRT Lavender, ab 2017 günstiger MRT Jalan Besar, Tel. 62979764, www.inn.com.sg. Nettes kleines Nichtraucher-Hostel, etwas abseits der Jalan Besar unweit von Little India gelegen, mit kleinen, aber sauberen „Alkoven“, wie es das Haus nennt. Dies sind abgetrennte Bereiche, die nur durch Vorhang von der Nachbar-Alkove getrennt sind, also so etwas wie ein besserer Schlafsaal. Je nach Alkove ca. 25 bis 40 €, bei Doppelbelegung kommt man pro Kopf besser davon als als Einzelperson. Für Singapur ist dies ein guter Deal. Kostenloses WLAN. Direkt gegenüber befinden sich die smarte Chye Seng Huat Hardware (CSHH) Coffee Bar (s. S. 70) und ums Eck, in der 2 Beatty Ln., ein kleiner tibetischer Tempel (Thekchen Choling).

**330** [F2] **Bunc@Radius Backpacker Hostel (1)** €, 15 Upper Weld Rd., Little India, Singapore 207372, MRT Little India, ab 2017 günstiger MRT Jalan Besar, Tel. 62622862, www.bunchostel.com. Schon die freundliche, ganz in Weiß gehaltene Rezeption des Hauses wirkt sehr einladend und innen bestätigt sich dann der Eindruck, dass dieses „Boutique-Hostel", wie es sich nennt, einiges richtig macht. Geboten werden verschiedene, sehr saubere Schlafsäle, die 6 bis 16 Personen aufnehmen können, zumeist „gemischtgeschlechtlich", es gibt aber auch einen Saal nur für Damen. Daneben existieren zwei Doppelzimmer. Die Preise ändern sich täglich, siehe Buchungsseite der Homepage. Man beachte, dass zurzeit ca. 20 m weiter östlich des Hostels die Großbaustelle für die zukünftige MRT-Station Jalan Besar liegt, und die Baustelle wird in unterschiedlicher Form, wie auch immer, bis 2017 weiterbestehen. Inwieweit dies störend wirkt, ist nur vor Ort zu entscheiden. Kostenloses WLAN. Als Alternative bietet sich folgende Zweigstelle des Hostels an:

331 [E6] **Bunc@Radius Backpacker Hostel (2)** €, 36 South Bridge Rd., Singapore 058670, MRT Clarke Quay, Tel. 63963933. Diese Filiale fungiert nach gleichem Prinzip wie die in Little India.

332 [gi] **Champion Hotel** €€, 60 Joo Chiat Rd., Singapore 427726, MRT Paya Lebar oder Bus Nr. 33, Tel. 63420988, Fax 63420388, www.championhotel.com.sg. Sehr gutes kleines Boutique-Hotel am Nordende der Joo Chiat Rd. nahe dem Malay Village. Mit TV, Safe und Minibar in den Zimmern, in den teureren auch mit DVD-Player.

333 [F2] **Footprints Hostel** €, 25A Perak Rd., Singapore 208136, MRT Little India, Tel. 62955134, www.footprintshostel.com.sg. Schlafsaalbetten ab ca. 15 bis 23 € (je nach Art des Schlafsaals, „Female Only" ist am teuersten), dazu ein großer Familienraum (bis zu 6 Pers.) zu 70 €, Preise inkl. Frühstück. Kleines Backpacker-Hostel in einer kleinen Seitenstraße in Little India mit nach Geschlechtern getrennten Schlafsälen sowie gemischten Sälen, dazu einfache Zimmer ohne eig. Bad, z. T. ohne Fenster. WLAN und Computer-Benutzung kostenlos. An Wochenenden erhöhen sich die Zimmerpreise leicht. Angeschlossen ist der Stagger's Inn Pub.

334 [F2] **Fragrance Hotel Elegance** €, 63 Dunlop St., Singapore 209391, MRT Little India, www.fragrancehotel.com. Einfaches, frisch renoviertes Hotel der preisgünstigen Fragrance-Kette im Stadtteil Little India, mit kleinen, aber sauberen und gut ausgestatteten Zimmern ab ca. 50 €. Kostenloses WLAN.

134si Abb.: rk

*Die Hotels der Kette Fragrance bieten preiswerteste Wohnmöglichkeiten*

**335** [hi] **Le Peranakan Hotel** €, 400 East Coast Road, Singapore 428992, www.leperanakanhotel.com, Tel. 66655511. Kleines Boutique-Hotel etwas östlich der Joo Chiat Rd. in Katong, mit altmodisch-stilvoll ausgestatteten Zimmern im Peranakan-Stil mit viel sattem Samtrot. Mit kleinem Kühlschrank und kostenlosem WLAN. Die Zimmer fallen alle etwas unterschiedlich aus, manche sind etwas klein, vorher ansehen kann nicht schaden. Die preiswertesten Zimmer haben kein Fenster. Insgesamt jedoch eine gute Wahl in diesem vom Tourismus fast unberührten Stadtteil.

**336** [ei] **Madras Hotel Eminence** €, 407 Jalan Besar, Singapore 209012, MRT Farrer Park, Lavender, ab 2017 auch Jalan Besar, Tel. 63923913, Fax 63923238, www.madrassingapore.com. Gutes Budget-Hotel. Saubere, relativ große (für ein Budget-Hotel) Zimmer mit TV und teilweise DVD-Player, kostenloses WLAN und LAN. Ein kleines Frühstück ist im Preis inbegriffen. Gute Badezimmer mit moderner „Regenschauer-Dusche". Der Besitzer ist darauf bedacht, immer wieder Neuerungen anzubringen. Eine der besten Budget-Optionen, zu meiden sind allerdings die zur Straße hinaus gelegenen Zimmer.

**337** [F2] **Madras Hotel Tekka** €, 28–32 Madras St., Singapore 208422, MRT Little India, ab 1. Quartal 2016 auch Rochor, Tel. 63927889, Fax 63926188, www.madrassingapore.com. Frühstück inklusive. Das Schwesterhotel des obigen, in Little India gelegenen Hotels. Zimmer mit TV und teilweise DVD-Player, WLAN kostenlos. Für diesen Preis recht gut, aber die Zimmer fallen unterschiedlich aus, also besser vorher einen Blick hineinwerfen.

**338** [H3] **Sleepy Sam's** €, 55 Bussorah St., Singapore 199471, www.sleepysams.com, Tel. 92774988, ab ca. 16 €. Backpacker-Hotel in Kampong Glam, dem wunderschön renovierten Stadtteil um die Sultan-Moschee. Preiswerte Betten im Schlafsaal, dazu einfache Zimmer ohne eig. Bad. Computer-Benutzung und WLAN sind kostenlos. Safe-Aufbewahrung für Wertsachen.

**339** [F3] **South-East Asia Hotel** €, 190 Waterloo St., Singapore 187965, MRT Bugis, Tel. 63382394, Fax 63383480, www.seahotel.com.sg. Im Preis ist ein chinesisch-vegetarisches Frühstück enthalten. Älteres, aber vor einiger Zeit renoviertes Hotel mit relativ großen Zimmern inkl. TV und Kühlschrank. Kein Luxus, aber für den Preis nicht schlecht. Dazu ist die Lage inmitten von Bugis günstig. Nachteil: kein WLAN.

**340** [F2] **The Inn-Crowd Backpackers Hostel** €, 73 Dunlop St., Singapore 209401, MRT Little India, Tel. 62969169, www.theinncrowd.com, Schlafsaalbetten zu ca. 13 €, Zimmer ab ca. 35 €. Einfaches Backpacker-Hostel in Little India mit WLAN, kostenlosem Frühstück und Kochgelegenheit.

**341** [ei] **The Mitraa Backpackers Hostel** €, 427 Race Course Rd., Singapore 218673, Tel. 63963925, www.mitraa.com.sg, MRT Farrer Park. Zimmer in Schlafsälen mit 3 bis 6 Betten. Einer der 6-Bett-Schlafsäle ist ausschließlich für weibliche Gäste. Es stehen 10 Badezimmer zur Verfügung, sodass man nicht allzu lange anstehen muss. WLAN kostenlos, dazu stehen Desktops zur kostenlosen Benutzung zur Verfügung.

**342** [F2] **Zenobia Hotel** €, 40–43 Upper Weld Rd., Little India, MRT Little India, ab 2017 ebenso günstig MRT Jalan Besar. Tel. 62963882, Fax 62963889, www.zenobia.com.sg. In einem renovierten Altbau mitten in Little India. Kleine, teils fensterlose Zimmer ohne eig. Bad und Toilette (Gemeinschaftstoilette), WLAN in der Lobby, kleines Frühstück im Preis inbegriffen. Luxus herrscht hier nicht, aber für diesen Preis ist das Zenobia gar nicht übel, dazu gute Lage inmitten von Little India.

135si Abb.: rk

## In der mittleren Preisklasse

**343 Costa Sands Resort** €€, 159 M Jln. Loyang Besar, Pasir Ris Park, Singapore 509404, Tel. 65822537, www.costasands.com.sg/pasiris. Das Unternehmen unterhält einen kostenlosen Pendelverkehr von/zur MRT-Station Pasir Ris, Abfahrt wochentags etwa jede Stunde, öfter an Wochenenden (siehe Homepage). Ansonsten Anfahrt per Taxi ab der Innenstadt (ca. 16–20 S$). Zur Verfügung stehen Reihenbungalows und separate größere Bungalows mit AC, TV, DVD-Player und kostenlosem WLAN, dazu gibt es einen Swimmingpool. Derzeit sind einige Renovierungsarbeiten im Gange, die aber täglich um 19 Uhr beendet werden. Letzte Infos siehe auf der Homepage.

*Ableger der Low-Budget-Kette Hotel 81 (s. S. 248), so wie dieser in Chinatown, finden sich in allen touristisch wichtigen Stadtteilen*

**344** [C5] **Gallery Hotel** €€-€€€, 1 Nanson Rd., Robertson Quay, Singapore 238909, Tel. 68498686, Fax 6836666, www.galleryhotel.com.sg. Hip, cool und funky – Zimmer, als hätte sie Andy Warhol entworfen, vor allem die insgesamt 19 „CYX Boutique-Suiten". Die anderen Zimmer zeichnen sich durch viele helle Farben, weiße Wände und smarte Holzmöbel aus. Kostenloses WLAN, Minibar und Safe, dazu ein Dach-Swimmingpool.

**345** [H2] **Hotel Clover** €€, 33 Jln. Sultan, Singapore 198737, Tel. 63401860, www.hotelclover.com, MRT Bugis. Neben The Sultan (s. S. 256) und im historischen Stadtteil Kampong Glam gelegen, eine Reihe von renovierten alten Häusern, die nun zu einer Art „Heritage-Hotel" zusammengefasst sind. Schmuck eingerichtete, aber nicht allzu große Zimmer ab ca. 90 €, dazu kostenloses WLAN. Es steht ein Fitnessraum zur Verfügung. Einige der preiswertesten Zimmer haben keine Fenster, wie es in Singapur in der Sparliga ja des Öfteren der Fall ist. Trotzdem ist das Hotel eine gute Wahl.

136si Abb.: rk

🏨**346** [F1] **Hotel Grand Chancellor** €€, 3 Belilios Rd., Singapore 219924, MRT Little India, Tel. 62509933, Fax 62936996, www.grandchancellorsingapore.com. Relativ großes Hotel in Little India, gleich hinter dem Veerama Kaliammam Temple. Günstige Lage, saubere Zimmer mit TV und Safe, kostenpflichtiges WLAN. Bei Buchung über Hotel-Portale Zimmerpreise oft schon ab 80 €; Frühstück im Preis inbegriffen.

🏨**347** [G4] **Hotel Kai** €€, 14 Purvis St., Singapore 188593, Tel. 6439999, www.hotelkai.com, MRT City Hall. Hotel Kai schafft das, wofür japanische Hotels bekannt sind, nämlich auf engstem Raum den größtmöglichen Komfort zu bieten. Einige der Zimmer sind nur 6 m² groß, haben jedoch einen Fernseher, einen Safe und ein modernes Badezimmer; manche Zimmer verfügen über kein Fenster, haben aber ein „virtuelles Fenster", bei dem man das Gefühl hat, tatsächlich nach draußen auf die Straße zu sehen. Theoretisch könnte man auf das nur wenige Meter entfernte Raffles Hotel blicken. Die Lage vom Hotel Kai ist ausgezeichnet, und ein ähnliches, relativ preiswertes Hotel gibt es in der Nähe nicht (das nächste wäre Bunc@Radius Hostel Clarke Quay, s. S. 250). Zimmer ab ca. 90 €, inkl. Frühstück. Kostenloses WLAN und kostenloser Fahrradverleih.

🏨**348** [F3] **Ibis Hotel** €€-€€€, 170 Bencoolen St., Singapore 189657, MRT Bugis, www.ibishotel.com, Tel. 65932888. Moderne, helle, aber nicht allzu große Zimmer mit TV, Safe und Minikühlschrank, dazu günstige Lage unweit Orchard Rd. und nahe Little India. Kostenloses WLAN. Insgesamt eine gute Wahl, allerdings ändern sich die Preise je nach Nachfrage und können auf 200 € steigen. 130–150 € sind angemessener. Eine elektronische Anzeigetafel vor dem Hotel zeigt den aktuellen Preis (hinzu kommen noch *Service Charge* und Steuern). Bei rechtzeitigen Internetbuchungen ergeben sich oft günstigere Konditionen.

*Das Naumi Liora Hotel (s. S. 255) ist eines der optischen Highlights der Keong Saik Road*

**349** [ei] **Kam Leng Hotel** €€, 383 Jalan Besar, Singapore 209001, Tel. 62399399, www.kamleng.com, MRT Farrer Park, Lavender. Ein chinesisches Hotel aus dem Jahre 1929 samt prächtiger altertümlicher Fassade, das vor einigen Jahren gründlich renoviert wurde. Günstige Lage unweit Little India, Bushaltestelle vor der Tür. Die Zimmer (Klimaanlage, TV, Safe, Minikühlschrank, kostenloses WLAN) sind hell und sauber. Die Standard-Zimmer sind sehr klein und z. T. nur 10 m² groß. Lärmempfindliche sollten auf ein Zimmer zur Rückseite bestehen. Ab ca. 85 €.

**350** [hi] **Malacca Hotel** €-€€, 97 Still Rd./Ecke Koon Seng Rd., Singapore 423988, MRT Eunos, günstiger aber Bus Nr. 33, der einen viel näher ans Hotel bringt, Tel. 63457411, www.malacca.com.sg. Am Rand der Joo Chiat Conservation Area gelegen, mit einfachen, aber modernen und sauberen Zimmern zu ca. 70 bis 90 €. WLAN kostenpflichtig.

**351** [D7] **Naumi Liora Hotel** €€, 55 Keong Saik Rd., Singapore 089158, Tel. 64036003, www.namiliora.com, MRT Outram Park. Aus einer ganzen Reihe wunderschön renovierter alter Häuser setzt sich dieses Boutique-Hotel zusammen, gelegen in einer vor nicht allzu langer Zeit „neuentdeckten", schmucken Straße mit leichtem Hipster-Einschlag. Von außen und innen macht das Haus viel her. Romantische, sich am Peranakan-Stil orientierende Zimmer, zum Teil mit eigener Veranda. Mit kostenlosem WLAN, Fitnessraum und speziellen Nichtraucherzimmern. Zimmer bei Buchung von Last-Minute-Angeboten auf der Homepage günstiger.

**352** **Oasia Hotel** €€, 8 Sinaran Dr., Singapore 307470, MRT Novena, Tel. 66640333, http://www.stayfareast.com/en/hotels/oasia-hotel-singapore.aspx. Derselben Hotelgruppe angehörend wie das o.g. Amoy und ebenfalls ausgezeichnet. Gut eingerichtete Zimmer von angenehmer Größe, dazu ein sehr aufmerksamer Service, gute Lage und gutes Essen. Mit Swimmingpool, dazu kostenloses WLAN. Bei den meisten Buchungen ist auch das sehr reichhaltige Frühstücksbuffet mit im Preis enthalten.

**353** [G1] **ParkRoyal on Kitchener Road** €€-€€€, 181 Kitchener Rd., Singapore 208533, Tel. 64283000, www.parkroyalhotels.com, MRT Farrer Park. Ein großes, nicht mehr ganz neues Hotel, das für den Preis jedoch eine recht gute Wahl ist. Die Zimmer sind komfortabel, die Lage am Nordrand von Little India, ganz nah am Mustafa Centre (s. S. 39) und gegenüber City Square Mall [G1], perfekt zum Einkaufen. Zu empfehlen sind besonders Zimmer in den oberen Etagen, denn diese bieten eine großartige Aussicht. Kostenloses WLAN und Frühstück. Bei Buchungen über Hotel-Portale liegt der Preis ab ca. 120 €, was in Singapur fast noch als „Low-Budget" durchgeht.

**354** [D7] **Santa Grand Hotel Lai Chun Yuen** €-€€, 25 Trengganu St., Singapore 058476, Tel. 648389940, MRT Chinatown. Ein relativ neues Hotel der Santa-Grand-Kette, mitten in Chinatown gelegen, an der Ostflanke findet sich die „Essensstraße" Smith Street. Für den niedrigen Preis adäquate, saubere Zimmer mit TV und kostenlosem WLAN, wechselnde Preise.

**355** [F3] **Summer View Hotel** €€, 173 Bencoolen St., Singapore 189642, MRT Bugis, ab 2016 auch MRT Rochor, Tel. 63381122, www.summerviewhotelsingapore.com. Kleine, aber moderne und saubere Zimmer mit TV, Kühlschrank und kostenlosem WLAN, ab ca. 90 €. Freunde von thailändischem Essen kommen im angeschlossenen sehr preiswerten „D'Lemon 3 Thai Kitchen & Cafe" auf ihre Kosten.

**356** [D7] **The Inn at Temple Street** €€, 36 Temple St., Singapore 058581, MRT Chinatown, Tel. 62215333, www.theinn.com.sg. Mitten im schönsten, aber auch touristischsten Bereich von Chinatown, Zimmer im Retro-Look, der wunderbar in das Stadtviertel und das Gebäude passt. Die Zimmer haben z. T. keine Fenster oder sind sehr klein, man sollte besser erst einen Blick hineinwerfen. Kostenloses WLAN.

**357** [H2] **The Sultan** €€, 101 Jln Sultan #01-01, Singapore 199002, MRT Bugis, Tel. 67237101, www.thesultan.com.sg. Ein schönes, kleines „Boutique-Hotel" im malaiischen Viertel Kampong Glam, entstanden durch das Kombinieren mehrerer alter Häuser, wobei bewusst der alte Stil erhalten wurde, aber dennoch jeder moderne Komfort, den die Preisklasse bieten kann, vorhanden ist. Von vorne sieht das weiß getünchte Haus beinah aus wie ein kleines Raffles Hotel. Die Zimmer liegen teilweise entlang von Gängen durch den Innenhof, der mit Zierpflanzen verschönert ist. Im 1. Stock befindet sich eine kleine Jazzbar, Bewohner des Hotels haben freien Zutritt (von Nicht-Gästen wird eine Eintrittsgebühr erhoben). Sehr empfehlenswert. Kostenloses WLAN.

**358** [H1] **V Hotel Lavender** €€, 80 Jellicoe Rd., Singapore 208767, MRT Lavender, Tel. 63452233, www.vhotel.sg. Ein relativ neues Riesenhotel mit 888 Zimmern, in dem sich eigentlich immer ein Bett finden lassen sollte. Die Lage gleich neben der MRT-Station Lavender hat etwas für sich. Die Zimmer sind sauber und gepflegt und verfügen über TV und einen elektronischen Safe, dazu WLAN (meist kostenpflichtig in der untersten Preiskategorie). Die regulären Zimmer sind allerdings nicht besonders groß. Wer mehr Platz braucht, muss eines der teureren Zimmer wählen. Die Preise ändern sich je nach Nachfrage.

**359** [F2] **Village Hotel Albert Court** €€, 180 Albert St., Singapore 189971, MRT Little India (ab 2016 günstiger über die direkt davor gelegene MRT-Station Rochor), Tel. 63393939, www.stayfareast.com. Charmantes Hotel im Retro-Look, an der Südseite blickt man über eine Art Hof, um den sich einige Restaurants reihen, auf der anderen Seite über eine verkehrsreiche Straße. Jenseits der gegenüberliegenden Straßenseite erstreckt sich Little India. Teilweise kleine Räume, es empfiehlt sich, zuvor einen Blick hineinzuwerfen. Zimmer mit TV, kostenlosem WLAN, Safe, Minibar. An der Südseite des Hotels liegt der Albert Court, ein nettes kleines Areal mit mehreren Restaurants.

**360** [F2] **Wanderlust Hotel** €€, 2 Dickson Rd., Little India, Singapore 209494, Tel. 63963322, www.wanderlusthotel.com, MRT Little India, ab 2016 besser MRT Rochor, ab 2017 am günstigsten MRT Jalan Besar. Boutique-Hotel mit 29 modernen und originellen, zumeist sehr farbig gehaltenen Zimmern in Little India. Kein Zimmer ist wie das andere, das eine mag fast ganz in Weiß gehalten sein, ein anderes in schräger Blau-Grün-Kombination. Kostenloses WLAN. Zimmer ab ca. 130 € inkl. Frühstück. Angeschlossen sind eine Bar und ein sehr gutes, aber auch relativ teures französisches Restaurant, das **„Cocotte".** Das Hotel liegt Rücken an Rücken mit „Bunc" (s. S. 250) und genau wie jenes ist auch Wanderlust nur wenige Meter von der (sich stetig wandelnden) MRT-Baustelle Jalan Besar entfernt. Ob dies zu Störungen führt, kann nicht generell beurteilt werden.

**361** [F3] **Wilby Central Residences** €€-€€€, 15 Queen St. #01.01, Singapore 188537 Tel. 6668188, www.wilbyresidences.com, MRT Bugis. Bestens geeignet für längere Aufenthalte. Wilby Residences bietet „Serviced Apartments", voll eingerichtete Apartments samt Küche, Waschmaschine und WLAN. Diese werden aber auch wie in einem Hotel vom Personal gereinigt. Monatsmiete ca. 3000–4500 €, bei Kurzzeitmiete fallen die Tagesraten im Schnitt höher aus.

› **Hotels in der unteren Bencoolen St.:** In den 1970er- und 1980er-Jahren war die Bencoolen St. eine Art Backpacker-Meile. So manche Privatwohnung wurde zu einem kleinen, preiswerten Guest House ummodelliert. Diese besaßen nicht immer eine Hotellizenz, gerieten ins Visier der Behörden und wurden bald durch Hotels abgelöst. In den letzten Jahren waren die Hotels in der unteren (südlichen) Bencoolen St. zum Wohnen nicht zu empfehlen, denn in der Straße wurde/wird die MRT-Station Bencoolen gebaut, und dieser Straßenbereich war für den Verkehr gesperrt. Im Frühjahr 2015 sollten die Arbeiten in diesem Bereich weitgehend abgeschlossen sein, und die Straßensperrung wird aufgehoben werden. Damit sind auch die hier gelegenen Hotels wieder eine Überlegung wert. Die Lage – keine 5 Minuten Fußweg von der Orchard Rd. entfernt und nahe Little India – ist optimal, die Verkehrsanbindungen sind ausgezeichnet. Die nächste MRT-Station ist derzeit Bras Basah (ab 2017 MRT Bencoolen). In Betracht zu ziehen sind vor allem diese Hotels:

**362** [E3] **Bayview Hotel** €€-€€€, 30 Bencoolen St., Singapore 189621, Tel. 63372882, www.bayviewhotels.com/singapore. Reines Nichtraucher-Hotel mit gepflegten, hellen Zimmern. Kostenloses WLAN.

**363** [E3] **Hotel Bencoolen** €€, 47 Bencoolen St., Singapore 189626, Tel. 63360822, www.hotelbencoolen.com. Älteres Hotel mit etwas unterschiedlichen, teilweise guten Zimmern und Jacuzzi auf der Dachterrasse. WLAN kostenpflichtig, manchmal kann man handeln und bekommt es kostenlos.

**364** [F3] **V Hotel Bencoolen** €€, 48 Bencoolen St., Singapore 189627, Tel. 63882233, www.vhotel.sg/bencoolen. Großhotel mit sechs unterschiedlichen Zimmerkategorien und -größen, dazu Swimmigpool. Kostenloses WLAN.

› Siehe auch **Changi Village Hotel** (s. S. 94), **Costa Sands Resort** (s. S. 253), **Ibis Novena** (s. S. 176) und **Hotel Nostalgia** (s. S. 158)

## In der oberen Preisklasse

Die Preise verändern sich oft kurzfristig je nach Nachfrage. Auf den Buchungsseiten der Homepages können die Preise eingesehen werden. Danach empfiehlt sich ein Vergleich mit den einschlägigen Hotelbuchungs-Websites wie www.agoda.com etc.

**365** [E7] **Amoy by Far East Hospitality** €€€, 76 Telok Ayer St., Singapore 048464, Tel. 6881888, www.stayfareast.com/AMOY_Hotel, MRT Telok Ayer. Von der Telok Ayer St. könnte man das Hotel glatt übersehen, denn was sich vorne an der Straße zeigt, ist erst einmal ein Museum. Das kleine Fuk Tak Chi Museum zeigt einige Ausstellungsstücke aus der Pionierzeit von Singapur. Erst hinter dem Museum eröffnet sich einem die Rezeption des Hotels – sehr clever. Die Zimmer im Amoy sind passenderweise an den traditionellen chinesischen Stil angelehnt, jedoch gleichzeitig mit allen modernen Errungenschaften ausgestattet und urgemütlich. Eine schöne Kombination, innen wie außen. Bis Mitte 2015 wird das Museum renoviert und die Hotelgäste finden alternativen Zugang von der Amoy St. am benachbarten Far East Square.

**366** [F7] **Fullerton Bay Hotel** €€€€, 80 Collyer Quay, Singapore 049326, MRT Raffles Place, Tel. 67338388, www.fullertonbayhotel.com. Einen Steinwurf vom The Fullerton entfernt, direkt an der Bucht, befindet sich dieser kleine Ableger. Die schmucken, zur Marina Bay hinaus gelegenen Zimmern bieten einen schönen Ausblick auf die Bucht, ebenso der Swimmingpool auf dem Dach und die angeschlossene Lantern Bar. Diese ist wohl einer der besten Singapurer Orte für einen Drink am Abend. Im Restaurant Clifford gibt es samstags einen großartigen Brunch („Saturday Hangover Brunch"), bei dem neben dem Essen unbegrenzt Wein und Bloody Mary fließen; Sa 12–15 Uhr, Reservierungen Tel. 65975288, Preis ca. 120 S$). Zimmer ab ca. 650 S$.

**367** [E5] **Grand Plaza Parkroyal** €€€, 10 Coleman St., Singapore 179809, MRT City Hall, www.parkroyalhotels.com. Schöne, moderne Zimmer in zentraler Lage mit TV, Safe und kostenlosem WLAN. Die teureren Deluxe-Zimmer bieten gegenüber den normalen Zimmern kaum einen Vorteil, lediglich die Bäder sind größer. Ein sehr gutes, reichhaltiges Frühstücksbuffet ist im Preis inbegriffen.

**368** [bl] **Hard Rock Hotel** €€€, 8 Sentosa Gateway, Sentosa Island, Singapore 089269, Tel. 65778899, Fax 65778890, www.hardrockhotel-singapore.com. Hotel der bekannten Hard-Rock-Kette, nahe dem Kasino des Resorts World Sentosa gelegen, mit hippem Rock-Ambiente, einem Café im Retro-Look, großem Swimmingpool und Volleyballplatz. Komfortable Zimmer mit Safe, Minibar, CD- und iPod-Player sowie WLAN (kostenpflichtig). Zimmer ab ca. 400 S$.

**369** [D4] **Hotel Fort Canning** €€€-€€€€, 11 Canning Walk, Singapore 178881, Tel. 65596769, www.hfcsingapore.com, MRT Dhoby Ghaut. Kann man besser wohnen als hier? Das Hotel Fort Canning liegt am Nordrand des Fort Canning Hill Parks, umgeben von tropischer Vegetation. Der Park ist für Wanderer oder Jogger das perfekte Betätigungsfeld. In Richtung Norden führt ein nur 5-minütiger Fußweg zur noblen Orchard Road – Kontrastprogramm pur. Zimmer mit allen Schikanen, inkl. kostenlosem WLAN, die preiswertesten Zimmer sind allerdings nicht sehr groß. Es lohnt sich, etwas mehr für ein „Premier"-Zimmer auszugeben.

137si Abb.: rk

**370** [C7] **New Majestic Hotel** €€€, 31–37 Bukit Pasoh Rd., Singapore 089845, MRT Tanjong Pagar, Chinatown, Fax 65114700, www.newmajestichotel.com. Stilvolles Boutique-Hotel, eine Mischung aus Alt und Neu. Die Zimmer sind alle unterschiedlich eingerichtet und wurden von singapurischen Künstlern entworfen. Hinzu kommen die sehr gute Lage in Chinatown und ein fantastisches chinesisches Restaurant (s. S. 58).

**371** [F4] **Raffles Hotel Singapore** €€€€, 1 Beach Rd., Singapore 189673, MRT City Hall, www.raffles.com, Tel. 63371886, Tiffin Room: Frühstück 7–10.30, Lunch-Buffet 12–14, High Tea 15.30–17.30, Dinner-Buffet 19–22, Long Bar: So–Do 11–12.30, Fr/Sa 11–1.30 Uhr, Tel. beide 64121816. Zimmer ab ca. 550 €. Siehe auch S. 146.

**372** [H5] **Ritz Carlton Millenia** €€€€, 7 Raffles Ave., Singapore 039799, MRT Promenade, Tel. 63378888, www.ritzcarlton.com. Luxushotel an der Marina Bay, mit allem Komfort und einigen großartigen Restaurants. Von der Badewanne aus bietet sich durch ein wabenförmiges Fenster ein wunderbarer Blick auf die Bucht, den Merlion und die Skyline der Stadt, zumindest wenn man für die Ostseite gebucht hat. Bitte bei der Buchung angeben, wenn Zimmer mit Ausblick über die Marina Bay gewünscht sind. Zimmer ab ca. 350 €; die preiswerteren sind meist die mit dem weniger spannenden Ausblick.

**373** [D6] **Swissôtel Merchant Court** €€€, 20 Merchant Rd. Singapore 058281, MRT Clarke Quay, Tel. 63372286, www.swissotel.com. Ein Hotel der unteren Oberklasse, bestens gelegen am Clarke Quay. Wenn man an der Flussseite wohnt, ist die Aussicht hervorragend. Die MRT-Station ist nur ein paar Schritte entfernt. Mit Swimmingpool und Sitzgelegenheit in einem Restaurant, das sich gleich am Rande der Promenade von Clarke Quay befindet. Man hat hier quasi immer gleich einen Fuß im Nachtleben bzw. eine gute Auswahl von Restaurants und Bars vor der Tür.

*⊲ Das noble Fullerton Hotel macht selbst von seiner Rückseite noch viel her*

**374** [F4] **Swissôtel The Stamford** €€€, 2 Stamford Rd., Singapore 178882, MRT City Hall, www.swissotel.com, Tel. 63386565. Weithin sichtbarer Hotelturm in bester Lage, direkt neben einem Shoppingcenter (Raffles City) und praktisch über der U-Bahn-Station City Hall gelegen. Von den oberen Stockwerken des 72 Etagen hohen Turms hat man einen grandiosen Blick auf die Stadt. Die beste Aussicht erhält man aber von den Zimmern an der Westseite, die den Padang und den CBD überblicken. Zimmer mit allem Komfort ausgestattet.

**375** [F6] **The Fullerton Hotel** €€€€, 1 Fullerton Sq., Singapore 049178, MRT Raffles Place, www.fullertonhotel.com, Tel. 67338388. Grandioses Hotel, untergebracht im kolonial-bombastischen Gebäude des alten Hauptpostamtes, gelegen zwischen Singapore River und Merlion. Die mit allem Luxus ausgestatteten Zimmer sind nicht allzu groß, aber unter der Verwendung von viel Stein, Glas und Holz designt und entsprechend stilvoll. Gute Aussicht von den höher gelegenen Zimmern, vor allem an der Flussseite gegen Spätnachmittag. Zimmer ab ca. 350 €. Auch wenn man hier nicht zu wohnen gedenkt, lohnt sich ein Besuch im großartigen Marco Polo Restaurant im 8. Stock, wo sich einst ein Leuchtturm befand. Man erhält einen exzellenten Ausblick und wird mit italienischer und europäischer Gourmetkost verwöhnt.

## Goodwood Park Hotel: vom teutonischen Vereinslokal zur Edelabsteige

*Derselbe Architekt, der zuvor das Raffles Hotel (s. S. 146) entworfen hatte, R.A.J. Bidwell, baute 1899 bis 1900 das Gebäude, das den deutschen „Teutonia Club" beherbergen sollte. Zur feierlichen Eröffnung fanden sich 500 Gäste ein und am nächsten Tag war in der „Straits Times" viel Lob über den deutschen Vereinssitz zu lesen: „Die übereinstimmende Meinung gestern Abend war, dass die deutsche Gemeinde in ihrem neuen Klubhaus ein Gebäude besitzt, das ein weiteres herausragendes unter den Gebäuden Singapurs ist und besser als alle anderen." Der Stil des Gebäudes war an deutsche Rhein-Schlössern angelehnt.*

*Der „Teutonia Club" diente der deutschen Diaspora in Singapur einige Jahre als willkommener Treffpunkt - doch schon 1914 war es mit den teutonischen Bierabenden vorbei. Mit Beginn des Ersten Weltkriegs wurden die Deutschen von der britischen Kolonialmacht als Feinde betrachtet, interniert und schließlich nach Australien verschifft. Das Gebäude wurde beschlagnahmt und vier Jahre später an drei jüdische Brüder versteigert: Morris, Ezekiel und Ellis Manasseh. Diese kauften auch umliegende Grundstücke und eröffneten 1929 das Goodwood Park Hotel, das bald als eines der besten in Asien angesehen wurde.*

*Während der Zeit der japanischen Besatzung von 1942 bis 1945 war das Hotel Hauptquartier der japanischen Armee in Singapur. Nachdem sich das Kriegsblatt gewendet hatte und die Japaner besiegt worden waren, führten die Australier in einem Zelt vor dem Gebäude Kriegsverbrecherprozesse durch.*

*1947 übernahm ein Stiefsohn von Ezekiel Manasseh das Hotel, und bald konnte es wieder an seine früheren Glanzzeiten anknüpfen. 1963 wurde es an die Malayan Banking Group verkauft.*

*Architektonisch gesehen präsentiert das Goodwood Park Hotel - überragt von einem fast mittelalterlich wirkenden Turm über der Eingangshalle - den Stil der viktorianischen Epoche. Während das Raffles Hotel durch eine filigrane Eleganz besticht, wirkt das graue Goodwood Park gröber, gesetzter, schwerer - ja, vielleicht könnte man sogar sagen, „irgendwie deutsch". Am schönsten zeigt es sich - wie so viele Gebäude in Singapur - in der Abenddämmerung.*

*Im Inneren bietet das Hotel heute jedweden zeitgenössischen Luxus, und den meisten Gästen gefällt der Kontrast zwischen den modernen, komfortabel ausgestatteten Zimmern und dem sie umgebenden historischen Ambiente. Die Lage mitten im Herzen der Stadt - nur einen Bierdeckelwurf von der Orchard Rd. entfernt - könnte auch nicht besser sein.*

**380** *[B1]* ***Goodwood Park Hotel*** *€€€-€€€€, 22 Scotts Rd., Singapore 228221, MRT Orchard, Tel. 67377411, www.goodwoodparkhotel.com. Mit zwei Swimmingpools, dazu zwei chinesische Restaurants, ein westliches Restaurant sowie eine Bar. Fitnessraum und Business-Center. Kostenloses WLAN. Zimmer ab ca. 250 € ohne Frühstück, etwas mehr mit Frühstück.*

**376** [D7] **The Scarlet** €€€, 33 Erskine Rd., Singapore 069333, MRT Chinatown, Tanjong Pagar, Tel. 65113333, www.thescarlethotels.com. Gelegen in Chinatown, mit schmuck-altbacken, romantisch-verführerisch eingerichteten Zimmern. Eine Unterkunft der ganz besonderen Art, aber nicht gerade günstig, zumal die preiswertesten Zimmer sehr klein sind. Es lohnt sich, eines der größeren zu wählen.

**377** **The Forest by Wangz** €€€, 145A Moulmein Rd., Singapore 308108, Tel. 65003188, www.forestbywangz.com, MRT Novena. Das Hotel besteht aus modernen, mit allen Schikanen ausgestatteten Apartments, die sich besonders für längere Aufenthalte anbieten. Mit Swimmingpool und Dachterrasse.

**378** [cm] **The Sentosa Resort & Spa** €€€, 2 Bukit Manis Rd., Sentosa Island, Singapore 099891, Tel. 62750331, www.thesentosa.com. Idyllische, von tropischer Vegetation umgebene und leicht erhöht auf einer Klippe gelegene Anlage auf Sentosa, perfekt zur Entspannung geeignet. Über eine Treppe gelangt man zum ruhigen, fast einsamen Tanjong Beach. Komfortable Zimmer und Villen mit Safe, Kühlschrank, CD- und DVD-Player sowie kostenlosem WLAN. Außerdem gibt es einen Swimmingpool, ein Spa und einen Golfplatz nebenan. Im Garten stolzieren Pfaue umher. Kostenloser Zubringerdienst zur Orchard Rd. (Halt am Paragon Shopping Centre) und zur VivoCity Mall (s. S. 43) und der dortigen MRT-Station HarbourFront. Äußerst empfehlenswert.

**379** [B6] **Wangz Hotel** €€€, 231 Outram Park Rd., Singapore 169040, MRT Outram Park, www.wangzhotel.com, Tel. 65951388. Gemütliche und saubere Zimmer in einem abstrakt wirkenden runden Hotelbau nahe Chinatown. Zimmer mit WLAN und Breitband-Anschluss, CD- und DVD-Player. Swimmingpool und Fitnessraum vorhanden.

# Verhaltenstipps

Singapurer sind im Allgemeinen relativ „verwestlicht“ und weltoffen; viele sind weit gereist. Kulturelle Konflikte oder Reibungen sind somit kaum zu erwarten. Einige Benimmregeln sind beim **Betreten religiöser Stätten** zu befolgen:

An **Hindu-Tempeln** sind die Schuhe vor der Tür auszuziehen. An den Eingängen stehen meist schon eine Menge abgelegte Schuhe, die eigenen kann man einfach dazustellen. An manchen Tempeln stehen Regale, in denen man die Schuhe abstellen kann.

Auch **in Sikh-Tempeln** sind die Schuhe vor der Schwelle zu lassen. Weiterhin muss beim Betreten des Allerheiligsten der Kopf bzw. das Haar bedeckt sein. Üblicherweise werden den Besuchern zu diesem Zweck Schals oder Tücher ausgehändigt.

Bei vielen **Moscheen** müssen die Schuhe oft schon einige Meter vor der Schwelle abgestellt werden. Man beachte die gelben Linien auf dem Boden, die die Grenzmarkierung darstellen. In den meisten Fällen weisen Hinweisschilder noch gesondert auf das Schuhablegen hin. In manchen Moscheen sind einige Bereiche für Nicht-Moslems verboten; siehe eventuelle Beschilderungen.

Bei **chinesischen/buddhistischen/taoistischen Tempeln** können die Gepflogenheiten von Fall zu Fall variieren. Bei einigen Tempeln kann man die Schuhe in allen Bereichen anbehalten, bei anderen muss man sie in gewissen Bereichen ausziehen. Man folge dem Beispiel der anwesenden einheimischen Besucher.

In besseren **Restaurants** wartet man am Eingang, bis einem ein Platz vom Personal zugewiesen wird. Manche Re-

138si Abb.: rk

staurants machen mit einem Schild „Q here" („Hier anstellen") auf die Regel aufmerksam.

**Trinkgelder** sind nicht üblich. In besseren Restaurants wird auf den Preis eine **10-prozentige Service Charge** aufgeschlagen und damit ist das Thema beendet. Einheimische Gäste nehmen auch kleine Münzen an Wechselgeld wieder mit, wohlwissend, dass die Angestellten ihre *Service Charge* erhalten werden. In ganz einfachen Restaurants gibt es diese nicht und es wird entweder an der Kasse oder bei einem Kellner bezahlt. Trinkgelder sind auch hier kein Muss.

In den Shops im Flughafen ist das Annehmen von Trinkgeldern explizit verboten, wenn ein Angestellter dabei erwischt wird, verliert er seinen Job. In Taxis wird üblicherweise kein **Trinkgeld** gegeben.

*Dieses Verbotsschild im National Orchid Garden (s. S. 167) ist recht eindeutig*

# Verkehrsmittel

Die öffentlichen Verkehrsmittel sind so gut, dass in Singapur praktisch kaum ein Tourist ein Auto mietet.

## MRT

Das **schnellste Verkehrsmittel ist die MRT** (Mass Rapid Transit, www.smrt.com.sg), die Schnellbahn, die bisher vier Linien umfasst (North-South Line, East-West Line, North-East Line, Circle Line). Der Bau einer fünften Linie, der Downtown Line, wurde 2010 begonnen. Das erste Teilstück davon wurde im Dezember 2013 in Betrieb genommen, die nächste Phase soll 2017 beendet sein.

In der Innenstadt verläuft die MRT unterirdisch, in den Außenbezirken auf Hochtrassen. Das Streckennetz, z. Zt. 153,2 km lang, durchzieht das gesamte Stadtgebiet. Viele Stationen befinden sich gleich neben Bushaltestellen, sodass man leicht von einem zum anderen Verkehrsmittel umsteigen kann. Die MRT verkehrt täglich von 5.30 bis 24 Uhr.

Für Kurzzeittouristen bietet sich der **Singapore Tourist Pass** (www.singaporetouristpass.com) an, den man in einigen MRT-Stationen kaufen kann (Changi Airport, Bugis, Orchard, Chinatown, City Hall, Raffles Place, Orchard, Ang Mo Kio, HarbourFront). Beim Kauf sind der Reisepass und die Einreisekarte (s. S. 224) vorzulegen. Den Tourist Pass gibt es als 1-Tages-, 2-Tages- und 3-Tages-Ticket, Preis 10/16/20 S$ plus jeweils 10 S$ rückerstattbares Pfand für die Karte. Mit den Karten kann man alle Züge der MRT, der LRT und fast alle Busse benutzen (Ausnahme: einige Expressbusse).

139si Abb.: rk

Bleibt man länger als 3 Tage, kann man in einer der MRT-Stationen eine **ez-link Card** erwerben. Diese kann um einen beliebigen Wert aufgeladen und in allen MRT-Zügen und Bussen benutzt werden. Falls der Kartenwert aufgebraucht ist, kann die Karte an entsprechenden Schaltern in den MRT-Stationen oder in 7-Eleven-Läden (dort plus 0,50 S$ Servicegebühr) wieder aufgeladen werden. Auf der Karte liegt aber eine kleine Grundgebühr, die man bei eventueller Rückgabe der Karte verliert. Die Karten werden jeweils beim Betreten und Verlassen der Station an einen Scanner gehalten, wodurch sich eine elektronische Schranke öffnet.

*⌃ So leer wie hier geht es in den MRT-Zügen nicht immer zu*

EXTRAINFO

### Mitnahme von Fahrrädern in MRT und LRT

Beim Besuch von Parks wie z. B. dem Punggol Point Park (s. S. 103) oder Punggol Waterway Park (s. S. 105) sind Fahrräder hilfreich, so wie man sie in manchen Guest Houses oder anderswo ausleihen kann (s. S. 241). Faltbare Fahrräder von einer maximalen Größe von 114 x 64 x 36 cm können außerhalb der Hauptstoßzeiten in die MRT- und LTR-Waggons mitgenommen werden. Diese Hauptstoßzeiten sind: Mo–Fr 8.30–16 Uhr und 20 Uhr bis Schließzeit. Sa/So und feiertags ist die Fahrradmitnahme zu allen Zeiten erlaubt. Die Bahnverwaltung bittet die Fahrradmitnehmer, im ersten oder letzten Waggon einzusteigen, da dort i.A. mehr Platz ist.

Im Vergleich zu den Karten, die man individuell für jede einzelne Fahrt kauft, sind die ez-Karten etwas billiger. So kostet die Fahrt mit der ez-link Card je nach Strecke 0,77 bis 2,02 S$, ansonsten sind es 1,32 bis 2,45 S$. Mit der ez-link-Karte kann auch in den Taxis der Gesellschaft SMRT bezahlt werden.

Beim Wechsel von einer MRT-Linie auf eine andere oder von MRT auf Bus (bzw. umgekehrt) ist bei Benutzung der ez-link Card die zweite Fahrt noch mal ein wenig preiswerter als bei Barbezahlung. Man erhält eine Art Vielfahrer-Bonus. An einigen End- oder Außenstellen der MRT ist die Bahn mit einem kleinen lokalen Sub-Bahnsystem verbunden, der LRT (Light Rail Transit), die einige Vororte bedient. Auch hier gelten dieselben Tickets oder Karten.

Auf allen Bahnsteigen befinden sich neben Schautafeln mit dem Streckennetz eine **detaillierte Übersichtskarte** („Locality Map"), die den Bereich um die Bahnstation herum abbildet.

## Busse

In Singapur verkehren **drei unterschiedliche Busgesellschaften:** SBS Transit, SMRT und TIBS. Die Busse unterscheiden sich ein wenig in der Machart, ansonsten ist es aber egal, mit welcher Gesellschaft man fährt. Es gibt keine sich überschneidenden Liniennummern: Wer Bus Nr. 147 benötigt,

*Die Zahl links im blauen Schild gibt die Nummer der Bushaltestelle an, darunter im roten Bereich stehen die Buslinien, die dort halten. Das MRT-Symbol rechts bedeutet, dass man von hier zu einer MRT-Station gelangt.*

140si Abb.: rk

steigt einfach in Nr. 147 ein, ohne darauf zu achten, um welche Busgesellschaft es sich handelt.

Die Busse in den „400erten", also z. B. die im Buch vorkommenden Nr. 401 und 408, sind Busse, die Parks bedienen und zumeist nur an Wochenenden und Feiertagen fahren.

Busse, die nach ihrer Nummer mit einem **„A"** gekennzeichnet sind, fahren nur eine verkürzte Strecke auf der betreffenden Route. Busse mit der Kennzeichnung **„e"** fahren nur an Wochentagen.

Im Allgemeinen fahren die Busse ca. zwischen 5.30/6 und 24 Uhr.

Die Gesellschaft SMRT bietet an Wochenenden und Feiertagen einen nächtlichen **„Night Rider Service"** (Kennzeichnung „NR") mit Fahrten zwischen 23.30 und 4.35 Uhr, deren Busse von einigen Night-Spots in die Vororte fahren. Alle Fahrten kosten 4,50 S$. Es gibt sieben Routen, Route Nr. 4 wurde eingestellt:

- **NR. 1:** Sentosa Gate und HarbourFront nach Yishun Ring Rd.
- **NR. 2:** Raffles Boulevard (MRT-Station Promenade) nach Sembawang Drive
- **NR. 3:** Chinatown, River Valley Rd. (Clarke Quay), Mohamed Sultan Rd. nach Choa Chu Kang Interchange
- **NR. 5:** Raffles Boulevard (MRT-Station Promenade) nach Jurong West Street 64
- **NR. 6:** Sentosa Gateway nach Compassvale Drive/Sengkang
- **NR. 7:** Raffles Boulevard (MRT-Station Promenade) nach Loyang Avenue / Pasir Ris.
- **NR. 8:** Raffles Boulevard (MRT-Station Promenade) nach Bukit Batok West Ave. 5

Eine Übersicht über die exakten Routen siehe unter www.smrt.com.sg/buses/documents/night_rider/smrt_nightriderservice_guide.pdf.

EXTRAINFO

**Was kostet meine Fahrt?**

Die Fahrpreise von Bus und MRT für jede beliebige Fahrtstrecke sind auf der Website www.publictransport.sg einsehbar. Siehe Rubrik „Fare Calculator".

Die Gesellschaft SBS Transit (www.sbstransit.com.sg) verfügt über ein ähnliches Angebot, **„Nite Owl Service"** (Kennzeichnung „N") mit sieben Linien, die alle vom Marina Centre Terminal am Raffles Boulevard, abfahren; Fahrten jeweils an Wochenenden und Feiertagen zwischen 24 und 2 Uhr.

Alle Busse in Singapur sind klimatisiert. Einige sind Doppeldeckerbusse, so wie man sie womöglich aus London kennt. Beim Einsteigen wird vorne beim Fahrer bezahlt. Dazu halte man Kleingeld bereit, denn **in den Bussen wird kein Wechselgeld herausgegeben.** Bei Barzahlung beträgt der Fahrpreis 1,32 bis 2,45 S$, bei Expressbussen, die nur mit wenigen Halten fahren, etwas mehr. Einfacher und preiswerter ist aber auch hier die ez-link Card (0,77–2,02 S$, s. S. 263). Man hält sie einfach beim Betreten des Busses (vorne) an einen Scanner und ebenso beim Verlassen des Busses (Mitte). Die Fahrpreise sind je nach Entfernung gestaffelt und entsprechen denen des MRT.

Eine gute Investition ist der **Bus Guide,** der in Buchhandlungen und 7-Eleven-Läden erhältlich ist (Mighty Minds Publishers). Darin sind alle Buslinien und Haltestellen verzeichnet, dazu gibt es hilfreiche Umgebungskarten der MRT-Stationen.

**Mitnahme von Fahrrädern:** Es gelten dieselben Vorschriften wie bei der MRT (s. S. 262).

141si Abb.: rk

## Taxis

Es gibt etwa **28.500 Taxis in Singapur,** die unterschiedlichen Gesellschaften angehören (www.taxisingapore.com). Die Wagen halten oft an speziellen Taxihaltepunkten oder *Taxi Stands* (z. B. an Shoppingcentern, Hotels etc.), man kann aber auch per Handzeichen einfach ein Taxi auf der Straße anhalten – sofern kein Halteverbot besteht. Freie Taxis haben auf dem Dach das Licht auf Grün gestellt.

Die Tarife sind günstig, der Anschlagpreis beträgt je nach Taxiunternehmen und Fahrzeug derzeit 3,20 bis 3,90 S$. Dazu gibt es einige Mercedes-Taxis und andere Limousinen mit einem Grundpreis von 3,90 bis 5 S$. (2014/2015 gab es Pläne, die unterschiedlichen Startpreise demnächst anzupassen).

Wenn man in der Taxischlange am Flughafen steht und sein Taxi zugewiesen bekommt, und es handelt sich zufällig um eine der teureren Limousinen handelt, wird i. d. R. gefragt, ob man damit fahren möchte oder ein normales Taxi bevorzugt. Zu beachten ist, dass zu den Hauptstoßzeiten und bei Fahrten im CBD (15) **Zuschläge erhoben werden,** die automatisch auf den Grundpreis aufgeschlagen werden. Eine Taxifahrt von eigentlich 5 oder 6 S$ kann so leicht das Doppelte kosten. Von 24 Uhr bis 6 Uhr gilt ein höherer Nachttarif und alle Fahrten werden um 50 % teurer. Dafür entfallen nachts alle anderen o. g. Zuschläge.

In allen Taxis kann man sich eine Quittung ausdrucken lassen. In den meisten ist gegen eine Extragebühr von 10 % auch die **Bezahlung per Kreditkarte** möglich, was manchen Fahrern aber nicht so recht ist, da sie lieber Bares einnehmen. Außerdem **hat es in der jüngeren Vergangenheit Dispute mit Kreditkartenunternehmen** gegeben, die ihren Kunden den obigen Aufschlag nicht zumuten

*Taxis findet man leicht an einem der zahlreichen Taxihaltepunkte, so wie hier am Clarke Quay*

132si Abb.: rk

wollten und die Karten für die Benutzung in Taxis gesperrt hatten. Die Karten von Visa z. B. waren 2014 nicht benutzbar. Wer mit Kreditkarte bezahlen will, sollte sich zuvor beim Fahrer erkundigen, ob die Karte akzeptiert wird.

**Trinkgelder** auf den Fahrpreis sind nicht üblich, die Fahrer geben selbst Minimalsummen von 10 oder 20 Cent anstandslos heraus.

Singapurs sich stetig wandelnde Stadtlandschaft überfordert selbst so manchen Taxifahrer, und **nicht alle kennen u.U. den Zielort**, den man ansteuern will. In diesem Fall hilft u. U. das Navigationsgerät, mit dem viele Taxis ausgestattet sind.

› Informationen zum Taxiwesen und den diversen Taxigesellschaften liefert die Website www.taxisingapore.com.

*Trishaws bieten die Möglichkeit, die Stadt in ganz geruhsamem Tempo kennenzulernen*

## Rikschas oder Trishaws

An manchen Stellen in touristischen Bereichen stehen **Fahrradrikschas oder Trishaws** (so genannt wegen ihrer drei Räder) für kleine Besichtigungsfahrten zur Verfügung. Die Fahrer, meist alte chinesische Haudegen, sprechen passierende Touristen oft gleich an. Manche fahren einzeln, andere in Pulks. Bei den Einzelfahrern lässt sich meist ein wenig handeln, die Pulkfahrer gehören zu Trishaw-Unternehmen und fahren zu festen Preisen. Als reguläres Verkehrsmittel sind die Trishaws nicht in Gebrauch.

Die größte Ansammlung von Rikschas findet sich bei **Trishaw Uncle** am Albert Mall Trishaw Park, Queen St./Albert St., gegenüber Bugis Village, Tel. 63377111, www.trishawuncle.com.sg, MRT Bugis. Günstig sind die Fahrten nicht: Halbstündige Touren durch Bugis und Little India kosten 39 S$ bzw. 29 S$ für Kinder. Touren, die zusätzlich zum Singapore River führen, liegen bei 49/39 S$. Bei Gruppen ab 6 Personen wird 10 % Rabatt gewährt.

# Wetter und Reisezeit

Das singapurische Wetter ist das ganze Jahr hindurch **tropisch heiß** bei hoher Luftfeuchtigkeit. Die Tageshöchsttemperaturen liegen meist bei 33 bis 35 °C. Die hohe Luftfeuchtigkeit macht mehr zu schaffen als die Temperaturen.

Das Wetter ist ansonsten **sehr wechselhaft.** Sonnenschein und Regen können sich mehrmals täglich abwechseln. Es kann zu jeder Jahreszeit regnen, die **Hauptregenzeit** aber ist von etwa Ende November bis Anfang Januar. Weihnachten, das in Singapur von vielen Menschen gefeiert, zumindest aber durch ausgedehnte Shoppingtouren begangen wird, fällt also in den Monsun. Zu dieser Zeit ist der Himmel oft grau, vorteilhaft sind jedoch die etwas niedrigeren Temperaturen von ca. 30 bis 33 Grad.

Besonders im September oder Oktober hängen häufig **Rauchwolken** über der Stadt, die von Waldbränden aufgrund von Brandrodung in Indonesien herrühren. In manchen Jahren kann man das brennende Holz förmlich in der Luft riechen. Menschen mit Lungen- oder Herzbeschwerden können die Giftstoffe unter Umständen zu schaffen machen. Die aktuellen Messwerte in Sachen Luftbelastung lassen sich auf der Website www.haze.gov.sg verfolgen. In Tagen akuter Luftbelastung berichtet auch die Tageszeitung The Straits Times. Zu Normalzeiten ist die Luftqualität in Singapur weit besser als in den meisten anderen asiatischen Metropolen.

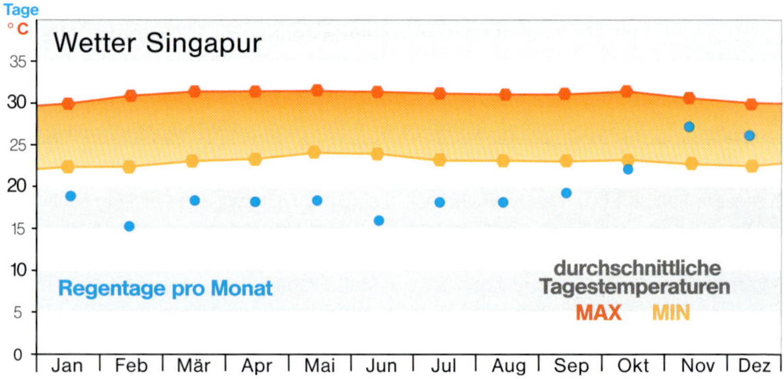

143si Abb.: rk

# Kleine Sprachhilfe

Die folgenden Wörter und Redewendungen wurden dem Reisesprachführer „Englisch – Wort für Wort" (Kauderwelsch-Band 64) aus dem Reise Know-How Verlag entnommen.

## Häufig gebrauchte Wörter und Redewendungen

### Die wichtigsten Fragewörter

| | | |
|---|---|---|
| *who?* | (huh) | wer? |
| *what?* | (wott) | was? |
| *where?* | (wäèr) | wo?/wohin? |
| *why?* | (wei) | warum? |
| *how?* | (hau) | wie? |
| *how much?* | (hau matsch) | wie viel? (Menge) |
| *how many?* | (hau männih) | wie viele? (Anzahl) |
| *when?* | (wänn) | wann? |
| *how long?* | (hau long) | wie lange? |

### Zahlen

| | | |
|---|---|---|
| 1 | (wann) | *one* |
| 2 | (tuh) | *two* |
| 3 | (ðrih) | *three* |
| 4 | (fohr) | *four* |
| 5 | (feiw) | *five* |
| 6 | (ßikß) | *six* |
| 7 | (ßäwèn) | *seven* |
| 8 | (äit) | *eight* |
| 9 | (nein) | *nine* |
| 10 | (tänn) | *ten* |
| 11 | (ihläwèn) | *eleven* |
| 12 | (twälw) | *twelve* |
| 13 | (ðörtihn) | *thirteen* |
| 14 | (fohrtihn) | *fourteen* |
| 15 | (fifftihn) | *fifteen* |
| 16 | (ßikßtihn) | *sixteen* |
| 17 | (ßäwèntihn) | *seventeen* |
| 18 | (äitihn) | *eighteen* |
| 19 | (neintihn) | *nineteen* |
| 20 | (twänntih) | *twenty* |
| 30 | (ðörtih) | *thirty* |
| 40 | (fohrtih) | *forty* |
| 50 | (fifftih) | *fifty* |
| 60 | (ßikßtih) | *sixty* |
| 70 | (ßäwèntih) | *seventy* |
| 80 | (äitih) | *eighty* |
| 90 | (neintih) | *ninety* |
| 100 | (hanndrid) | *hundred* |
| 1000 | (ðauzänd) | *thousand* |

### Die wichtigsten Zeitangaben

| | | |
|---|---|---|
| *yesterday* | (jäßtèrdäi) | gestern |
| *today* | (tuhdäi) | heute |
| *tomorrow* | (tuhmohrrou) | morgen |
| *last week* | (lahßt wihk) | letzte Woche |
| *every day* | (äwwrih dä) | täglich |
| *in the morning* | (in ðè mohrning) | morgens |
| *in the afternoon* | (in ðih_ ahftèrnuhn) | nachmittags |
| *in the evening* | (in ðih_ ihwèning) | abends |
| *early* | (öhrlih) | früh |
| *late* | (läit) | spät |
| *on time* | (on teim) | pünktlich |
| *now* | (nau) | jetzt |
| *soon* | (suhn) | bald |
| *never* | (näwwèr) | nie |
| *Monday* | (manndäi) | Montag |
| *Tuesday* | (tjuusdäi) | Dienstag |
| *Wednesday* | (wennsdäi) | Mittwoch |
| *Thursday* | (thöösdäi) | Donnerstag |
| *Friday* | (fraidäi) | Freitag |
| *Saturday* | (ßättedäi) | Samstag |
| *Sunday* | (ßanndäi) | Sonntag |

**+++ NEU: Die wichtigsten Wörter mit dem Bonus-Audiotrack des Kauderwelsch-**

## Die wichtigsten Richtungsangaben

| | | |
|---|---|---|
| *on the right* | (on ðè reit) | rechts |
| *on the left* | (on ðè läfft) | links |
| *to the right* | (tuh ðè reit) | nach rechts |
| *to the left* | (tuh ðè läfft) | nach links |
| *turn right* | (törn reit) | rechts abbiegen |
| *turn left* | (törn läfft) | links abbiegen |
| *straight on* | (ßträjt on) | geradeaus |
| *in front of* | (in front_off) | gegenüber |
| *outside* | (autseid) | außerhalb |
| *inside* | (inseid) | innerhalb |
| *here* | (hi-èr) | hier |
| *there* | (ðäèr) | dort |
| *up there* | (ap ðäèr) | da oben |
| *down there* | (daun ðäèr) | da unten |
| *nearby* | (nihrbei) | nah, in der Nähe |
| *far away* | (fahr èwäi) | weit weg |
| *round the corner* | (raund ðè kohrnèr) | um die Ecke |

## Die wichtigsten Floskeln und Redewendungen

| | | |
|---|---|---|
| *yes* | (jäß) | ja |
| *no* | (nou) | nein |
| *thank you* | (ðänk_juh) | danke |
| *please* | (plihs) | bitte |
| *Good morning!* | (gudd mohrning) | Guten Morgen! |
| *Good evening!* | (gudd ihwèning) | Guten Abend! |
| *Hello! / Hi!* | (hällou / hei) | Hallo! |
| *How are you?* | (hau ah juh) | Wie geht es Ihnen/dir? |
| *Fine, thank you.* | (fein ðänk_juh) | Danke gut. |
| *Good bye!* | (gudd bei) | Auf Wiedersehen! |
| *Have a good day!* | (häw_è gudd däi) | Einen schönen Tag! |
| *I don't know.* | (ei dount nou) | Ich weiß nicht. |
| *Cheers!* | (tschihrs) | Prost! |
| *The bill, please!* | (ðè bill plihs) | Die Rechnung, bitte! |
| *Congratulations!* | (kongrätuläischènß) | Glückwunsch! |
| *Excuse me!* | (ikßkjuhs mih) | Entschuldigung! |
| *I'm sorry.* | (eim ßorrih) | Tut mir leid! |
| *It doesn't matter.* | (itt dahsnt mättèr) | Das macht nichts. |
| *What a pity!* | (wott_è pittih) | Wie schade! |

## Die wichtigsten Fragen

| | | |
|---|---|---|
| *Is there a/an ... ?* | (is ðäèr è/ènn ...) | Gibt es ...? |
| *Do you have ... ?* | (duh juh häw ...) | Haben Sie ...? |
| *Where is/are ... ?* | (wäèr is/ah ...) | Wo ist/sind ... ? |
| *Where can I ... ?* | (wäèr kähn_ei) | Wo kann ich ... ? |
| *How much is it?* | (hau matsch is_itt) | Wie viel kostet das? |
| *What time?* | (wott teim) | Um wie viel Uhr? |

| | | |
|---|---|---|
| *Can you help me?* | (kähn juh hällp mih) | Können Sie mir helfen? |
| *Is there a bus to ... ?* | (is ðäèr è_baß tuh ...) | Gibt es einen Bus nach ...? |
| *How are you?* | (hau ah juh) | Wie geht es dir/Ihnen? |
| *What's your name?* | (wotts juhr näim) | Wie heißt du/ heißen Sie? |
| *How old are you?* | (hau ould ah juh) | Wie alt bist du/ sind Sie? |
| *Where do you come from?* | (wär duh juh kamm fromm) | Woher kommen Sie? |
| *Excuse me?* | (ikßkjuhs mih) | Wie bitte? |

### Nichts verstanden? – Weiterlernen!

| | | |
|---|---|---|
| *I don't speak English.* | (ei dount spihk in-glisch) | Ich spreche kein Englisch. |
| *Pardon?* | (pahdèn?) | Wie bitte? |
| *I don't understand.* | (ei dount andèrständ) | Ich habe nicht verstanden. |
| *Do you speak German?* | (duh juh spihk dschörmèn?) | Sprechen Sie Deutsch? |
| *How do you say that in English?* | (hau duh juh säi ðät in in-glisch?) | Wie heißt das auf Englisch? |
| *What does it mean?* | (wott dahs_itt mihn?) | Was bedeutet das? |

## Kleine Vokabelliste rund ums Essen

| | |
|---|---|
| *starters* | Vorspeisen |
| *mains* | Hauptgerichte |
| *deserts* | Nachspeisen |
| *cheese* | Käse |
| *spicy* | scharf |
| *sour/sweet* | sauer/süß |
| *well done* | durchgebraten |
| *rare* | roh |
| *cooked breakfast* | englisches Frühstück (Eier, Speck, Wurst, Tomate |
| *continental breakfast* | Brötchen, Croissant, Marmelade |
| *sausage/bangers* | Bratwurst |
| *turkey* | Pute |
| *lamb chops* | Lammkotelett |
| *beef* | Rind |
| *pork chops* | Schweinekotelett |
| *game* | Wild |
| *baked/jacket potato* | Folienkartoffel |
| *potato mash* | Kartoffelbrei |
| *pasta* | Nudeln |
| *noodles* | Suppennudeln |
| *chips* | Pommes frites |
| *rice* | Reis |
| *chicken* | Huhn |

# Singapur mit PC, Smartphone & Co.

QR-Code auf dem Umschlag scannen oder **www.reise-know-how.de/citytrip-plus/singapur15** eingeben und die **kostenlose Web-App** aufrufen (Internetverbindung zur Nutzung nötig)!

- ★ **Anzeige der Lage und Luftbildansichten** aller beschriebenen Sehenswürdigkeiten und touristisch wichtigen Orte
- ★ **Routenführung** vom aktuellen Standort zum gewünschten Ziel
- ★ **Exakter Verlauf** des empfohlenen Stadtspaziergangs
- ★ **Audiotrainer** der wichtigsten Wörter und Redewendungen
- ★ **Aktuelle Infos** nach Redaktionsschluss

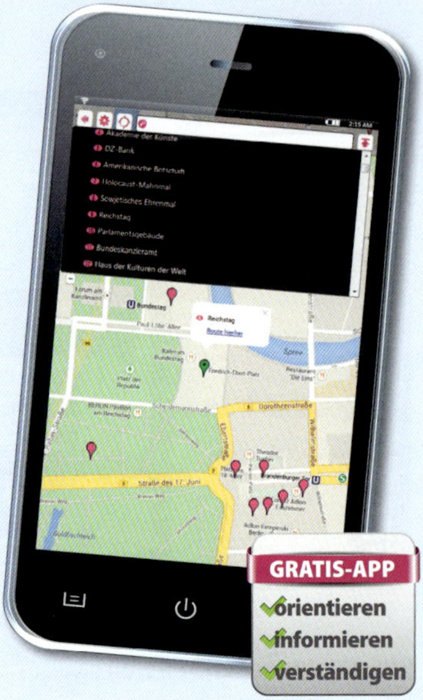


## GPS-Daten zum Download

Auf der Produktseite dieses Titels unter www.reise-know-how.de stehen die GPS-Daten aller Ortsmarken als KML-Dateien zum Download zur Verfügung.

## Stadtplan für mobile Geräte

Um den Stadtplan auf Smartphones und Tablets nutzen zu können, empfehlen wir die App „PDF Maps" von Avenza™. Der Stadtplan wird aus der App heraus geladen und kann dann mit vielen Zusatzfunktionen genutzt werden.

# Der Autor

**Rainer Krack** (geb. 1952) lebt seit 1986 in Bangkok. Während des Studiums der Indologie verschlug es ihn zunächst nach Indien, wo er begann, Zeitungsartikel und Bücher zu verfassen. Das Schreiben wurde schnell zum Beruf. Mittlerweile hat er weit über ein Dutzend Bücher verfasst, Reiseführer ebenso wie Sprach- und Kulturführer über Thailand, Indien, Nepal, Sri Lanka, Singapur und Malaysia. Er spricht Thai, Hindi und Bengali und bekommt auch „Singlish" (s. S. 127) recht überzeugend hin. Von Bangkok aus bereist er ständig Süd- und Südostasien. In Singapur ist er seit 1990 regelmäßiger Gast – mit bisher ca. 140 Aufenthalten, der kürzeste zwei Tage, der längste vier Monate.

# Schreiben Sie uns

Dieses Buch ist gespickt mit Adressen, Preisen, Tipps und Daten. Unsere Autoren recherchieren unentwegt und erstellen alle zwei Jahre eine komplette Aktualisierung, aber auf die Mithilfe von Reisenden können sie nicht verzichten. Darum: Teilen Sie uns bitte mit, was sich geändert hat oder was Sie neu entdeckt haben. Gut verwertbare Informationen belohnt der Verlag mit einem Sprachführer Ihrer Wahl aus der Reihe „Kauderwelsch".

Kommentare übermitteln Sie am einfachsten, indem Sie die Web-App zum Buch aufrufen (siehe Umschlag hinten) und die Kommentarfunktion bei den einzelnen auf der Karte angezeigten Örtlichkeiten oder den Link zu generellen Kommentaren nutzen. Wenn sich Ihre Informationen auf eine konkrete Stelle im Buch beziehen, würde die Seitenangabe uns die Arbeit sehr erleichtern. Unsere generellen Kontaktdaten siehe Impressum.

## Impressum

Rainer Krack

**CityTrip PLUS Singapur**



**1. Auflage 2015**



**ISBN 978-3-8317-2597-7**
Printed in Germany

**Druck und Bindung:**
Media-Print, Paderborn

**Herausgeber:** Klaus Werner
**Layout:** amundo media GmbH (Umschlag, Inhalt), Peter Rump (Umschlag)
**Lektorat:** amundo media GmbH
**Karten:** Ingenieurbüro B. Spachmüller, amundo media GmbH
**Anzeigenvertrieb:** KV Kommunalverlag GmbH & Co. KG, Alte Landstraße 23, 85521 Ottobrunn, Tel. 089 928096-0, info@kommunal-verlag.de
**Kontakt:** Osnabrücker Str. 79, 33649 Bielefeld, info@reise-know-how.de



**Bildnachweis**

Alle in diesem Buch verwendeten Bilder stammen vom Autor, Rainer Krack (rk).

# Register

Register

# CITYATLAS

144si Abb.: rk

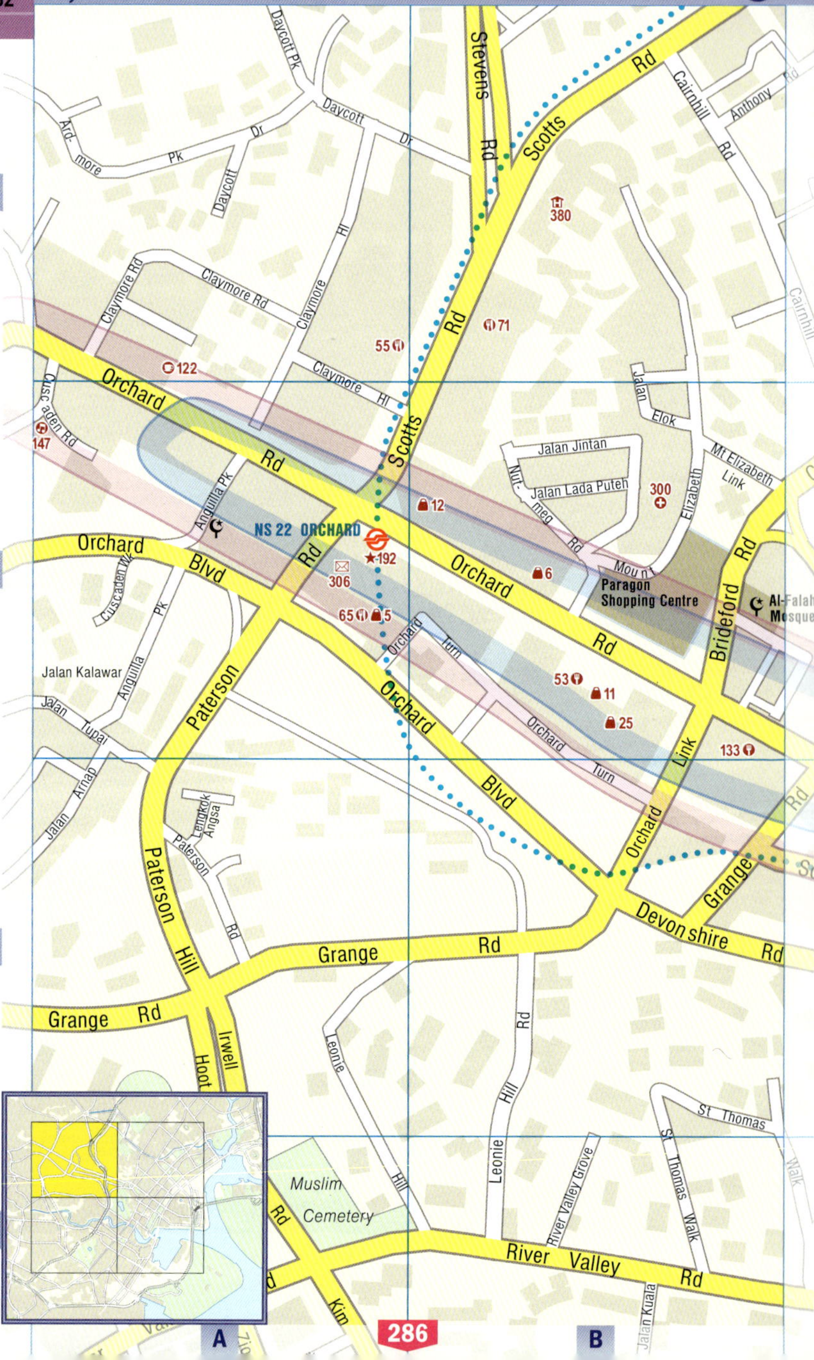
1 cm = 100 m
0
200 m
1
2
3
4
A
B
Stevens Rd
Scotts Rd
Cairnhill Rd
Anthony Rd
Daycott Pk
Daycott Dr
Ardmore Pk
Daycott
Claymore Rd
Claymore Hl
Claymore Hl
380
71
55
122
Orchard Rd
Cuscaden Rd
147
Jalan Elok
Jalan Jintan
Jalan Lada Puteh
Nutmeg Rd
Mt Elizabeth Link
Elizabeth
300
12
Anguilla Pk
NS 22 ORCHARD
192
306
Orchard Blvd
Orchard Rd
6
Mount
Paragon Shopping Centre
Bideford Rd
Al-Falah Mosque
65
5
Orchard Turn
Cuscaden Wk
Anguilla Pk
Jalan Kalawar
Jalan Tupai
Paterson Rd
Orchard Blvd
53
11
25
Orchard Turn
Orchard Link
133
Jalan Arnap
Lengkok Angsa
Paterson Rd
Paterson Hill
Grange Rd
Devonshire Rd
Grange Rd
Irwell
Hoot
Leonie Hill
Leonie Hill Rd
St Thomas
St Thomas Walk
River Valley Grove
Muslim Cemetery
River Valley Rd
Jalan Kuala
Kim
Rd

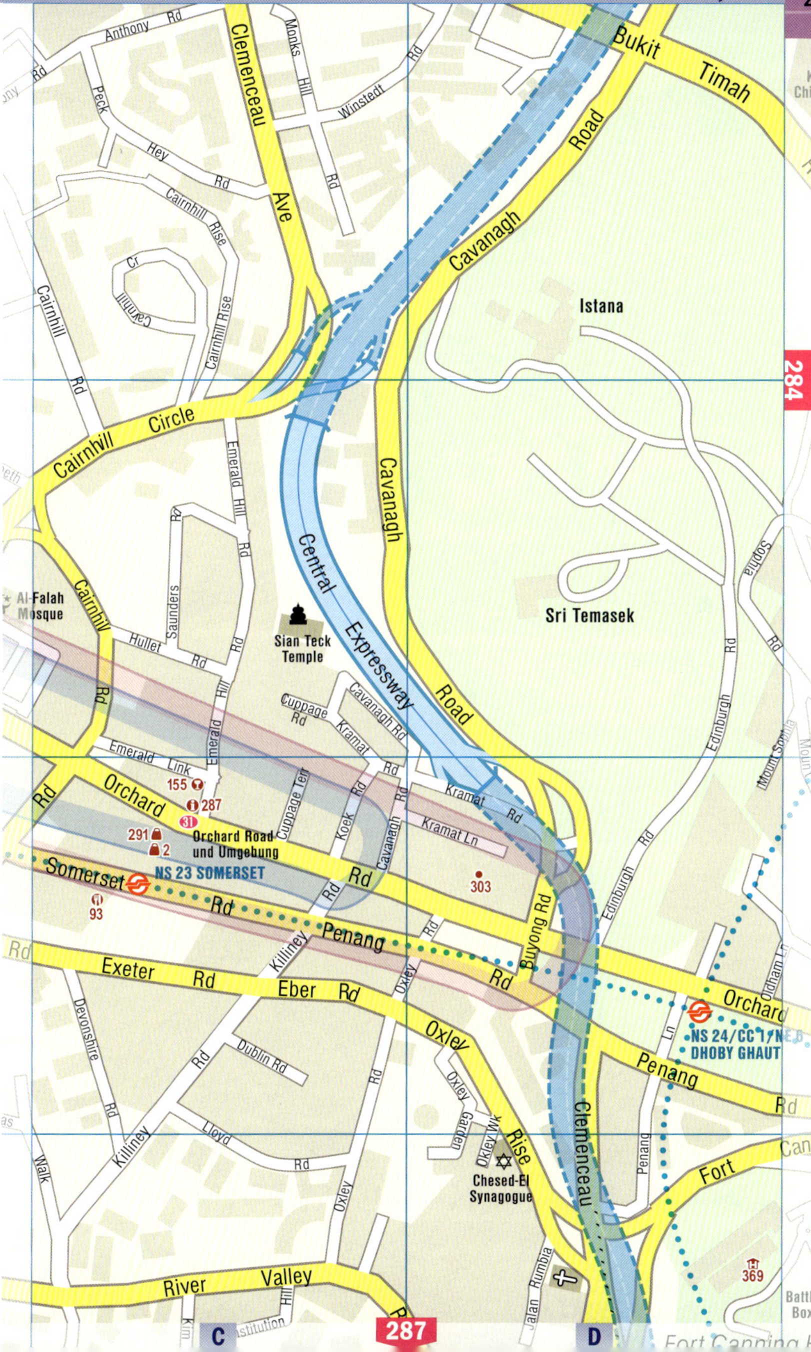
Anthony Rd
Clemenceau Ave
Monks Hill Rd
Winstedt Rd
Peck Hey Rd
Cairnhill Rise
Cairnhill Cr
Cairnhill Rd
Cairnhill Circle
Bukit Timah Road
Cavanagh Road
Istana
Sri Temasek
Emerald Hill Rd
Saunders Rd
Hullet Rd
Al-Falah Mosque
Sian Teck Temple
Central Expressway
Cuppage Rd
Cavanagh Rd
Kramat Rd
Kramat Ln
Emerald Link
Cuppage Terr
Koek Rd
Orchard Rd
155
287
31
291
2
Orchard Road und Umgebung
NS 23 SOMERSET
Somerset Rd
93
303
Buyong Rd
Edinburgh Rd
Sophia Rd
Mount Sophia
Oldham Ln
Penang Rd
Exeter Rd
Killiney Rd
Eber Rd
Oxley Rd
NS 24/CC 1/NE 6 DHOBY GHAUT
Devonshire Rd
Dublin Rd
Oxley Rise
Oxley Garden
Oxley Wk
Lloyd Rd
Penang Ln
Chesed-El Synagogue
Fort Canning Rd
Walk
River Valley Rd
Hill
Institution
Jalan Rumbia
369
1
2
3
4
C
D
284
287

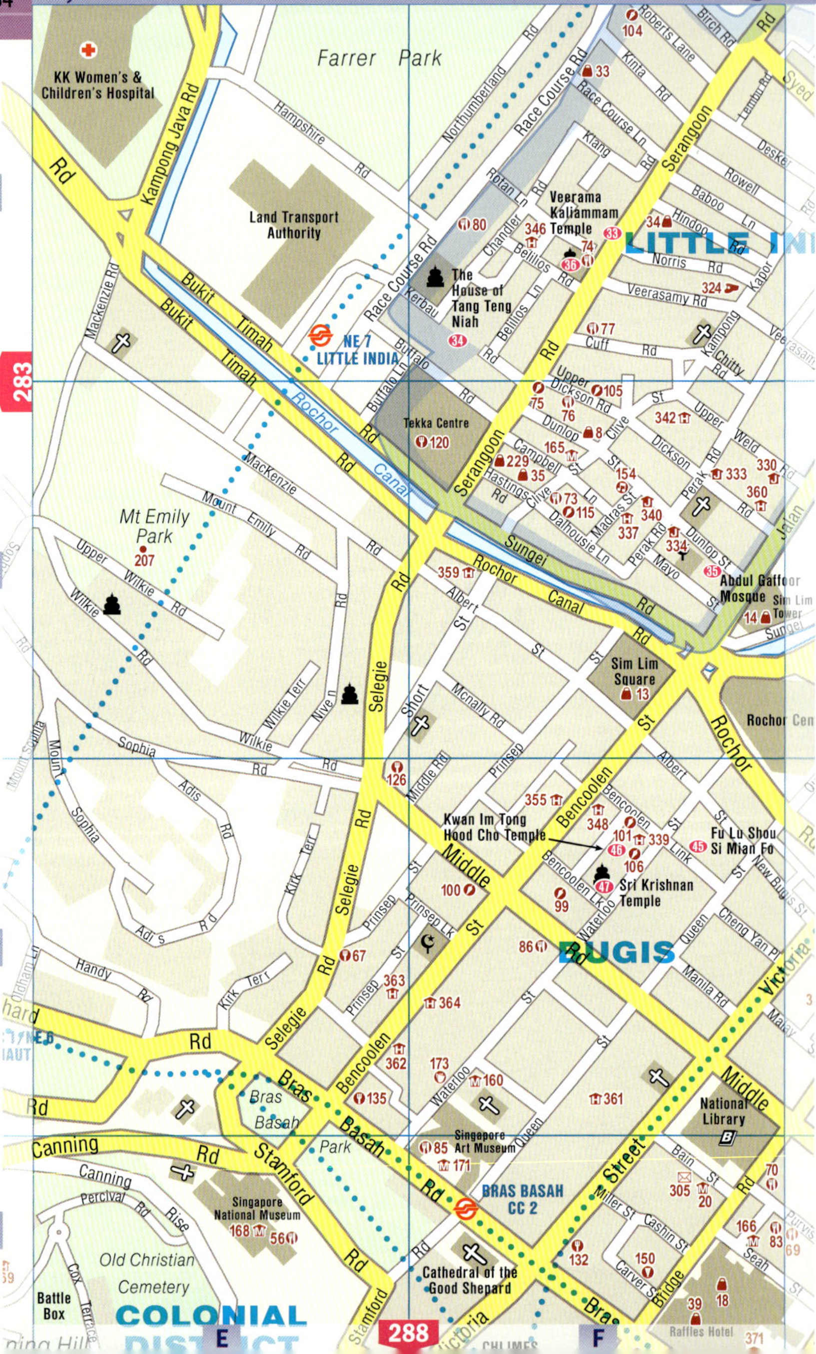
0
1 cm = 100 m
200 m
1
2
3
4
283
288
E
F
KK Women's & Children's Hospital
Farrer Park
Kampong Java Rd
Hampshire
Rd
Land Transport Authority
Northumberland
Rd
Race Course Rd
104
Roberts Lane
Birch Rd
33
Kinta
Rd
Race Course Ln
Serangoon
Syed
Lembu Rd
Desker
Rowell
Klang
Rd
Rotan Ln
Rd
Veerama Kaliammam Temple
80
Chandler
346
74
Baboo
Ln
34
Hindoo
Rd
LITTLE INDIA
Norris
Rd
Kapor
Belilios
Rd
36
The House of Tang Teng Niah
Race Course Rd
Kerbau
324
Veerasamy Rd
Veerasamy
Mackenzie Rd
Bukit
Bukit
Timah
Timah
NE 7 LITTLE INDIA
Buffalo
Buffalo Ln
Belilios Ln
34
Rd
77
Cuff
Rd
Kampong
Chitty
Rd
Rochor
Canal
Rd
Rd
Rd
Upper
Dickson Rd
105
75
76
Dunlop
8
Clive
St
342
Upper
Weld
Tekka Centre
120
Serangoon
165
229
35
Campbell
Ln
St
Dickson
Rd
Perak
333
330
Rd
360
Rd
MacKenzie
Rd
Hastings
Rd
Clive
73
115
Ln
154
Madras St
Dalhousie Ln
340
337
Perak Rd
334
Mayo
Dunlop St
35
Jalan
Mount
Emily
Rd
Mt Emily Park
207
Upper
Wilkie
Rd
Wilkie
Rd
Rd
359
Rochor
Sungei
Canal
Rd
Albert
St
Abdul Gaffoor Mosque
Sim Lim Tower
14
Sungei
Rd
Rd
St
Sim Lim Square
13
Rochor Cen
Rochor
Selegie
Nive n
Wilkie Terr
Wilkie
Short
Mcnally Rd
St
St
Sophia
Rd
Rd
Mount
Sophia
Adis
Rd
Mount Sophia
126
Middle Rd
Prinsep
355
Bencoolen
Bencoolen
Albert
St
Kwan Im Tong Hood Cho Temple
348
101
339
106
46
Link
45
Fu Lu Shou Si Mian Fo
St
New Bugis St
Selegie
Rd
Kirk
Terr
Middle
Rd
Bencoolen Lk
Waterloo
Sri Krishnan Temple
47
99
100
Prinsep
Prinsep Lk
St
86
BUGIS
Queen
Cheng Yan Pl
Victoria
Adis
Rd
Rd
Handy
Rd
Oldham Ln
67
Kirk
Terr
Prinsep
363
364
St
Manila Rd
Malay
Selegie
Rd
Bencoolen
Rd
Bras
Basah
Bras
Basah
Park
362
173
Waterloo
160
St
361
Middle
National Library
135
Rd
Canning
Rd
Canning
Percival
Rd
Rise
Stamford
Rd
Singapore National Museum
168
56
85
171
Singapore Art Museum
Queen
BRAS BASAH CC 2
Street
Bain
St
305
20
70
Rd
Miller St
Cashin St
166
83
69
Seah
St
Purvis
Old Christian Cemetery
Cox
Terrace
Battle Box
COLONIAL
Stamford
Rd
Cathedral of the Good Shepard
132
150
Carver St
Bridge
39
18
Raffles Hotel
371
Victoria
Bras

City Square Mall
Jalan Besar Stadium
INDIA
KAMPONG GLAM
EW 11 LAVENDER
DT 14/EW 12 BUGIS
CC 5 NICOLL HIGHWAY
Syed Alwi Bridge
Victoria Bridge
Old Malay Cemetery
Malabar Jama'ath Mosque
North Bridge Garden
Malay Heritage Centre
Hajjah Fatima Mosque
Kg Glam Park
Sultan Mosque
Parkview Square
Sim Lim Tower
Suntec City Towers
Kitchener Rd
Syed Alwi Rd
Jalan Besar
Sam Leong Rd
Verdun Rd
Trywhitt Rd
King George's Ave
French Rd
Horne Rd
Caven Rd
Penhas Rd
Jellicoe Rd
Kallang Walk
Victoria St
Rochor Canal Rd
Jalan Sultan
North Bridge Rd
Beach Rd
Nicoll Hwy
Ophir Rd
Rochor Rd
Arab St
Queen St
Bali Ln
Haji Ln
Baghdad St
Bussorah St
Kandahar St
Muscat St
Pahang St
Minto Rd
Crawford Ln
Tan Quee Lan St
Liang Seah St
Purvis St
Malay St
Fraser St
Hindoo Rd
Veerasamy Rd
Kelantan Rd
Kelantan Ln
Weld Rd
Pasar Ln
Pitt St
Jalan Kubor
Jln Klapa
Jln Kledek
Jln Pisang
Jln Pinang
Johore Rd
Ban San St
Gafoor
Rochor Centre
G
H
1
2
3
4
289

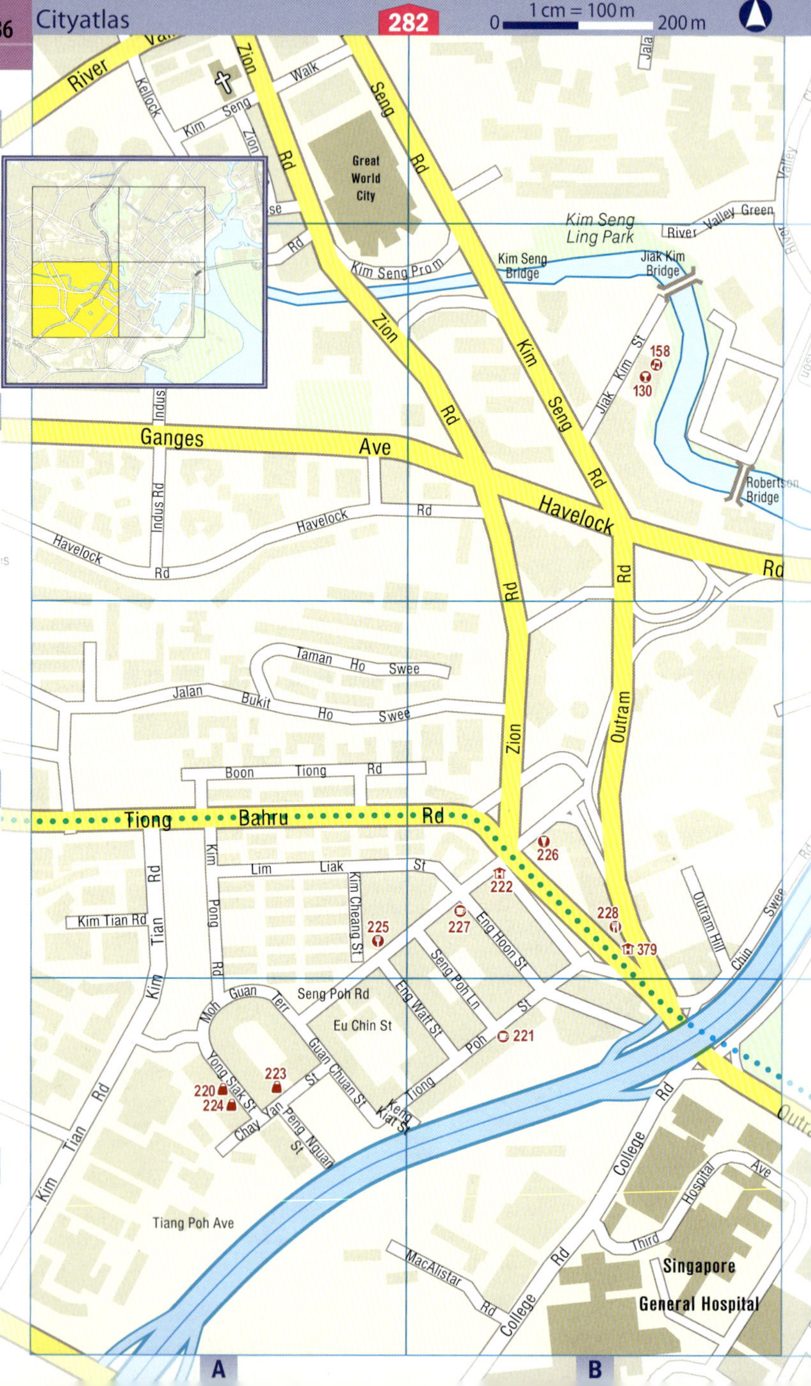
282
0
1 cm = 100 m
200 m
4
5
6
7
A
B
River Valley Rd
Kellock
Kim Seng Walk
Zion Rd
Kim Seng Rd
Great World City
Kim Seng Prom
Kim Seng Ling Park
Kim Seng Bridge
Jiak Kim Bridge
River Valley Green
Jiak Kim St
158
130
Indus Rd
Ganges Ave
Havelock Rd
Robertson Bridge
Outram Rd
Taman Ho Swee
Jalan Bukit Ho Swee
Boon Tiong Rd
Tiong Bahru Rd
Kim Tian Rd
Kim Pong Rd
Lim Liak St
Kim Cheang St
226
222
227
225
228
379
Eng Hoon St
Seng Poh Ln
Seng Poh Rd
Eng Watt St
Moh Guan Terr
Eu Chin St
Outram Hill
Chin Swee Rd
Tiong Poh Rd
221
Guan Chuan St
Keng Kiat St
Yong Siak St
Chay Yan St
Peng Nguan St
223
220
224
Tiang Poh Ave
College Rd
Hospital Ave
Third Hospital Ave
MacAlistar Rd
Singapore General Hospital

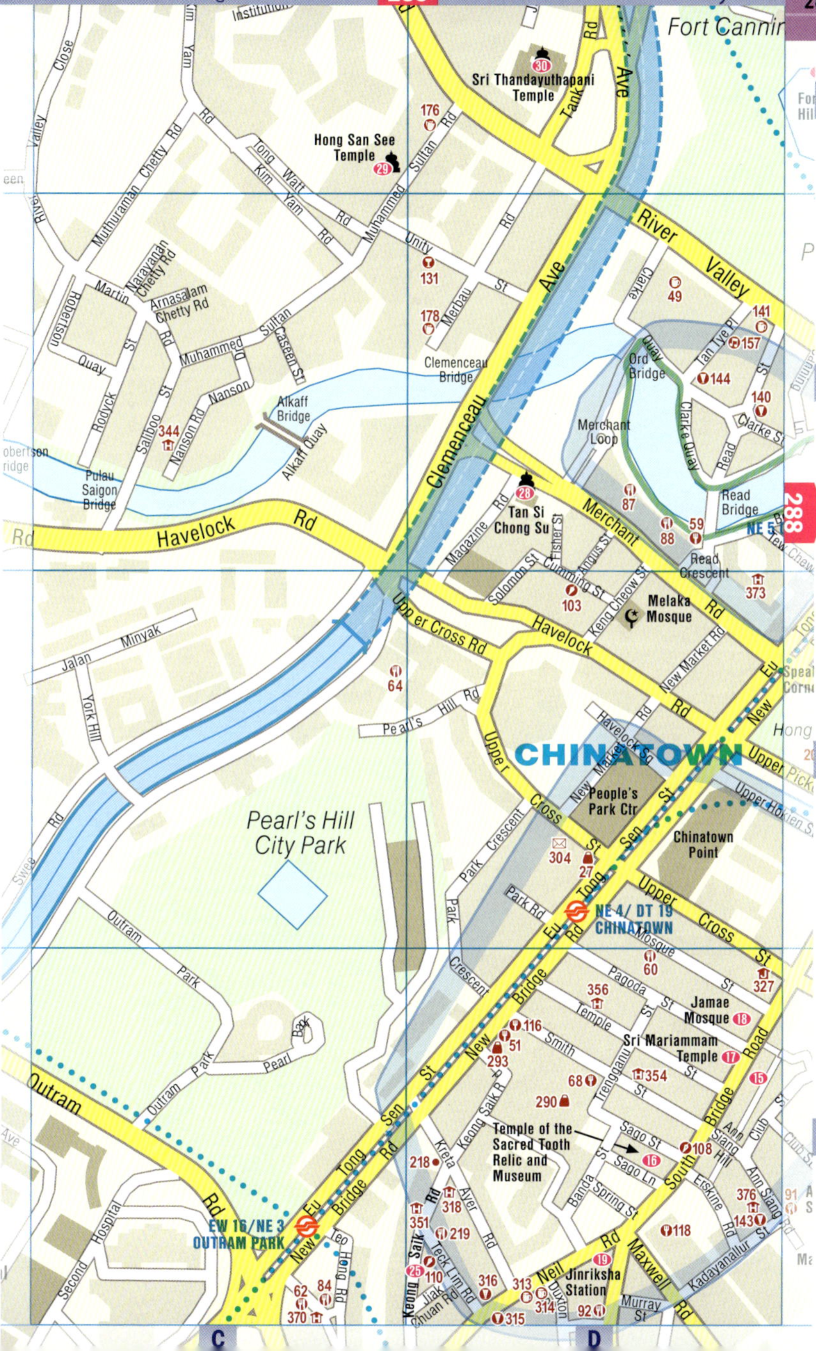
Fort Canning
4
5
6
7
288
C
D
Sri Thandayuthapani Temple
Hong San See Temple
Clemenceau Bridge
Alkaff Bridge
Pulau Saigon Bridge
Havelock Rd
Clemenceau Ave
River Valley Rd
Merchant Rd
Ord Bridge
Merchant Loop
Clarke Quay
Read Bridge
Read Crescent
Tan Si Chong Su
Melaka Mosque
Upper Cross Rd
Pearl's Hill Rd
CHINATOWN
People's Park Ctr
Chinatown Point
Pearl's Hill City Park
NE 4/ DT 19 CHINATOWN
EW 16/NE 3 OUTRAM PARK
Outram Rd
Outram Park
Jamae Mosque
Sri Mariammam Temple
Temple of the Sacred Tooth Relic and Museum
Jinriksha Station
New Bridge Rd
Eu Tong Sen St
South Bridge Road
Neil Rd
Maxwell Rd
Kadayanallur St
Havelock Sq
New Market Rd
Keng Cheow St
Pagoda St
Temple St
Smith St
Trengganu St
Sago St
Sago Ln
Spring St
Banda St
Erskine Rd
Ann Siang Hill
Club St
Keong Saik Rd
Kreta Ayer Rd
Teck Lim Rd
Jiak Chuan Rd
Duxton Rd
Murray St
Teo Hong Rd
Hospital Dr
Second Hospital Ave
Jalan Minyak
York Hill
Magazine Rd
Solomon St
Cumming St
Angus St
Fisher St
Tong Watt Rd
Kim Yam Rd
Unity St
Merbau Rd
Tank Rd
Sultan Rd
Muhammed Sultan Rd
Muthuraman Chetty Rd
Narayanan Chetty Rd
Arnasalam Chetty Rd
Martin Rd
Robertson Quay
Rodyck St
Saiboo St
Nanson Rd
Alkaff Quay
Caseen St
Valley Rd
Close
Institution
Tan Tye Pl
Clarke St
Park Crescent
Park Rd
Mosque St
Upper Pickering
Upper Hokien St
Hong
Speakers' Corner
NE 5
Jew Chaw
176 178 131 49 141 157 144 140 87 88 59 373 103 64 344 304 27 60 327 356 116 51 293 354 68 290 108 16 15 17 18 19 218 318 351 219 25 110 316 313 314 315 92 62 84 370 118 376 143 91 28 29 30

284
1 cm = 100 m
0
200 m
DISTRICT
Fort Canning Hill
Peranakan Museum
National Archives
Armenian Church
CHIJMES
Stamford
NS 25/EW 13 CITY HALL
Raffles Hotel
Raffles City
Beach Rd
Civilian War Memorial
Philatelic Museum
Central Fire Station
Raffles House
Park
Coleman
St Andrew's Cathedral
City Hall
Padang
Tann Kim Seng Fountain
Cenotaph
Connaught Dr
Esplanade Dr
Esplanade Bridge
Jubilee Bridge
Anderson Bridge
North Boat Quay
Coleman Bridge
CLARKE QUAY
Central Mall
High St
Parliament Pl
Parliament House
Elgin Bridge
Victoria Theatre & Concert Hall
Raffles' Landing Site
Empress Place Building
Asian Civilisation Museum
Cavenagh Bridge
Fullerton Rd
Merlion Park
Fullerton Sq
Speakers' Corner
North Canal Rd
Hong Lim Park
South Canal Rd
Upper Pickering St
UOB Plaza
Chulia St
Battery Rd
Yueh Hai Ching Temple
CBD
NS 26/EW 14 RAFFLES PLACE
DT 18 TELOK AYER
Collyer Quay
Malacca St
China Square Central
Cross St
Ying Fo Fui Kun
Cheang Hong Lim St
Cecil St
Nagore Durgha Shrine
Yu Huang Gong
Ann Siang Hill
Thian Hock Keng Temple
Masjid Al-Abrar
DT 17 DOWNTOWN
Marina View
Raffles Quay
Robinson Rd
MacCallum St
287
4
5
6
7
E
F

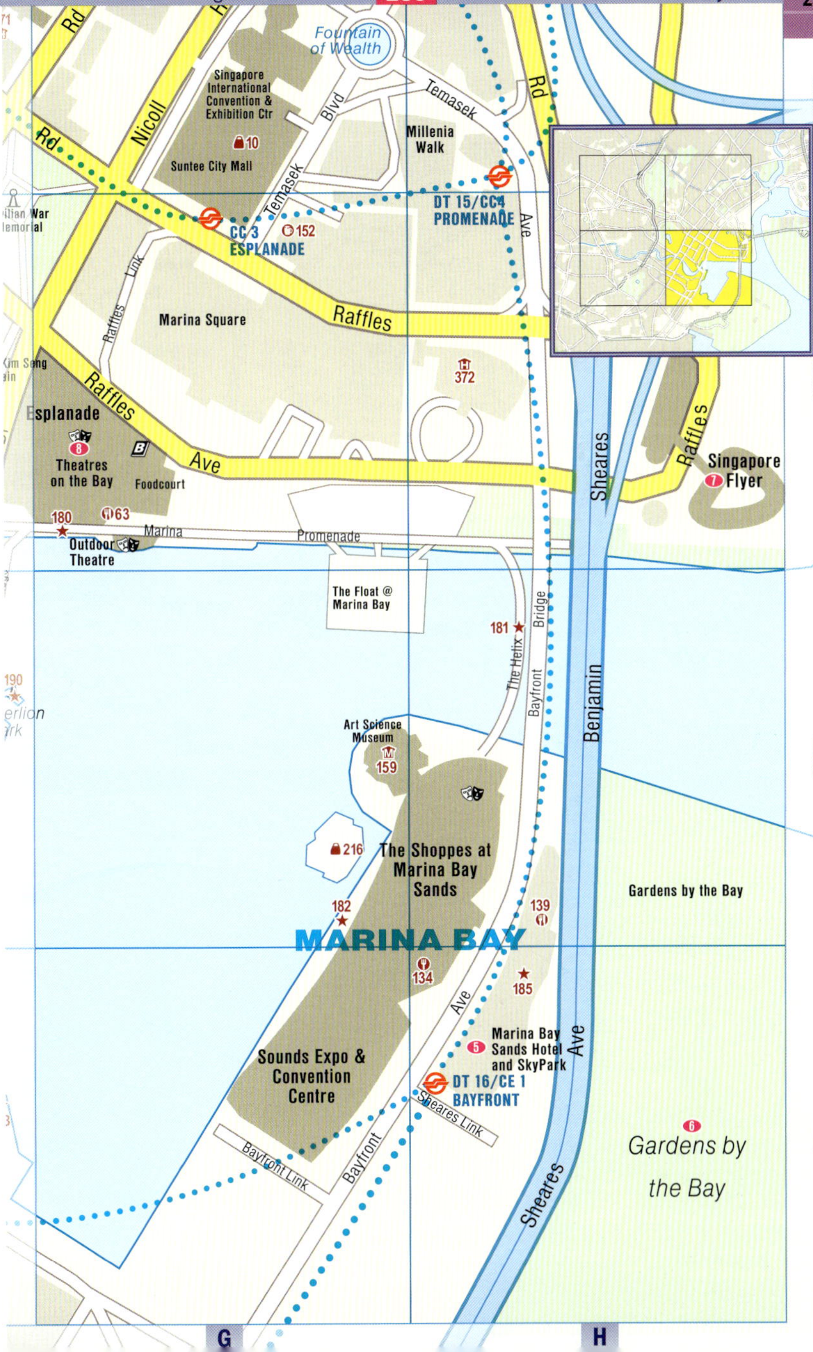

Fountain of Wealth
Singapore International Convention & Exhibition Ctr
10
Suntee City Mall
Nicoll
Rd
Temasek
Blvd
Temasek
Millenia Walk
Rd
DT 15/CC4 PROMENADE
Ave
CC 3 ESPLANADE
152
War Memorial
Raffles Link
Marina Square
Raffles
372
Kim Seng
Esplanade
Raffles
Ave
8
Theatres on the Bay
Foodcourt
Raffles
Singapore Flyer
7
Sheares
180
63
Marina
Promenade
Outdoor Theatre
The Float @ Marina Bay
181
The Helix
Bridge
Bayfront
Benjamin
190
Art Science Museum
159
216
The Shoppes at Marina Bay Sands
Gardens by the Bay
182
139
MARINA BAY
134
185
Ave
Marina Bay Sands Hotel and SkyPark
5
Ave
Sounds Expo & Convention Centre
DT 16/CE 1 BAYFRONT
Sheares Link
Bayfront Link
Bayfront
6
Gardens by the Bay
Sheares
4
5
6
7
G
H

## Singapur, Umgebung

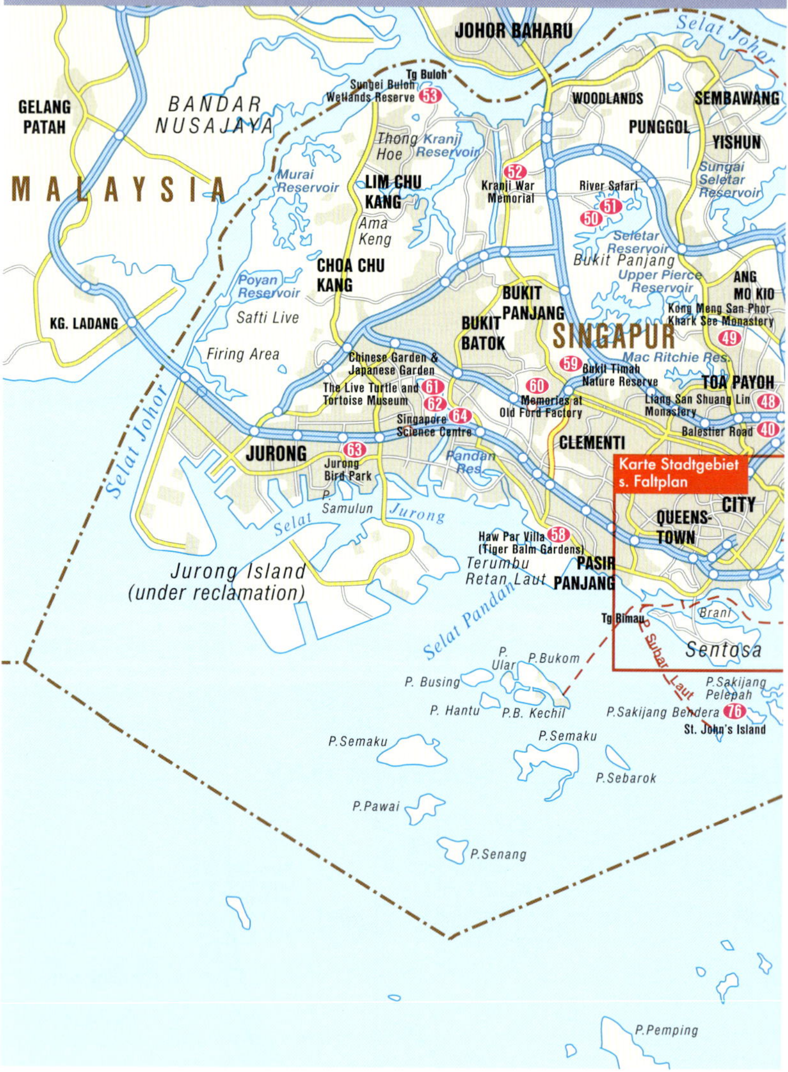

0
10 km
© Reise Know-How 2015
MALAYSIA
KG. PASIR GUDANG
Kg. Ayer Biru
Kg. Pasir Puteh
Kg. Jonglak
TANJUNG BELUNGKOR
P Seletar
Tg. Punggol
Selat Johor
P. Tekong Kechil
74 Pulau Ubin
Pulau Ubin
P Serangoon
Tg Ladang
Pulau Tekong
PUNGGOL
YIO CHU KANG
Serangoon Harbour
HOUGANG
CHANGI
KG. BAHARU
Changi Chapel und Museum 56
Singapur Changi Airport
SERANGOON
TAMPINES
Paya Lebar Airport
Bedok Res.
BEDOK
KATONG
Teluk Sebung (P.Bintan)
Straits of Singapur
INDONESIA
Batu Ampar (P.Batam)
P. Tembakul
75 Kusu Island
Sekupang (P. Batam)
Pulau Batam

# Liste der Karteneinträge

## Liste der Karteneinträge

## Liste der Karteneinträge

**340** [F2] The Inn-Crowd Backpackers Hostel S. 252
**341** [ei] The Mitraa Backpackers Hostel S. 252
**342** [F2] Zenobia Hotel S. 252
**344** [C5] Gallery Hotel S. 253
**345** [H2] Hotel Clover S. 253
**346** [F1] Hotel Grand Chancellor S. 254
**347** [G4] Hotel Kai S. 254
**348** [F3] Ibis Hotel S. 254
**349** [ei] Kam Leng Hotel S. 255
**350** [hi] Malacca Hotel S. 255
**351** [D7] Naumi Liora Hotel S. 255
**353** [G1] ParkRoyal on Kitchener Road S. 255
**354** [D7] Santa Grand Hotel Lai Chun Yuen S. 255
**355** [F3] Summer View Hotel S. 255
**356** [D7] The Inn at Temple Street S. 255
**357** [H2] The Sultan S. 256
**358** [H1] V Hotel Lavender S. 256
**359** [F2] Village Hotel Albert Court S. 256
**360** [F2] Wanderlust Hotel S. 256
**361** [F3] Wilby Central Residences S. 256
**362** [E3] Bayview Hotel S. 257
**363** [E3] Hotel Bencoolen S. 257
**364** [F3] V Hotel Bencoolen S. 257
**365** [E7] Amoy by Far East Hospitality S. 257
**366** [F7] Fullerton Bay Hotel S. 257
**367** [E5] Grand Plaza Parkroyal S. 258
**368** [bl] Hard Rock Hotel S. 258
**369** [D4] Hotel Fort Canning S. 258
**370** [C7] New Majestic Hotel S. 259
**371** [F4] Raffles Hotel Singapore S. 259
**372** [H5] Ritz Carlton Millenia S. 259
**373** [D6] Swissôtel Merchant Court S. 259
**374** [F4] Swissôtel The Stamford S. 259
**375** [F6] The Fullerton Hotel S. 259
**376** [D7] The Scarlet S. 261
**378** [cm] The Sentosa Resort & Spa S. 261
**379** [B6] Wangz Hotel S. 261
**380** [B1] Goodwood Park Hotel S. 260

## Zeichenerklärung

- Hauptsehenswürdigkeit
- Bar, Klub, Treffpunkt
- Bibliothek
- Pub, Kneipe
- Café
- Denkmal
- Geschäft, Kaufhaus, Markt
- Hotel, Unterkunft
- Imbiss, Bistro, Hawker Centre
- Informationsstelle
- Hostel
- Kirche
- Krankenhaus, Arzt
- Moschee
- MRT Singapur
- Museum
- Musikszene, Disco
- Polizei
- Post
- Restaurant
- Sehenswürdigkeit, Fotospot
- Sport-/Spieleinrichtung
- Sonstiges
- Synagoge
- Tempel
- Theater
- Vegetarisches Lokal
- Weinlokal
- Shoppingareal
- Gastro- und Nightlife-Areal
- Spaziergang am Fluss (s. S. 28)

Hier nicht aufgeführte Nummern liegen außerhalb der abgebildeten Karten. Ihre Lage kann aber wie die von allen Ortsmarken im Buch mithilfe der kostenlosen Web-App angezeigt werden (s. S. 274).

FOOTNOTE:

- * Denote station which is currently not in operation along existing lines.

Wir danken für die freundliche Abdruckgenehmigung.

*Punggol Point PW3
PW2 Teck Lee*
*Samudera PW4
PW1 Sam Kee*
Nibong PW5
Sumang PW6
PW7
Soo Teck
7
Punggol
NE17 PTC
mbawang
NS11
Thanggam SW4
Fernvale SW5
SW3 Kupang*
SW2 Farmway
Damai
PE7
PE6 Oasis
Yishun NS13
Layar SW6
Tongkang SW7
SW1 Cheng Lim
Cove PE1
PE5 Kadaloor
Khatib NS14
SW8
Renjong
Meridian PE2
Sengkang NE16 STC
Coral Edge PE3
PE4 Riviera
Chu Kang NS15
Buangkok NE15
SE1 Compassvale
Hougang NE14
SE2 Rumbia
Ranggung SE5
Ang Mo Kio NS16
Kovan NE13
Kangkar SE4
SE3 Bakau
Bishan
Lorong Chuan
NS17 CC15
CC14
NE12 CC13 Serangoon
1
EW1 Pasir Ris
Braddell NS18
CC12 Bartley
Woodleigh NE11
Payoh NS19
CC11 Tai Seng
EW2 Tampines
NE10 Potong Pasir
na NS20
CC10 MacPherson
EW3 Simei
NE9 Boon Keng
Paya Lebar
Eunos
Bedok
NE8 Farrer Park
EW8 CC9
EW7
EW6
EW5
EW4
Kembangan
Tanah Merah
3
NE7 Little India
Aljunied EW9
CC8 Dakota
CG1
Expo
CG2
Changi Airport
8
Kallang EW10
NE6 CC1
EW11 Lavender
CC7 Mountbatten
11
Transfer at EW4 Tanah Merah
for journeys to & from CG2 Changi Airport
ke Quay
CC2 Bras Basah
EW12 DT14 Bugis
CC6 Stadium
CC5 Nicoll Highway
Esplanade
CC3
City Hall EW13 NS25
DT15 CC4 Promenade
affles Place EW14 NS26
DT16 CE1 Bayfront
Legend :
East West Line
North South Line
North East Line
Circle Line
Downtown Line
Bukit Panjang LRT
Sengkang LRT
Punggol LRT
Downtown
DT17
Bus Interchange near Station
NS27 CE2
10
NS28 Marina South Pier
5
Note :
sentosa express
Please board the Sentosa Express
at VivoCity Lobby L, Level 3

# Singapur auf einen Blick